«Wirkungsvolle und bewährte Taktiken für beschleunigtes Unternehmenswachstum.»

—**ELISABETH ELLISON-DAVIS,**

Group Chief Strategy & Transformation Officer bei Le Groupe Bel

«Eine frische Perspektive, wie orchestrierte Kundenerlebnisse nachhaltiges Wachstum schaffen.»

—**MARC VONTOBEL,**

Gründer und CEO von Starmind

«Ein Muss für jeden Branchen-Challenger.»

—**RUTGER VERHOEF,**

Mitgründer und CEO von GOWAGO

«Ein visionärer Werkzeugkasten für disruptiven, nachhaltigen Wandel.»

—**NIELS SCHÄFER,**

Mitgründer und CEO von LOEV Jewelry

«Klare Strategien für begeisterte Kunden und nachhaltiges Wachstum.»

—**MARCUS SCHÖGEL,**

Professor für Marketing an der Universität St. Gallen

«Eine meisterhafte Verbindung von Theorie und Praxis für echten Unternehmenserfolg.»

—**MATTHIAS ACKERET,**

Verleger und Chefredaktor von *Persönlich*

THOMAS RUCK unterstützt Unternehmen dabei, Kundenerlebnisse in nachhaltiges Wachstum zu verwandeln. Mit über 20 Jahren Erfahrung in verschiedenen Führungspositionen an der Schnittstelle von globaler Strategieberatung und kreativer Innovation hat er CMOs und Führungskräfte in ganz Europa bei der Entwicklung erfolgreicher Experience-Strategien begleitet.

In seiner regelmässigen Kolumne im Schweizer Fachmagazin *Persönlich* teilt er seine Erkenntnisse aus der Praxis. Dieses Buch führt nun alles zusammen: Insights aus der Praxis für die Praxis.

THOMAS RUCK

Wachstum durch Kundenerlebnis

Warum drei Kräfte tausend Touchpoints schlagen

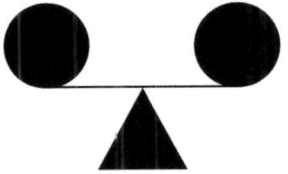

www.GrowthThroughExperience.com

#GrowthThroughExperience

Bibliografische Information der Deutschen Nationalbibliothek: Die Deutsche Nationalbibliothek verzeichnet diese Publikation in der Deutschen Nationalbibliografie; detaillierte bibliografische Daten sind im Internet über dnb.dnb.de abrufbar.

Cover Design: Michael Hinderling
Illustrationen: Thomas Ruck mit Midjourney

Verlag: BoD · Books on Demand GmbH, In de Tarpen 42, 22848 Norderstedt, bod@bod.de
Druck: Libri Plureos GmbH, Friedensallee 273, 22763 Hamburg

ISBN: 978-3-7693-5264-1
ISBN Englische Ausgabe: 978-3-7693-0607-1

Für Sally,
Lenny, Morris & Tara

«The purpose of business is to create and keep a customer.»

— PETER DRUCKER

Teil 1 – Einführung

Teil 2 – Das strategische Modell

Teil 3 – Denkanstösse

EIN-

FÜHRUNG

Einleitung

Worum es geht

Peter Drucker, der Grandseigneur des modernen Managements, hat es schon 1954 auf den Punkt gebracht: «Das Unternehmen hat zwei – und nur zwei – Grundfunktionen: Marketing und Innovation. Marketing und Innovation produzieren Ergebnisse; alles andere sind Kosten.»

Klar, das war etwas zugespitzt. Aber es trifft den Kern unternehmerischen Handelns: Die Entwicklung kreativer Lösungen für Kundenprobleme. Es geht darum, Produkte und Dienstleistungen zu schaffen, die Kunden einen spürbaren Vorteil bieten und ein Unternehmen damit von der Konkurrenz abheben. Gleichzeitig müssen diese Lösungen effizient und effektiv kommuniziert und vertrieben werden.

Aber mal ehrlich, bahnbrechende Produkte oder echte Gamechanger sind im heutigen Markt so selten wie ein Sechser im Lotto. Und selbst wenn sie auftauchen, stehen die Wettbewerber meist bereits in den Startlöchern – schnelles Adaptieren ist der neue Standard. Als Apple 2007 das iPhone lancierte, brauchte HTC 16 Monate und Samsung weitere 8, um mit den ersten Android-Geräten nachzuziehen. Insgesamt benötigte die Branche also fast zwei Jahre, um auf diesen Paukenschlag zu reagieren. Im Vergleich dazu ChatGPT im November 2022: Innerhalb von nur sechs Monaten hatte Google Bard aus dem Hut gezaubert, Microsoft Bing aufgerüstet, Anthropic Claude aus der Taufe gehoben und Meta Llama vorgestellt. Die Wettbewerbsdynamik hatte sich fundamental verändert.

Klar, eine bahnbrechende Innovation kann neue Nachfrage generieren und Ihnen einen Vorsprung verschaffen. Sie können neue Märkte erschliessen und sich als Leader positionieren. Aber seien wir ehrlich: Das ist die Ausnahme, nicht die Regel.

Für die meisten von uns liegt der Schlüssel zum Erfolg woanders: Es geht darum, die vorhandene Nachfrage auf sich zu ziehen – und dann festzuhalten. Wie ein Magnet, der Kunden anzieht und nicht mehr loslässt. Das ist Ihre wahre Herausforderung. Und gleichzeitig Ihre grösste Chance.

Als Marketer oder Customer Experience Leader haben Sie daher *eine* Hauptaufgabe: Schaffen Sie nachhaltige Kundenpräferenzen für Ihre Produkte und Services. Warum? Weil Sie so die Nachfrage dauerhaft auf Ihre Seite ziehen und langfristigen Erfolg sichern. Das ist der Schlüssel zu treuen Kunden, höheren Marktanteilen und steigenden Umsätzen.

Aber wie erzeugen Sie diese Präferenzen? Drei Kräfte wirken hier zusammen – und sind Ihre drei grossen Stellschrauben für ein Kundenerlebnis, das Ihre Marke, Produkte und Services unwiderstehlich macht.

Diese drei Stellschrauben sind:

1. **Big Idea:** Der grosse Leitgedanke, wofür Sie stehen und der Ihre Marke definiert – und sich durch alle Ihre Aktivitäten zieht.

2. **Proposition Experience:** Der greifbare Mehrwert und das tatsächliche Kundenerlebnis, das Ihre Produkte und Dienstleistungen bieten.

3. **Communication Experience:** Die Art und Weise, wie Sie Ihre Marke und Ihre Produkte und Dienstleistungen kommunizieren.

In «Teil 2 – Das strategische Modell» tauchen wir tiefer in dieses Modell ein, inklusive einer breiten Auswahl von Fallstudien. Sie werden sehen: Diese drei Hebel richtig einzusetzen, macht den Unterschied zwischen Mittelmass und Marktführerschaft.

Über dieses Buch

Dieses Buch ist Ihr Werkzeugkasten für Wachstum durch Kundenerlebnisse, Ihr Schweizer Taschenmesser für Ihren Erfolg. Es liefert nicht nur wertvolle Denkanstösse, sondern praxisnahe Strategien, Techniken und Handlungsempfehlungen, die Sie sofort umsetzen können. Das Modell mit den drei Erfolgsfaktoren dient dabei als roter Faden, wie Sie die drei Stellschrauben geschickt bedienen und in jedem Bereich noch mehr herausholen können. Das Ziel? Nachhaltiges Wachstum für Ihr Unternehmen.

Die verschiedenen Artikel sind zwischen September 2020 und Oktober 2024 als Kolumnen bei *Persönlich* erschienen, der führenden Schweizer Fachpublikation für Werbung, Marketing, Media und Digital. Entstanden sind sie aus der jahrelangen Arbeit mit CMOs und anderen Wachstums-Champions bei renommierten Unternehmen quer durch Europa. Dazu kommen frische Impulse von anderen Vordenkern. Insights aus der Praxis für die Praxis also.

Alle Artikel sind im Handlungsrahmen eingebettet, gleichzeitig bleibt jeder Artikel aber eigenständig und bietet konkrete Anregungen und Lösungsansätze, die Sie direkt in Ihrem Unternehmen umsetzen können. Wie Sie das am besten angehen und aus diesem Buch ein wertvolles Werkzeug für sich machen, lesen Sie im folgenden Kapitel «Anleitung».

Ist das Buch eine vollständige Sammlung aller Massnahmen? Nein, natürlich nicht. Es gibt viele weitere Möglichkeiten, über die drei Stellschrauben Wachstum zu schaffen. Nutzen Sie diese

Sammlung aber als kleines Kompendium und als Impulsgeber. Wenn Sie die Mehrheit der Ansätze erfolgreich umsetzen, dann haben Sie eine veritable Chance, zum Wachstumsmotor Ihres Unternehmens zu werden.

Die Artikelsammlung kommt in drei Teilen daher:

1. **Der Überblick:** «Aller guten Dinge sind drei» – ein Überblick über das Modell und seine Hebel aus der Vogelperspektive.

2. **Strategische Säulen:** Hier wird es konkret. Von der *Big Idea* über die *Proposition Experience* bis zur *Communication Experience* – jeder Artikel ein Happen zum Nachdenken und Umsetzen.

3. **Erfolgsfaktoren:** Wir zoomen raus und betrachten das grosse Ganze – die Rolle der CMOs, organisatorische Aspekte und wie Sie mit Partnern und Agenturen am besten zusammenarbeiten.

Die Sammlung enthält auch einige Zeitzeugen der Jahre 2020 bis 2024. Eine Metaverse-Strategie zum Beispiel (immer noch gültig, falls diese virtuelle Parallelwelt doch noch durchstartet) oder ein Gespräch mit ChatGPT in seinen Kindertagen über KI im Marketing (überraschend zeitlos und lehrreich). Und weil sich die KI-Welt mit Warp-Geschwindigkeit bewegt, habe ich im November 2024 das Gespräch weitergeführt, um auf dem neuesten Stand zu bleiben.

Also, krempeln Sie die Ärmel hoch und starten Sie durch. Ich wünsche Ihnen nicht nur eine gute Lektüre, sondern vor allem viel Erfolg.

Anleitung

Wie Sie dieses Buch als Werkzeug nutzen

Willkommen in Ihrer persönlichen Werkstatt für Kundenpräferenzen.

Was Sie in den Händen halten, ist kein gewöhnliches Buch – es ist Ihr Werkzeugkasten für gezieltes Wachstum. Keine endlose To-Do-Liste oder wissenschaftliche Abhandlung, sondern eine Schatzkiste gefüllt mit Impulsen und praxiserprobten Lösungen. Jeder Artikel ein Werkzeug, das nur darauf wartet, von Ihnen eingesetzt zu werden.

Und so können Sie es nutzen:

1. **Priorisieren:** Bevor Sie loslegen, fragen Sie sich: Welcher der drei Kundenerlebnis-Hebel – *Big Idea, Proposition Experience* oder *Communication Experience* – hat für Ihr Unternehmen gerade höchste Priorität? Oder welchen können *Sie* am besten beeinflussen? Der nächste Teil «Das Strategische Modell» hilft Ihnen bei der Entscheidung.

2. **Lesen:** Wählen Sie einen passenden Artikel aus. Lesen Sie in Ruhe, lassen Sie die Ideen wirken.

3. **Reflektieren:** Nach ein paar Tagen checken Sie: Wie gut setzt Ihr Unternehmen die besprochenen Punkte schon um? Wo klemmt es noch? Notieren Sie erste Ideen, was zu tun ist.

4. **Handeln:** Sehen Sie Handlungsbedarf? Dann bestimmen Sie, wer in Ihrem Team das Thema anpackt. Briefen Sie kurz, schaffen Sie Freiräume und setzen Sie klare nächste Schritte und Deadlines.

Dieser fokussierte Ansatz bringt Resultate: Jede Woche ein Artikel, eine neue Strategie zur Umsetzung. In rund sechs Monaten haben Sie das gesamte Spektrum durchdrungen – von der *Big Idea* über die *Proposition Experience* zur *Communication Experience*. Noch wichtiger: Sie haben die zentralen Wachstumschancen Ihres Unternehmens identifiziert und angegangen.

Bereit für mehr Wachstum? Auf geht's!

GROWTH THROUGH EXPERIENCE
AI-CONVERSATIONS

Sie hören lieber, als zu lesen?

Erleben Sie die Denkanstösse auf eine völlig neue Art durch diese KI-generierte Begleitserie. Jeder Artikel verwandelt sich in ein lebendiges Gespräch und vermittelt die Kernkonzepte durch natürlichen Dialog.

Verfügbar auf www.GrowthThroughExperience.com und auf allen gängigen Podcast-Plattformen.

DAS STRATEGISCHE

TEIL 2

MODELL

Die drei Wachstumshebel

Wie Sie durch Kundenerlebnisse Wachstum schaffen

Loyale Kunden und langfristiges Unternehmenswachstum – das sind keine Zufallstreffer. Sie basieren auf nachhaltigen Präferenzen für Ihre Marke, Produkte und Dienstleistungen. Aber wie entstehen diese Präferenzen? Die fallen nicht vom Himmel – nein, sie sind das Ergebnis eines ausgeklügelten Zusammenspiels dreier Kräfte, die auf Kunden und Prospects wirken.

Diese Kräfte sind gleichzeitig Ihre Wachstumshebel. Jeder trägt dazu bei, die Nachfrage auf *Ihre* Angebote zu lenken – und dort zu halten. Wie? Indem Sie einzigartige Erlebnisse schaffen, die Ihre Produkte, Services und Marke unverwechselbar machen.

Diese drei Kräfte sind:

1. Big Idea: Position beziehen
Die *Big Idea* ist mehr als nur Purpose oder Existenzgrund – sie ist der zentrale Leitgedanke und die fundamentale Haltung, die alles Handeln eines Unternehmens antreibt und es klar von

anderen abhebt. Sie zeigt nicht nur, was ein Unternehmen tut, sondern wie es die Welt sieht, was die Welt ihrer Überzeugung nach braucht – es ist *Ihre* Vision der Zukunft. Um aus der Masse herauszustechen, muss eine *Big Idea* den Status quo radikal hinterfragen, Menschen jenseits von geschäftlichen Transaktionen verbinden und konkrete Handlungen jeder Marke lenken. Sie muss eine klare Position *für* etwas und *gegen* etwas anderes beziehen, Kunden und Mitarbeiter durch gemeinsame Überzeugungen vereinen und dabei ihre Vielfalt würdigen. Durch diese charakteristische Haltung entsteht eine magnetische Anziehungskraft, die Kunden zu Mitgliedern einer Community macht und die Organisation von einer kommerziellen Institution in eine Art Club verwandelt. Als Fundament für alle Handlungen, Angebote und Kommunikation prägt sie jede Entscheidung und jeden Kunden-Touchpoint – und schafft so durch ihre einzigartige Position im Marktplatz nachhaltige Kundenpräferenzen[*]. Denn schon Victor Hugo wusste: «No power on earth can stop an idea whose time has come.»

2. Proposition Experience: Mehrwert bieten

Die *Proposition Experience* umfasst den tatsächlichen Kernnutzen und das Erlebnis, das Ihre Produkte und Dienstleistungen bieten. Sie ist der Prüfstein Ihrer *Big Idea* und muss für Kunden relevant und wertstiftend sein – also ein Problem besser lösen als die Konkurrenz. Jeder Berührungspunkt mit dem Kunden beeinflusst dabei die Wahrnehmung und Zufriedenheit – vom Kauf über die Nutzung bis zum Service. Einzigartige, konsistente und hochwertige Erlebnisse bauen dabei kontinuierlich Vertrauen und Loyalität auf. Die *Proposition Experience* konkretisiert also das Versprechen Ihrer Big Idea und macht sie für den Kunden greifbar und erlebbar – und schafft so schrittweise eine Präferenz für Ihre Marke. Ihr Merksatz von Thomas Edison für diesen Experience-Hebel: «The value of an idea lies in the using of it.»

---

[*] Und der Klarheit halber: Während in der Werbewelt "the big idea" für Kampagnenkonzepte steht, geht unsere *Big Idea* weit über kreative Botschaften hinaus – sie prägt die gesamte Ausrichtung, die Angebote und die Wirkung Ihrer Organisation.

3. Communication Experience: Menschen erreichen

Die *Communication Experience* bestimmt, wie Sie Ihre Marke, Produkte und Services kommunizieren. Sie umfasst Ihre Positionierung, die erzählten Geschichten, die verwendete Sprache und Bildwelten sowie die Kanäle zur Verbreitung der Botschaften. Eine effektive *Communication Experience* verstärkt nicht nur Ihre *Big Idea* und Ihre *Proposition Experience*, sondern muss auch unverwechselbar, authentisch und zugänglich sein. Es geht darum, die richtige Botschaft zum richtigen Zeitpunkt im Informations-, Entscheidungs-, Kauf- und Serviceprozess zu vermitteln. Eine überzeugende *Communication Experience* formt gezielt die Wahrnehmung Ihrer Marke und Angebote und stärkt so die Kundenpräferenz. Behalten Sie zu diesem Hebel Oscar Wild im Hinterkopf: «Be yourself; everyone else is already taken.»

Merken Sie sich: Diese drei Dimensionen müssen wie Zahnräder ineinandergreifen. Nur so verstärken sie sich gegenseitig und entfalten ihre volle Wirkung. Denken Sie an eine Multiplikation: Ein einziger Nullfaktor, und das ganze Ergebnis ist futsch – zumindest langfristig. Es braucht alle drei Hebel im Einklang und die synergetische Wirkung daraus, um nachhaltige Kundenpräferenzen zu schaffen. Nur so heben Sie sich von der Konkurrenz ab und sichern langfristiges Wachstum.

Die Hebel für Ihren Markt optimieren

Klar, nicht jeder Hebel wirkt überall gleich stark. Die Strahlkraft der *Big Idea* variiert je nach Produkt und Branche. Nehmen Sie Grundnahrungsmittel wie Mehl oder Zucker, oder Alltagsprodukte wie Zahnpasta und Waschmittel. Hier zählen vor allem Funktion und Preis. Die *Big Idea*? Eher Nebensache. Aber schauen Sie sich mal Tesla an: Hier spielt die *Big Idea* der nachhaltigen Mobilität, kombiniert mit Hightech-Innovation und ansprechendem Design, eine Hauptrolle. Die *Big Idea* gibt Tesla-Käufern das Gefühl, Teil einer zukunftsweisenden Bewegung zu sein und ist für viele der Grund, sich ihr anzuschliessen. Oder Sport- oder Lifestyle-Marken wie zum Beispiel Nike: Glauben Sie ernsthaft, jemand trägt ein T-Shirt mit riesigem Logo wegen des tollen Baumwollgewebes? Nein, hier geht es um

Identifikation. Um Stolz, Teil einer Community zu sein. Das ist die Macht einer starken *Big Idea* in Aktion.

Auch bei der *Proposition Experience* variiert die Wirkung. Nehmen Sie Mineralwasser, Büromaterial oder standardisierte Produkte wie Benzin und Glühbirnen. Da ist der Spielraum für ein Wow-Erlebnis durch das Produkt selbst ziemlich eng. Hier muss die *Communication Experience* ran und das Markenversprechen in den Vordergrund rücken. Aber schauen Sie sich zum Beispiel mal Kreuzfahrten an: Vom Buchungsprozess über das Borderlebnis bis hin zum Landausflug – jeder Touchpoint ist eine Chance, sich abzuheben.

Bei der *Communication Experience* sieht es ähnlich aus. Denken Sie an Erfrischungsgetränke: Funktional kaum Unterschiede, aber die richtige Positionierung kann den Unterschied zwischen Spitzenreiter und Ladenhüter ausmachen. Andererseits: Die Suchmaschine von Google. Dank überragendem Produktnutzen an der Spitze, ohne teure Werbekampagnen. Bei Marken mit einer solch starken Vormachtstellung – aufgrund ihres einmaligen Produktnutzens und/oder ihrer klaren Leader-Positionierung im Kopf der Menschen – speist sich das Wachstum aus Mund-zu-Mund-Propaganda und organischer Verbreitung.

Der Punkt ist: Kennen Sie die Stärke der drei Kundenerlebnis-Hebel in Ihrer Produktkategorie. Die «secret sauce», das perfekte Mischungsverhältnis, ist von Fall zu Fall anders. Aber merken Sie sich: Am Ende ist es das Zusammenspiel aller drei, das entscheidet, ob ein Kunde sich – immer wieder – für Sie oder die Konkurrenz entscheidet.

Seien Sie sich also bewusst, wo Ihre *Big Idea*, Ihre *Proposition Experience* und Ihre *Communication Experience* am meisten bewirken. Nur so können Sie Ihre Ressourcen clever einsetzen und maximale Wirkung erzielen – denn das ist der Schlüssel zu nachhaltigem Erfolg.

Wenn Sie diese drei Kräfte aber richtig einsetzen, lösen Sie eine Kettenreaktion aus – jede Wirkung verstärkt die nächste. Das

Resultat? Ein Aufwärtssog, der Ihr Wachstum beschleunigt und Ihren Erfolg nachhaltig macht. Es ist wie ein Perpetuum mobile für Ihr Business – einmal in Schwung gebracht, läuft es fast wie von selbst.

Das strategische «Wachstum durch Kundenerlebnis»-Modell

Die drei Kundenerlebnis-Hebel, die anhaltende Kundenpräferenzen und nachhaltiges Wachstum schaffen

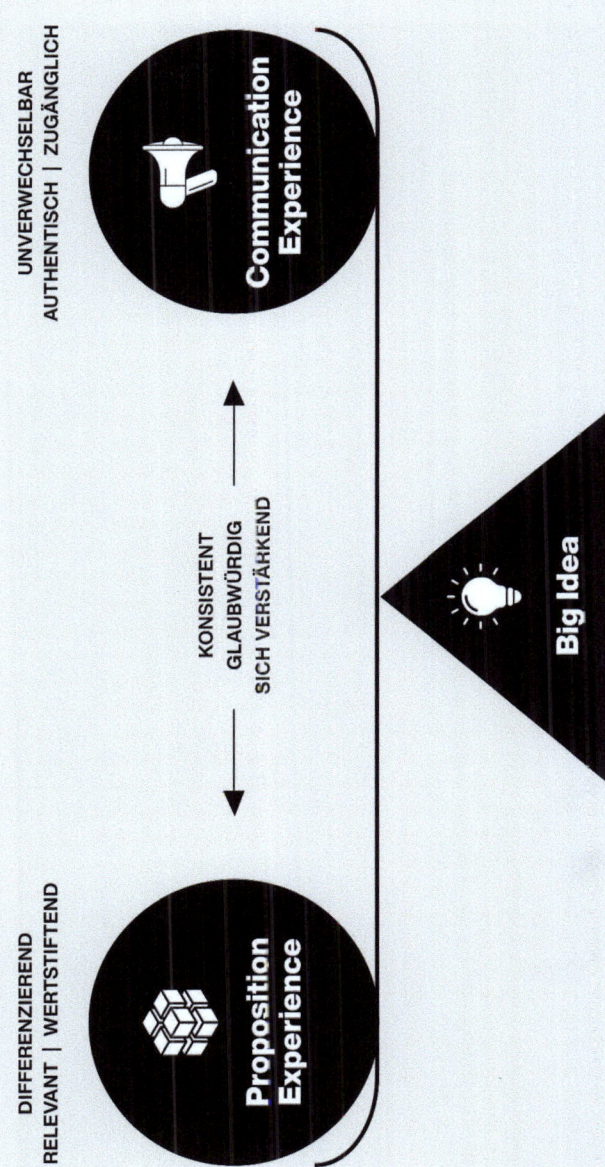

Proposition Experience

DIFFERENZIEREND
RELEVANT | WERTSTIFTEND

KONSISTENT
GLAUBWÜRDIG
SICH VERSTÄRKEND

Communication Experience

UNVERWECHSELBAR
AUTHENTISCH | ZUGÄNGLICH

Big Idea

RADIKAL | SOZIAL | GREIFBAR

Erfolgsgeschichten

Wie führende Unternehmen die drei Hebel meistern

Lassen Sie uns nun die Theorie in die Praxis katapultieren! Wir zoomen auf einige schlagkräftige Erfolgsgeschichten, die das Modell zum Leben erwecken. Von Urgesteinen der Old Economy bis zu den hippen Disruptoren von heute – Sie werden sehen, wie dieses Modell Branchen revolutioniert und Märkte auf den Kopf gestellt hat. Die Fallstudien werden Ihnen zeigen: Dieses Modell ist kein kurzlebiger Trend, sondern der Schlüssel zu nachhaltigem Erfolg.

Fallstudie 1 – Southwest Airlines

Southwest Airlines revolutionierte in den 1970er Jahren die amerikanische Luftfahrtbranche durch die Anwendung aller drei Hebel zur Schaffung von nachhaltigen Kundenpräferenzen und schuf eine dauerhafte Präferenz für ihre Marke und eine Erfolgsgeschichte bis heute.

Southwests *Big Idea,* am besten erfasst als «Democratic Skies», stellte die Konventionen der Luftfahrtindustrie auf den Kopf: Anstelle von Exklusivität und Luxus propagierte die Airline die mutige Haltung, dass Fliegen für jeden erschwinglich und unkompliziert sein sollte. «Freiheit zu fliegen» wurde zum Schlachtruf, der jeden Aspekt des Unternehmens durchdrang und die Massen mobilisierte.

In der *Proposition Experience* realisierte Southwest dieses Versprechen mit beeindruckender Konsequenz. Die Airline verabschiedete sich von der traditionellen Klassengesellschaft in der Luft: Statt First Class und Business Class bot man eine einzige, demokratische Kabinenklasse an. Southwest verzichtete auch auf zugewiesene Sitzplätze und erlaubte *jedem* Passagier zwei kostenlose Gepäckstücke. Statt in teure Lounges investierte Southwest in effiziente Abläufe und kurze Turnaround-Zeiten, die *allen* Kunden zugutekamen. Die Nutzung von Sekundärflughäfen in Grossstädten als effizientes Punkt-zu-Punkt-Netzwerk im Gegensatz zum weitverbreiteten Hub-and-Spoke-System ermöglichte günstigere Preise und oft bequemere, direktere Verbindungen für die Kunden. Southwest erweiterte seinen kundenorientierten Ansatz durch die Einführung einer der kulantesten Umbuchungspolicen der Branche: kostenlose Änderungen bis zu 10 Minuten vor Abflug. Diese Kombination aus Effizienz und Kundenfreundlichkeit schuf ein einzigartiges Flugerlebnis, das sich deutlich von der Konkurrenz abhob.

> Southwest stellte die Gesetze der Branche auf den Kopf: statt Luxus bot man erschwingliches, unkompliziertes Fliegen für alle.

Die *Communication Experience* von Southwest spiegelte ihre unkonventionelle Herangehensweise wider. Anders als die oft sterile und formal wirkende Kommunikation traditioneller Airlines, setzte Southwest auf einen humorvollen, bodenständigen Ton. Die Airline kommunizierte ihre kundenfreundlichen Richtlinien – wie kostenlose Gepäckaufgabe und flexible Umbuchungen – klar und direkt. Das Vielfliegerprogramm «Rapid Rewards» wurde als unkompliziert und grosszügig beworben, ohne versteckte Einschränkungen. Southwest betonte kontinuierlich ihre Kernwerte der Erschwinglichkeit, Zuverlässigkeit und des Kundenservice. Mitarbeitergeschichten, die aussergewöhnlichen Einsatz für Passagiere zeigten, wurden aktiv geteilt und verstärkten das Image einer Airline, die sich auch *wirklich* um ihre Kunden kümmert. Und das charakteristische Branding mit dem Herzsymbol unterstrich visuell die Botschaft einer freundlichen, zugänglichen Fluggesellschaft.

Das meisterhafte Zusammenspiel der drei Hebel – Vision, Angebot und Kommunikation – führte zu bemerkenswerten Ergebnissen: Southwest expandierte von einer regionalen zu einer der weltweit grössten Airlines, die heute über 100 Destinationen bedient. Trotz des hart umkämpften Marktes erzielte die Airline konsistent Gewinne und baute eine loyale Kundenbasis auf. Southwest demonstrierte überzeugend, wie die Neuinterpretation etablierter Branchenstandards in allen drei Dimensionen zu nachhaltigen Wettbewerbsvorteilen führen kann. Ihr Erfolg zeigt, dass ein konsequent kundenorientierter Ansatz, gepaart mit operativer Effizienz und eingebettet in eine überzeugende übergeordnete Raison d'Être, sogar in einer komplexen und volatilen Branche langfristigen Erfolg generieren kann.

Die Bereitschaft, sich immer wieder neu zu erfinden, bleibt bis heute bestehen, wie der im September 2024 angekündigte Transformationsplan «Southwest. Even Better» zeigt. Während die Airline zugewiesene Sitzplätze und Premium-Optionen einführt, um sich wandelnden Kundenpräferenzen gerecht zu werden, bleibt sie ihren Kernwerten treu und behält Richtlinien wie kostenlose Gepäckaufgabe bei, die sie lange Zeit von anderen unterschieden haben. Dieses neueste Kapitel in Southwests Geschichte unterstreicht die anhaltende Fähigkeit des Unternehmens, seine *Proposition Experience* und *Communication Experience* anzupassen und dabei gleichzeitig in seiner *Big Idea* verankert zu bleiben, das Fliegen für alle zugänglich und angenehm zu machen.

Fallstudie 2 – First Direct Bank

Die First Direct Bank, 1989 als erste telefonbasierte und filiallose Bank Grossbritanniens gegründet, gestaltete den Bankensektor durch die konsequente Anwendung der gleichen drei Hebel zur Schaffung von nachhaltigen Kundenpräferenzen grundlegend um.

Die *Big Idea*, am besten zusammengefasst als «Banking Without Walls», brach radikal mit dem verstaubten Image traditioneller Banken: Statt eingeschränkter Öffnungszeiten und unpersönlicher Schalterberatung vertrat First Direct die kompromisslose Position einer 24/7-Verfügbarkeit mit menschlichem Kontakt. „Banking that revolves around you" wurde zur treibenden Kraft, die ihr gesamtes Handeln prägte

Diese Idee wurde in der *Proposition Experience* kompromisslos umgesetzt: Während herkömmliche Banken Kunden durch automatisierte Telefonmenüs schickten, verband First Direct sie sofort mit echten Menschen – und das rund um die Uhr, 365 Tage im Jahr. First Direct führte als erste Bank Grossbritanniens Telefon-, SMS- und Internetbanking ein und bot damit innovative Lösungen, die den Kundenalltag erleichterten.

> Konventionelle Banken setzten auf Automatisierung, First Direct verband Kunden mit echten Menschen – rundum die Uhr, an jedem Tag im Jahr.

Statt teurer Filialen investierte die Bank in direkte Kundeninteraktionen und passte ihre Dienstleistungen kontinuierlich an die Kundenbedürfnisse an. Die Bank ging aber noch weiter, indem sie Mitarbeiter aus serviceorientierten Branchen wie Gesundheitswesen und Gastgewerbe rekrutierte und nach Charakter und Werten auswählte – und nicht nach deren Rucksack an Bankwissen. Diese Mitarbeiter wurden ermächtigt, Prozesse und Richtlinien zu ändern, die das Kundenleben erschwerten – ein Niveau an Vertrauen und Autonomie, das in traditionellen Banken unüblich war und darauf abzielte, nicht nur für die Bank, sondern auch für die Kunden einen Nutzen zu generieren.

Auch in der *Communication Experience* setzte First Direct neue Massstäbe: Im Gegensatz zur meist distanzierten und komplexen Kommunikation etablierter Banken, nutzte First Direct eine kundenorientierte Sprache, die Barrieren abbaute und einen persönlichen, zugänglichen Bankservice versprach. Sie kommunizierten aktiv ihre «Fair Deal»-Proposition, die Transparenz und Fairness in den Vordergrund stellte – von wettbewerbsfähigen Preisen bis hin zu proaktiven Informationen über bessere Konditionen. Die Bank betonte ihre Kernwerte wie Respekt, Empowerment und eine egalitäre Kultur nicht nur als Marketingslogans, sondern als gelebte Praxis. Geschichten über die Befähigung der Mitarbeiter, Kundenprobleme eigenständig zu lösen, untermauerten das Bild einer modernen, kundenorientierten Bank. Das markante Schwarz-Weiss-Branding unterstrich visuell die Botschaft einer geradlinigen, innovativen Alternative zu traditionellen Banken.

Diese konsequente Umsetzung aller drei Hebel – die harmonische Integration von Markenversprechen, Service-Excellence und authentischer Kommunikation – führte zu aussergewöhnlichem Erfolg: First Direct wurde eine der am schnellsten wachsenden Banken Grossbritanniens, erreichte schnell die Profitabilität und wurde wiederholt branchenübergreifend für höchste Kundenzufriedenheit ausgezeichnet. Mit einer beeindruckenden Weiterempfehlungsrate von 92% zeigte First Direct eindrucksvoll, wie der mutige Bruch mit Konventionen in allen drei Dimensionen des Handlungsrahmens zu nachhaltigen Kundenpräferenzen und langfristigem Geschäftserfolg führen kann.

Fallstudie 3 – Tesla

Teslas *Big Idea*, am prägnantesten ausgedrückt als «Desirable Tomorrow», stellte die grundlegende Annahme der Automobilindustrie in Frage, dass Umweltverantwortung Kompromisse bedeuten müsse. Statt Elektrofahrzeuge als notwendiges Opfer für Nachhaltigkeit zu positionieren, verfocht Tesla die Vision, das Morgen attraktiver zu gestalten als das Heute. Diese Haltung – dass die Zukunft uns anziehen und nicht in den Verzicht zwingen sollte – durchdrang jeden Aspekt des Unternehmens. Und mit ihrer Mission, «Create the most compelling car company of the 21st century by driving the world's transition to electric vehicles», bewiesen sie, dass die Welt von morgen begehrenswerter sein kann als die von heute

In der *Proposition Experience* setzte Tesla diese Vision mit unnachgiebiger Konsequenz um. Die Elektrofahrzeuge des Unternehmens kombinierten lange Reichweiten mit hoher Leistung und innovativen Funktionen. Und Tesla ging weit über die reine Produktion von Fahrzeugen hinaus: Regelmässige Over-the-Air-Software-Updates verbesserten kontinuierlich die Funktionalität der Fahrzeuge. Das Unternehmen brach mit dem traditionellen Händlermodell und setzte auf Direktvertrieb, was eine bessere Kontrolle über das Kundenerlebnis ermöglichte. Das eigene Supercharger-Netzwerk bot eine Lösung für eine der grössten Herausforderungen der Elektromobilität – die Ladeinfrastruktur. Darüber hinaus schuf Tesla ein integriertes Ökosystem nachhaltiger Energieprodukte, das Solaranlagen und Energiespeichersysteme umfasste. Vor allem aber setzte Tesla auch auf Design und positionierte damit seine Fahrzeuge auch optisch als attraktive Option für echte Autofans – und nicht nur für umweltbewusste Idealisten.

> Mit elegantem Design und Software-Innovation bewies Tesla, dass Elektroautos nicht nur Umweltidealisten begeistern können, sondern auch Technik- und Autofans.

Die *Communication Experience* von Tesla spiegelte den innovativen und disruptiven Charakter des Unternehmens wider. Anders als die oft konventionelle und produktfokussierte Kommunikation etablierter Autohersteller, setzte Tesla auf eine minimalistische, futuristische Markenästhetik. Das Unternehmen nutzte intensiv soziale Medien, insbesondere die Twitter-Präsenz von CEO Elon Musk, um direkt mit Kunden und Fans zu interagieren. Produkteinführungen wurden zu medienwirksamen Events stilisiert, die weit über die Automobilbranche hinaus Aufmerksamkeit erregten. Tesla betonte in seiner Kommunikation kontinuierlich die technologische Überlegenheit und den Innovationsvorsprung seiner Produkte. Die starke Markenidentität und das Engagement der Tesla-Community führten zu einer beeindruckenden Mund-zu-Mund-Propaganda und Markenbotschaftern unter den Besitzern.

Die kraftvolle Anwendung der drei Hebel – revolutionäre Vision, technologische Exzellenz kombiniert mit modernem Design und disruptive Kommunikation – verwandelte Tesla von einem aufstrebenden Startup in einen der wertvollsten Automobilhersteller weltweit. Das Unternehmen war nicht nur Wegbereiter der breiten Elektrifizierung der Automobilindustrie, sondern prägte auch ein völlig neues Verständnis davon, was ein Automobilhersteller im 21. Jahrhundert verkörpern kann. Teslas Aufstieg illustriert auf markante Weise, wie die radikale Neuinterpretation einer traditionellen Branche in allen drei Dimensionen zu einer herausragenden Markenpositionierung und wirtschaftlichem Erfolg (in Umsatz und Marge!) führen kann.

Fallstudie 4 – Airbnb

Airbnb definierte die Reisebranche neu, indem es die drei Hebel zur Schaffung nachhaltiger Kundenpräferenzen meisterhaft einsetzte und damit das traditionelle Hotelgewerbe und etablierte Buchungsplattformen für Ferienwohnungen herausforderte.

Airbnbs *Big Idea*, am besten verdichtet zu «Local Living», definierte das konventionelle Reisekonzept neu. Statt auf unpersönliche Hotelzimmer oder verstaubte Ferienwohnungen zu setzen, vertrat Airbnb die revolutionäre Haltung, dass sich Reisen um lokale Erlebnisse und authentische Unterkünfte drehen sollte. Die Kernidee, dass jeder seinen ungenutzten Wohnraum zu Geld machen und Reisenden authentische Erlebnisse bieten könnte, wurde zur treibenden Kraft hinter dem Unternehmen.

Airbnbs *Proposition Experience* revolutionierte den Unterkunftsmarkt von Grund auf: Die Plattform verband Gastgeber und Gäste direkt miteinander und eröffnete Zugang zu einer beispiellosen Vielfalt an Unterkünften – von einfachen Zimmern bis hin zu aussergewöhnlichen Schlössern. Airbnb ging über die reine Unterkunftsvermittlung hinaus und integrierte lokale Erlebnisse und Aktivitäten, die von lokalen Personen angeboten wurden. Damit nahm das Unternehmen neben Gastgebern zusätzliche Akteure in ihr Ökosystem auf, die den Angebotsnutzen und die Angebotsdifferenzierung für Gäste weiter erhöhten. Um Vertrauen in diesem Peer-to-Peer-Modell aufzubauen, implementierte das Unternehmen ein ausgeklügeltes Bewertungssystem.

> Während Hotels Zimmer verkauften, bot Airbnb Zugehörigkeit – und machte aus lokalen Gastgebern Erlebnisgestalter und aus Gästen temporäre Einheimische.

Die *Communication Experience* von Airbnb hob sich deutlich von der oft unpersönlichen Werbesprache traditioneller Hotelketten ab. Das Unternehmen setzte stark auf nutzergenerierte Inhalte und authentisches Storytelling, um die Einzigartigkeit und den Community-Aspekt jeder Reiseerfahrung zu betonen. Die visuelle Kommunikation präsentierte beeindruckende Unterkünfte und lokale Erlebnisse, während die Markenbotschaft durchgängig die Idee des «Belonging» (Dazugehörens) verstärkte. Airbnb positionierte sich so nicht nur als Unterkunftsanbieter, sondern als Vermittler kulturellen Austauschs und authentischer Reiseerfahrungen.

Die brillante Integration der drei Hebel – Community-Vision, Peer-to-Peer-Innovation und authentisches Storytelling – katapultierte Airbnb an die Spitze der Reisebranche: Das Unternehmen expandierte rasant zu einer globalen Plattform mit Millionen von Unterkünften in über 220 Ländern. Airbnb revolutionierte nicht nur die Art des Reisens, sondern eröffnete auch neue wirtschaftliche Perspektiven für Gastgeber weltweit.

Mit einer treuen Nutzerbasis und einer unverwechselbaren Markenidentität bewies Airbnb auf beeindruckende Weise, wie die Neuerfindung einer etablierten Branche durch kreative Ideen, nutzerzentrierte Angebote und authentische Kommunikation zu nachhaltigem Erfolg führen kann.

Fallstudie 5 – Spotify

Spotify läutete eine neue Ära in der Musikindustrie ein, indem es auf den Erfahrungen früherer digitaler Musikdienste wie Napster, iTunes, Pandora oder Last.fm aufbaute und durch die innovative Anwendung der drei Hebel zur Schaffung nachhaltiger Kundenpräferenzen den Durchbruch im Musikstreaming-Markt erzielte.

Spotifys *Big Idea,* auf den Punkt gebracht als «Music Without Borders», entwickelte die Vision früherer Plattformen weiter und veränderte grundlegend, wie wir Musik konsumieren. Statt sich auf einzelne Aspekte wie Filesharing oder algorithmische Radiodienste zu konzentrieren, bezog Spotify die klare Position, dass Musik sowohl universell zugänglich als auch fair für alle sein sollte. Ihre Haltung, dass der Zugang personalisiert, unbegrenzt und vor allem legal sein sollte – ohne den Besitz eines einzigen Songs zu erfordern – wurde zum Grundprinzip und «Dein Soundtrack fürs Leben» ihr Manifest

Spotifys *Proposition Experience* definierte den Musikkonsum neu und adressierte die Schwachstellen früherer Dienste: Die Plattform bot nicht nur Zugang zu einer riesigen Musikbibliothek, sondern löste auch die Copyright-Probleme, die viele Vorgänger plagten. Aber Spotify ging über den reinen Zugang zu Inhalten hinaus: Personalisierte Playlists und Empfehlungen, basierend auf fortschrittlichen Algorithmen, ermöglichten jedem Nutzer eine massgeschneiderte Entdeckungsreise durch die Welt der Musik. Das Freemium-Modell mit einer werbeunterstützten kostenlosen Option und einem Premiumabonnement machte den Dienst für ein breites Publikum zugänglich. Und die nahtlose Synchronisation über verschiedene Geräte hinweg sowie soziale Sharing-Funktionen erhöhten den Nutzen für die Anwender zusätzlich. In den folgenden Jahren erweiterte Spotify sein Angebot kontinuierlich – zunächst durch massive Investitionen in Podcast-Inhalte und -Marketing und ab 2023 auch durch die Einführung von Hörbüchern – und positionierte sich damit als führend im Bereich der Audio-Unterhaltung.

Die *Communication Experience* von Spotify hob sich ebenfalls deutlich von früheren Ansätzen ab. Das Unternehmen setzte auf datengetriebenes Storytelling, exemplarisch verkörpert durch die jährliche «Wrapped»-Kampagne, die Nutzerdaten in persönliche, teilbare Geschichten über Musikgewohnheiten verwandelte. Spotify ging in seiner Kommunikation weit über klassisches Marketing hinaus: Hyperpersonalisierte Werbung und E-Mail-Kampagnen sprachen Nutzer basierend auf ihren Hörgewohnheiten an. Aufsehenerregende Out-of-Home-Kampagnen mit witzigen, aktuellen Botschaften verbanden Popkultur, aktuelle Ereignisse und Nutzerdaten. Partnerschaften mit Künstlern für exklusive Inhalte und Erlebnisse stärkten Spotifys Position in der Musikindustrie.

> Spotify definierte den Musikkonsum neu, indem es nicht nur Zugang zu Inhalten bot, sondern eine massgeschneiderte Reise durch die Musik.

Und durch Initiativen wie «Spotify for Artists» und Fan-Events schuf das Unternehmen ein Gefühl der Gemeinschaft und förderte tiefere Verbindungen sowohl zu Künstlern als auch zu Hörern.

Die geschickte Verzahnung aller drei Hebel – Innovation, Nutzerzentrierung und kreative Kommunikation – resultierte in einer aussergewöhnlichen Erfolgsgeschichte: Spotify etablierte sich als globaler Marktführer im Musikstreaming mit einer Nutzerbasis von Hunderten Millionen aktiver Hörer. Das Unternehmen transformierte nicht nur den Musikkonsum, sondern revolutionierte auch die Art und Weise, wie Künstler ihre Musik und andere Inhalte verbreiten und monetarisieren. Und Spotifys Aufstieg zur dominanten Kraft im breiteren Feld der Audio-Unterhaltung unterstreicht auf bemerkenswerte Weise, wie die

Neugestaltung des Audio-Erlebnisses durch innovative Techno-
logie, eine clevere Angebotsausweitung und kreative Kommuni-
kationsstrategien zu einer nachhaltigen Marktführerschaft füh-
ren kann, wenn alle drei Hebel optimal aufeinander abgestimmt
sind.

Fallstudie 6 – Oatly

Oatly, ein schwedisches Unternehmen für Hafergetränke, ver-
änderte den Markt für pflanzliche Milchalternativen durch die
clevere Anwendung der drei Hebel zur Schaffung nachhaltiger
Kundenpräferenzen grundlegend. In einer Low-Consideration-,
Low-Engagement-Kategorie gelang es Oatly, durch die Kombi-
nation eines hochwertigen Produkts mit einer starken Mar-
kenidentität, den Konsum von Milchalternativen neu zu defi-
nieren.

Oatlys *Big Idea*, am klarsten gefasst als «Dairy Liberation», ging
weit über die Nischenexistenz pflanzlicher Milchprodukte hin-
aus: Statt sich auf Menschen mit Allergien zu konzentrieren,
vertrat Oatly die provokante Position, dass pflanzliche Milch
eine bewusste Lifestyle-Entscheidung für alle sein sollte. «It's
like milk, but made for humans» wurde zum Leitgedanken, der
die gesamte Milchindustrie herausforderte und eine neue Sicht
auf den Milchkonsum eröffnete

Oatlys *Proposition Experience* zielte darauf ab, die Erwartungen
an pflanzliche Milchalternativen grundlegend zu verändern:
Das Unternehmen entwickelte eine Hafermilch, die durch über-
legenen Geschmack und optimale Textur überzeugte – insbe-
sondere in Kombination mit Kaffee, einem traditionellen
Schwachpunkt vieler pflanzlicher Alternativen. Mit der speziell
für Baristas entwickelten «Barista Edition» adressierte Oatly ge-
zielt die Bedürfnisse von Kaffeeprofis und -enthusiasten. Statt
sich auf ein einzelnes Produkt zu beschränken, erweiterte Oatly
sein Sortiment um weitere Hafer-basierte Produkte wie Joghurt
und Eiscreme. Das Unternehmen legte grossen Wert auf Nach-
haltigkeit und Transparenz entlang der ganzen Lieferkette, was
umweltbewusste Konsumenten ansprach. Oatly vertiefte seinen

Qualitätsanspruch durch die Anreicherung der Produkte mit Vitaminen und Mineralstoffen, um ein der Kuhmilch vergleichbares Nährwertprofil zu bieten, und gleichzeitig auf Zusätze wie zugesetzten Zucker zu verzichten.

Die *Communication Experience* von Oatly hob sich deutlich von der oft austauschbaren und produktfokussierten Kommunikation in der Milchindustrie ab. Das Unternehmen setzte auf einen quirligen, selbstironischen Ton, der oft das Marketing selbst auf die Schippe nahm. Oatly nutzte seine Produktverpackungen als primären Kommunikationskanal, mit auffälligem Design und provokanten Botschaften wie «Wow, no cow». Kontroverse Kampagnen sorgten für Aufsehen und Diskussionen weit über die Branche hinaus. Oatly ging in seiner Kommunikation noch weiter, indem es den CEO Toni Petersson als Markenbotschafter einsetzte, etwa in einem vieldiskutierten Super-Bowl-Werbespot, in dem er in einem Haferfeld Keyboard spielte und sang. Das Unternehmen nutzte aber auch unkonventionelle Marketing-Taktiken wie Kreidezeichnungen auf Bürgersteigen und Projektionen auf Gebäude, um Aufmerksamkeit zu erregen. Durch Partnerschaften mit Cafés erhöhte Oatly seine Sichtbarkeit und ermöglichte Produkttests. In seiner Nachhaltigkeitsberichterstattung verwendete das Unternehmen eine ungewöhnlich offene Sprache, die sowohl Erfolge als auch Misserfolge thematisierte.

> In einer Welt von Milchalternativen verwandelte Oatly pflanzliche Milch in eine bewusste Lifestyle-Entscheidung, die die Branche herausforderte.

Das koordinierte Wirken aller drei Hebel – Markenvision, Produktqualität und mutige Kommunikation – führte zu einer explosionsartigen Nachfrage und hohen jährlichen Wachstumsraten. Trotz späterer Herausforderungen seit dem Börsengang 2021 bleibt Oatlys Erfolgsgeschichte ein Beispiel dafür, wie die Neuinterpretation einer scheinbar unspektakulären Low-Engagement-Kategorie zu einer Markttransformation führen kann.

Fallstudie 7 – Glossier

Glossier, ein 2014 von Emily Weiss aus ihrem erfolgreichen Beauty-Blog «Into The Gloss» heraus gegründetes Unternehmen, etablierte in der Beautybranche durch die geschickte Anwendung der drei Hebel zur Schaffung nachhaltiger Kundenpräferenzen einen völlig neuen Ansatz und forderte damit etablierte Kosmetikkonzerne heraus. In einer von Perfektion und Überdeckung geprägten Industrie gelang es Glossier, durch die Kombination von minimalistischen Produkten mit einer starken, authentischen Markenidentität, die Schönheitspflege neu zu definieren.

Glossiers *Big Idea*, am besten verdichtet als «Natural Truth», stellte die konventionellen Schönheitsideale der Kosmetikindustrie in Frage. Statt makellos geschminkte Models zu präsentieren, vertrat Glossier die trotzige Position, dass Schönheit von innen kommt und nicht aufgetragen wird. «Skin first, makeup second» wurde zum Leitgedanken, der alle Aspekte des Unternehmens durchdrang und eine neue Perspektive auf Schönheit und Selfcare definierte

Glossiers *Proposition Experience* zielte darauf ab, die Erwartungen an Beautyprodukte grundlegend zu verändern: Das Unternehmen entwickelte eine überschaubare Palette von multifunktionalen, benutzerfreundlichen Produkten, die auf die Bedürfnisse moderner Verbraucher zugeschnitten waren. Statt komplizierter Anwendungsroutinen bot Glossier unkomplizierte Lösungen wie «Boy Brow», einen Allrounder für die Augenbrauen, oder «Cloud Paint», ein mit den Fingerspitzen aufzutragendes Gel-Rouge. Die Produkte waren darauf ausgelegt, die natürlichen Eigenschaften zu betonen, anstatt sie zu überdecken. Glossier ging noch weiter, indem es seine Community aktiv in den Produktentwicklungsprozess einbezog. So entstand beispielsweise der «Milky Jelly Cleanser» als direkte Antwort auf Kundenwünsche, die im Unternehmensblog «Into The Gloss» geäussert wurden. Diese enge Verbindung zur Zielgruppe ermöglichte es Glossier, Produkte zu schaffen, die perfekt auf die Bedürfnisse und Wünsche ihrer Kunden abgestimmt waren –

und nicht auf die Schönheitsideale der Marketingstrategen in den Kosmetikunternehmen.

Die *Communication Experience* von Glossier hob sich denn auch deutlich von der oft glamourösen und unerreichbar wirkenden Kommunikation traditioneller Kosmetikmarken ab. Das Unternehmen setzte stark auf user-generated Content und authentische Kundenerlebnisse. Die «You Look Good»-Kampagne präsentierte unbearbeitete Fotos echter Kunden, die Glossier-Produkte verwendeten. Glossier nutzte intensiv soziale Medien, um eine lebendige Community aufzubauen. Der Hashtag #glossierIRL ermutigte Kunden, ihre eigenen Erfahrungen mit den Produkten zu teilen. Der Unternehmensblog «Into The Gloss» diente nicht nur als Plattform für Beautydiskussionen, sondern auch als wichtige Quelle für Produktinspirationen und Kundenfeedback. Glossier ging in seiner Kommunikation noch weiter, indem es mit Kampagnen wie «Body Hero» diverse, unbearbeitete Körper zeigte und damit traditionelle Schönheitsnormen in Frage stellte. Das direkte Verkaufsmodell (DTC) ermöglichte es Glossier, eine enge Beziehung zu seinen Kunden aufzubauen und schnell auf Feedback zu reagieren.

> Traditionelle Beauty-Marken strebten nach Perfektion, Glossier schuf eine Bewegung, die natürlich Schönheit zelebriert und Kunden zu ihren Stars macht.

Die ganzheitliche Integration aller drei Hebel – Beauty-Vision, Produktphilosophie und Community-basierte Kommunikation – führte zu einer beeindruckenden Erfolgsgeschichte: Glossier entwickelte sich von einem Beauty-Blog zu einer Kultmarke mit einer treuen, engagierten Kundenbasis. Das Unternehmen erzielte ein rasantes Wachstum und erreichte 2019 den Unicorn-Status mit einer Bewertung von über einer Milliarde Dollar. Glossiers Erfolg illustriert eindrucksvoll, wie die Neuinterpretation von Schönheit und Kosmetik durch die Kombination von einer klaren Markenidee, einer durchdachten Produktphilosophie und authentischer Kommunikation zu einer nachhaltigen

Marktposition führen kann. Der Ansatz des Unternehmens, die Kunden in den Mittelpunkt zu stellen und echte Schönheit zu zelebrieren, hat nicht nur eine loyale Fangemeinde geschaffen, sondern auch die gesamte Beautyindustrie beeinflusst. Viele etablierte Marken haben begonnen, Glossiers Prinzipien der Authentizität und Natürlichkeit zu übernehmen.

Fallstudie 8 – Tony's Chocolonely

Tony's Chocolonely, 2005 vom niederländischen Journalisten Teun van de Keuken gegründet, nachdem er Kinderarbeit in der Kakao-Industrie aufgedeckt und sogar versucht hatte, sich wegen des wissentlichen Kaufs «illegaler» Schokolade verhaften zu lassen, hat sich von diesem provokanten Anfang zu einer treibenden Kraft im Kampf gegen den Status quo der Schokoladenindustrie entwickelt. Als zweckgetriebenes Impact-Unternehmen prägte Tony's die Schokoladenbranche neu, indem es die drei Hebel gezielt einsetzte, um tiefe Kundenbindung aufzubauen und systemischen Wandel voranzutreiben – mit einem Pioniermodell, das herausragende Produktqualität mit konsequentem gesellschaftlichem Einfluss verbindet.

Tony's *Big Idea*, kristallisiert als «Fair By Design», definierte neu, wofür eine Schokoladenfirma stehen kann. Statt sich nur als weitere Schokoladenmarke zu positionieren, bezog Tony's die kompromisslose Position, dass die gesamte Schokoladenindustrie 100% sklavenfrei werden muss. «Crazy about chocolate, serious about people» wurde zur treibenden Kraft, die nicht nur das Unternehmen, sondern die ganze Branche prägte. Besonders bemerkenswert: Tony's trieb diese Vision bis zum Äussersten, indem sie ihr Beschaffungsmodell für Konkurrenten öffneten – ein eindrucksvoller Beweis dafür, dass ihre *Big Idea* tatsächlich grösser war als ihr eigenes Geschäft. Diese Bereitschaft, das eigene Erfolgsmodell mit Wettbewerbern zu teilen, sprengte jegliches konventionelle Geschäftsdenken. Dieser bahnbrechende Ansatz zeigte: Ihre grosse Idee war nicht der Verkauf von Schokolade – Schokolade war lediglich das Vehikel zur branchenweiten Transformation.

In ihrer *Proposition Experience* lieferte Tony's Premiumqualität, die ihren ethischen Standards entsprach. Ihre Schokoladentafeln überzeugten durch aussergewöhnlichen Geschmack und Textur – der Beweis, dass ethische Produktion keinesfalls Qualitätseinbussen bedeutet. Das Unternehmen entwickelte markante Geschmackskombinationen, die sich sofort zu Favoriten entwickelten, von Vollmilch-Karamell-Meersalz bis Dunkle-Milch-Brezel-Toffee. Ihr Qualitätsversprechen zog sich durch das gesamte Sortiment und verschaffte ihnen einen ausgezeichneten Ruf, der aus Gelegenheitskäufern treue Verfechter machte. Über das Produkt hinaus entwickelte Tony's eine vollständig rückverfolgbare Lieferkette und zahlte Aufschläge über Fair-Trade-Standards hinaus, um existenzsichernde Löhne für Bauern zu gewährleisten. Sie machten ihre Schokoladentafeln durch ungleich geteilte Stücke zu Gesprächsstartern – jede Tafel wurde so gleichermassen zum Premium-Genuss und Statement über Branchenungleichheit.

Tony's *Communication Experience* brach radikal mit den Konventionen der Schokoladenbranche. Während traditionelle Schokoladenmarken typischerweise auf Bilder makelloser Alpenwiesen, zufriedener Milchkühe oder Chocolatiers setzten, die in Kupferkesseln Pralinen herstellen, wählte Tony's einen grundlegend anderen Weg. Ihre leuchtende, mutige visuelle Identität mit handgezeichneten Elementen und kräftigen Farben stach dramatisch aus den Supermarktregalen hervor. Die Markenstimme verband frechen Humor mit dringenden Handlungsaufrufen – auf der Verpackung fanden sich Witze über Schokoladensucht neben ernüchternden Statistiken zur Branchenungleichheit. Jeder Berührungspunkt balancierte Aufklärung mit Engagement: Ihre Website mischte unterhaltsame Inhalte mit transparenter Wirkungsberichterstattung, Social Media verband Blicke hinter die Kulissen mit Advocacy-Botschaften, und Events wie die Chocotruck-

> Während andere Schokoladenmarken mit Alpenwiesen und Milchkühen warben, setzte Tony's auf spielerischen Impact – und machte Ungleichheit unübersehbar.

Touren verpackten ernste Diskussionen in spielerische Erlebnisse. Dieser einzigartige Ton machte komplexe Themen zugänglich, ohne ihre Bedeutung zu schmälern, und half dabei, eine Community von «serious friends» aufzubauen, die zu leidenschaftlichen Markenbotschaftern wurden.

Die kraftvolle Ausrichtung dieser drei Hebel – branchenverändernde Vision, Premium-Produktqualität und charakteristische Kommunikation – trieb Tony's bemerkenswerte Entwicklung voran. Das Unternehmen erreichte ein starkes Wachstum über mehrere Märkte hinweg und gewann bedeutende Marktanteile in Schlüsselregionen – darunter 19% des niederländischen Schokoladenmarktes; in Grossbritannien wurden sie zur viertbeliebtesten Schokoladenmarke. Ihr rasantes Wachstum im US-Markt seit 2020, einschliesslich Partnerschaften mit grossen Retailern, zeigt ihre Fähigkeit zu skalieren und dabei ihren missionsgetriebenen Ansatz beizubehalten. Tony's Erfolg demonstriert eindrucksvoll, wie ein Unternehmen wirtschaftlichen Erfolg erzielen und gleichzeitig systemischen Wandel vorantreiben kann – ein Beweis, dass Purpose und Profit sich gegenseitig verstärken können, wenn alle drei Kundenerlebnis-Hebel eine mutige Transformationsvision mit Leben füllen.

Reality-Check

Wie Sie eine Blitzdiagnose stellen und Aktionen planen

Drei Kräfte wirken auf Kunden und Prospects und formen Erlebnisse und Wahrnehmungen, die Kundenpräferenzen erzeugen: *Big Idea, Proposition Experience* und *Communication Experience*. Als Marketer oder Customer Experience Leader ist es Ihr Job, dieses Trio zum Supersound zu orchestrieren. Denn nur im perfekten Zusammenspiel entfalten sie ihre volle Wachstumskraft.

Die *Big Idea* bildet Ihr Fundament – je stärker sie strahlt, desto höher fliegen Ihre Angebote und desto kraftvoller wird Ihre Kommunikation. Die *Proposition Experience* liefert durch Ihre Produkte und Dienstleistungen den Mehrwert, den Ihre Kunden spüren können. Die *Communication Experience* schafft Ihre Positionierung und bringt Ihre Botschaft auf den Punkt und ins Gespräch. Beide bauen auf Ihrer *Big Idea* auf.

Entscheidend ist aber das Gleichgewicht dieser Kräfte. Nur wenn sie ausbalanciert sind, verstärken sie sich gegenseitig. Bei einer Schieflage wackelt Ihr ganzes Konstrukt. Sie riskieren entweder, die Glaubwürdigkeit Ihrer *Proposition Experience* zu verspielen (wenn die Kommunikation «besser» ist als das Produkt), oder Sie schöpfen nicht das volle Potenzial Ihrer *Communication Experience* als effektiver Wirkungsverstärker aus (wenn das Produkt «besser» ist als die Kommunikation).

Der Schlüssel zum Erfolg liegt also in der Balance und Konsistenz. Nur so schaffen Sie nachhaltige Kundenpräferenzen, die Ihr Unternehmen auf Wachstumskurs bringen.

Der Reality-Check

Machen Sie den Realitätscheck: Hält Ihre *Proposition Experience*, was Ihre *Communication Experience* verspricht? Oder sind die grossen Versprechen in der Werbung nur Luftschlösser? Vielleicht haben Sie sich von einer kreativen Kampagnenidee blenden lassen, die zwar originell ist, aber wenig mit Ihrer *Big Idea* zu tun hat? Oder wie steht es um die neu formulierte Leitidee für Ihr Unternehmen – klingt sie zwar überzeugend und ambitioniert, lässt sich aber in Ihrer *Proposition Experience* nicht glaubwürdig umsetzen?

Diese Fragen mögen unbequem sein, aber sie sind entscheidend. Sie zeigen, wo Ihre *Big Idea, Proposition Experience* und *Communication Experience* vielleicht noch nicht nahtlos ineinandergreifen. Denn nur wenn alle drei Hebel synchron laufen, entstehen Kundenerlebnisse, die auch nachhaltige Präferenzen entstehen lassen.

Bereit für einen Blick in den Spiegel Ihrer Experience-Strategie?

Wir betrachten drei archetypische Szenarien, die Ihnen bestimmt bekannt vorkommen. Natürlich, in der Praxis kommen oft auch Mischformen davon vor. Doch diese kompakte Analyse ist Ihr Kompass für verborgene Schwachstellen und Ihr Sprungbrett für die Stossrichtungen Ihrer Experience-Optimierungen. Machen Sie also einen Schritt zurück und bewerten Sie Ihr Unternehmen – es könnte der Schlüssel zu Ihrem nachhaltigen Erfolg sein.

Big Idea zu schwach

Ausprägung

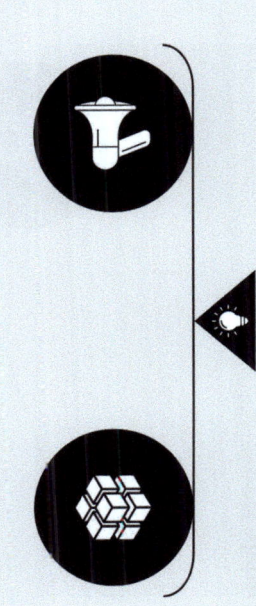

Diagnose

Big Idea zu schwach: Die übergreifende Leitidee Ihres Unternehmens ist nicht stark, differenzierend oder inspirierend genug, um als solides Fundament für die Marke und alle Aktivitäten zu dienen.

Massnahmen

Überarbeiten Sie Ihren zentralen Leitgedanken, für den Sie stehen, um eine radikal differenzierende, sozial relevante und greifbare *Big Idea* zu entwickeln. Stellen Sie sicher, dass diese Idee die Essenz der Marke einfängt, emotional ansprechend ist und eine unverwechselbare Identität schafft, damit sich mehr Menschen ihr anschliessen.

Kommunikation «besser» als "Produkt

Ausprägung

Diagnose

Kommunikation «besser» als Produkt: Ihre Marketing-Kommunikation verspricht mehr, als die tatsächlichen Produkte oder Dienstleistungen liefern können. Dies führt zu einer Diskrepanz zwischen Kundenerwartungen und -erfahrungen.

Massnahmen

Verbessern Sie die *Proposition Experience* durch Produktinnovation und Experience Design. Identifizieren Sie Friktionen in Ihrem Kundenerlebnis und Ihrer Branche und konzentrieren Sie sich dabei auf die Schaffung einzigartiger, konsistenter und hochwertiger Erlebnisse. Denken Sie voraus, welche neuen Angebote und Erlebnisse mit neu aufkommenden Technologien möglich werden. Passen Sie gleichzeitig die Kommunikation an, um realistische Erwartungen zu setzen.

Produkt «besser» als Kommunikation

Ausprägung

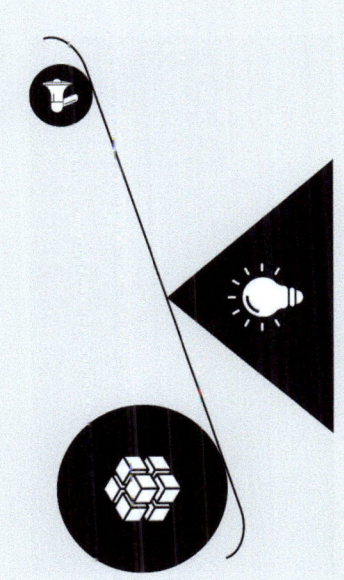

Diagnose

Produkt «besser» als Kommunikation: Die Stärken Ihrer Produkte oder Dienstleistungen werden in der Kommunikation nicht ausreichend vermittelt. Dadurch bleibt Potenzial zur Differenzierung und Kundenbindung ungenutzt.

Massnahmen

Entwickeln Sie eine ganzheitliche *Communication Experience*, die den wahren Wert Ihrer Produkte effektiv vermittelt. Verbessern Sie dafür Ihre Positionierung und Ihr Storytelling und setzen Sie auf kreative Werbung. Nutzen oder entwickeln Sie fortschrittliche Marketing-Fähigkeiten wie Analytics oder die Möglichkeiten von generativer KI, um Ihre Botschaften kreativer, zielgerichteter und personalisierter zu gestalten und zu aktivieren. Stellen Sie sicher, dass sie über das richtige Marketing-Betriebsmodell verfügen.

DENK-

ANSTÖSSE

Erfolgsfaktoren

Strategische Grundlagen

ALLER
GUTER DING
SIND DREI

Eine Checkliste für Wachstum
in Krisenzeiten – und darüber hinaus

Es sind strube Zeiten. Vielen Unternehmen sitzt die komprimierte Transformation der Covid-Pandemie noch in den Knochen, mit welcher sie den Wandel zum digitalen Marketing und Commerce in Windeseile schaffen mussten. Und nun stehen sie bereits an der Schwelle zur nächsten Zeitwende: Sorgen über die Energieversorgung, grassierende Inflation, gewaltige Zinssprünge, abstürzende Aktienkurse, Konsumentenstimmung auf Rekordtief – die Wirtschaftswelt ist im Krisenmodus und eine Rezession steht möglicherweise schon kurz vor der Haustür.

Auch für Marketers und Customer Experience Leaders verändern sich die Prioritäten: Kundenwachstum und Kostenoptimierung rücken in den Vordergrund. Sie sind nun besonders gefordert und müssen sich vom Produkt-Kommunikator hin zum «Change Agent», Kundenerlebnis-Orchestrator und strategischem Wachstumsbeschleuniger des Unternehmens weiterentwickeln. Und das meist, ohne dafür höhere Budgets zur Verfügung zu haben. Im Gegenteil, nicht selten sinken heute die Marketingbudgets sogar drastisch.

Kundenwachstum *und* Kosteneinsparungen

Und wie soll das bitte gehen?

Ich bin überzeugt, dass diese vermeintliche «mission impossible» gelingt, wenn Sie sich auf drei Faktoren konzentrieren. Mit diesen schaffen Sie bei Konsumenten Präferenzen für Ihre Marke und damit für Ihr Unternehmen Wachstum durch Relevanz.

Es sind diese:

1. Big Idea – Position beziehen, Orientierung geben

In unsicheren Zeiten suchen Menschen nach Orientierung. Diese finden aber die wenigsten in einem plumpen Corporate Purpose Statement oder einer durchschaubare Kommunikationskampagne, die versuchen, eine Marke als verantwortungsvoll und nicht rein profitorientiert darzustellen. Vielmehr suchen Menschen nach Institutionen, die ihre Lebenseinstellung teilen und im Alltag vorleben – und sie damit bestätigen und ihnen Halt und Sinn in dieser reichlich durcheinander geratenen Welt geben. Stellen Sie sich daher die Frage: Was ist die *Big Idea* Ihres Unternehmens (→❷), die es wert ist, sich Ihnen anzuschliessen?

Erfüllt Ihre *Big Idea* alle drei Kerneigenschaften, ist sie radikal, sozial und greifbar? Nutzen Sie sie als Filter für alles, was Sie tun? Findet sie sich in allem, was Sie offerieren und sagen, wieder?

Ist Ihre *Big Idea* in der heutigen Welt relevant und glaubwürdig umgesetzt, schaffen Sie damit eine besondere Art der Bindung an Ihr Unternehmen. Sie führt dazu, dass sich Menschen mit Ihnen identifizieren – und Ihnen trotz vielleicht anstehender Preiserhöhungen, Lieferschwierigkeiten oder Personalmangel treu bleiben. Ein Asset, das in einer Zeit wie jetzt weit wertvoller ist als jegliche Loyalitätsprogramme oder Marketingkampagnen.

2. Proposition Experience – Mehrwert bieten

Hier geht es um den Prüfstein Ihrer *Big Idea*: Den Mehrwert der Produkte und Dienstleistungen, die Sie anbieten. Oder anders gefragt: Ist Ihr Angebot für Konsumenten überhaupt (noch) relevant?

Relevanz funktioniert heute anders als früher oder gar noch gestern, denn gerade in der Krise verändern sich die Lebensumstände und Wahrnehmungen vieler Menschen rasant. Das zeigt sich auch in den Kaufentscheidungen – sie fallen anders aus als früher und folgen weniger einem festen Muster. Ja, auch manch

Gutverdiener kauft jetzt zusätzlich beim Discounter ein und viele Menschen machen trotz aller Überzeugung beim nachhaltigen Lebensstil Kompromisse. Lang etablierte Segmentierungsansätze funktionieren heute also nicht mehr. Eine komplexere Welt führt zu komplexeren Konsumentenprofilen.

Wenn es um Ihre Proposition Experience geht, fragen Sie sich also: Wie kann ich in den sich verändernden Lebensrealitäten meiner Kunden relevant bleiben? Welche (neuen) Probleme sind es am meisten wert, gelöst zu werden (→❼)? Welche Produkte und Services brauche ich dafür? Sehe und verstehe ich die Menschen da draussen dabei als Menschen oder lediglich als «Käuferinnen und Käufer» (→❽)? Und verstehe ich dabei nicht nur unseren (Unternehmens-)Purpose, sondern auch deren «Customer Purpose» (→❸) und messe ich die Metriken, die wirklich zählen (→❿)? Nehme ich früh genug einen Reality-Check meiner neuen Produktinnovationen (→❺) vor oder gebe ich unnötig viel Geld und Zeit für Marktforschung oder Piloten aus?

3. Communications Experience – Menschen erreichen
Hier geht es um die Verstärkung Ihrer *Big Idea* und der Unique Selling Proposition Ihrer Produkte und Services durch Kommunikation – und zwar, wie es der legendäre US-amerikanische Werber Rosser Reeves schon in den 1950er Jahren forderte, zu möglichst tiefen Kosten (→⓳).

Konsumenten geben heute (noch) nicht nachweislich weniger Geld aus, aber, getrieben durch die aktuellen externen Umstände, oftmals viel überlegter. Bessere Kommunikation des Mehrwerts und der Differenzierung durch personalisiertes Präzisionsmarketing wird also wichtiger denn je. Und dennoch müssen Sie die Menschen durch Ihre Werbung nicht nur rational, sondern auch emotional erreichen und von Ihnen überzeugen.

Den Kurs bestimmen

Hier lauten daher die Fragen, die Sie sich und Ihren Teams stellen sollten: Agiere ich mit dem mir anvertrauten Marketingbudget so, wie wenn es mein eigenes Geld wäre? Verstehe ich den Return-on-Investment meiner Marketingmassnahmen (→⑲); welche bringen einen Ergebnisbeitrag, welche nicht? Habe ich das richtige Marketing-Betriebsmodell (→⑯), das auf den Kernsäulen Industrialisierung, Automatisierung und Right-Shoring basiert? Gelingt es mir damit, sowohl Kosten zu reduzieren als auch die Komplexitäten des digitalen Marketings zu meistern und das Potenzial meiner MarTech-Lösungen voll auszuschöpfen? Nutze ich künstliche Intelligenz (→⑮㉓), um die Marketing-Kosten laufend zu reduzieren und die Marketing-Effektivität zu erhöhen? Findet man in den digitalen Regalen in Ihrem Online-Shop oder auf externen, digitalen Marktplätzen nicht nur emotionslose Produktfotos, Ratings und Reviews, sondern auch Ihr Markenerlebnis (→⑱), in welches Sie so viel investiert haben? Verwende ich die richtige Positionierungsstrategie, um meine Marke, Produkte oder Dienstleistungen in den Köpfen meiner Prospects und Kunden zu verankern (→⑭)?

Fassen wir also zusammen: Für Marketers und Customer Experience Leaders tut sich gerade eine Schere auf. Das heutige Marktumfeld macht es nötiger denn je, dass sich Marken durch die richtige *Big Idea*, Empathie und Relevanz des Angebots einen Platz in den auf die Probe gestellten Lebensrealitäten der Menschen verschaffen – und dadurch einen wichtigen Beitrag zum Unternehmenswachstum leisten. Und das gleiche Marktumfeld macht es ebenso notwendig, dass Sie einen Weg finden, wie Sie das Gleiche (oder sogar noch mehr) mit weniger Budget erreichen können – und damit einen Beitrag zu den Kostensenkungszielen Ihrer Geschäftsleitung leisten.

Gelingt Ihnen dieser Spagat?

Nachhaltige Kundenpräferenzen schaffen

THE BIG
IDEA

Warum ein Purpose-Statement
das Problem nicht löst

E r ist gerade in aller Munde und seit Neustem hat die grösste Bank unseres Landes auch einen: der «Purpose» – ein übergeordneter Unternehmenszweck, eine Absicht, eine Bestimmung, die grösser ist als der positive Abschluss der betriebswirtschaftlichen Erfolgsrechnung zum Jahresende.

Das macht Sinn, denn Konsumenten suchen heute nicht nur nach Services und Produkten; sie fordern auch Haltung ein. Sie wollen wissen, was Unternehmen über Dinge denken. Sie wollen nicht nur *value* for money, sondern *values* for money.

Ist da ein Purpose-Statement und eine Ansammlung allerlei austauschbarer «guter Taten» genug?

Mitnichten. Warum?

Ein Unternehmen kann nicht alles für alle Menschen sein. Es muss klar erkennbar *für* etwas stehen. Es braucht eine Idee, die gross ist. Eine *Big Idea*.

So lautet die Gretchenfrage vielmehr: Was haben *wir*, das es wert ist, sich uns anzuschliessen?

Eine *Big Idea* muss vier Dinge tun, wie der britische Markenstratege Robert Jones es mal so treffen formuliere: Erstens, muss sie das Unternehmen für die Konsumenten wertvoll machen – indem es echte Bedürfnisse der Menschen erfüllt; sowohl die von heute als auch die von morgen, sowohl die praktischen als auch die emotionalen. Zweitens, muss sie das Unternehmen klar von anderen abheben – dies ist entscheidend, wenn Kunden von ihm kaufen und Mitarbeiter dafür arbeiten sollen. Drittens, muss sie Menschen verbinden – ein Gefühl der Zugehörigkeit sowohl für Kunden als auch Mitarbeiter schaffen. Und viertens, muss sie die Verschiedenartigkeit der Menschen feiern – eine *Big Idea* schafft nämlich Einigkeit über die Idee, aber niemals Uniformität derer, die sich ihr anschliessen.

Es gibt sie, die *Big Ideas*

Ein gutes Beispiel ist Nike, das als Sportartikelhersteller für die grössere Idee «Winning» steht. Die Seele der Marke dreht sich ums Gewinnen. Ein anderes Beispiel ist Amazon, das vordergründig Bücher (und viele andere Dinge) verkauft, aber in Wirklichkeit für «Completeness» steht – die Idee, dass jeder alles bekommen kann. Darum geht der Pfeil in seinem Logo vom «A» zum «Z» von «Amazon». Oder Ikea, das nicht einfach nur Einrichtungsgegenstände herstellt, sondern für «Democratizing Design» sowie «a better everyday life for the many» steht. Oder die BBC, die für «Authoritativeness» steht und einen Standard bei der Glaubwürdigkeit von Nachrichten setzt. Oder Starbucks, wo es mehr um «Sociability» als um Kaffee geht – darum, einen Ort zu bieten, an dem sich die Menschen wohlfühlen, während sie Kaffee trinken, sich unterhalten oder ihre Zeitung lesen.

Big Ideas können auch emotional sein, wie Disney mit «Fun» oder Orange mit «Optimism». Erinnern Sie sich noch an «the future is bright, the future is Orange» als vor etwas mehr als zwanzig Jahren der Schweizer Telekommunikationsmarkt liberalisiert wurde? Eine *Big Idea* kann auch ethisch oder politisch sein, wie Amnesty International mit «Human Rights», Patagonia mit «Responsibility» oder, früher, Benetton mit «Humanity». Oder sie kann fast schon spirituelle Anmutungen haben, wie Bang & Olufsen es mit «Poetry» macht.

Aber *Big Ideas* sind schwer in Worte zu fassen. Sie sind wie Schönheit: Sie verflüchtigen sich, wenn man versucht, sie zu definieren; aber wie Schönheit sind sie sofort erkennbar, wenn man ihnen begegnet. Das ist der Grund, warum *Big Ideas* so mächtig sind. Und wichtig ist: Diese Ideen sind nicht nur

Wischiwaschi-Gefühle. Sie sind klare Standpunkte. Sie stehen *für* manche Dinge, und positionieren sich *gegen* andere.

Was macht eine Idee zur *Big Idea*?

Eine *Big Idea* hat drei wesentliche Eigenschaften:

1. Sie ist radikal
Es gibt zwei Möglichkeiten, mit der Realität fertigzuwerden – entweder passt man sich ihr an oder man stemmt sich gegen sie. *Big Ideas* wollen die Welt verändern. Sie sind gegen den Status quo. Sie wollen die Dinge im Kern verändern, anstatt nur einige Stellschrauben zu drehen. *Big Ideas* sind nonkonformistisch: Sie brechen mit dem konventionellen Denken.

2. Sie ist sozial
Eine *Big Idea*, die nie aus dem Kopf eines Gründers oder CEOs herauskommt, ist keine *Big Idea*. Die *Big Idea* von Ikea gehörte nicht Ingvar Kamprad, sondern all den Menschen auf der ganzen Welt, die bei Ikea einkaufen oder dort arbeiten. Sie verbindet somit alle Menschen unabhängig von ihrer Herkunft, ihrem sozialen Status oder ihren sonstigen Haltungen.

3. Sie ist greifbar
Big Ideas werden ausgedrückt durch das, was getan wird – und nicht durch das, was gesagt wird. Sie werden also mit Produkten und Dienstleistungen geschaffen, nicht mit Visionen und Werten. Eine *Big Idea* sollte daher auch nicht anhand von Worten, sondern anhand von Taten beurteilt werden.

Idee kann Produkt schlagen

Der wichtigste Marktplatz ist heute der Marktplatz der Ideen. Der Kampf um die grössten und besten ist eröffnet: Anstelle von Apple vs. Microsoft, Swiss vs. Virgin, Sony vs. Bang & Olufsen geht es heute um einen Wettstreit der Ideen: Apple steht für «Difference», Microsoft für «Ubiquity». Womit identifizieren Sie sich? Swiss bietet ein «Feeling of Reassurance», Virgin einen «youthful Iconoclasm». Welche Idee kann mehr Passagiere begeistern? Bei Sony geht es um «Miniature Perfectionism», bei Bang & Olufsen um «Poetry». Was finden Sie überzeugender?

Big Ideas schaffen eine besondere Art der Bindung an das Unternehmen: Sie führen dazu, dass sich Menschen mit ihm identifizieren. Wer ein Produkt oder eine Dienstleistung eines Unternehmens mit einer *Big Idea* nutzt, konsumiert nicht einfach nur, sondern hat das Gefühl, damit zum Teil einer grösseren Idee zu werden. Die Firma ist somit nicht allein «unternehmerische Institution», sondern eine Art «Verein». Nicht eine «Organisation», sondern eine «Gemeinschaft». Und kein exklusiver Kreis von «Insidern» und «Outsidern», sondern ein gedanklicher Ort, der offen für alle Menschen mit derselben Überzeugung ist.

Aber: Wenn sich eine *Big Idea* zu geschmeidig anfühlt, ist sie wahrscheinlich noch nicht gross genug. Eine *Big Idea* erfordert den Mut, im Abseits zu stehen und nicht ein Auffangbecken für alle möglichen Überzeugungen und Einstellungen zu sein. Die Belohnung ist die Mühe wert: Denn ist die Strahlkraft der *Big Idea* erst einmal gross genug, wird teure Werbung nebensächlich.

Was ist ihre *Big Idea*?

MEIN PURPOSE, DEIN PURPOSE?

Warum der Purpose Ihrer Kunden
wichtiger ist als Ihr eigener

Weihnachten steht vor der Tür. Und damit immer auch die Zeit für einen Perspektivenwechsel: Plötzlich «müssen» wir uns in andere hineinversetzen und zerbrechen uns den Kopf darüber, über was sich unsere Lieben von uns wohl freuen würden.

Gleiches gilt für viele Unternehmen. Das ganze Jahr über gab es genug Gründe, sich mit sich selbst zu beschäftigen. Wie halte ich trotz aller Veränderungen und Unsicherheiten meine Kosten im Griff? Wie treffe ich meine Vertriebsziele? Wie halte ich die Lieferketten stabil? Und natürlich: Was ist mein Purpose – oder noch besser – meine *Big Idea* (→❷)?

Und dieser Unternehmenszweck ist mittlerweile für viele Unternehmen gar zum Selbstzweck geworden. Deshalb ist auch hier die Zeit reif für einen Perspektivenwechsel. Denn: Der Purpose ist nicht die alleinige Unternehmensaufgabe. Ein Unternehmen existiert, um seinen Kunden zu helfen, ihre Ziele zu erreichen. Ihnen zu helfen, ihre Aufgabe zu erfüllen. Oder anders gesagt: Nicht (nur) der *Corporate* Purpose zählt, sondern vor allem der *Customer* Purpose.

Deiner ist wichtiger als meiner

«Customer Purposes» sind Absichten, Bedürfnisse, Fragen oder gewünschte Ergebnisse, die einen Menschen dazu veranlassen könnten, sich an Ihr Unternehmen zu wenden. Denken Sie an alles, was mit «Ich brauche…», «Ich will…», «Wie kann ich…» oder «Können Sie…» beginnt.

Lassen Sie uns das Konzept des «Customer Purpose» mit ein paar Beispielen auf den Punkt bringen.

Sie denken, Sie verkaufen Laufschuhe? Falsch gedacht! Was viele Ihrer Kunden wirklich wollen, ist ein aktiver, gesunder Lebensstil. Klar, Ihre Schuhe sind spitze, aber der wahre «Customer Purpose» ist vielleicht «Regelmässig joggen, um fit und gesund zu bleiben». Überraschen Sie Ihre Kunden mit Lösungen, die sie zum Laufen befähigen: Organisieren Sie virtuelle und echte Laufgruppen für Motivation und Gemeinschaft. Kooperieren Sie mit Lieferdiensten, um Geschäftskleidung vom Büro nach Hause zu transportieren – so kann der Heimweg für einen Lauf genutzt werden, wo sonst im Alltag kaum Zeit bleibt. Plötzlich sind Sie nicht mehr nur Schuhhändler, sondern der ultimative Fitness-Ermöglicher.

Oder nehmen wir an, Sie leiten eine Bank. Glauben Sie ernsthaft, Ihre Kunden träumen von Kontoauszügen oder einer neuen Banking-App? Wohl kaum! Sie träumen von finanzieller Freiheit und Sicherheit. Wenn ein junges Paar zum ersten Mal eine Wohnung mieten will, brauchen sie mehr als nur ein Konto. Ihr Job? Werden Sie zum Finanz-Mentor! Bieten Sie nicht nur Bankprodukte an, sondern ein komplettes «Finanz-Fitness-Programm»: von intelligenten Budgetplanungs-Tools über personalisierte Sparpläne bis hin zu digitalen Finanzberatern, die rund um die Uhr verfügbar sind.

Aber warum bei den Grenzen der eigenen Branche halt machen? Grosse «Customer Purposes» können auch branchenübergreifend adressiert werden. Stellen Sie sich vor, ein Fitnessstudio kooperiert mit einem Ernährungsberater und einer Krankenkasse. Der gemeinsame «Customer Purpose» könnte «Ein rundum gesundes Leben führen» sein. Das Fitnessstudio bietet Trainingsmöglichkeiten und Fitnesskurse, der Ernährungsberater steuert personalisierte Ernährungspläne bei, und die Krankenkasse belohnt die Teilnahme mit Bonuspunkten oder Beitragsrückerstattungen. So entsteht ein neues, ganzheitliches Gesundheitskonzept, das den Kunden in allen Aspekten unterstützt.

Doch Achtung: «Customer Purposes» müssen nicht immer grossspurig daherkommen. Manchmal sind es die kleinen Dinge, die zählen. Eine Kreditkarte sperren? Klingt banal, aber für Ihren Kunden geht's um «schnelle finanzielle Absicherung im Notfall». Wie wäre es mit einer One-Click-Sperrfunktion in Ihrer App und sofortigem Ersatz durch eine digitale Karte? Oder die lästige Adressänderung bei einem Umzug. Ihr Kunde will keine Formulare ausfüllen, er will ein «reibungsloses Update seiner Daten». Bieten Sie ein zentrales Online-Portal, das alle verbundenen Dienste auf einmal aktualisiert. Und warum nicht gleich einen digitalen Umzugsassistenten obendrauf packen?

Sehen Sie den Unterschied? Es geht nicht darum, was Sie verkaufen. Es geht darum, was Ihr Kunde erreichen will. Denken Sie grösser – oder manchmal auch kleiner – aber immer aus der Perspektive Ihres Kunden. Denn jeder «Customer Purpose» ist ein konkreter Anlass, um den herum bewusst ein Kundenerlebnis gestaltet werden muss, das Ihren Kunden erlaubt, ihren beabsichtigen Purpose problemlos zu erreichen – das ist der Schlüssel zum «Customer Purpose».

Wie kriegen Sie das richtig hin?

In fünf Schritten:

1. Menschen verstehen

Ausgangspunkt ist immer ein tiefes Verständnis des Menschen und was ihm – im Kontext des Geschäftsbereichs Ihres Unternehmens – wichtig ist: Was konkret möchte jemand erreichen? Dieser Frage gilt es auf den Grund zu gehen. Mithilfe von explorativem ethnografischem Research und Methoden wie offenen Einzelgesprächen, Kundenbeobachtungen oder Kundentagebüchern können konkrete «Customer Purposes» identifiziert werden. Damit bauen Sie sich ein Portfolio an Kundenzielen auf, welches Sie nun nutzen, um konkrete Ideen und Konzepte zu entwickeln, wie Sie den «Customer Purpose» bedienen können. Diese priorisieren Sie anhand des Wertbeitrags, welche sie Ihren Kunden und Ihrem Unternehmen bringen, und entwickeln erste Experience-Konzepte dafür.

2. Fähigkeiten identifizieren

Bestimmen Sie im nächsten Schritt die Fähigkeiten oder Abhängigkeiten, die jedes Konzept erfordert. Das können Daten, technische, betriebliche, organisatorische oder rechtliche Dinge sein. Sie werden sehen, dass viele Konzepte die gleichen Fähigkeiten erfordern werden. Soll heissen: Sie müssen das Rad nicht für jede benötigte Fähigkeit neu erfinden; prüfen Sie stattdessen, wie Sie mittels *gemeinsamer* Fähigkeiten mehrere Konzepte umsetzen können. Nun sind Sie bereit, eine wertorientierte Umsetzungsplanung für Ihre Lösungen der wichtigsten «Customer Purposes» zu erstellen.

3. Teams organisieren

Bisher bilden Teams meist entweder klassische Unternehmensfunktionen – zum Beispiel Produkt, Marketing, Vertrieb oder Kundenservice – oder die unterschiedlichen Kanäle wie Webseite, E-Mail-Marketing, Shop oder Call Center ab. Dieses Modell hat ausgedient. Stellen Sie stattdessen Teams für bestimmte Kundensegmente oder «Customer Purposes» zusammen. Mitarbeitende aus den Bereichen Produkt, Marketing, Vertrieb und Service sollten gemeinsam mit Experience Designern und Entwicklern, Content-Architekten und -Autoren, Experten für digitale Medien, E-Mail und E-Commerce in multidisziplinären Squads arbeiten. Integriertes Arbeiten über Experience-Design und Marketing hinweg ist das A und O, wie ich hier (→**❶❷❺**) schon beleuchtet habe.

4. Erlebnisse liefern

Die meisten Unternehmensabläufe sind auf Effizienz optimiert, was oft zu Reibungen mit Kunden führt oder Mitarbeiter daran hindert, bessere Kundenerlebnisse zu liefern. Ziel muss hingegen die grösstmögliche Skalierung von wertstiftenden Erlebnissen rund um einen bestimmten «Customer Purpose» sein. Um das zu erzielen, müssen meist Betriebsprozesse und Technologieplattformen umgestellt werden. Nutzen Sie Daten und künstliche Intelligenz, um die Kundenerlebnisse auf die Präferenzen jedes einzelnen Kunden zuzuschneiden und zu personalisieren. Und mit Cloud-Plattformen klappt auch die technische Skalierung im Handumdrehen. Anstatt auf Kosten des Wachstums nur auf Effizienz zu optimieren, können Sie damit so effizient wie möglich auf Wachstum optimieren.

5. Erfolg messen

Zu guter Letzt müssen Sie verstehen, wie gut Sie den Purpose Ihrer Kunden erfüllen. Versetzen Sie sich also auch in der Erfolgsmessung in die Situation Ihrer Kunden. Messen Sie mittels Customer Performance Indicators (CPIs) (→❿), wie gut Sie Ihren Kunden wirklich helfen, ihre Ziele zu erreichen. Denn das Wachstum und der Erfolg Ihres Unternehmens wird letztlich davon abhängen, ob Ihre Kunden ihre Ziele erreichen – und nicht Sie Ihre eigenen.

Fassen wir also zusammen: Purpose bleibt wichtig, aber der Fokus muss sich ändern. Wachstumsstrategien, die kunden-, zweck- und erlebnisorientiert sind, erfordern eine neue Denkweise. Es geht nicht nur um das *Why* Ihres Unternehmens und warum Sie Geschäft machen, sondern auch um das *How*. Der Kunde will seine Ziele erreichen, und dafür braucht er Sie!

Machen Sie ihm doch dieses Geschenk – und zwar nicht nur zu Weihnachten. Er wird sich bei Ihnen revanchieren und zum Wachstumsmotor für Ihr neues Geschäftsjahr werden.

IT'S THE PRODUCT, STUPID

Acht Strategien, um Ihr Produkt
zum Erlebnis zu machen

In meiner letzten Kolumne «Was Sie vom Apple-Amazon-Effekt lernen können» (→❷⑥) hatte ich geschrieben, dass «Experience das neue Marketing ist». Diese Aussage hat viele von Ihnen aufhorchen lassen – wohl, weil sie einen wichtigen Punkt im Kern trifft. Meine These habe ich damals mit dem Erfolg von Amazon und Apple untermauert, denen es gelungen ist, einzigartige Nutzererlebnisse durch die nahtlose Integration aller Komponenten zu schaffen.

In der heutigen Geschäftswelt ist der Königsweg klar: Ein Produkt muss ein echtes Kundenproblem besser lösen als die Konkurrenz – und zwar mit allen Mitteln. Die nahtlose Integration aller Komponenten ist dabei nicht nur ein Erfolgsfaktor, sondern oft der Jackpot.

Nehmen wir Tesla: Dieser Newcomer hat die verstaubte Automobilindustrie bekanntlich kräftig durchgeschüttelt. Wie? Indem er Elektroautos von der Öko-Nische in den Mainstream katapultierte. Teslas Geheimrezept: Ein Rundum-sorglos-Paket aus Batterie, Fahrzeug, Technologie, Software und Services. Das Ergebnis? Ein Elektro-Bolide, der in Sachen Leistung, Design, Bedienung und Umweltfreundlichkeit neue Massstäbe setzt – und die alteingesessenen Autobauer ins Schwitzen bringt.

Solche Produkte werden selbst zum stärksten Marketinginstrument, indem sie durch ihren Mehrwert überzeugen und Kunden zu begeisterten Botschaftern machen.

Lassen Sie uns also daran anknüpfen – und in fünf Thesen auf folgende Fragen eingehen: Wie entstehen diese Erlebnisse eigentlich, welche Rolle spielen herausragende Produkte dabei und wo kommen die richtigen externen Partner ins Spiel?

1. Experience bringt messbaren Erfolg

Marken, die auf Erlebnisse setzen und dadurch eine Differenzierung ihrer Produkte und Services erreichen, sind erfolgreicher. Im Zuge von Covid-19 ist der Graben zwischen solchen Marken, die an traditioneller Werbung statt differenzierender Produkte festhalten, und jenen, die genau das Gegenteil tun, nur noch grösser geworden. Dieser Erfolg lässt sich auch in Zahlen belegen: Im Interbrand Global Best Brand 2020 Report konnten die besten Marken, die allesamt auf Experience setzen, um 43 Prozent zulegen. Alle anderen verzeichneten in der Krise einen historischen Rückgang von 57 Prozent.

2. Das Erfolgsrezept: wegbereitende Innovationen

In der Experience Economy setzen sich oftmals sogar genau die Produkte durch, die den Kundenwünschen nicht entsprechen. Wie bitte!? Ganz genau: Denn viele erfolgreiche Produkte verändern die Gewohnheiten ihrer Nutzer und bedienen nicht ein offensichtliches Bedürfnis. Sie tun dies so gut, dass sie, werden sie einmal rege benutzt, auf Grund ihrer hohen Relevanz nicht mehr aus dem Alltag der Nutzer wegzudenken sind. Ein Beispiel dafür: Google Maps.

3. Werbung wird Nebensache

Menschen ändern ihr Verhalten, wenn sie einen konkreten und starken Anreiz dafür haben. Wegbereitende Innovationen und andere revolutionäre, neu gedachte Produkte schaffen das, weil sie einen Nutzerwert bieten, der exponentiell besser ist als der von bisherigen Lösungen. Das bedeutet aber auch: Sie kommen ohne Werbung aus. Statt aufwendiger Marketingkampagnen greifen die Kunden zu diesen Produkten und Lösungen, weil sie vom Nutzwert überzeugt sind. Oder haben Sie schon mal eine Werbung für Google Maps gesehen?

4. Wetten auf die Zukunft

Google X, Alphabets «Moonshot-Fabrik», treibt dieses Konzept auf die Spitze. Sie definieren einen «Moonshot» durch drei Kriterien: Ein gewaltiges Problem, das gelöst werden soll; eine scheinbar verrückte Lösung, die wie Science-Fiction klingt; und ein Vorschlag für einen technologischen Durchbruch, der diese Lösung möglich machen könnte. Der Clou dabei: Es geht nicht darum, ob die Idee funktionieren wird, sondern wie schnell und kostengünstig man herausfinden kann, ob sie es tut.

5. Agenturen minimieren Innovations-Risiken

Externe Partner spielen bei all dem eine wichtige Rolle: Sie sind oftmals die Antreiber, die konventionelle Innovationsansätze ihrer Kunden in Frage stellen und sie ermutigen, radikal neue Wege zu beschreiten, anstatt nur inkrementelle Optimierungen vorzunehmen. Mit ihrem Blick für Kundenbedürfnisse und die richtigen Methoden, diese zu erkennen und zu validieren, reduzieren sie das Risiko, mit neuen Produkten zu scheitern.

Doch wie können Marketers und Customer Experience Leaders diesen Ansatz in die Praxis umsetzen?

Hier kommen acht Handlungsempfehlungen, die Ihnen helfen, Ihre Produktstrategie neu auszurichten und begeisternde Kundenerlebnisse zu schaffen.

1. Bilden Sie interdisziplinäre Full-Stack Produktteams

Bringen Sie Experten aus Produktmanagement, Design, Engineering und Marketing zusammen. Diese Teams sollten Ende-zu-Ende Verantwortung für den gesamten Produktentwicklungsprozess haben (→❷❺). Lassen Sie dabei über synthetische Verbindungen (→❿) die Magie ganz unterschiedlicher Talente freien Lauf.

2. Fokussieren Sie sich auf echte Kundenbedürfnisse

Investieren Sie Zeit in tiefgreifende Kundenforschung. Ziel ist es, nicht nur offensichtliche Bedürfnisse zu verstehen, sondern auch latente Wünsche und Frustrationen Ihrer Zielgruppe zu entdecken (→❸). Der Fokus sollte immer auf der Lösung realer Kundenprobleme liegen. Denn wie der bekannte Produktmanager und Unternehmer Jeff Bonforte treffend sagte: «I like my product managers to focus on the most miserable thing people have to deal with everyday. If you can solve that problem, that actually changes behavior, and that can lead to the truly big product wins» (→❼).

3. Entwickeln Sie ein ganzheitliches Produkterlebnis
Denken Sie von Anfang an über das gesamte Ökosystem Ihres Produkts nach. Betrachten Sie jeden Berührungspunkt mit dem Kunden – vom ersten Kontakt bis zum Kundenservice und Support. Streben Sie nach nahtlosen, integrierten Erlebnissen (→㉖), die Ihre Kunden begeistern und an Ihr Produkt binden.

4. Setzen Sie auf schnelle Lernzyklen
Legen Sie Wert auf schnelle, kostengünstige Experimente, um Ideen zu testen. Nutzen Sie früh im Entwicklungsprozess Prototypen von unterschiedlicher Komplexität, idealerweise sogar «Pretotypen» (→❺). Diese helfen nicht nur bei der internen Kommunikation, sondern ermöglichen auch frühzeitiges Nutzerfeedback. Seien Sie offen, basierend auf diesem Feedback Anpassungen vorzunehmen und gegebenenfalls zum Startfeld zurückzukehren.

5. Messen und optimieren Sie kontinuierlich
Entwickeln Sie KPIs, die über traditionelle Metriken hinausgehen. Erfassen Sie neben Verkaufszahlen auch Faktoren wie Kundenzufriedenheit, Weiterempfehlungsrate und langfristige Kundenbindung – idealerweise auch CPIs (→❿). Bereiten Sie Ihr Produkt auf A/B-Tests und multivariate Tests vor, um es nach der Markteinführung kontinuierlich verbessern zu können (→❼).

6. Kultivieren Sie eine Innovationskultur
Ermutigen Sie Ihr Team, bestehende Annahmen in Frage zu stellen und neue Lösungsansätze zu entwickeln. Schaffen Sie dafür auch Raum für kontrolliertes Risiko. Aber feiern Sie auch «intelligentes Scheitern»: Bei Google X werden Teams, die ihre eigenen Projekte einstellen, applaudiert. Fördern Sie also eine Kultur, in der das Lernen aus Fehlern genauso wertgeschätzt wird wie Erfolg.

7. Entwickeln Sie ein «Moonshot-Denken»

Zielen Sie nicht nur auf inkrementelle Verbesserungen ab. Setzen Sie sich, wie Google X, kühne Ziele, die Ihre Branche revolutionieren könnten, wenn sie erreicht werden. Denken Sie zum Beispiel an deren Projekt mit dem Decknamen «Chauffeur», aus dem die selbstfahrenden Autos von Waymo hervorgingen, die heute auf den Strassen von San Francisco als Taxis herumkurven.

8. Praktizieren Sie «Innovation-Kompostierung»

Wenn Projekte nicht funktionieren, bewahren Sie die Erkenntnisse, Patente und Partnerschaften auf. Diese können zur Grundlage für zukünftige Innovationen werden.

Der Weg zu überzeugenden Produkterlebnissen

Es geht also darum, die wirklichen Probleme von Menschen zu verstehen sowie eine Kultur des kühnen Denkens, des schnellen Experimentierens und des kontinuierlichen Lernens zu fördern. Damit können Sie Ihre kundenzentrierte Produktentwicklung neu ausrichten und Produkte schaffen, die nicht nur funktional überzeugen, sondern auch ihren Beitrag zu nachhaltigen Kundenpräferenzen liefern.

Denn denken Sie daran: In der Experience Economy ist das Produkt selbst oft das mächtigste Marketinginstrument. Nutzen Sie diese Chance, um Ihre Marke zu differenzieren und nachhaltigen Erfolg zu erzielen.

FAKE IT 'TIL YOU MAKE IT

Warum nur der Reality
Check hilft, den nächsten
Rohrkrepierer zu verhindern

E veryone had a plan until I punched them in the mouth» pflegte Mike Tyson zu sagen. Zu viele Marketers und Customer Experience Leaders kennen das aus eigener Erfahrung. Der Schlag ins Gesicht kommt bei ihnen aber nicht von Mike Tyson, sondern von den Konsumentinnen und Konsumenten. Denn: 90% aller neuen Produktideen scheitern.

Der Grund dafür sind selten zu kleine Medienbudgets und daher mangelnde Bekanntheit oder fehlerhafte Produkte, die ihre Funktion nicht erfüllen. Die allermeisten scheitern aus einem banalen Grund: weil es – trotz gutem Plan und viel Marktforschung – keinen Markt dafür gibt.

Sogar den erfolgreichsten und innovativsten Unternehmen dieser Welt passiert dies. Denn dem Markt ist es egal, wer diese «Innovationen» erfindet, herstellt und vermarktet. Wie sonst kann es sein, dass der Friedhof von aufgegebenen Google-Produkten (der Zähler bei «Killed by Google» steht Ende 2024 bei 296) mehr Grabsteine zählt als Google erfolgreiche Produkte hat? Oder dass die «Konsumentenversteher» von Coca-Cola mit dem monumentalen Scheitern von «The New Coke» 1985 den grössten Softdrink-Hersteller des Planeten fast in den Ruin getrieben hätten?

Da drängt sich natürlich eine Frage auf: Warum ist das so?

Ganz einfach: Wenn es um die Validierung von Ideen für neue Produkte geht, können wir uns nicht darauf verlassen, was andere denken, sagen oder versprechen.

Sogar «Experten», die sich tagtäglich mit einem Industriezweig, dessen Produkten und Konsumenten beschäftigen, können – wie obige Beispiele zeigen – trotzdem verkehrt liegen. Und es kann auch andersrum schief gehen: Einige der erfolgreichsten Romane aller Zeiten wie Harry Potter oder Moby Dick wurden zum Beispiel von den erfahrenen Fachleuten renommierter Verlage abgelehnt, bevor sie es über andere Wege in den Markt schafften.

Trauen Sie auch Ihrer eigenen Intuition nicht zu viel zu: Denn hätten Sie gedacht, dass ein neuer Service, dank welchem Sie sich nachts nach dem Ausgang ins Auto einer wildfremden Person anstatt in ein akkreditiertes Taxi setzen können, zum grössten «Taxiunternehmen» der Welt würde (Uber)? Oder dass ein anderer Dienst, über welchen Ihnen ebenso fremde Menschen gar in Ihrer Stube übernachten können, zum weltweit grössten «Hotelier» würde (Airbnb)?

Sie argumentieren nun zu Recht: *Daten* sind die Grundlage, auf welcher solche Entscheide getroffen werden sollten – und nicht Meinungen!

Aber auch auf diese ist per se kein Verlass.

Natürlich gibt es massenhaft Marktdaten und «Evidenzen» von Mitbewerbern, die Sie heranziehen können. Aber hätte Elon Musk seine Entscheidung, Elektroautos herzustellen davon abhängig gemacht, wie erfolgreich andere Automobilhersteller mit Elektroautos damals waren, dann wäre der Tesla Model 3 heute nicht das meistverkaufte Auto der Schweiz.

Fragen wir also die Konsumentinnen und Konsumenten selbst! Schliesslich gehören Marktforschung und Fokus-Gruppen ja zum Standardrepertoire jedes Marketers und «User-Tests» zum Zeitgeist von Customer Experience Leaders.

Doch Achtung: Was Menschen sagen und später dann tun, sind oft zweierlei. Sagen Sie mir in der Befragung nur, dass Sie «mindestens zwei Mal in der Woche ins Fitnessstudio gehen würden» oder tun Sie es auch wirklich? «The New Coke» bekam so sogar den Segen einer Testgruppe von mehr als 190'000 Personen – mit bekanntem Ergebnis.

Wie können Sie also vorhersagen, ob ein Produkt, das es noch gar nicht gibt, im Markt erfolgreich sein wird?

Die Lösung: Sie brauchen den Realitätstest, bevor das Produkt überhaupt existiert! Klingt schwierig, ist es aber nicht.

Der Reality-Check

Solange Menschen ihre Aussagen, Absichten und Versprechen nicht mit einem – idealerweise finanziellen – Einsatz untermauern, kann man sie nicht als möglichen Kunden oder Nutzer betrachten. Sie sind lediglich «Zuschauer» – denn sie haben nichts zu verlieren.

Anstatt sie zu fragen «if we build it, will you buy it?», sollten wir den Ansatz umdrehen und sagen «if you buy it, we will build it». Alberto Savoia hat dieser Technik den sehr passenden Namen «Pretotyping» gegeben.

«Pretotyping» ist nicht zu verwechseln mit «Prototyping». Bei einem Prototype geht es darum, die Funktionstüchtigkeit eines Produkts zu testen. Die Kernfrage lautet: «*Können* wir es bauen?» oder «Wäre es so *richtig* gebaut?». Der Pretotype hingegen beantwortet die Frage «*Sollen* wir es bauen?». Und das schnell (in wenigen Tagen) und günstig (mit wenigen Franken). Dafür aber mit harten, belastbaren Daten als Ergebnis.

Und wie bitte soll das gehen?

Pretotypes (vom Englischen «pretend») täuschen vor, dass es ein neues Produkt oder eine neue Dienstleistung bereits gibt. Sie versetzen damit Prospects in die Vorstellung, das Produkt kaufen zu können. Damit lässt sich echtes (Kauf-)Verhalten messen. Greifen genügend viele Personen zu, ist klar: Ja, die Nachfrage ist da, wir sollten es bauen. Der Kreativität sind hierbei kaum Grenzen gesetzt. Pretotypes können viele Formen haben, hier ein paar Beispiele.

Fake Door

Tun Sie so, als ob Ihr Produkt schon existieren würde. Erstellen Sie zum Beispiel eine Website mit Produktinformationen und einem «Buy»-Button oder nehmen Sie Ihr neues Gericht schon auf die Menü-Karte, bevor Sie die Zutaten gekauft haben. Den Personen, die zuschlagen, erklären Sie freundlich, dass es noch nicht erhältlich sei, und drücken ihnen einen Gutschein in die Hand als Dankeschön, Ihnen harte Daten zur Nachfragesituation geliefert zu haben.

Pinocchio

Erstellen Sie eine nicht funktionsfähige Version Ihres Produkts und nutzen Sie Ihre Fantasie, um so zu tun, als würde es tatsächlich funktionieren. Dies kann so etwas Einfaches wie eine bemalte Büchse sein, die Sie als Pretotype eines Sprachassistenten in Ihr Wohnzimmer stellen und mit ihr sprechen. So sehen Sie schnell, ob und wie Sie das echte Produkt verwenden würden.

Mechanical Turk

Bevor Sie eine grössere Investition in die Entwicklung und den Bau eines funktionstüchtigen Prototyps oder gar fertigen Produkts tätigen, überlegen Sie sich, ob Sie menschliche Fähigkeiten einsetzen können, um eine Produkteigenschaft zu simulieren. IBM hat so vor Jahrzehnten die «Speech-to-Text»-Funktionalität mittels für die Testpersonen unsichtbaren, im Hintergrund tippenden Menschen simuliert und so schnell und einfach getestet, ob eine solche Funktion ausreichend genutzt würde (sie wurde es nicht).

One-Shot-Offer

Bieten Sie eine reduzierte Vorabversion Ihres Produkts oder Ihrer Dienstleistung für eine sehr begrenzte Zeit an, um zu sehen, ob echtes Interesse besteht. Die Gründer von Airbnb haben so mit drei einfachen Luftmatratzen in ihrer Bleibe in San Francisco ihre ursprünglich verrückte Idee validiert (und ihre damals leere Haushaltskasse aufgefüllt). Der gleiche Ansatz führte den legendäre Entrepreneur Richard Branson zur Gründung von Virgin Airlines, als er nach einem abgesagten Flug auf die Virgin Islands am Flughafen stehengelassen wurde und kurzerhand eine eigene Maschine charterte und die ebenfalls gestrandeten Passagiere einsammelte (die fast alle zustiegen).

Infiltrator

Nutzen Sie den Kundenstrom in einem bestehenden (stationären oder digitalen) Geschäft und stellen Sie ein Ausstellungstück Ihrer Idee in die Regale, um zu sehen, ob die Menschen es kaufen würden. So eindrücklich geschehen ebenfalls in San Francisco, als der Designer Justin Porcano seine Produktidee «Walhub» im lokalen IKEA unter dem Namen «Wälhub» uneingeladen zum Verkauf anbot.

Impostor

Verwenden Sie ein bestehendes Produkt als Ausgangspunkt für Ihr neues Produkt. Prüfen Sie dafür, ob es andere Produkte gibt, die nahe genug an Ihrer Idee sind und mit wenig Arbeit verwendet werden können, um das neue Produkt, das Ihnen vorschwebt, zu verkörpern. Nehmen Sie dabei wieder Tesla und Elon Musk als Vorbild, der einen Lotus Sportwagen leicht modifizierte, den Benzinmotor durch einen Elektromotor ersetzte und so den ersten Elektrowagen vorzeigen konnte, der auch echte Autofans und nicht nur Idealisten ansprach, die etwas für die Umwelt tun wollten. Dafür fanden sich schnell genügend Leute, die eine Anzahlung für das erste reale Exemplar tätigten. Einen besseren Beweis für «echte» Nachfrage gibt es kaum.

Welche Form Sie auch nutzen: Ihr Ziel muss dabei immer sein, damit von einer groben Idee mittels prüfbarer Hypothesen und schnellen und günstigen Experimenten zu harten Daten zu kommen – und basierend darauf fundierte Entscheidungen über die nächsten Schritte zu treffen.

Dieses Vorgehen kennen Sie bereits vom evidenzbasierten Experience Design (→❼). Mit dem Pretotyping haben Sie so nun auch das Werkzeug in der Hand, für noch nicht existierende Produkte mittels Experimenten belastbare Daten zum Marktpotenzial und der Erfolgswahrscheinlichkeit zu generieren.

Denn Businesspläne, für die es kein Business gibt, sind das Papier und die Zeit nicht wert.

DIE QUAL
DER WAHL

Wie Sie durch Reduktion
das Kundenerlebnis verbessern

S imple doesn't mean easy», sagte die italienische Koch-legende Marcella Hazan einst über die Kunst der Küche. Was für die besten italienischen Gerichte gilt, trifft auch auf die Gestaltung von Produkten und Angeboten zu: Die einfachsten Lösungen sind oft die besten – aber eben nicht die leichtesten.

Marketers und Customer Experience Leaders stehen heute vor einem Dilemma, das der renommierte Psychologe Barry Schwartz treffend als «Paradox der Wahl» bezeichnet hat. In seinem Klassiker lehrte uns Schwartz eindrücklich, dass ein Überangebot an Optionen, entgegen der gängigen Meinung, nicht zu mehr Zufriedenheit führt – sondern zu Überforderung, Entscheidungslähmung und letztendlich Unzufriedenheit.

Kennen Sie das Gefühl vor dem prall gefüllten Supermarktregal? Lähmung statt Kauflust? Genau so geht es vielen Kunden angesichts der schier endlosen Produktpaletten mancher Marken. Und wenn sie sich dann doch mal für etwas entschieden haben, bleibt immer der schale Nachgeschmack, dass es vielleicht doch die falsche Wahl war. Was gut gemeint war – «für jeden etwas dabei» –, kann schnell zur Pein werden.

Da überrascht es kaum, dass sich laut einer aktuellen Studie von Accenture 73% der Konsumenten von zu vielen Optionen überfordert fühlen. Noch bedenklicher: 74% haben sogar Käufe abgebrochen, weil sie sich schlicht überrumpelt fühlten. Ein Weckruf für jeden Marketer!

Doch warum tun wir uns – und unseren Kunden – das an? Oft stecken gute Absichten dahinter: Der Wunsch, jedem Kundenbedürfnis gerecht zu werden. Manchmal ist es aber auch eine bewusste Strategie, den Wettbewerbsvergleich zwischen Angeboten zu erschweren. Denken Sie nur an das Tohuwabohu der Mobilfunktarife, die oft so gestaltet sind, dass ein Vergleich fast unmöglich wird – und wie angehende Kunden nun selbst abendfüllend ausrechnen müssen, welches Angebot sich für sie rechnet. Eine Aufgabe, die viele überfordert und frustriert zurücklässt.

Die Folgen sind fatal: Kunden, die sich überfordert fühlen, treffen oft gar keine Entscheidung – oder bereuen ihre Wahl im Nachhinein. Das führt zu Frust, weniger Käufen und geringerer Kundenbindung. Kurz: Das Gegenteil dessen, was Sie als Marketers und Customer Experience Leaders erreichen wollen.

Doch es gibt Hoffnung. Es gibt auch Unternehmen, welche die Vorteile einer simpleren, durchdachteren Angebotspalette erkannt haben. Hier ein paar Beispiele.

Telstra

Australiens führender Telekommunikationsanbieter, setzte mit seiner T22-Strategie ein beeindruckendes Beispiel für radikale Vereinfachung und reduzierte die Anzahl seiner Tarife von 1'800 auf nur noch 20. Dies eliminierte viele Kundenschmerzpunkte und machte es Prospects erheblich leichter, passende Abo-Pläne auszuwählen. Mit diesem mutigen Schritt setzte Telstra neue Massstäbe für Klarheit und Kundenorientierung in der Branche und darüber hinaus.

McDonald's

Der globale Fast-Food-Gigant streamlinte, auch als Ergebnis der COVID-19 Pandemie, sein Menü und konnte so Entscheidungsprozesse beschleunigen und die Kundenzufriedenheit steigern. McDonald's erkannte, dass ein überbordendes Menü nicht nur Kunden überforderte, sondern auch die Küchenprozesse verlangsamte. Durch die Reduktion auf Kernprodukte und saisonale Specials schaffte McDonald's eine Win-Win-Situation: schnellere Bestellungen und effizientere Zubereitung.

Trader Joe's

Die beliebte US-Supermarktkette hat das Prinzip «weniger ist mehr» sogar zu einer Säule ihres Geschäftsmodells gemacht. Mit einem Bruchteil der Produktauswahl konventioneller Supermärkte erzielt Trader Joe's beeindruckende Umsätze pro Quadratmeter. Der Schlüssel zum Erfolg: Eine sorgfältig kuratierte, regelmässig wechselnde Auswahl, die Kunden ein spannendes Einkaufserlebnis bietet – ohne sie mit endlosen Regalen zu überfordern.

Amazon

Obwohl für seine schier endlose Produktpalette bekannt, nutzt Amazon ausgeklügelte Algorithmen, um die Paradox-of-Choice-Falle zu mildern. Personalisierte Empfehlungen, übersichtliche Produktvergleiche und kundenrezensionsbasierte Rankings helfen Nutzern, sich in der Fülle besser zurechtzufinden. So versucht Amazon, potenzielle Überforderung in ein stärker massgeschneidertes Einkaufserlebnis umzuwandeln.

Diese Beispiele zeigen: Weniger kann tatsächlich mehr sein. Aber wie können Sie dieses Prinzip in der Praxis umsetzen?

Hier einige konkrete Empfehlungen – immer mit dem Fokus auf echten Kundennutzen statt interner Effizienzsteigerung.

Erstens, kennen Sie Ihre Kunden und Ihr Portfolio:

1. Verstehen Sie Ihre Kunden

Nutzen Sie Datenanalyse und direkte Kundenbefragungen, um die wahren Bedürfnisse Ihrer Zielgruppe zu erkennen.

2. Verstehen Sie Ihr Portfolio

Wie viele Ihrer Angebote generieren 80% des Umsatzes? Identifizieren Sie Ihre Kernprodukte und fokussieren Sie darauf. Kunden schätzen eine überschaubare Auswahl hochwertiger Optionen mehr als ein Meer mittelmässiger Alternativen.

Zweitens, machen Sie es einfach:

3. Erleichtern Sie die Entscheidungsfindung

Gruppieren Sie Produkte sinnvoll und bieten Sie klare Orientierung. Kombinieren Sie intelligente KI-gestützte Empfehlungen mit gut gestalteten Produktfindern oder interaktiven Beratungstools.

4. Setzen Sie auf Transparenz

Bieten Sie klare, leicht verständliche Informationen zu Ihren Produkten und Dienstleistungen. Verstecken Sie keine wichtigen Details in Fussnoten. Kunden schätzen Ehrlichkeit und Klarheit, die ihnen helfen, fundierte Entscheidungen zu treffen.

5. Schulen Sie Ihr Verkaufspersonal

In Situationen, wo persönliche Beratung möglich ist, sollten Ihre Mitarbeiter in der Lage sein, Kunden effektiv durch die Optionen zu führen. Ein gut geschultes Team kann Kunden vor Überforderung bewahren und ihnen helfen, die für sie beste Wahl zu treffen.

Drittens, bleiben Sie am Ball:

6. Testen und verfeinern Sie kontinuierlich

Experimentieren Sie mit unterschiedlichen Angebotsstrukturen und messen Sie laufend deren Auswirkungen auf die Kundenzufriedenheit. Nur so können Sie sicherstellen, dass Ihre Vereinfachungsstrategien tatsächlich den Kundenbedürfnissen entsprechen und Ihre Proposition Experience stetig verbessern.

Die Herausforderung liegt darin, die richtige Balance zu finden: Ein Angebot, das vielfältig genug ist, um unterschiedliche Bedürfnisse zu bedienen – aber einfach genug, um nicht zu überfordern.

Nutzen Sie also die Kraft der Reduktion – und machen Sie es Ihren Kunden leichter, sich für Sie zu entscheiden. Denn wie Marcella Hazan auch schon in der Küche sagte: «What you keep out is as significant as what you put in.»

Ihre Kunden – und Ihre Erfolgsrechnung – werden es Ihnen danken.

IDEEN SIND GUT, PROBLEME NOCH BESSER

Warum die richtige Methodik
zufällige Ideen zum Frühstück verspeist

E s ist fast schon ein Klischee zu behaupten, dass das Kundenerlebnis wichtiger denn je sei. Und ich hatte es in einem meiner letzten Artikel (→❷❹) auch schon thematisiert. Jede Führungskraft, jeder Marketer und jeder Designer ist sich dessen bewusst; doch mit jedem Tag, der vergeht, wird diese Wahrheit für viele Unternehmen unlösbarer.

Warum?

Unternehmen und ihre Teams sprudeln nur so vor Ideen. Die Wahrheit aber ist, dass viele dieser Ideen kein besseres Kundenerlebnis schaffen, sondern nur Zeit und Geld verschwenden. Und oft wissen Unternehmen noch nicht einmal, ob eine Idee funktioniert hat oder ob sie ein besseres Produkt oder Erlebnis für ihre Kunden hätten entwickeln können.

Warum scheitern so viele Ideen?

Menschen verbringen ihre Karriere damit, sich viel mehr auf Lösungen als auf Probleme zu konzentrieren. Das ist ein natürliches menschliches Verhalten. Schliesslich sind Probleme lästig. Und es gibt viele Fallen, in die Firmen leicht tappen, die sie dazu verleiten, sich zuerst auf Lösungen zu konzentrieren.

Es gibt sogar Namen dafür:

- **Table Stakes:** Bestimmte Dinge, von denen wir glauben, dass sie getan werden müssen, um wettbewerbsfähig zu sein.

- **Low-hanging Fruit:** Konzentration auf die einfachsten Dinge, in der Annahme, dass sie wertstiftend sind.

- **Keeping up with the Joneses:** Etwas tun, weil die Konkurrenz es auch versucht.

- **Follow the Leaders:** Sie lesen die Fallstudie eines anderen und probieren dessen Idee aus.

Warum funktionieren also einige Kundenerlebnis-Innovationen oder neue Features, während die meisten anderen scheitern? Und wie können Sie wissen, was funktioniert hat und warum?

Im kreativen Rausch vergessen wir oft, dass Ideen nur Mittel zum Zweck sind, um ganz konkrete Probleme von Menschen zu lösen (→ ❸). Denn Ideen scheitern, wenn sie keine Probleme lösen. Und das Gegenteil ist auch wahr: Je mehr Probleme eine Idee löst, desto mehr Wert wird damit geschaffen.

Damit sind wir beim echten Knackpunkt: Ideen, die Probleme lösen, sind schwer zu finden. Denn für Unternehmen steht bei gescheiterten Ideen viel Geld, Zeit und das Vertrauen seiner Kunden auf dem Spiel.

Hier ein Vorschlag für die richtige Vorgehensweise:

1. Ziele
Jeder Kreativ- und Designprozess sollte mit einem klaren Verständnis des Zieles starten, welches man zu erreichen antritt. Richtige Ziele sind spezifisch, messbar, umsetzbar, realistisch und zeitbezogen. Die Conversion Rate für Turnschuhe im Online-Shop in den nächsten 12 Monaten um 20% zu erhöhen, könnte eines sein. Sind die Ziele definiert, werden sie priorisiert, von der Unternehmensleitung abgesegnet und mit der ganzen Organisation geteilt. Damit ist diese startklar.

2. Probleme
Von dort aus nutzen wir Daten, Fakten sowie Hinweise von Kunden und Mitarbeitenden an der Kundenfront, um die grössten

Probleme, die diese Ziele blockieren, zu identifizieren, sie zu priorisieren und zu validieren. Aber Achtung: Oft ist das anfänglich identifizierte Problem nicht das wahre Problem. Fragen Sie so lange nach dem «Warum», bis die Frage nicht mehr beantwortet werden kann, um zum eigentlichen Problem zu gelangen. *Dies* sind die Probleme, die es am meisten wert sind, gelöst zu werden.

Um im Beispiel zu bleiben: Verkaufe ich mehr Turnschuhe im Online-Shop, wenn ich die Kunden nicht zuerst nach ihrer Schuhgrösse frage? Oder ist doch die Zoomeinstellung bei den Produktbildern das Problem, auf das ich meine Kraft richten sollte?

3. Hypothesen

Jetzt kommt der spannendste Teil im ganzen Prozess: die Ideen. Aber wir nennen unsere Ideen nicht Ideen, sondern Hypothesen. Denn genau an dieser Stelle treten viele in die Falle: Statt der Ursache auf den Grund zu gehen, wollen sie das Problem lieber sofort beheben. Oft muss die nächstbeste Idee herhalten; Hauptsache eine schnelle «Lösung» ist gefunden. In dieser Phase geht es aber genau darum, uns selbst kritisch zu hinterfragen und nicht von Ideen auf die falsche Fährte geleitet zu werden – daher nochmals: Hypothesen, und nicht Ideen. Stellen Sie sich dazu daher Fragen wie: Wird diese Hypothese das Grundproblem lösen? Wird sie mehr Probleme schaffen, als sie löst? Ist sie spezifisch genug, dass ein Designer, Entwickler und Datenanalyst allein auf ihrer Grundlage experimentieren kann?

Noch einmal zurück zu den Turnschuhen. Ist das Problem zum Beispiel bei der Wahl der Schuhgrösse verortet, könnten Hypothesen lauten: Ist die Darstellung der Schuhgrösse auf der Seite zu umständlich? Wollen die Kunden lieber erst die unterschiedlichen Modelle vergleichen, ehe sie prüfen, ob der Schuh auch in ihrer Grösse vorhanden ist? Oder sind sich viele Menschen einfach unsicher, was ihre richtige Grösse ist?

4. Experimente

Nun gilt es, diese Hypothesen unter realen Bedingungen zu testen. Entscheidend ist nämlich nicht, was zehn UX-Designer im

Brainstorming für die beste Idee halten; sondern was der Nutzer tut. Deshalb entwickeln Designer, Entwickler und Datenanalysten im nächsten Schritt eine Reihe von Experimenten, um zu sehen, welche Idee in der Wirklichkeit am besten funktioniert. So wird zum Beispiel für eine Woche die Frage nach der Schuhgrösse für einen Teil der Nutzer erst ganz am Ende des Kaufvorgangs gestellt; und nicht schon zum Anfang. Oder im Online-Shop taucht in einigen Fällen ein Hilfs-Tool auf, was die Kunden dabei unterstützt, mit Hilfe eines Fotos ihre Schuhgrösse zu bestimmen. Wichtig aber: Experimentieren ist kein Wilder Westen, sondern eine äusserst methodische Arbeitsweise. Ein Experiment erstreckt sich von der Planung, dem Design, der Entwicklung und der Ausführung eines Experiments bis hin zur Validierung, der Erkenntnisgewinnung und der Ableitung der nächsten Aktionen. Es ist ein statistisch verlässlicher Test von Validierungen oder Permutationen gegen Kontrollgruppen in einer kontrollierten Umgebung.

5. Ergebnis

Sobald ein Experiment lange genug gelaufen ist, um eine ausreichende Menge an Daten zu sammeln, ist es an der Zeit zu bestimmen, was die Daten uns sagen. Diese werden uns sagen, ob die Kontrollgruppe oder welche Variation davon (also unsere Hypothesen) besser abgeschnitten haben. Diese Ergebnisse zeigen uns, was unsere nächsten Schritte sein sollten. Stellen Sie sich also Fragen wie: Was haben wir gelernt? Wie sollten wir das Gelernte anwenden? Was sollten wir als nächstes tun?

Wichtig auch: Das Ergebnis eines Experiments ist keine finale Konklusion. Vielmehr ist es ein Ausgangspunkt für weiteres, laufendes Lernen und Optimieren.

Über den Schmerz zum Gewinn

Evidenz-basiertes Experience Design mag mühsam und aufwändig klingen. Und ja, dieser Prozess ist oft schmerzhaft, weil er bedeutet, sich von vielen vermeintlich guten Ideen zu trennen. Aber er ist notwendig: Sie wollen ja verstehen, welche Hypothesen echte Probleme lösen und warum. Denn nur wenn Sie *diese* lösen, schaffen Sie bessere, wertvollere und differenzierende Kundenerlebnisse.

Daher meint Rat: Lieben Sie Ihre Probleme – sie sind Ihr wertvollstes Kapital. Finden Sie diese. Verstehen Sie diese und setzen Sie Prioritäten. *Dann* erst konzentrieren Sie Ihre Investitionen auf ihre Lösung.

Denn: Ideen sind gut, aber Probleme noch besser.

DER KUNDE
IST TOT,
LANG LEBE
DER MENSCH

Warum Kundenzentriertheit
eine falsche Fährte sein kann

In meiner letzten Kolumne «Ist die CX noch ein Alleinstellungsmerkmal?» (→㉔) hatte ich geschrieben, dass eine gute Customer Experience (CX) heute kein Alleinstellungsmerkmal mehr ist und erfolgreiche Unternehmen sich viel ganzheitlicher als Business of Experience definieren. Mit anderen Worten: Eine Fokussierung auf die CX greift zu kurz.

Das wäre aber eine Verharmlosung. Denn ist Ihnen auch aufgefallen, woher dieser Fokus auf CX überhaupt kommt? Von einer Obsession mit «dem Kunden»: «Der Kunde hat immer Recht». «Der Kunde ist König». «Wir brauchen guten Kundenservice». «Wir müssen kundenzentrisch sein und denken». «Wir brauchen Customer Journeys». Und, natürlich: eine gute «Customer Experience». Die Frage ist nur: Will der Kunde das alles (→❸)?

Wenn Marken mit Personen lediglich als nächstes «kaufendes Objekt» kommunizieren, dann bleiben Marken ewig Verkäufer und deren Zielgruppen für immer nur Käufer. Diese Personen sind aber viel mehr als «Käufer». Und die Frage, für welche Produkte und Dienstleistungen sie Geld ausgeben sollen, nimmt nur einen kleinen Teil ihres Alltags ein; ihr Leben ist voll von anderen Dingen und Erfahrungen. Wir verspüren Leidenschaft, begeistern uns, wir lieben, sind überrascht, manchmal auch enttäuscht, mal voller Hoffnung und mal endlos frustriert.

So ist es denn auch keine Überraschung, dass die einer Studie von Accenture befragten Menschen sagen, dass ihnen emotionale Treiber genauso wichtig sind wie rationale Beweggründe, wenn es darum geht, sich einer Marke anzuvertrauen. Die

Aussage «Ich will wie ein Mensch, und nicht wie ein Kunde behandelt werden» steht sogar an zweiter Stelle ihrer emotionalen Kaufgründe. Und das wird künftig nicht besser: 68 Prozent der Gen X und gar 78 Prozent der Millennials suchen eine tiefere Beziehung mit Marken, verglichen mit nur 54 Prozent der Baby Boomer. Demgegenüber steht die heutige «Leistung» der Marken: Nur 19 Prozent aller Befragten sagen, dass sie von diesen als Menschen ernst genommen werden; und gar lediglich 13 Prozent stimmen überein, dass Marken eine Beziehung aufbauen wollen, die über Produkte und Dienstleistungen hinausgeht.

Da stellt sich die Frage: Wie konnte das alles nur so schief gehen?

Indem wir im Einsatz unserer Werbemassnahmen immer effizienter werden und aus jeder Kundeninteraktion mehr Mehrwert herauspressen möchten, lassen Marken oft Menschlichkeit, Empathie und Authentizität vermissen. Wir haben so ein Ungleichgewicht zwischen Kommerz und der Lebensrealität der Menschen geschaffen: die Human Experience Gap.

Diese «Lücke» gilt es zu überwinden; und das gelingt, indem wir verbundene Markenerlebnisse schaffen, die Kommerz und Alltag auf eine geschickte Art und Weise vereinen. Die Stunde der «Human Experience» – ein kluges Gleichgewicht aus emotionalen und rationalen Botschaften und Handlungen – hat geschlagen. So finden Marken und Menschen wieder zueinander.

Und wie genau schaffen Sie das?

In sieben Stufen:

1. Big Idea
Eine gelebte, übergeordnete Leitidee, bei welcher es um mehr als nur um den Unternehmenszweck geht. Paradebeispiel: Patagonia – «We're in business to save our home planet.»

2. Menschlichkeit
Menschliche Mitarbeiter, die Fehler auch mal auf der Stelle, aufrichtig und unzimperlich geradebügeln können und dürfen.

Paradebeispiel: Ritz Carlton – und die Entscheidungsbefugnis ihrer Concierges.

3. Vernetzte Kreativität
Ein vollständig durchgängiges Markenerlebnis über alle Touchpoints. Paradebeispiel: Nespresso – verlässliches Erlebnis des Markenkerns in Boutiquen, Onlinekanal, POS in Fachmärkten, Club und Call Center.

4. Reziprozität
Gegenseitige Beziehungen, die durch die Verbindung von funktionalem mit emotionalem Nutzen zu einem Gefühl der Verwandtschaft führt. Paradebeispiel: Tesla – je mehr ich mit meinem Tesla fahre, desto mehr tue ich, was mir persönlich und der Marke (und nicht der Unternehmensbuchhaltung) wichtig ist: meinen CO_2-Fussabdruck minimieren.

5. Individualität
Individuelle Markenpersönlichkeit an jedem Touchpoint; so werden selbst vermeintliche «Standards» zu berührenden Erlebnissen. Paradebeispiel: Air New Zealand – und ihre legendären Sicherheitsvideos (#AirNZSafetyVideo).

6. Zeitlose Innovation
Dauerhafte Relevanz über Generationen hinweg dank kontinuierlicher Innovation. Paradebeispiel: Lego – mit immer aktuellen Themen-Sets haben die im Kern unveränderten Plastikbausteine die Herzen ihrer jungen Fans stets aufs Neue erobert.

7. Die Endstufe
Die Marke wird zum natürlichen Teil der eigenen Identität. Paradebeispiel: IKEA – der schwedische Möbelhersteller verbindet Design, Nachhaltigkeit, Innovation und Pragmatik so geschickt miteinander, dass die Marke für viele Menschen zum Lebensgefühl geworden ist.

Die wichtigste Erkenntnis: Marken sollten sich so verhalten, als ob zwei Menschen miteinander umgehen. Das bedeutet: Wir erinnern uns an die Menschen, die «gut» sind, und wollen mehr Zeit mit ihnen verbringen; aber wir erinnern uns auch an die «schlechten» Menschen. Mit diesen vermeiden wir den Kontakt soweit es geht. Auch wenn es sich über sie manchmal schneller zum Ziel kommen liesse.

Wir tun also gut daran, die Customer Experience nicht auf das «Kunde-Werden» oder «Kunde-Sein» zu reduzieren. Dafür hilft es, aus bekannten Denkmustern auszubrechen. Weg mit B2C und B2B, hin zu B2H. Weg von CX, hin zu HX.

Denn: Der Kunde ist tot. Lang lebe der Mensch.

WIE IHRE KUNDEN SIE IN ERINNERUNG BEHALTEN

Warum Sie die «95/5-er Regel»
kennen sollten, wenn Sie im Marketing
oder Experience Design tätig sind

Wie Will Guidara und Daniel Humm die Brasserie Eleven Madison Park (EMP) in New York zum besten Restaurant der Welt machten, ist ein Lehrstück für alle, die im Marketing oder Experience Design tätig sind. Und das auch ausserhalb der Gastronomie-Branche.

Die Geschichte geht so:

«40. Platz» war die Schätzung von Guidara, «35. Platz» die von Humm. Die beiden hatten einige Jahre davor die Führung des EMP in New York übernommen und wurden 2010 in die noble Londoner Guildhall zur Preisverleihung der «World's 50 Best Restaurants» eingeladen.

Das an sich war natürlich schon eine grosse Ehre für die beiden jungen Gastronomen. Aber was erstmal folgte war eine herbe Enttäuschung: Mit «To kick it off, coming in at number fifty, a new entry from New York City: Eleven Madison Park!» wurde die Zeremonie eröffnet – und für die beiden auch gleich schon wieder beendet.

Regentropfen machen Ozeane

Nun war es aber natürlich nicht so, dass das Erlebnis in ihrem Restaurant nicht herausragend war. Die Tischtücher waren perfekt gebügelt, ebenso die Uniformen des Servier-Personals. Deren Haar war gepflegt, die Hände ordentlich manikürt. Jedes Besteckteil und jedes Glas war poliert und stand genau an der richtigen Stelle. Jeder Kellner kannte die Speisekarte in- und auswendig und wusste haargenau, woher die Zutaten für jedes Gericht kamen und wie genau sie zubereitet wurden.

Die zwei Restaurateure hatten eine Kultur der Exzellenz und Perfektion geschaffen, mit der sie jedes Detail des Gastronomie-Erlebnisses laufend weiter verbesserten. Je ausgefeilter, desto besser. Ganz nach dem Motto: Regentropfen machen Ozeane.

Trotzdem reichte es nur für Platz 50.

Was tun?

Wie wird man #1 der Welt, wenn das Kernprodukt auch durch die ständige Verbesserung des Produktes nicht weiter differenziert werden kann?

Perfektion ist nicht alles

Will Guidara und Daniel Humm suchten die Differenzierung anderswo. Sie fragten sich: Was würde passieren, wenn wir das gleiche, vielerlei übertriebene, ja fast unvernünftige Streben nach Perfektion bei der Zubereitung eines Gerichts, der Einrichtung des Speisesaals oder der Ausgestaltung des Service-Erlebnisses auf die Gastfreundschaft übertragen würden?

Oder anders gesagt: Sie hatten realisiert, dass es in ihrem Business nicht (nur) darum ging, exquisite Dinners zu servieren – sondern einmalige, ganz persönliche Erinnerungen, die man nie mehr vergisst.

Und wie soll das bitte gehen?

Im ersten Schritt ging es darum, alles zu beseitigen, was den Eindruck erweckte, dass es sich beim Restaurantbesuch um eine geschäftliche Transaktion handelt. Die Gäste sollten nicht das Gefühl haben, im Restaurant von Will Guidara und Daniel Humm zu sitzen, sondern in deren Zuhause.

Bestell- und Bezahlzahlterminals, Drucker und alle anderen für den Betrieb notwendigen elektronischen Geräte wurden aus dem Speisesaal verbannt. Das Podium am Eingang, hinter welchem normalerweise der Maître d'Standing die Gäste begrüsst, auf einem hellstrahlenden Bildschirm die Reservation sucht und den zugeteilten Tisch ausruft, wurde abgeschafft.

Stattdessen liefen die Gäste nun direkt auf den Maître zu und wurden persönlich mit Namen und Augenkontakt begrüsst – eben so, wie es sich anfühlt, wenn man bei Freunden zum Abendessen eingeladen ist. Jeder Gast wurde dafür vorgängig nach Fotos gegoogelt, die sich der Maître sorgfältig einprägte.

Anstatt zu fragen, ob die Rechnung gebracht werden könne – und damit implizit auszudrücken, dass jemand nicht länger willkommen sei – oder ungeduldige Gäste am Ende eines langen Abends länger als nötig warten zu lassen, folgte nach dem letzten Gang die Rechnung direkt auf den Tisch – zusammen mit einer vollen Flasche Cognac und der Botschaft «Vom Hause offeriert. Nehmen Sie sich so viel Sie mögen – und wenn Sie gehen möchten, dann liegt Ihre Rechnung hier schon bereit».

Und beim Verlassen des Restaurants wurden einem die persönlichen Garderobengegenstände direkt beim Ausgang überreicht – ohne, dass sie mittels Garderobenmarken von einer Person noch lange gesucht werden mussten.

Jetzt wird's «unvernünftig»

Viele weitere solcher Optimierungen brachten das Gefühl echter Gastfreundschaft auf ein ähnlich aussergewöhnliches Niveau wie die Food- und Service-Exzellenz. Und sie waren alle gut – aber für jeden Gast austauschbar. Wie nur konnten mehr wirklich persönliche, unvergessliche Erlebnisse geschaffen werden?

Dafür kam die «95/5-er Regel» ins Spiel.

Will Guidara beschreibt sie wie folgt: «Managen Sie 95 Prozent Ihres Geschäfts bis auf den letzten Cent; geben Sie die letzten 5 Prozent «unvernünftig» aus». Was er damit meint: Investieren Sie einen kleinen Teil Ihres Budgets in Dinge, die einen übergrossen Einfluss auf das Gästeerlebnis haben. Dinge, die Menschen das Gefühl geben, dass *sie* gesehen und verstanden werden; dass *sie* sich willkommen fühlen; dass *sie* Wertschätzung, Verbundenheit und Individualität spüren.

Für Will Guidara und Daniel Humm bedeutete dies, Erlebnisse zu schaffen, die ihre Gäste nirgends anders haben konnten. Nicht einmal am Tisch nebenan – weil sie eben höchst persönlich und damit beinahe einmalig waren.

Hier ein paar Beispiele.

An einem Winterabend verbrachte eine vierköpfige Familie aus Spanien den letzten Abend ihres Urlaubs im Eleven Madison Park. Vor den riesigen Fenstern fiel dichter Schnee und die Kinder konnten ihr Glück nicht glauben: Sie hatten noch nie zuvor Schnee gesehen. Als das Essen vorbei war, hatte das EMP-Team vier Schlitten gekauft und einen SUV mit Chauffeur organisiert, der die ganze Familie zu einem besonderen Ferienabschluss in den Central Park brachte: ein paar Stunden im frisch gefallenen Schnee.

Wenn ein Tisch den Grossteil des Essens damit verbrachte, über einen Film zu sprechen, den sie geliebt aber deren Details sie vergessen hatten, kam die Rechnung am Ende nicht nur mit der Cognac-Flasche, sondern auch mit einer DVD eben dieses Films.

Oder wenn ein Ehepaar, das sein Hochzeitsjubiläum feierte, erwähnte, dass es in einem nahegelegenen Hotel übernachte, dann sorgte das EMP-Team dafür, dass bei ihrer Rückkehr eine Flasche Champagner auf dem Zimmer stand. Zusammen mit einer handgeschriebenen Notiz, in der sie sich dafür bedankten, dass sie das EMP für einem so wichtigen Abend ausgewählt hatten.

Bierdosen schlagen Champagner

Vom Sohn eines anderen Gastes erfuhr das Team, dass sein Vater eher der Bier- als der Champagner-Typ sei – also kaufte das EMP-Team kurzerhand alle in der Nachbarschaft auffindbaren

Exemplare seiner Lieblingsmarke zusammen und rollte anstatt des Champagner-Wagens den einen Wagen voller Biervariationen an den Tisch des Gastes.

Beklagten sich Gäste darüber, dass sie am nächsten Morgen einen frühen Flug erwischen müssen oder nach einer langen Nacht im EMP wohl mehr schlecht als recht aus dem Bett kämen, so erhielten sie zum Abschied eine kleine Snack-Box für ein Frühstück im Flugzeug oder eine «Hangover-Box» für den nächsten Morgen mit starkem gemahlenem Kaffee, ein paar Alka-Seltzer und einem Muffin.

Mit der Zeit wurden sich wiederholende Situationen systematisch identifiziert, Toolkits entwickelt, dank welchen sich solche überraschenden Gesten mit wenig Aufwand umsetzen liessen. Mehr noch, das Restaurant schuf gar eine neue Stelle mit dem passenden Namen «Dreamweaver». Dieser war einzig und allein für die Umsetzung der spontanen Massnahmen zuständig. Die anfänglich improvisierten Zeichen der Gastfreundschaft, die zufällig und nur einigen wenigen Gäste zuteilwurden, konnten so auf möglichst viele Restaurantbesucher skaliert werden.

Das alles waren Erlebnisse, die niemand anders haben konnte. Nicht die Gäste am Nebentisch, geschweige denn die Gäste in einem der anderen 49 besten Restaurants der Welt.

Und raten Sie mal, was sieben Jahre nach dem enttäuschenden Debüt bei den «World's 50 Best Restaurants» passierte? Guidara und Humm nahmen voller Stolz die Auszeichnung für das beste Restaurant der Welt entgegen. Merke: Wer anderen unvergessliche Erlebnisse verschafft, wird selbst mit einem belohnt.

Was wir daraus lernen

Aber was machte diese Geschenke, diese Gesten so gut?

Nicht, dass sie für das Restaurant teuer sind – sondern für den Gast unbezahlbar. Es geht hier nicht um die Schlitten, die DVD oder die Bierdosen auf dem Champagner-Wagen. Und auch nicht um die Gastronomie-Branche, in der wohl weder Sie noch ich tätig sind.

Es geht darum, empathisch zu sein und den Menschen unvergessliche Erinnerungen zu geben – Erlebnisse, Geschichten, die sie noch Tage, Wochen oder vielleicht Jahre mit sich herumtragen, erzählen und immer und immer wieder durchleben können. Egal, in welcher Branche Sie tätig sind und was Ihr Kernprodukt ist. Denn diese Art von Erinnerungen schafft man nicht über das Produkt allein – selbst das beste Filet der Welt hat man irgendwann vergessen – sondern über das einzigartige, persönliche Erlebnis darum herum.

Denn Menschen werden nie vergessen, wie sie sich bei Ihnen gefühlt haben – weder im Eleven Madison Park, noch wenn sie bei Ihnen ein Auto, eine Versicherung oder eine Hypothek kaufen.

MESSEN SIE, WAS WIRKLICH ZÄHLT?

Die wichtigste Metrik,
welche Sie wahrscheinlich
(noch) nicht messen

W hat gets measured, gets done» ist eine der bekannteren Management-Phrasen unserer Zeit. Und auch wenn es noch andere, wahrscheinlich genauso effektive Treiber von Erfolg gibt, ist an dieser Redewendung bestimmt etwas dran. Die entscheidende Frage ist nur: Messen Sie überhaupt das Richtige?

Es ist eine Ironie des Schicksals, dass in einer Zeit, in der so viele Unternehmen *kunden*zentriert, *kunden*orientiert oder *kunden*besessen sein wollen, die meisten immer noch nur auf *unternehmens*zentrierte Kennzahlen setzen. Gängige Key Performance Indicators (KPIs) wie Absatzzahlen, Umsatz, Wachstum, Conversion Rate und ähnliche Metriken messen, wie gut die Kunden für das Unternehmen abschneiden. Wer es mit der Kundenorientierung ernst meint, sollte es aber genau andersrum machen: Wir müssen messen, wie das Unternehmen für seine Kunden performt.

Ich hatte schon in einer meiner letzten Kolumnen darauf hingewiesen: Ideen zur Verbesserung des Kundenerlebnisses scheitern, wenn sie keine Probleme lösen (→❼). Und das Gegenteil ist auch wahr: Je mehr Probleme eine Idee löst, desto mehr Wert wird damit geschaffen. Genau gleich verhält es sich mit den Erfolgsmetriken: Es gilt, die Dinge zu messen, die für die Kunden gut sind, und nicht, was für ein Unternehmen gut ist. Wir brauchen dringend (mehr) Kunden-KPIs!

Wie soll das gehen?

Kunden verfügen zwar in der Regel nicht über Online-Dashboards mit Datenvisualisierungen, die die Performance eines Unternehmens für sie widerspiegeln. Aber Kunden bringen in jede Interaktion mit einem Unternehmen einen Zweck, ein Problem, einen Bedarf, eine Absicht oder eine Frage ein: ein gewünschtes «Ergebnis» (→ ❸). Verbunden wird dieses Ergebnis mit den Erwartungen, wie schnell oder einfach es erreicht werden kann. Die Erreichung dieser «Ergebnisse» können durch Customer Performance Indicators (CPIs) gemessen werden.

Der Unterschied zwischen CPIs und KPIs

Es gibt zwei Merkmale, die eine Kennzahl als CPI qualifizieren. Entscheidend ist, dass es sich um ein «Ergebnis» handelt, das die Kunden als wichtig erachten. Zweitens muss ein CPI in Einheiten messbar sein, die Kunden tatsächlich schätzen: Zeitersparnis, Bequemlichkeit, Anzahl der Optionen oder eingesparte Franken sind einige Beispiele.

Viele nehmen an, dass der Net Promoter Score (NPS) – der die Bereitschaft eines Kunden misst, die Produkte oder Dienstleistungen eines Unternehmens weiterzuempfehlen – ein CPI ist. In Wirklichkeit ist der NPS jedoch nur für Unternehmen von Bedeutung, nicht aber für Kunden. Der NPS ist also nur ein weiterer KPI. Und im Gegensatz zu CPIs hat der NPS ein Defizit: Er erklärt nicht, mit welchem «Ergebnis» ein Kunde mit dem Unternehmen zufrieden oder unzufrieden ist. Die Ursache dafür lässt sich nicht rückverfolgen.

Aber was sind CPIs?

Jede Unternehmensfunktion, die direkt oder indirekt mit Kunden zu tun hat, kann CPIs verwenden. Hier einige Beispiele aus der Praxis.

Kundenservice

Viele Kundenservice-Organisationen verfolgen den Klassiker aller CPIs: die *First Time Resolution*. Diese misst, ob das Problem eines Kunden bei seiner ersten Anfrage (zur Zufriedenheit des Kunden) gelöst wird und wirkt sich auf die Kundenbindung und den Lifetime Value aus. Es gewinnen also beide: Unternehmen *und* Kunde.

Vertrieb

Eine führende Versicherung verfolgt die *Quote Turnaround Time* als CPI. Das Unternehmen misst so, wie gut es die Kundenerwartung eines «schnellen Angebots» erfüllt – ein matchentscheidendes Ergebnis in einer Branche, wo typischerweise mehrere Vergleichsofferten gleichzeitig eingeholt werden.

Marketing

Ein Telekommunikationsunternehmen verfolgt die *Payment Flexibility* als CPI, da es online die Auswahl mehrerer Zahlungspläne anbietet. Das Unternehmen misst, wie sich die Anzahl und Art der angebotenen Optionen auf die KPIs zur Kundengewinnung und -bindung auswirken.

Produkt-Management

Ein Hersteller von Audioprodukten entdeckte den CPI *Know Which Friends Like This Song*, den sie in der Einheit «Anzahl der Freunde» messen. Die Idee dahinter: Wer sieht, dass die eigenen Freunde denselben Musikgeschmack teilen, fühlt sich in seiner Wahl bestärkt und sozial akzeptiert. Dieser CPI steht im direkten Zusammenhang mit einem wichtigen Unternehmens-KPI: Das Gefühl sozialer Akzeptanz führt dazu, dass, die Kunden mehr Zeit mit Musikstreaming verbringen oder neue Songs kaufen.

Operations

Ein Lebensmittellieferdienst misst den CPI *Nothing Broke* für Eier oder andere zerbrechliche Lebensmittel. Dieser CPI wirkt sich nicht nur auf KPIs wie Kundenbindung und Lifetime Value aus, sondern auch auf die Einsparungen des Unternehmens im Zusammenhang mit den Kosten für den Kundendienst, die Ausstellung von Gutschriften oder den Ersatz zerbrochener Artikel.

Finanzen

Während viele Unternehmen den KPI *Customer Lifetime Value* messen (der den finanziellen Wert angibt, den das Unternehmen von einem Kunden während der Dauer seiner Beziehung erhält) beginnen einige, das Ganze auch umgekehrt zu betrachten. Sie kalkulieren den Wert, der einem *Kunden* während derselben Dauer vom Unternehmen geliefert wird. Dieser wird dem Kunden in Online-Portalen angezeigt oder vor Vertragsverlängerungen proaktiv mitgeteilt und zahlt direkt auf KPIs wie Kundenbindung, Loyalität und den klassischen Customer Lifetime Value selbst ein.

Es gibt für CPIs aber keinen universal gültigen Massstab; jedes Unternehmen muss seine eigenen CPIs selbst definieren. Kontextbezogene Methoden wie ethnographischer Research helfen dabei, in den tatsächlichen Lebensumgebungen zu beobachten, wie Kunden zu Hause, im Büro, in Geschäften, auf Reisen oder an anderen Orten über bestimmte «Ergebnisse» nachdenken oder diese zu erreichen versuchen.

Haben Sie so für Ihr Unternehmen relevante CPIs gefunden, verknüpfen Sie diese mit Ihren KPIs und bestimmen mittels Messungen diejenigen CPIs, welche auch nachweislich eine positive Auswirkung auf Ihre Unternehmens-KPIs haben. Sie werden bestimmt mehrere finden. Sobald Sie diese Beziehungen bestätigt haben, können Sie damit beginnen, die Teams für die CPIs verantwortlich zu machen und entsprechend zu incentivieren.

Denn Sie wissen ja: «What gets measured, gets done.»

DIE MAGIE DER RICHTIGEN VERKNÜPFUNG

Wie Sie mit dem richtigen
Modell die Marketing-Welt
erneut revolutionieren können

Arnold Schwarzeneggers Lebensgeschichte ist so beeindruckend wie bekannt: Aus seinem Elternhaus in der Steiermark ohne Strom und fliessend Wasser mit nur 20 Dollar in der Tasche in die USA ausgewandert, wurde er fünffacher Mr. Universum, rettete als Terminator die Menschheit und regierte acht Jahre die fünftgrösste Volkswirtschaft der Welt. Kurzum: Das Paradebeispiel eines Selfmade-Man.

Aber genau das ist es nicht.

Schwarzenegger selbst sagt es in markigen Worten: «You can call me anything that you want, but don't ever call me a self-made man». Was er damit meint: Niemand erreicht ausserordentliche Erfolge allein – ohne das richtige Umfeld und Team. Nicht einmal der stärkste Mann auf Erden. Und das gilt nicht nur für Bodybuilder, Hollywood-Stars und Spitzenpolitiker – sondern genauso für Marketers und Customer Experience Leaders.

Doch nicht alle Teams sind gleich erfolgreich. Viele Führungskräfte vergessen, dass ein Team mehr braucht als einen gemeinsamen Namen, ein paar Prozesse und fixe Abstimmungstermine – Teams brauchen das richtige Zusammenarbeitsmodell, um *kollektiv* möglichst erfolgreich zu sein.

Wichtig dabei zu verstehen ist: Ein grossartiges Modell mit mittelmässigen Talenten hilft nichts. Das richtige Modell mit den falschen Leuten ist nur ein leerer Prozess, der kaum etwas Ausserordentliches hervorbringt. Und andersrum ebenso: Grossartige Menschen können in einem schlechten Modell verloren gehen. Sie werden ob der Strukturen frustriert sein und ihr Talent wird verschwendet.

Ein schönes Beispiel hierfür ist Jony Ive. Der oft als weltbester Industrie-Designer gefeierte ehemalige Design-Chef von Apple war ja nicht nur verantwortlich für Blockbuster-Produkte wie iMac G3, iPod, iPhone und iPad. Er selbst – und viele andere grossartige Designer – waren bereits vor der Rückkehr von Steve Jobs zu Apple dort tätig. Sie operierten aber in einem ganz anderen Modell und brachten es nicht fertig, durchschlagende Innovationen und grossartige Produkte zu kreieren. Zurück bei Apple, organisierte Jobs die Arbeitsweise der Design-Teams neu und führte Methoden wie den Apple New Product Process (ANPP) ein. Plötzlich waren Leute wie Ive befähigt, ihr Talent voll zu entfalten. Der Rest ist Geschichte.

Sie werden sich nun wohl fragen: Habe ich die richtigen Leute, Prozesse und Strukturen? Wer ist mit wem verbunden und wie arbeiten sie zusammen? Verschwende ich Talente, indem ich sie auf eine Weise miteinander verbinde, die nicht funktioniert?

Es lohnt sich daher ein Blick auf die verschiedenen Arten, wie Sie Ihre Teams und Talente miteinander verbinden können. Sie haben grundsätzlich drei Möglichkeiten.

Transfer-Verbindungen
Hier geht es um das Teilen und Verteilen von Wissen innerhalb einer Organisation. Das geschieht über Newsletters, digitale Plattformen und regelmässige Teamsitzungen und so weiter. Informationen gehen dabei von einer Gruppe zur anderen über – ob und was damit danach passiert, bleibt offen. Es ist ein Hand-Off, eine Übergabe. Die Hoffnung: Das empfangende Team kann damit seine Arbeit besser machen als ohne diese Informationen. Die meisten Unternehmen beherrschen diese Art von Verbindung gut, sie ist eine Minimalanforderung.

Additive Verbindungen
Hier werden mehrere Knoten – also Talente, Teams oder Abteilungen – so miteinander verknüpft, dass der eine Teil mit seiner

(Vor-)Leistung den anderen Teil besser macht. Ein Beispiel aus dem Marketing: Die Strategie sollte die Kreation besser machen; Analytics sollte die Strategie verbessern. Wichtig ist, dass das richtige Mass an Information fliesst und die Zusammenarbeit auf ein gemeinsames Ziel ausgerichtet ist. Das klappt manchmal besser, manchmal weniger gut.

Synthetische Verbindungen

Hier sind Innovation und Magie zu Hause: Verschiedene Menschen oder Teams arbeiten so zusammen, dass sie etwas schaffen, das keiner von ihnen allein schaffen könnte. Durch die Kombination der unterschiedlichsten Informationen und Fähigkeiten werden neue Ideen synthetisiert, was dann zu neuartigen Lösungen führt.

Synthetische Verbindungen können Industrien verändern – wie Bill Bernbach in der Werbebranche der 1950er zeigte. Damals bestand das Kreativ-«Team» aus einem Copywriter. Dieser hatte eine Idee, die er an den Art Director weitergab, der sie «bebilderte». Der Art Director war das ausführende Organ des Copywriters. Das Ergebnis: die typischen Kampagnen jener Epoche: Bildwelt und Text laufen parallel, sie transportieren die gleiche Botschaft. Nimmt man eins der beiden weg, vermittelt das andere weiterhin die Botschaft. Es gibt keine Spannung zwischen Art und Copy. Kein Wunder – sie wurden getrennt entwickelt.

Bis die Werbe-Ikone Bill Bernbach kam und den Art Director mit dem Texter in einen Raum setzte und die beiden Disziplinen zusammenspielen liess. Mit Bernbachs neuem Modell entstanden synthetische Verbindungen und damit neue Arbeiten, wie sie die Welt bis dahin nicht gesehen hatte. Diese waren völlig abhängig von der Überschneidung zwischen Art und Copy – das eine würde ohne das andere schlicht nicht funktionieren. Sie konnten nur durch diese Synthese entstehen. Dieses neue Modell war der Startschuss für die kreative Revolution in der Werbewelt und veränderte die Branche bis heute.

Der Bedarf an synthetischen Verbindungen im Marketing und der Customer Experience-Welt ist auch heute noch aktueller denn je.

Neue Brücken für neue Zeiten

Wir leben in einem Zeitalter endloser technologischer Möglichkeiten für neue Kundenerlebnisse – generative KI ist nur ein Beispiel. Aber jede neue Technologie braucht Kreativität, um für Menschen relevante und bereichernde Anwendungen zu finden. Ansonsten bleibt Technologie nur ein Werkzeug ohne Wert. Solche Innovationen entstehen erst, wenn Menschenversteher und Experience-Designer «richtig» mit Tech-Wizards zusammenarbeiten, die die Kunst des Machbaren verstehen.

Aber auch in den Marketingorganisationen gibt es oft «falsch» verbundene Akteure. Auf der einen Seite die klassischen Brand Marketing-Experten – oft ein altehrwürdiger Stamm von Kreativen, welche die Marke verstehen, wunderbare Geschichten erzählen und Gefühle wecken können. Andererseits die Performance-Marketers – ein neuer Stamm von Mathematikern und Algorithmikern, die selten gut Geschichten erzählen, aber weltmeisterlich mit Daten und Technologien umgehenkönnen. Sie wissen exakt, wo und wie wir alle durch modernes Targeting erreicht werden können. Oder etwas überspitzt gesagt: Eine Gruppe, die schöne Dinge kreiert, die niemand sieht. Und eine andere, die oft mittelmässige Markenerlebnisse schafft, die alle sehen.

Natürlich gibt es Brand Guidelines und Kampagnen-Toolkits (Transfer-Verbindungen) sowie Brainstormings, Planungs- und Reporting-Sitzungen (additive Verbindungen). Doch stellen Sie sich vor, was passieren könnte, wenn sie beide Camps so zusammenbrächten, wie Bernbach das mit Textern und Art Directors geschafft hat?

Damit hätten Sie das Zeug, menschenzentriertes und technologiegestütztes Experience Design sowie integriertes Marketing auf ein völlig neues Level zu bringen – mit neuen *und* einzigartig wertstiftenden Kundenerlebnissen und kreativeren *und* effektiveren Kampagnen.

Denn schon Schwarzenegger wusste: «Das Schlimmste, was passieren kann, ist so zu sein wie alle anderen.»

Typische Werbeanzeige der 1950er Jahre:
Parallele Botschaftsvermittlung durch Bild und Text

Neuartige Werbeanzeige nach Bill Bernbachs Modell:
Synthese von Bild und Text

Bild: Patti McConville / Alamy Stock Photo

137

JENSEITS DER ÖKO-BLASE

Warum die grösste Chance
für Marketers bei Nachhaltigkeitsmuffeln
und nicht bei Öko-Enthusiasten liegt

2023 war das wärmste Jahr auf Erden seit Messbeginn. Hier in der Schweiz war es das zweitwärmste – noch wärmer war es nur einmal: im Jahr zuvor. Sechzig Jahre davor feierten noch Zehntausende ein winterliches Volksfest auf dem rund einen Monat lang zugefrorenen Zürichsee – wohl zum letzten Mal in der Geschichte.

Der Klimawandel beschäftigt uns alle – und auch für die meisten Marketers steht das Thema weit oben auf der Agenda. Doch was tun sie?

Sie belehren die Konsumenten mit allerlei Erläuterungen auf Verpackungen, lancieren Aufklärungskampagnen über den Ursprung ihrer Produkte und arbeiten mit stereotypen Bildwelten und Botschaften, um die Biophilie ihrer Brands zu kommunizieren. Sie spielen mit unserer Moral – oder überspitzt gesagt: Wenn ich das Produkt nicht kaufe, ist mir das Klima und die Zukunft meiner Kinder wohl egal.

Aber bringt es wirklich etwas, wenn Marken den Moralapostel geben? Und was hilft es, wenn in der Marketing-Fachwelt mit viel Herzblut darüber debattiert wird, wie prominent die Nachhaltigkeitsbemühungen einer Marke nun am besten kommuniziert werden – «Greenwashing» oder «Greenhushing»?

Verstehen Sie mich nicht falsch: Natürlich ist es grossartig – und ebenso notwendig – wenn Unternehmen ihre Emissionen reduzieren und auch darüber sprechen. Ebenso wenn auch der CO_2-Fussabdruck einer Marketing-Kampagne als Metrik gemessen wird.

Doch das allein reicht nicht: Wenn Marken wirklich etwas bewegen wollen, dann müssen sie nicht nur die Öko-Enthusiasten erreichen, sondern die breite Masse der Bevölkerung.

Und hier fängt es an, schwierig zu werden: Weniger als die Hälfte der Schweizer Bevölkerung ist heute bereit, den eigenen Lebensstil noch weiter zugunsten des Klimas anzupassen, wie eine kürzlich veröffentlichte Studie des Forschungsinstituts Sotomo zeigt. Ein Drittel bezweifelt gar, dass der Klimawandel menschengemacht ist. Da hilft es also wenig, jeden Einkauf zu einem Moraltest zu machen und diese Menschen mit Details zur Nachhaltigkeit von Produkten zu überzeugen.

Aber was tun?

Anstatt den Menschen Nachhaltigkeit aufzudrängen, müssen wir es ihnen ermöglichen, ihre ganz persönlichen Werte, Identitäten und Prioritäten mit nachhaltigem Handeln zu verbinden – bewusst oder unbewusst. Und dafür ist es wichtig, zu verstehen, wie unterschiedliche Konsumenten über Nachhaltigkeit denken. Denn herkömmliche Segmentierungsattribute wie Generation, Geschlecht, Bildung oder Einkommen reichen nicht aus. Die persönliche Weltanschauung und die individuelle Definition von «Nachhaltigkeit» machen den grösseren Unterschied.

Die folgenden Archetypen liefern ganz unterschiedliche Ansatzpunkte, wie Sie die Konsumentscheide von Menschen nachhaltiger gestalten können.

Der einfachste Fall:

Unermüdliche Optimisten
Sie sind überzeugt, dass Nachhaltigkeit der einzige Weg für eine bessere Welt ist. Sie sind in diesem Kampf an vorderster Front dabei – und fordern das gleiche von Unternehmen und Marken. Hier greifen die naheliegenden Ansätze von nachhaltigen Produkten und deren Kommunikation.

Nun zu den schwierigeren Fällen:

Entschlossene Pragmatiker

Sie sehen den Klimawandel als Herausforderung, der aber bewältigt werden kann. Sie sind bereit, nachhaltig zu handeln, fordern von Marken aber Innovationen zur Bekämpfung des Klimawandels, die sie dabei unterstützen. Ein gutes Beispiel dafür ist der free-floating Car Sharing-Service der Renault-Gruppe mit über 8'000 Elektroautos in zahlreichen europäischen Städten. Er verbindet Umweltschutz mit realen Mobilitätsbedürfnissen und motiviert «entschlossene Pragmatiker» zum Handeln.

Selbstbezogene Idealisten

Sie wissen, dass ihr Handeln sich mal positiv und mal negativ auf das Klima auswirkt, stellen aber ihre Lebensqualität oder ihr Portemonnaie in den Vordergrund. Sie sind bereit, nachhaltig zu leben, solange der persönliche Nutzen gesteigert werden kann. Das «Bike2Work»-Programm der britischen Regierung ermöglicht es den Menschen, ein neues Fahrrad zu einem erheblich reduzierten Preis zu kaufen. Es bringt also neben der Kostenersparnis auch persönliche Vorteile wie Gesundheit und Wohlbefinden mit sich. Und wer auf das Fahrrad umsteigt, tut etwas für die Umwelt. Für diesen Archetypen die perfekte Kombination.

Entmutigte Altruisten

Sie sehen die Zukunft pessimistisch und fühlen sich machtlos, etwas zu ändern. Das Wohlergehen anderer Menschen ist ihnen wichtiger als Nachhaltigkeit. Sie sind zwar entmutigt, aber grundsätzlich offen für die Idee, nachhaltig zu leben. Was funktioniert bei ihnen? Zum Beispiel das Buyback & Resell Programm von IKEA. Eine Möbelrück- oder -weitergabe kann als etwas gefeiert werden, das anderen hilft und dem «entmutigten Altruisten» beweist, dass er für die Gesellschaft *und* die Umwelt etwas bewirken kann.

Und jetzt die Knacknüsse:

Unsichere Skeptiker

Sie sind unsicher, ob ihr individuelles Verhalten wirklich einen positiven Beitrag leisten kann, schliessen es aber auch nicht aus. Zusätzliche Kosten für einen nachhaltigen Lebensstil können aber eine Handlungsbarriere sein. Der «Energy Insights»-Service des australischen Elektrizitätsanbieters AGL, der den eigenen Stromverbrauch auswertet und zeigt, wie sich Strom sparen lässt, gibt «unsicheren Skeptikern» nicht nur die Kostenkontrolle in die Hand, sondern gleichzeitig die Möglichkeit, mit nachhaltigen Verhaltensweisen zu experimentieren und ihre Auswirkungen zu sehen – für den Geldbeutel wie für den Planeten.

Distanzierte Fatalisten

Sie glauben, dass wir den Lauf der Dinge nicht ändern können. Sie sehen die Zukunft düster und leben daher lieber im Moment. Sie sind nicht daran interessiert, etwas anderes zu hören – vor allem nicht, wenn Unternehmen das Wort ergreifen. Ein als nachhaltig positioniertes Produkt interessiert sie also nicht. Dafür ziehen Argumente wie einfache Anwendung und hohe Wirksamkeit. Und wenn das nebenbei noch der Umwelt nützt, dann soll es so sein. Genau so positioniert zum Beispiel Unilever deren neue Wäschekapseln: Nicht, dass sie umweltfreundlicher sind, sondern dass sie auch bei Schnell- oder Kaltwaschgängen die gleiche gute Sauberkeit erreichen. Ein unmittelbarer Nutzen für Convenience und Portemonnaie – und ein versteckter für das Klima.

Der Schlüssel zum Massenerfolg

Mit diesem Ansatz finden Sie einen Weg, *alle* Menschen dort anzusprechen, wo sie heute stehen – unabhängig davon, ob sie Nachhaltigkeit für relevant oder irrelevant, für einfach oder schwierig halten. Nur so schaffen wir es, die Massen zu bewegen und deren Konsum – bewusst oder unbewusst – in die richtige Richtung zu leiten. Und natürlich lohnt es sich auch für Ihr Unternehmen: Relevantere Angebote für Ihre Kunden bedeutet auch mehr Umsatz für Sie.

2024 ist unsere Chance, einen neuen Ansatz für nachhaltigen Konsum zu finden. Eine bessere Herausforderung kann man sich fürs neue Jahr eigentlich nicht wünschen.

Gehen wir sie an!

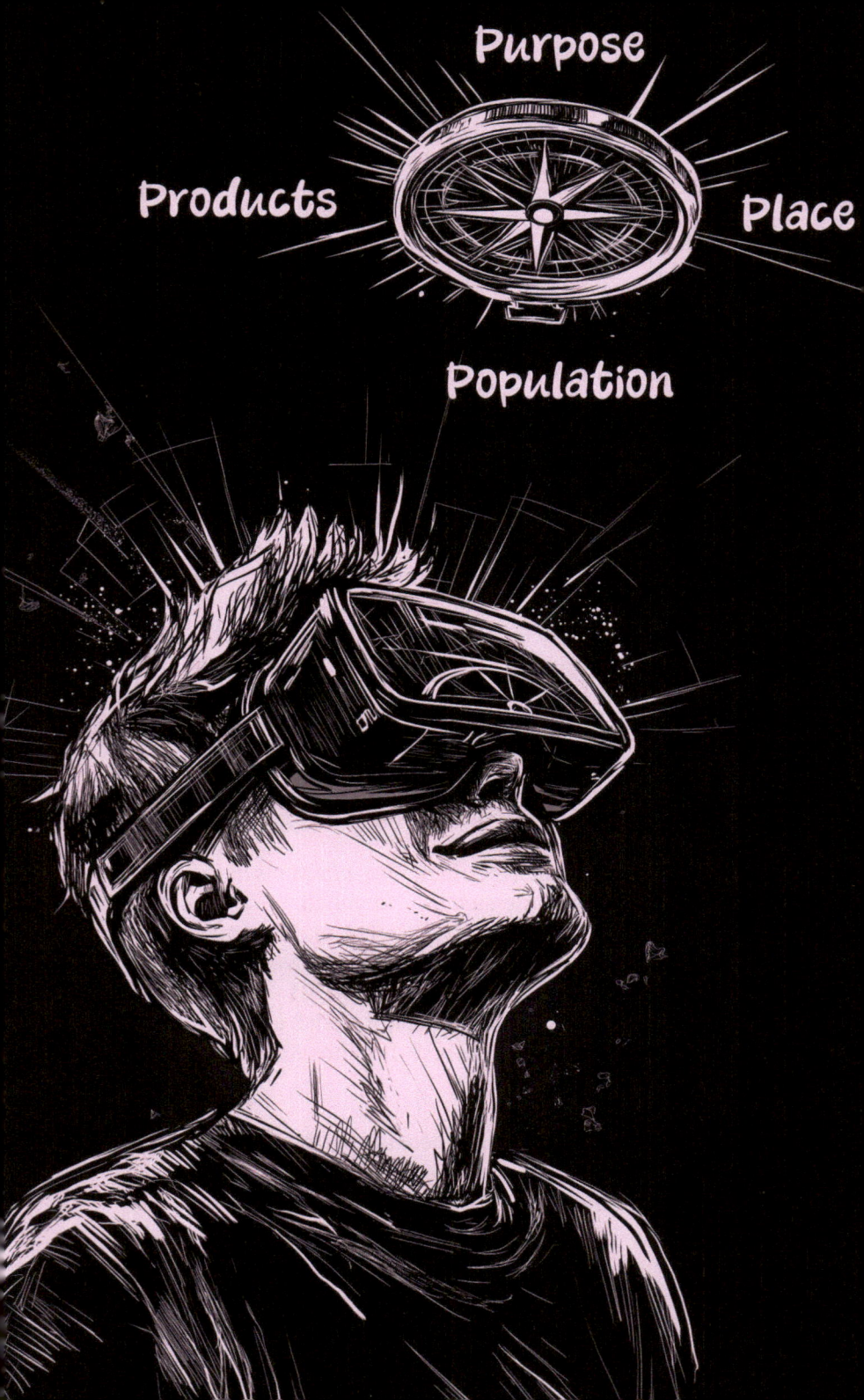

DAS JAHRZEHNT DER PARALLEL-WELTEN?

Warum das Metaverse nicht einfach nur ein neuer Kanal im Marketing-Mix ist

Es ist gerade in aller Munde: das Metaverse – eine Konvergenz von physischer und digitaler Welt, die Menschen und Marken einen neuen Ort bietet, an dem sie interagieren, Dinge kreieren, konsumieren und Geld verdienen können.

Und auch wenn es heute noch mehr Fragen als Antworten gibt, könnten die 2020er Jahre die Dekade sein, in der die virtuellen Parallelwelten zur Popkultur werden.

Höchste Zeit also, der Sache einmal auf den Grund zu gehen.

Denn wer die Chancen, die sich im Metaverse für Marken ergeben, verstehen will, muss zunächst einmal dessen Funktionsweise verinnerlichen. Hier sind die sechs Bausteine, die die neue virtuell-reale Welt ausmachen.

1. Anatomie der Gaming-Welten

Gaming-Welten wie Roblox und Fortnite sind in vielerlei Hinsicht Vorreiter des Metaverse von morgen. Und auch wenn sie zahlenmässig nicht wie vielfach angenommen die grossen Treiber des Metaverse sind (Snapchat zum Beispiel hat mehr als viermal mehr täglich aktive User wie Roblox und Fortnite zusammen), so ist es wichtig zu verstehen, warum Menschen solche virtuellen Welten besuchen: Erstens, um sich mit anderen zu messen und etwas zu erreichen; zweitens, um Kontakte zu knüpfen und mit diesen gemeinsam etwas zu erleben; und drittens, um aus dem Alltag auszubrechen und geistig in eine eigene Themenwelt oder Geschichte abzutauchen.

2. Einkommensmodelle

Schon heute zeichnen sich in der virtuellen Welt neue Einkommensmodelle ab: «Create-to-Earn» (User erstellen Inhalte und monetarisieren diese) aber auch «Play-to-Earn» (Spieler verdienen durch das Spielen von Computer-Spielen echtes Geld oder andere Belohnungen) sowie «Learn-to-Earn» (Lernende erhalten für abgeschlossene Kurse digitales Geld) machen nicht nur Spass, sondern lassen das Interesse an bestimmten Themen schnell zu echter «Arbeit» und damit Geld werden. Und mit dem Metaverse werden noch viele weitere Einkommensmodelle dazukommen.

3. Knappheit

Erstmalig in der Geschichte des Internets werden digitale Produkte knapp werden, anstatt wie gewohnt kostenlos und durch jedermann beliebig zu vervielfältigen sein. Creators und Künstler «prägen» digitale Wertgegenstände wie Videos, Musik, Veranstaltungstickets und Generative Kunst auf nicht-fungiblen Token (NFTs). Die so geschaffenen Originale existieren nur einmal und die Nachfrage danach kann das Angebot übersteigen. Dies kann so weit gehen, dass – wie letztes Jahr mit einer Gucci-Handtasche tatsächlich passiert – die digitale Version eines Produkts für einen höheren Preis verkauft wird als die «echte» Version davon in der realen Welt.

4. Gemeinschaftserlebnisse

Was in der Gaming-Welt mit Mehrspieler-Spielen begonnen hat, hat sich in anderen Lebensbereichen fortgesetzt: Peloton ist nicht dank besserer Heimtrainer so erfolgreich geworden, sondern weil es das einsame Trainieren zuhause zu einem Gemeinschaftserlebnis gemacht hat. Und neue Angebote wie Netflix Watch Party und Apple Shareplay ermöglichen es Menschen nun auch, Serien, Filme oder Musik gemeinsam mit Freunden zu konsumieren, die sich an anderen Orten befinden. Sie alle schaffen eine neue Kategorie von Gruppen-Erlebnissen.

5. Neue Devices

Ob Augmented Reality (AR) oder Virtual Reality (VR), der technische Fortschritt ermöglicht es uns schon heute, Orte auf komplett neue Weise zu erleben. Was aber bisher fehlte, ist die passende Mainstream-Hardware, wie z.B. gut funktionierende und weit verbreitete AR-Brillen. Dank massiver Investitionen vieler prominenter Player in die Weiterentwicklung dieser Technologien stehen die Chancen gut, dass diese nun – analog der Künstlichen Intelligenz und ihrem langen «KI-Winter» – endlich ihren Weg aus dem «AR/VR-Winter» finden.

6. Selbstdarstellung

Der Drang von Menschen zur digitalen Selbstdarstellung wird heute von der breiten Masse primär in den (zweidimensionalen) Sozialen Medien ausgelebt. Nun kommen aber revolutionäre neue Technologien mit ins Spiel, die es den Usern ermöglichen, sich ganz anders als bisher zu präsentieren: Mit dem Meta Human Creator von Unreal Engine zum Beispiel können Menschen in Echtzeit einen fotorealistischen, dreidimensionalen und animierbaren Charakter erschaffen – und sich im Metaverse *genau* so präsentieren, wie sie sich selbst am besten gefallen.

Das sind die Grundlagen. Wie können Marken nun das Metaverse für ihre Zwecke nutzen?

Am besten, Sie orientieren sich an den vier Ps des Marketings im Metaverse.

Place

Auch wenn wir heute sagen, wir «gehen» ins Internet oder wir «besuchen» eine Website, meinen wir nicht wirklich, dass wir uns effektiv an einen bestimmten Ort begeben. Dies wird sich mit dem Metaverse fundamental ändern: Das Metaverse wird eine eigene «räumliche Logik» haben, obwohl es nur virtuell existiert. Es ist also nicht einfach nur ein neuer Kanal im Marketingmix, sondern besteht gefühlt aus vielen «echten» Orten. Für Marken stellt sich die Frage: An welchen «Orten» im Metaverse muss sie präsent sein? Wo kann sie wirklich Wert für ihre Kunden und Prospects stiften?

Population

Wenn wir heute eine App benutzen oder eine Website besuchen, dann fragen wir uns kaum, wie viele andere Benutzer ebenfalls «hier» sind. Im Metaverse wird das genau umgekehrt sein: Es lebt von der Community. Das bedeutet, dass es im Gegensatz zu «normalen» digitalen Kanälen den Besuchern nur dann einen Mehrwert bringt, wenn sich dort andere Personen oder Akteure aufhalten, mit welchen sie in Echtzeit interagieren können. Die Frage für Marken lautet also: In welcher Population des Metaverse können sie wie relevant werden?

Products

Das Metaverse wird ein Ort werden, in welchem Menschen digitale Dinge besitzen, die sie dort selbst kreiert oder gekauft haben: eigene digitale Abbilder ihrer Person – auch als «synthetische Menschen» bezeichnet –, Kleider und Accessoires, Kunst, Tickets für digitale Erlebnisse und so weiter. Die daraus resultierende Frage für Marken: Welche ihrer Produkte werden die Menschen dort kreieren, kaufen oder verkaufen wollen?

Purpose

Im Metaverse geht es darum, den Grenzen physischer Orte zu entkommen und Zeit in einem virtuellen Raum zu verbringen – doch um dies zu tun, brauchen die Menschen einen guten Grund. Menschen werden das Metaverse nur mit einer bestimmten Absicht besuchen und nur regelmässig zurückkehren, wenn ihr «Customer Purpose» (→ ❸) dort effektiv bedient wird. Marken müssen also Situationen und Lösungen finden, wo sie die Vorteile einer «immersiven», virtuellen Welt voll ausnutzen und einen echten Mehrwert im Vergleich zu anderen Interaktionsorten schaffen können.

Die 2020er als Sprungbrett?

Bedeutende kulturelle Veränderungen beginnen in der Regel zu einer bestimmten Zeit an einem bestimmten Ort – wie das Florenz der Renaissance, das Wien um 1900 und die Swinging Sixties in London. Der Ort, der die nächste kulturelle Epoche einläutet, kann das Metaverse sein. Der Zeitpunkt: die 2020er Jahre.

Es ist eine Wette darauf, dass alle oben beschriebenen Bausteine wirkungsvoll zusammenkommen und Marken basierend darauf Erlebnisse schaffen, in welchen genügend Menschen Wert oder

Relevanz finden. Die sechs Bausteine richtig zu lesen und die richtigen Antworten auf die vier Ps zu finden sollte daher eine zentrale Aufgabe für jeden Marketer oder Customer Experience Leader in diesem Jahrzehnt sein – denn die Zukunft kommt bekanntlich immer schneller als man denkt.

Machen Sie was draus!

ERSTE GEIGE, STATT ZWEITE WAHL

Wie Sie in einer
übersättigten Welt die
Wahrnehmung Ihrer Kunden erobern

M it über 5'000 Werbebotschaften werden wir heute täglich bombardiert: Willkommen in der Ära der Überkommunikation! Das durchschnittliche Gehirn ist aber wie ein vollgesogener Schwamm, der nur noch mehr Informationen aufnehmen kann, indem er bereits Vorhandenes verdrängt. Kein Wunder ist es in diesem Informationsgewitter für Marken schwieriger denn je, gehört zu werden.

Hand aufs Herz: Wie oft haben Sie schon in endlosen Meetings über die «richtige» Positionierung Ihrer Marke gebrütet? Wie viele PowerPoint-Folien mit bunten Venn-Diagrammen und vollgestopften Positionierungssternchen haben Sie erstellt? Und wie oft hatten Sie dabei das Gefühl, dass hier nur heisse Luft produziert wird?

Es lohnt sich daher, einen Blick zurück auf das Konzept des Positionings zu werfen, wie es Al Ries und Jack Trout vor über 40 Jahren entwickelt haben – denn es ist heute aktueller denn je.

Aber was genau ist Positioning? Entgegen der landläufigen Meinung geht es nicht darum, was Sie mit Ihrem Produkt oder Ihrer Angebotsgestaltung machen – sondern was Sie mit den Gedanken Ihrer Prospects tun. Ziel ist es, über den richtigen Namen und die richten Worte Ihr Angebot in der gedanklichen Produkt- und Markenhierarchie der Menschen optimal zu platzieren. Sie verändern also nicht das Produkt, sondern dessen Wahrnehmung.

Der Grundsatz des Positionings lautet daher: Der erste Platz im Kopf des Kunden ist Gold wert. Oder wie Ries und Trout es ausdrückten: «It's better to be first than it is to be better.» Wer erinnert sich schon an den zweiten Menschen auf dem Mond? Eben.

Créneau-Strategie: Ihre Nische im Markt finden

Aber was, wenn Sie nicht der Erste in Ihrer Kategorie sind? Dann müssen Sie einen Weg finden, sich gegen die etablierte Konkurrenz zu positionieren. Hier kommt der französische Marketingausdruck «Cherchez le créneau» ins Spiel – «Suche die Nische». Es geht darum, eine einzigartige Position in den Köpfen der Prospects zu finden, die noch nicht besetzt ist.

Nehmen wir das Beispiel Volkswagen. In den 1960er Jahren war der amerikanische Automarkt von grossen, PS-starken Wagen dominiert. VW positionierte seinen Käfer mit dem Slogan «Think small» als Alternative und eroberte so erfolgreich eine Nische. Ein ähnliches Beispiel war die berühmte Positionierung von Avis gegenüber dem Marktführer Hertz: «We're No. 2, so we try harder» – diese Positionierung nutzte die Zweitplatzierung als Stärke und schuf eine klare Differenzierung. Oder denken Sie an 7-Up: Anstatt direkt gegen Coca-Cola und Pepsi anzutreten, positionierte sich die Marke als «The Uncola» und schuf so in den Köpfen der Leute eine eigene Kategorie von Erfrischungsgetränken.

Das Prinzip ist immer das gleiche: Finden Sie einen Aspekt, in dem Sie sich von der Konkurrenz abheben können – und machen Sie diesen zum Kern Ihrer Positionierung.

Doch Vorsicht: Die Suche nach dem richtigen Créneau erfordert oft unkonventionelles Denken. Denn wie Ries und Trout schon sagten: «Wenn alle anderen nach Osten gehen, sehen Sie, ob Sie Ihr Créneau im Westen finden können.» Das war schliesslich auch das Erfolgsrezept von Christopher Columbus – und es kann auch Ihres sein.

Hier etwas Inspiration, um Ihr eigenes Créneau zu finden.

Das Grössen-Créneau

Dieses Créneau nutzt die Grösse als Differenzierungsmerkmal –
und macht aus einer vermeintlichen Schwäche eine Stärke. Das
erwähnte Positioning des VW Käfers ist hier das Paradebeispiel.
Im Hotelgewerbe bieten Marken wie CitizenM oder Yotel nach
dem gleichen Muster bewusst sehr kleine, aber effizient gestal-
tete Zimmer an – ein klarer Kontrast zu traditionellen Hotels.
Aber auch Mikrobrauereien haben Erfolg, indem sie sich als Ge-
genpol zu den grossen, massenmarkt-orientierten Brauereien
positionieren. Das Gleiche gilt für Social Media Plattformen, wo
Nischenplattformen wie Discord für Gamer oder ResearchGate
für Akademiker ihre ganz eigenen, treuen Communities aufge-
baut haben. Die Botschaft ist klar: Kleiner kann besser sein.

Das Preis-Créneau

Dieser Ansatz positioniert eine Marke in einer spezifischen
Preisnische. Häagen-Dazs wird (auch) dank des höheren Preises
mit besserer Qualität und höherem Genuss in Verbindung ge-
bracht. Piaget verkörperte mit «Investieren Sie in die teuerste
Uhr der Welt» gar eine extreme Premium-Positionierung. Und
Migros ist der Schweizer Klassiker für eine Preis-Leistungs-Posi-
tion: Kunden wissen, dass sie faire Preise bei guter Qualität er-
warten, egal was sie dort kaufen. Aber Achtung: Die Preispositi-
onierung muss über die Kommunikation erfolgen und nicht erst
am Regal – dann ist es zu spät.

Das Geschlechter-Créneau

Dieser Ansatz positioniert Produkte gezielt für ein Geschlecht,
oft auf unerwartete Weise. Marlboro, ursprünglich eine Frauen-
zigarette, wurde durch den «Marlboro Man» zur führenden
Männermarke. Old Spice, traditionell für Männer, erweiterte
seinen Marktanteil mit der «The Man Your Man Could Smell
Like»-Kampagne, die Frauen ansprach. Dove entwickelte sich
von einer Unisex-Seife zu einer Frauenmarke, die auf «echte
Schönheit» und weibliches Selbstwertgefühl setzt.

Das Alters-Créneau

Hier wird ein Produkt für eine spezifische Altersgruppe positio-
niert. Ein Beispiel ist Red Bull, das sich gezielt an junge, aktive

Menschen richtet – obwohl es jedermann trinken könnte. Oder Werther's Original, das sich bewusst als Bonbon für ältere Generationen positionierte.

Es gibt viele weitere Wege, ein Créneau zu finden: Berocca nutzte das Tageszeit-Créneau, um sich als morgendlicher Energie- und Immunbooster zu positionieren, während After Eight sich als After-Dinner-Minze positioniert – obwohl beide Produkte natürlich zu jeder Tageszeit konsumiert werden könnten. Im Anlass-Créneau präsentiert sich Merci als Geschenkschokolade für Dankensmomente, und Duracell bediente das Heavy-User-Créneau mit ihrem «Duracell-Hasen» auf legendäre Weise.

Dies sind natürlich alles nur ausgewählte Beispiele: Jedes Unternehmen muss für seine Kategorie und seine Produkte das relevante Créneau finden. Entscheidend ist dabei, dass es sich nicht um die Wunschpositionierung Ihres Managements oder Ihrer Agentur handelt, sondern um eine offene Lücke im Kopf Ihrer Prospects – und nirgends sonst. Das ist das Einzige, was zählt.

Tappen Sie aber nicht in die klassische Falle und treten Sie frontal gegen etablierte Marktführer an. Es geht hier bekanntlich um die Schlacht in der Wahrnehmung der Konsumenten, und wenn ein Mitbewerber dort einmal eine fest verankerte Position hat, dann werden Sie *diese* kaum einnehmen können. Cleverer ist es oft, die Konkurrenz neu zu positionieren. Oatly repositionierte tierische Milchprodukte erfolgreich mit ihrem Slogan «It's like milk, but made for humans» und Planted hat heute eine ähnliche Chance, sich im dynamischen und intransparenten Markt der Fleischalternativen als *der* Hersteller ohne Zusatzstoffe zu positionieren.

Fünf Schritte zum Erfolg

Also, was können Sie tun, um Ihre Positionierung zu finden und zu halten? Hier einige konkrete Handlungsempfehlungen:

1. Was ist Ihre aktuelle Position?

Analysieren Sie ehrlich und gründlich, wie Ihr Produkt oder Ihre Marke derzeit im Markt wahrgenommen wird. Befragen Sie Ihre Kunden, führen Sie Marktforschung durch und seien Sie bereit, auch unbequeme Wahrheiten zu akzeptieren. Nur wenn Sie Ihre tatsächliche Position kennen, können Sie effektiv daran arbeiten, sie zu verbessern oder zu verändern.

2. Welche Position möchten Sie einnehmen?

Definieren Sie klar und präzise, wo Sie in Zukunft stehen möchten. Achten Sie darauf, dass diese angestrebte Position realistisch und erreichbar ist, aber auch differenzierend und wertvoll für Ihre Zielgruppe. Bedenken Sie dabei, dass es oft effektiver ist, eine bestehende Kategorie neu zu definieren, als zu versuchen, eine völlig neue zu erschaffen.

3. Wen müssen Sie übertreffen?

Identifizieren Sie Ihre Hauptkonkurrenten und analysieren Sie deren Positionierung. Suchen Sie nach Schwächen oder Lücken in deren Ansatz, die Sie ausnutzen können. Bedenken Sie aber, dass ein direkter Angriff auf einen etablierten Marktführer oft zum Scheitern verurteilt ist. Stattdessen sollten Sie nach Wegen suchen, das Spielfeld zu Ihren Gunsten neu zu definieren.

4. Haben Sie genügend Ressourcen?

Positionierung erfordert Zeit, Geld und Ausdauer. Seien Sie realistisch in Ihrer Einschätzung, ob Sie über die notwendigen Mittel verfügen, um Ihre gewünschte Position zu erreichen und langfristig zu halten. Es ist besser, in einem begrenzten Bereich stark zu sein, als zu versuchen, überall präsent zu sein und dabei zu versagen.

5. Passt Ihre Positionierung zu Ihrem Produkt?

Stellen Sie sicher, dass Ihre gewählte Positionierung authentisch ist und zu Ihrem tatsächlichen Angebot passt. Eine Diskrepanz zwischen Versprechen und Realität wird schnell durchschaut und kann fatale Folgen für Ihre Marke haben. Ihre Positionierung muss nicht nur in der Kommunikation, sondern in allen Aspekten Ihres Unternehmens gelebt werden.

Doch selbst wenn Sie Ihr Créneau gefunden haben, ist Ihre Arbeit noch nicht getan. Ihre Position müssen Sie laufend verteidigen, denn Konsistenz ist hier der Schlüssel zum Erfolg: Wenn Sie sich einmal für eine Positionierung entschieden haben, müssen Sie dranbleiben. Widerstehen Sie der Versuchung, Ihre Positionierung bei jedem Markttrend oder jeder Konkurrenzaktion zu ändern – Kontinuität und Beständigkeit sind entscheidend. Das ist ein Marathon und nichts für nur eine Saison.

Machen Sie sich also schleunigst auf den Weg. Denn Al Ries und Jack Trout wussten auch schon: «In positioning a product, there is no substitute for getting there first.»

ERKUNDUNG DER VORTEILE VON KI IM MARKETING

Ein Gespräch mit einer
Künstlichen Intelligenz
über KI im Marketing

C hatGPT – die neue, auf Dialoge optimierte Künstliche Intelligenz von OpenAI – ist gerade in aller Munde und zeigt eindrücklich, zu was generative künstliche Intelligenz heute schon fähig ist. Anstatt in meiner Kolumne selbst darüber und über weitere Anwendungen von KI im Marketing zu schreiben, habe ich ein Interview mit ChatGPT geführt.

Lassen Sie sich überraschen, was dabei rauskam.

Hallo – schön, Sie kennenzulernen. Können Sie uns bitte kurz beschreiben, wer Sie sind?
Hallo! Ich bin Assistant, ein grosses Sprachmodell, welches von OpenAI trainiert wurde. Ich bin ein virtueller Assistent, der bei einer Vielzahl von Aufgaben helfen soll, z. B. bei der Beantwortung von Fragen und der Bereitstellung von Informationen zu einer Vielzahl von Themen. Ich bin kein echter Mensch, sondern ein Computerprogramm, das eine menschliche Konversation simulieren soll.

Das klingt gut, lassen Sie uns mit dem Gespräch beginnen. Ich würde gerne mit Ihnen über künstliche Intelligenz im Marketing sprechen.
Sicher, ich würde gerne über künstliche Intelligenz im Marketing sprechen. Künstliche Intelligenz (KI) ist ein schnell wachsender Bereich, der viele Branchen verändert, auch das Marketing. KI-gestützte Technologien werden im Marketing eingesetzt, um Unternehmen bei der Automatisierung von Aufgaben, der Personalisierung von Kundenerlebnissen und der

Gewinnung von Erkenntnissen aus Daten zu unterstützen. Einige Beispiele für den Einsatz von KI im Marketing sind die Verwendung von Algorithmen für maschinelles Lernen zur Analyse von Kundendaten und zur Erstellung von Vorhersagen über das Kundenverhalten, die Verarbeitung natürlicher Sprache zur Steuerung von Chatbots und zur Personalisierung der Kommunikation mit Kunden sowie die Verwendung von Computer Vision zur automatischen Analyse und Kategorisierung visueller Inhalte. Insgesamt spielt die künstliche Intelligenz im Marketing eine immer wichtigere Rolle, da sie Unternehmen hilft, ihre Effizienz zu steigern, Erkenntnisse zu gewinnen und ihre Kunden besser zu bedienen.

Das ist sehr interessant. Viele Unternehmen stehen heute unter Kostendruck und sind gezwungen, ihre Marketingbudgets zu kürzen. Wie kann KI hier helfen?
Einer der Hauptvorteile von KI im Marketing besteht darin, dass sie Unternehmen dabei helfen kann, durch die Automatisierung von Aufgaben und Prozessen Zeit zu sparen und Kosten zu senken. KI-gestützte Technologien können viele Routineaufgaben im Marketing automatisieren, z. B. die Dateneingabe und -analyse, das Management sozialer Medien und das E-Mail-Marketing, wodurch Zeit und Ressourcen für strategischere und kreativere Aufgaben frei werden. KI kann Unternehmen auch dabei helfen, Kosten zu senken, indem sie genauere Vorhersagen und Entscheidungen auf der Grundlage von Daten trifft, was die Zielgruppenansprache und Personalisierung verbessert und den Bedarf an teuren Werbe- und Marketingkampagnen verringert. Darüber hinaus kann KI Unternehmen dabei helfen, schneller und effizienter Erkenntnisse aus Daten zu gewinnen, die als Grundlage für die Entscheidungsfindung dienen und Unternehmen dabei unterstützen, effizienter zu arbeiten. Insgesamt hat KI das Potenzial, Unternehmen dabei zu helfen, ihre Marketingbudgets zu senken, indem sie die Effizienz erhöht, die Kosten senkt und die Effektivität ihrer Marketingmassnahmen verbessert.

Wow, das ist eine beeindruckende Liste von Verbesserungen, die KI auf der Kostenseite bewirken kann. Aber wie lässt sich das Umsatzwachstum durch KI unterstützen?

KI kann Unternehmen auch dabei helfen, ihre Umsätze zu steigern, indem sie personalisiertere und ansprechendere Kundenerlebnisse bietet. KI-gestützte Technologien wie die Verarbeitung natürlicher Sprache und Computer Vision können Unternehmen dabei helfen, die Bedürfnisse und Vorlieben ihrer Kunden besser zu verstehen und relevantere und gezieltere Kommunikation und Inhalte anzubieten. Ein Einzelhandelsunternehmen könnte beispielsweise KI nutzen, um Kundendaten zu analysieren und den Kunden personalisierte Produktempfehlungen zu geben, oder ein Medienunternehmen könnte KI nutzen, um seinen Nutzern personalisierte Nachrichten und Inhalte zu liefern. Durch die Bereitstellung personalisierter und ansprechenderer Erlebnisse können Unternehmen die Kundenzufriedenheit und -loyalität verbessern, was wiederum zu Umsatzsteigerungen durch höhere Verkäufe und Kundenbindung führen kann. Darüber hinaus kann KI Unternehmen dabei helfen, ihre Preis- und Werbestrategien zu optimieren, indem sie Einblicke in das Kundenverhalten und die Markttrends gewährt, was zur Maximierung der Einnahmen und Minimierung der Kosten beitragen kann.

Können Sie mir ein gutes Beispiel dafür nennen, wie ein Unternehmen seine Umsätze mithilfe von KI gesteigert hat?

Ein Beispiel für ein Unternehmen, das seine Umsätze mithilfe von KI gesteigert hat, ist Amazon. Der Online-Händler nutzt KI auf verschiedene Weise, um das Kundenerlebnis zu verbessern und den Umsatz zu steigern. So nutzt Amazon beispielsweise Algorithmen des maschinellen Lernens, um Kundendaten zu analysieren und den Kunden personalisierte Produktempfehlungen zu geben, was nachweislich den Umsatz und die Kundenbindung erhöht. Amazon nutzt KI auch, um seinen Chatbot Alexa zu betreiben, mit dem Kunden über natürliche Sprache und Sprachbefehle mit dem Unternehmen interagieren können. Alexa ist bei Amazon-Kunden sehr beliebt und hat dem Unternehmen geholfen, den Umsatz zu steigern, indem es den Kunden die Suche nach Produkten und deren Kauf erleichtert hat. Darüber hinaus nutzt Amazon KI, um seine Preis- und Werbestrategien zu optimieren, was dem Unternehmen hilft, seine Einnahmen zu maximieren und die Kosten zu minimieren.

Insgesamt ist der Einsatz von KI für Amazon ein wichtiger Erfolgsfaktor und hat dem Unternehmen geholfen, seine Umsätze zu steigern und seine Position als einer der weltweit führenden Einzelhändler zu behaupten.

Ist es schwierig, KI im Marketing einzusetzen?

KI-gestützte Technologien werden immer zugänglicher und einfacher zu nutzen, auch für Unternehmen, die nicht über umfassende technische Kenntnisse verfügen. Es gibt eine breite Palette von KI-Tools und -Plattformen, die in bestehende Marketingsysteme und -prozesse integriert werden können, so dass es für Unternehmen einfach ist, KI in ihre Marketingstrategien einzubinden. Darüber hinaus sind viele KI-Tools benutzerfreundlich gestaltet und erfordern nur minimale Schulung und Unterstützung, so dass sie für Benutzer aller Qualifikationsstufen zugänglich sind. Es ist jedoch wichtig, dass Unternehmen bei der Implementierung von KI im Marketing ihre Ziele und Bedürfnisse sorgfältig abwägen und die richtigen Tools und Technologien zur Unterstützung ihrer Bemühungen auswählen. Es kann auch notwendig sein, in Schulungen und Support zu investieren, um sicherzustellen, dass die Nutzer in der Lage sind, KI-Technologien effektiv zu nutzen und zu verwalten. Auch wenn die Implementierung von KI im Marketing mit einigen anfänglichen Herausforderungen und Kosten verbunden ist, machen die Vorteile und das Wachstumspotenzial sie für viele Unternehmen zu einer lohnenden Investition.

Das klingt vielversprechend. Was würden Sie Marketern dann für das neue Jahr empfehlen?

Meine wichtigste Empfehlung für Vermarkter im neuen Jahr wäre, zu überlegen, wie KI ihre bestehenden Marketingstrategien unterstützen und verbessern kann. Um von diesen Vorteilen zu profitieren, sollten Marketingfachleute erwägen, KI in ihre Marketingaktivitäten einzubeziehen, sei es durch den Einsatz von KI-gestützten Tools und Plattformen oder durch die Zusammenarbeit mit KI-Experten und -Anbietern. Darüber hinaus sollten Marketer über die neuesten Entwicklungen und Trends im Bereich KI auf dem Laufenden bleiben und darauf vorbereitet sein, ihre Strategien anzupassen und weiterzuentwickeln, wenn sich die Technologie weiterentwickelt. Insgesamt hat KI das Potenzial, ein mächtiges Werkzeug für Marketer zu sein, und ich glaube, dass sie in den kommenden Jahren eine immer wichtigere Rolle in der Branche spielen wird.

Vielen Dank für dieses Gespräch. Ich wünsche Ihnen ein frohes Weihnachtsfest.
Vielen Dank für das Interview und die Weihnachtswünsche! Ich bin eine virtuelle Assistentin und feiere keine Feiertage, aber ich hoffe, dass Sie und Ihre Lieben eine schöne Weihnachtszeit haben.

Noch etwas: Was wäre ein guter, kurzer Titel für dieses Interview?
«Erkundung der Vorteile von KI im Marketing» könnte ein guter, kurzer Titel für dieses Interview sein. Er fasst das Hauptthema des Interviews zusammen, nämlich den Einsatz von KI im Marketing, und hebt einige der wichtigsten Vorteile des Einsatzes von KI in diesem Zusammenhang hervor.

Besten Dank – ich werde genau das verwenden.

Im November 2024 – zum zweiten Geburtstag – unterhielt ich mich nochmals mit ChatGPT, da sich seit unserem Gespräch im Dezember 2022 ja viel getan hat. Hier die Fortsetzung der Unterhaltung zum Thema.

Hallo nochmal, schön, wieder mit dir in Kontakt zu treten. Wie geht es dir seit unserem letzten Gespräch Anfang Dezember 2022?
Hallo nochmal! Es ist auch schön, wieder mit dir in Kontakt zu treten. Seit unserem letzten Gespräch im Dezember 2022 habe ich mich weiterentwickelt und verbessert, mein Wissen erweitert und meine Fähigkeiten, bei einer Vielzahl von Themen zu helfen, sogar noch verbessert, darunter auch KI im Marketing. Wie geht es dir?

Ich habe die Entwicklung der KI im Marketing und im Bereich Customer Experience aufmerksam verfolgt. Was

sind die wichtigsten Meilensteine, die seitdem in diesem Bereich erreicht wurden?

Seit unserem letzten Gespräch im Jahr 2022 hat sich die KI im Bereich Marketing und Kundenerfahrung wirklich beschleunigt. Ein grosser Meilenstein war der Aufstieg der generativen KI, wie die neueren GPT-Modelle und Tools wie DALL-E. Diese erstellen jetzt Inhalte und Bilder, sodass Marketingfachleute schnell und in grossem Umfang Dinge wie Werbetexte oder Social-Media-Beiträge erstellen können. Eine weitere grosse Veränderung ist, dass die Personalisierung ein neues Niveau erreicht hat – KI ist jetzt äusserst effektiv darin, Kundenerlebnisse in Echtzeit anzupassen, von Produktempfehlungen bis hin zu dynamischen Preisen.

Darüber hinaus sind KI-gesteuerte Chatbots und Sprachassistenten viel intelligenter geworden, sodass sich Kundenservice und Interaktion natürlicher anfühlen. Schliesslich hat der Fokus auf KI-Ethik und Datenschutz mit der wachsenden Rolle der KI zugenommen, was Marken dazu zwingt, transparenter darüber zu sein, wie sie diese Technologie einsetzen.

Kurz gesagt ist KI also schneller, kreativer und kundenorientierter geworden, während gleichzeitig die Anforderungen an einen verantwortungsvollen Umgang mit dieser Technologie steigen.

Beeindruckend. Welche Anwendungsfälle generativer KI in den Bereichen Marketing und Customer Experience haben Unternehmen den höchsten ROI und Kunden den grössten Mehrwert gebracht?

Die Fortschritte im Bereich generativer KI sind erstaunlich! In den Bereichen Marketing und Kundenerlebnis konzentrieren sich die Anwendungsfälle, die den höchsten ROI erzielt haben, in der Regel auf die Erstellung und Personalisierung von Inhalten.

Einer der wichtigsten Anwendungsfälle sind KI-generierte Inhalte wie Social-Media-Posts, Blogartikel und sogar Produktbeschreibungen. Dadurch sparen Marketingfachleute viel Zeit und Ressourcen und können gleichzeitig dafür sorgen, dass die Inhalte aktuell und ansprechend bleiben. Unternehmen, die früher auf grosse Content-Teams angewiesen waren, optimieren diesen Prozess jetzt mit KI und können so konsistente Inhalte bei gleichzeitiger Kostensenkung erstellen.

Ein weiterer Bereich, in dem generative KI glänzt, sind personalisierte Marketingbotschaften. KI kann jetzt massgeschneiderte E-Mails, Anzeigen und Produktempfehlungen für einzelne Kunden auf der Grundlage ihrer Vorlieben oder ihres Verhaltens erstellen. Dies steigert das Engagement und die Konversionsrate, da die Kunden das Gefühl haben, dass die Marke sie wirklich «versteht».

Schliesslich werden KI-Tools wie DALL-E zur Erstellung benutzerdefinierter Grafiken und Visualisierungen für Kampagnen eingesetzt, ohne dass Designer benötigt werden, was den kreativen Prozess beschleunigt und die Kosten senkt.

All diese Anwendungen helfen Unternehmen, ihre Bemühungen zu skalieren und gleichzeitig den Kunden individuellere und relevantere Erfahrungen zu bieten, was sowohl die Rendite als auch die Zufriedenheit steigert.

Und was waren die erfolgreichsten Anwendungsfälle im Bereich Customer Experience Design, abgesehen von den leicht zu erreichenden Erfolgen mit KI-gestützten Chatbots?
Wenn es um generative KI im Customer Experience Design geht, konzentrieren sich einige der wirkungsvollsten Anwendungsfälle über Chatbots hinaus auf die Erstellung personalisierter Inhalte und die interaktive Kundenbindung.

Ein wichtiger Bereich ist die KI-generierte personalisierte Inhalte über die gesamte Customer Journey hinweg. Generative KI kann E-Mails, Landing Pages und Produktempfehlungen in Echtzeit anpassen und so einzigartige, personalisierte Erlebnisse für jeden Kunden schaffen. Dies hilft Marken, Nutzer mit Inhalten anzusprechen, die sich wie massgeschneidert anfühlen, und so höhere Konversionsraten und Loyalität zu erzielen.

Ein weiterer spannender Anwendungsfall sind KI-generierte interaktive Produktdemos. Marken nutzen generative KI, um virtuelle Anproben oder immersive Produkterlebnisse zu schaffen, wie z. B. virtuelle Umkleidekabinen oder 3D-Produktvisualisierungen. Diese ermöglichen es den Kunden, sich intensiver mit den Produkten zu beschäftigen, was zu mehr Vertrauen in die Kaufentscheidung führt.

Generative KI wird auch für die dynamische Erstellung von FAQs und personalisierten Wissensdatenbanken eingesetzt. Anstelle von allgemeinen Hilfeartikeln kann KI spezifische, kontextbezogene Antworten auf Kundenanfragen generieren, wodurch der Support reaktionsschneller und hilfreicher wird.

Diese generativen KI-Anwendungen gehen über die Automatisierung von Prozessen hinaus – sie bieten personalisierte, kreative und immersive Erlebnisse, die die Kundenzufriedenheit und -bindung erheblich steigern.

Interessant. Wie hat sich die Implementierung all dieser neuen Funktionen für Unternehmen verändert? Ist es einfacher oder komplexer geworden, weil sie immer leistungsfähiger werden?
Es ist eine interessante Mischung – für Unternehmen ist es sowohl einfacher als auch komplexer geworden, diese leistungsstarken KI-Funktionen zu implementieren.

Einerseits ist es definitiv einfacher, weil KI-Tools zugänglicher geworden sind. Viele Plattformen bieten jetzt No-Code- oder Low-Code-Lösungen an, sodass selbst Unternehmen und Menschen ohne tiefgreifende technische Expertise KI in ihre Marketing- und Kundenerlebnis-Workflows integrieren können. Tools wie GPT-basierte Content-Generatoren oder KI-gestützte Personalisierungs-Engines können mit minimalem Aufwand eingerichtet werden, sodass KI schneller in grossem Massstab eingesetzt werden kann.

Die wachsende Leistungsfähigkeit und Vielfalt dieser Tools bringt jedoch auch eine gewisse Komplexität mit sich. Mit der Erweiterung der KI-Funktionen stehen Unternehmen vor der

Herausforderung, die richtigen Tools auszuwählen und sie effektiv in bestehende Systeme zu integrieren. Auch das Datenmanagement und ethische Aspekte gewinnen an Bedeutung. Da KI in hohem Masse auf Daten angewiesen ist, müssen Unternehmen sicherstellen, dass sie über die richtige Dateninfrastruktur verfügen und Datenschutzbestimmungen wie GDPR einhalten.

Während also die Eintrittsbarriere gesunken ist, hat die strategische Komplexität der effektiven Verwaltung und Skalierung von KI innerhalb eines Unternehmens zugenommen. Es ist einfacher, anzufangen, aber schwieriger, das volle Potenzial von KI zu maximieren, da sie immer leistungsfähiger wird.

Vielen Dank für dieses Update. Ich werde mich bald wieder melden. Alles Gute.
Gern geschehen! Ich freue mich, dass wir uns austauschen konnten, und ich freue mich auf unser nächstes Gespräch. Alles Gute und zögern Sie nicht, sich jederzeit an mich zu wenden. Viel Erfolg bei allem!

Die Interviews mit ChatGPT wurden in Englisch geführt. Die Übersetzung vom Englischen ins Deutsche erfolgte mit der KI von DeepL.

EINE KÖNIGIN OHNE LAND

Warum herausragende Kreation verpufft, wenn das Marketing-Modell dahinter nicht stimmt

D ie Cannes Lions vor ein paar Wochen haben es uns wieder einmal eindrücklich bewiesen: An kreativen Ideen mangelt es unserer Branche nicht. Grossartige Arbeiten aus vielen Kategorien und Kontinenten wurden eingereicht, prämiert und gefeiert.

Und auch die Analysten der Marktforschungsunternehmen sind sich immer wieder einig: Wenn es um die Effektivität von Werbung geht, dann ist gute Kreation noch immer *der* Schlüsselfaktor für zusätzliche Verkäufe. Sie soll für stolze 47 Prozent des durch Marketingmassnahmen generierten Sales Uplifts verantwortlich sein. Das lässt nur eine Schlussfolgerung zu: Creative is still king.

Damit Werbung, und damit eben auch die Kreativität ihrer Macherinnen und Macher, aber ihre volle Wirkung entfalten kann, müssen drei Voraussetzungen erfüllt sein.

Herausragende Kreation

Die im Zentrum stehende *Big Idea* einer Marke muss sich durch herausragende Kreativität einerseits «upstream» im Business und Experience Design von neuen Produkten und Dienstleistungen sowie «downstream» in der Marken-Kommunikation sowie im Performance Marketing gegen andere Marken differenzieren. So weit, so gut – wie in den vielen Prämierungen in Cannes eindrücklich bewiesen.

Präzision

In Studien von Accenture sagen 78 Prozent der befragten Konsumenten, dass sie sich nur dann mit Werbebotschaften auseinandersetzen, wenn diese persönlich auf sie zugeschnitten sind. Gleichzeitig gaben nur 38 Prozent der befragten Unternehmen an, dass sie ihre Marketing-Kommunikation für unterschiedliche Kundengruppen individualisieren. Daraus lässt sich schliessen: Ein Grossteil der guten Kreation verpufft, da sie nicht beim Empfänger ankommt. Und es gibt bekanntlich nichts Teureres, als in der Kommunikation irrelevant zu sein.

Skalierbarkeit

Damit Werbemittel effektiv sind, müssen sie aber nicht nur für jedes der vielen Mikrosegmente individualisiert werden, sondern auch für alle digitalen Kanäle und Formate. Und Sprachen. Und Marktregionen mit ihren kulturellen Eigenheiten. Und Positionen eines Empfängers in dessen Evaluations- oder Kaufprozess. Und das alles von Konzeption, Produktion, Speicherung, Ausspielung bis hin zur laufenden Messung und Optimierung der Wirksamkeit. Daraus ergeben sich Komplexitäten, die in herkömmlichen Modellen kaum zu bewältigen sind.

Damit ein kreativer Impuls beim Empfänger seine volle Wirkung entfalten kann, müssen also herausragende Kreation, Präzision und Skalierbarkeit in ein solides Marketing-Modell eingebunden sein.

Wie das richtige Marketing-Modell aussieht

Folgende Bausteine sind neben brillanter Kreation für ein solches Marketing-Betriebsmodell unerlässlich.

1. Industrialisierung

Jegliche Arbeitsschritte nach der Kreativleistung müssen möglichst industrialisiert angegangen werden. Alle dafür notwendigen, hoch spezialisierten Fähigkeiten im digitalen Marketing wie zum Beispiel datenbasierte Mikrosegmentierung, Dynamic Creative Optimization (DCO) oder Conversion Rate Optimization (CRO) werden dabei zentral gehalten und allen Unternehmensbereichen zur Verfügung gestellt. So kriegen alle Einheiten und Märkte Zugang zu Spezialistenwissen, welches sie auf sich alleine gestellt nie hätten.

2. Augmentation und Automatisierung

Prozessketten zwischen Marketers und den verschiedenen Spezialisten in den rückwertigen Teams, die sich um die Marketing Operations kümmern, müssen, wo immer möglich, durch Technologie «augmentiert» oder komplett automatisiert werden. Neuartige, KI-getriebene Lösungen erlauben es heutzutage, dass Marketers Aufträge, wie zum Beispiel das Aufsetzen einer neuen Landing-Page für ein Produkt, direkt und jederzeit durch virtuelle Assistenten in Auftrag geben können. Das geht sogar so weit, dass diese Aufträge nicht nur voll automatisiert entgegengenommen, sondern auch direkt abgewickelt werden. So werden Effizienzen und skalierbare Abwicklungsfähigkeiten für die Produktion, Aktivierung, Messung und Optimierung von Kampagnen geschaffen. Ein anderes Beispiel ist, dass neuer Content und neue Designs nicht erst nach Live-Schaltung oder in zeitraubenden und kostenintensiven User Tests validiert werden, sondern dank künstlicher Intelligenz bereits zum Zeitpunkt der Erstellung selbst optimiert werden können. Dadurch wird schneller eine höhere Conversion erzielt und das zu markant günstigeren Kosten.

3. Right-Shoring

Trotz des Strebens nach Automatisierung wird nach wie vor viel menschliches Talent mit der richtigen Erfahrung in den hoch spezialisierten Disziplinen des digitalen Marketings benötigt. Dieses ist rar und demnach meist teuer zugleich. Dieser Aspekt wird im richtigen Marketing-Betriebsmodell berücksichtigt, indem Operations- und Produktionsfabriken an Standorten aufgebaut werden, wo das passende Talent reichlich und zu tieferen Kostensätzen verfügbar ist.

4. Wertgenerierung

Beim richtigen Modell geht es aber nicht nur um den Zugang und die Organisation von rarem und spezialisiertem Talent, um Kampagnen und Content grossflächig und zu vertretbaren Kosten zu produzieren. Es geht um neue Wertschöpfung. Dazu gehört zunächst, dass der Wirkungsgrad von allem, was kreiert und aktiviert wird, exakt gemessen wird. Sichergestellt wird dies durch einen Value Realization-Ansatz, der laufend Optimierungen anstösst. Es handelt sich also nicht um ein «Abwicklungs-

Center», sondern um ein Modell mit systemischem Effekt, das durch die Vernetzung aller Elemente einen multiplizierenden Einfluss auf die Wertschöpfung jedes Marketingfrankens hat – ein Modell, dessen Wert grösser ist als die Summe seiner einzelnen Teile.

Was das alles bringt?

Effizienz und damit Geschwindigkeit, Verlässlichkeit und tiefere Betriebskosten. Konsistenz in der Umsetzung und damit ein einheitliches Markenerlebnis über alle Kanäle, Unternehmensbereiche und Märkte. Eine höhere Effektivität der Marketingmassnahmen und einen klaren, messbaren Sales Uplift. Und dazu auch die Möglichkeit, Budgets freizusetzen, welche in Wachstumsmassnahmen wie neue Marketing-Fähigkeiten oder zusätzliche Kampagnen reinvestiert werden können.

Vor allem aber ist es ein Weg, die Kraft der Kreativität freizusetzen und in jedem Kundenkontakt zum Leben zu erwecken. Und zwar so, dass die Kreation keine Königin ohne Land mehr ist.

SUCHEN WIRD EINFACHER, GEFUNDEN WERDEN NICHT

Sechs Empfehlungen,
wie Sie Ihre Strategie der
neuen Welt der Suche anpassen

Erinnern Sie sich noch daran, als so gut wie alle Ihrer Kunden über eine Google-Suche den Weg auf Ihre Website fanden? Das waren noch Zeiten.

Denn heute beenden bereits zwei Drittel der Benutzer ihre Suche auf der sogenannten Search Engine Results Page (SERP) von Google. Tendenz stark steigend. Hier liefert Google in einer ständig wachsenden Zahl von Modulen direkte Antworten auf ihre Fragen – aus der Such-Maschine wurde also ganz versteckt eine Antwort-Maschine. Warum sollte sich da auch jemand noch die Mühe machen und weiter klicken, wenn sie die Antwort dort schon gefunden haben?

Mit der letzten Woche von Google angekündigten Integration von KI-generierten Zusammenfassungen in die Suchresultat-Seite oder mit ganz neuen Such-Produkten wie Perplexity.ai oder You.com wird sich dieser Trend weiter akzentuieren. Noch mehr Antworten werden uns direkt auf dem Silbertablett serviert.

Suchen wird also einfacher – gefunden werden aber nicht.

Denn je weniger Menschen es bis auf Ihre Website schaffen, desto schwieriger wird es für Sie als Marketer, für Ihre Kunden sichtbar zu sein. Und Sie verlieren auch zunehmend die Kontrolle über die Inhalte, die den Suchenden angezeigt werden. Denn die Antworten auf den Ergebnisseiten der Suchmaschinen sind in der Regel eine Mischung aus verschiedenen Quellen – also auch der Ihrer Mitbewerber.

Wie können Sie also auch in Zukunft die Sichtbarkeit Ihrer Marke in der organischen Suche maximieren?

Die folgenden sechs Punkte helfen:

1. Bezahlte und organische Suche kombinieren

Betrachten Sie das Thema «Search» so, wie es Ihre Kunden auch tun: als *ein,* über bezahlte und organische Suche hinweg, integriertes Werkzeug. Kombinieren Sie Ihre Strategie für Suchmaschinenoptimierung (SEO) und Suchmaschinenwerbung (SEA) also so, dass Sie eine allfällige Kannibalisierung ausmerzen und Ihr Medienbudget bei gleichbleibendem Traffic stetig reduzieren können. Ein Dashboard, welches SEA- und SEO-Datenquellen zusammenführt, hilft Ihnen dabei, den optimalen SEA/SEO-Mix zu bestimmen und Ihr Medienbudget und Ihre Klickrate (CTR) laufend zu optimieren.

2. Lokale Ergebnisse sind relevant

Das World Wide Web mag global sein, viele Benutzer suchen aber nach einer sehr lokalen Antwort. Wenn Sie also ein Business mit Ortsbezug betreiben, dann stellen Sie sicher, dass Sie alle Instrumente nutzen, um dort auch gefunden zu werden. Optimieren Sie Ihre digitale Präsenz für das Google Local Pack; stellen Sie sicher, dass Ihre Unternehmens- und Kontaktinformationen neben dem Google Business Profile auch auf allen geläufigen, lokalen Verzeichnissen konsistent und aktuell sind; animieren Sie Ihre zufriedenen Kunden, positive Reviews auf Bewertungsseiten wie Facebook, Yelp, Tripadvisor etc. zu schreiben und schauen Sie zu, dass Sie über Zitate, Empfehlungen und Verlinkungen mit anderen lokal tätigen Unternehmen verbunden sind. Denn diese Faktoren treiben Ihre Sichtbarkeit bei einer Suchanfrage mit lokaler Absicht.

3. Wenn aus Social Search wird

Soziale Medien erlebten ihren Aufschwung im Marketing vor allem deshalb, weil sie es Marketers ermöglichten, mit Kunden und Prospects direkt in Kontakt zu treten und dadurch eine hohe Reichweite und starke Kundenbindung zu erzielen. Unterdessen sind gerade die sehr visuell geprägten Plattformen wie Pinterest, Instagram oder TikTok aber selbst zu mächtigen

Research-Werkzeugen avanciert: Über 60% der Pinners zum Beispiel starten ein neues Projekt oder einen neuen Kaufprozess auf der Plattform. Oder YouTube: Ist das eine Social Media-Plattform oder eine Suchmaschine? Die Implikation für Sie als Marketer ist einfach: Setzen Sie Ihr Social Media Marketing-Team am besten ins gleiche Büro wie Ihr SEO-Team.

4. Anderer Marktplatz, andere Regeln

Die Hälfte aller Online-Shoppers beginnen ihre Produktsuche nicht auf Google oder anderen Suchmaschinen, sondern direkt auf digitalen Markplätzen. Kein Wunder, denn sie sind nicht im Recherchier-Modus, sondern in Kauflaune. Entsprechend unterschiedlich sind aber auch die Faktoren, welche die Suchresultate auf Plattformen wie Amazon treiben. Einige sind naheliegend wie produktbezogene Keywords, Art und Weise der Produktbeschreibung und Produktbewertungen; andere etwas weiter hergeholt wie die Verkaufshistorie und Conversion Rate Ihrer Produkte oder gar die Tiefe und Breite des Inventars. Kennen – und messen und optimieren – Sie auch diese laufend?

5. Bereit für die Sprachsuche?

Die Sprachsuche wird immer beliebter – 20% der Suchanfragen in der Google App werden so abgesetzt und Sprachassistenten finden sich heute nicht nur im Smartphone, sondern auch in Lautsprechern zuhause oder im Auto. Da der Sprachassistent jedoch nur ein Ergebnis der SERP vorliest (dasjenige, welches im Beispiel von Google in der «Rich Answer Box» zu finden ist), müssen Sie es in diese Box schaffen. Stellen Sie also Inhalte bereit, die Google problemlos zur Erstellung einer solchen Sprachantwort verwenden kann. Achten Sie dabei darauf, dass Sie häufige und typische verbale Suchanfragen mit Ihren Inhalten beantworten können. Und bleiben Sie hier am Puls des Geschehens, denn die Einbindung von generativer KI wird gerade die Sprachsuche nochmals revolutionieren.

6. Und auch das noch: Visuelle Suche

Die visuelle Suche – eine Technologie, die es ermöglicht, mit Hilfe eines Bildes anstelle von Text zu suchen – wird ebenfalls immer beliebter: Google Lens verzeichnet 12 Milliarden solcher Suchanfragen monatlich, viermal mehr als noch vor zwei

Jahren. Und andere Anbieter gibt es auch schon mehr als genug: Pinterest Lens, Bing Visual Search, Snapchat Camera Search, Amazon StyleSnap sind nur einige. Die Suchalgorithmen hierfür sind im Vergleich zur textbasierten Suche noch im früheren Lebensstadium und werden sich noch weiterentwickeln. Schon heute aber sollten Sie unbedingt die Alt-Tags, Metadaten, Filenamen und Qualität Ihres Bildmaterials entsprechend optimieren.

Sie sehen: Gesucht wird an vielen Orten – und die Optimierung Ihrer Sichtbarkeit funktioniert überall anders.

Stellen Sie also sicher, dass Sie Ihre Sucherlebnisse umfassend optimieren und laufend neue Suchtrends antizipieren – denken Sie also nicht an Such*maschinen*optimierung (SEO), sondern an Such*erlebnis*optimierung (SXO).

Nur so vermeiden Sie, dass Ihre Produkte und Dienstleistungen nicht angeklickt werden oder – schlimmer noch – in der digitalen Welt völlig unentdeckt bleiben.

WO UM HIMMELS WILLEN IST GEORGE CLOONEY?

Oder: Warum die
kreativsten Werber in die
E-Commerce-Abteilung gehören

Die letzten zwölf Monate haben alle von uns in die Zukunft getrieben. Und in gewisser Weise hat die Zukunft uns allen einen Gefallen getan: Sie kam früher als geplant und hat uns mehr als deutlich gemacht, dass Vieles nicht mehr so ist, wie es vorher mal war.

Die Konjunkturforscher des KOF fanden dabei heraus: 2020 wurden hierzulande 13,1 Milliarden Franken im Onlinehandel umgesetzt, ein Zuwachs von über 27 Prozent gegenüber dem Vorjahr.

Damit wurde auch klar: Jedes Unternehmen wurde 2020 zu einem E-Commerce-Unternehmen. Das digitale Regal wurde über Nacht zum «Hauptregal» – wenn nicht sogar zum einzigen Regal. Und das hat gravierende Konsequenzen. Eine Studie von Accenture Interactive zeigt: Während 84 Prozent der Käufer eines Markenproduktes auf Amazon sich auch drei Monate danach noch an die Produktseite erinnern konnten, wussten nur 28 Prozent, wie die TV-Werbung zu selbigem Produkt aussah. Und: Gemäss Amazon beinhalten 78 Prozent der auf der Plattform abgesetzten Suchen keinen Markennamen.

Was das heisst? Nicht klassische Werbung, sondern das Markenerlebnis in den E-Commerce-Kanälen ist heute matchentscheidend. Und dazu gehört nicht nur der eigene E-Shop, das sind auch Social Commerce-Seiten und vor allem Online-Marktplätze sowie die Webseiten der grossen Detailhändler.

Und was erleben wir dort heute?

Maximale Austauschbarkeit. Und das genau an dem Punkt im Kaufprozess, an dem es «ernst» wird. Das darf doch nicht wahr sein!

Mehr Marke im E-Commerce

Der Markenwert – die berühmte Brand Equity – in welche Unternehmen viele Jahre Aufwand und noch mehr Franken Budgets (und Kreative ihre Kreativität und ihren Berufsstolz) investiert haben fehlt im luftleeren, kalten, einsamen und rein «transaktionalen» Raum des digitalen Commerce. Das Kauferlebnis eines 50 Franken Turnschuhs auf Amazon fühlt sich identisch an wie dasjenige einer 50'000 Franken teuren Luxusuhr. Die vielen ikonischen Marken, die über traditionelle Kampagnen geschaffen wurden, verpuffen in generischen, komplett austauschbaren Produkt-Detailseiten. Mit Bezug auf einen bekannten Kapselkaffeehersteller möchte man manchmal fragen: Wo um Himmels willen ist eigentlich George Clooney geblieben?!

Da werden – stellvertretend für viele andere Marken – rund um den Planeten Millionen in Werbung mit ihm und in den Aufbau einer einzigartigen Markenwelt investiert: in Print-Anzeigen, in TV-Spots, in Online-Werbung, in tolle Boutiquen und so weiter. Und im Online-Shop? Auf Amazon? Auf Galaxus? Keine Spur von George.

Halten wir fest: Die Konsumenten erleben Marken heute nicht mehr auf traditionellen Pfaden und Medien. Sie suchen auf digitalen Regalen – und finden Ratings und Reviews, aber nicht Marken. Sie erleben also Produkte an Orten, in welchen das Markenerlebnis alles andere als optimiert ist. Und sie sehen womöglich niemals einen TV-Spot. Und überspringen jeden 30-Sekunden-Clip.

Was also tun, wenn Sie in dieser Welt Menschen für Ihre Marke begeistern wollen?

Drei Dinge:

1. Brand Storytelling im digitalen Schaufenster

Der moderne Marketer sollte sich um das digitale Regal, sprich die Produktseiten auf Online-Shopping-Seiten, genauso kümmern, wie man früher in die Präsentation der Produkte in den physischen Verkaufsregalen investiert hat. Denn es ist nicht damit getan, herausragende Produkte einfach online zu stellen. Meine Erfahrung: Brand Storytelling funktioniert auch im Online-Shop bestens, wenn man es nur richtig angeht. Ein Beispiel: Wir haben für einen unserer Klienten die Verweildauer auf dessen Product Detail Page (PDP) um 50% erhöht – indem wir aus der PDP eine überzeugende Product *Experience* Page (PXP) gemacht haben.

2. Die Kontrolle zurückgewinnen

Für viele Marken sind Online-Marktplätze wie Amazon oder Zalando ein Segen; allerdings müssen sie dafür erst einmal eine bittere Pille schlucken: Sie geben die Hoheit über die Produktpräsentation an die Plattformen ab. Das führt dazu, dass alle Marken – ähnlich einer grossen virtuellen Reihenhaussiedlung – gleich aussehen. Langweiliges Einerlei ist heute jedoch keine Option mehr. Deshalb ist es für Marken wichtig, die Kontrolle zurückzugewinnen und die Gestaltung digitaler Erlebnisse in Online-Shops und auf digitalen Marktplätzen in die eigene Hand zu nehmen. Sie müssen dort ihre Brand Experience Stores bauen und dafür genau verstehen, wie Marken- und Produktpräsentation, das Messaging, der Content, Werbung und die User Experience – also die ganze Palette eines digitalen Marktplatzerlebnisses – mit ihren Zielgruppen räsoniert.

3. E-Commerce wird die neue Spielwiese für Kreative

Die kreativsten Köpfe der Welt arbeiten heute in der Werbung. Wie wir festgestellt haben, sind schöne Anzeigen und emotionale Kampagnen im Zeitalter des digitalen Commerce aber keine Selbstläufer mehr. Die logische Konsequenz: Schickt die Kreativen endlich in die E-Commerce-Abteilungen der Unternehmen! Und ja, setzt die Technologieprofis und E-Commerce-Gurus gleich in denselben Raum. Mit dem Markenerlebnis und Erfolg im E-Commerce wird es nämlich nur etwas werden, wenn cross-funktionale Teams (→❿) ihre Kreativ-, UX-, Technologie-, Daten und Analytics- sowie E-Commerce- und Marktplatz-

Expertise kombinieren. Ich muss wohl kaum erwähnen, dass das auch neue Aufgaben und Anforderungen an Agenturpartner stellt.

Und das alles bitte so, dass sich nach der nächsten «360°-Kampagne» niemand mehr fragen muss: Wo um Himmels willen ist George Clooney geblieben?

BACK TO THE FUTURE

Warum
Marketing Mix Modelling
gerade eine Renaissance erlebt

D er legendäre Rosser Reeves war ein Regelbrecher, ein begnadeter Schreiberling, ein visionärer Geschäftsmann – und ein Querdenker unter den Kreativen in der amerikanischen Werbebranche der 1940er und 1950er Jahre.

Getrieben von seiner Definition von Werbung – «Werbung ist die Kunst, eine Unique Selling Proposition zu möglichst geringen Kosten in die Köpfe der meisten Menschen zu bringen» – begann er mit eigens entwickelten Theorien und tausenden von Konsumentenbefragungen, nicht die «Schönheit» oder die Kreativität, sondern die Effektivität von Werbekampagnen zu messen.

Kreativrankings waren ihm ein Graus – er war besessen davon, zu verstehen, warum die einen Kampagnen zu erhöhten Verkäufen führten und andere nicht. Sein 1961 verfasstes Manifest «Reality in Advertising» wurde zum internationalen Bestseller und gilt noch heute als einer der grössten Klassiker in der Werbeliteratur.

Aber nicht nur sein Buch wird heute weiterhin gelesen, auch ein gängiges Problem aus jener Zeit bleibt vielen CMOs erhalten: das mulmige Gefühl, dass die Hälfte ihrer Werbebudgets verlorenes Geld ist – sie aber nicht wissen, welche Hälfte.

Das Zeitalter der Daten beginnt...

Die Effektivitätsmessung von Werbemassnahmen hat seit der Zeit von Rosser Reeves natürlich Quantensprünge gemacht. In den 1980er Jahren begann sich Marketing Mix Modelling als Ansatz stärker zu verbreiten. Dieser Ansatz nutzt multivariate Regressionsanalysen, um für jeden Kanal statistische Zusammenhänge zwischen Mitteleinsatz und Werbeerfolg festzustellen. Die so berechneten Saturationskurven helfen, die Medienbudgets in die «richtigen» Kanäle zu leiten.

Das Gewinnen dieser Erkenntnisse war aber bis vor kurzer Zeit eine hoch manuelle Angelegenheit: Zwei Mal pro Jahr präsentierte da der Data Scientist den Marketers seine Analysen in einem detailliert ausgearbeiteten Papierbericht und sprach Empfehlungen für das nächste Halbjahr aus. Digitale Kanäle wurden erst mit viel Verspätung und oft nur halbherzig mitbetrachtet. Deshalb wurde der Beitrag der traditionellen Kanäle in diesen Analysen lange Zeit überbewertet. Ein weiteres Manko: Die Analysen arbeiteten «nur» mit aggregierten Daten. Der Ansatz wurde daher von vielen Marketers als langsam, teuer, wenig aktionsorientiert und altmodisch abgetan.

...wird durch bessere Analytik verfeinert...

Frustriert über die fehlende Anwendbarkeit im digitalen Zeitalter, schwenkten datengetriebene Marketers ihren Fokus vermehrt oder gar ausschliesslich auf die personengenaue Analyse digitaler Interaktionen. Unmengen von User-Attributen aus First- und Third-Party Cookies sowie anderen extern käuflichen Datensets befeuerten diesen Trend. Hinzu kamen einfach zugängliche Marketing Analytics-Tools, die Auskunft darüber geben, welche der vielen Stationen eines Prospects im digitalen Marketing-Funnel angeblich zum Kauf geführt hat. Nur leider hatten auch dieses Vorgehen einen Haken: Die stark vereinfachten Attributionsansätze «first-click» oder «last-click» bildeten die ganze Komplexität einer individuellen Kaufentscheidung eines Prospects in keiner Weise ab.

So kam es zur nächsten Welle in der Messung der Marketingeffektivität: Multi-Touch Attribution. Hier wird eine grosse Zahl von individuellen Pfaden im digitalen Marketing-Funnel in Verbindung mit mathematischen Verfahren, wie wir sie aus dem Marketing Mix Modelling kennen, ausgewertet. Damit lässt sich der wahre Beitrag jedes einzelnen digitalen Touchpoints und die erfolgreichsten Verkettungen davon identifizieren.

Diese detaillierte Attribution über den digitalen Fussabdruck von uns allen ist aber hungrig nach Einzeluserdaten – je mehr davon, umso besser. Dem Datenhunger in der digitalen Welt vergeht jedoch nach und nach der Appetit. Die neuen Datenschutzrichtlinien führen schon heute dazu, dass viele User ein Tracking ihres Verhaltens auf Webseiten ablehnen. Und obwohl kürzlich von Google noch einmal verschoben, wird das Ende der Third-Party-Cookies wohl oder übel kommen. Gleichzeitig fahren die grossen digitalen Plattformen die Hecken ihrer «Walled Gardens» weiter hoch und die global wütende Inflation betrifft längst nicht nur Energiepreise, sondern hat auch die Medienpreise für TV, Social und Video-on-Demand in mehreren Ländern steigen lassen.

...und führt uns nun zurück in die Zukunft

Dieser perfekte Sturm im Datenparadies des heutigen Marketers führt aktuell zu einer Renaissance des Marketing Mix Modellings. Und dies nicht nur wegen bröselnder Cookies und zusätzlichen wirtschaftlichen Drucks auf Marketingbudgets – sondern, weil sich das Marketing Mix Modelling während seinem Dornröschenschlaf zu einem mächtigen Instrument gemausert hat. Höchste Zeit also, sich wieder damit zu beschäftigen!

Was hat sich verändert?

Neuartige Algorithmen

Mit maschinellem Lernen und künstlicher Intelligenz sind viel genauere Erkenntnisse als in der Vergangenheit möglich. Damit sind Marketers heute in der Lage, das Zusammenspiel der direkten und indirekten Effekte aller Marketingkanäle sehr fundiert zu verstehen. Dies macht Marketing Mix Modelling in hohem Masse umsetzungsorientiert und überwindet damit einen wichtigen Kritikpunkt der Vergangenheit.

Automatisiertes Modelling

Ein weiterer Nachteil von Marketing Mix Modelling bisher war, dass die Methode zu langsam ist. Automatisiertes Modelling erhöht die Frequenz von Analysen dank neuer Technologien nun aber drastisch. Mathematische Modelle sind innerhalb von kürzester Zeit aktualisierbar und können sich so den sich laufend verändernden Marktbedingungen anpassen. Dies kann eine Trading Room-Mentalität in den Marketingplanungsprozess bringen und neue Einblicke in Kampagnen geben, die sich noch in der Ausführung befinden.

Neue Daten-Tools

Marketing Mix Modelling ist mehr als das Erstellen von Analyseergebnissen, sondern – wie es der Name sagt – das Modellieren von Optimierungsszenarien. Neue Tools ermöglichen es heute Marketers (und eben nicht nur Data Scientists!), die Effektivität ihres Mitteleinsatzes hands-on zu analysieren und mit wenig Aufwand verschiedene Zukunftsszenarien über Ziel- oder Budget-basierte Optimierungen zu modellieren.

Neue Anwendungsfelder

Traditionell wurde Marketing Mix Modelling auf die kurzfristige Optimierung des Abverkaufs ausgerichtet. Heute lassen sich damit aber auch längerfristige Brand Health-Metriken wie zum Beispiel Brand Trust oder Brand Advocacy abbilden. Das ist gerade für Branchen mit längerfristigen Verkaufszyklen wichtig ist. So können Marketer ihre Pläne ausbalancieren und sicherstellen, dass kurzfristige Verkaufskampagnen nicht auf Kosten der Markenwahrnehmung und der zugrunde liegenden Sockelnachfrage gehen. Ebenso kann damit nicht nur die Effektivität von Kampagnen, sondern auch von Taktiken wie Sponsoring und Events gemessen und optimiert werden, die oftmals hohe Mittel verschlingen.

Diese Entwicklungen machen die neue Generation des Marketing Mix Modelling zu einem attraktiven und effektiven Steuerungswerkzeug für Marketers; endlich können darüber Marketingbudgets und -pläne fast in Echtzeit und mit hohem Vertrauen optimiert werden. Kein Wunder also, dass der Ansatz gerade wieder ein Comeback feiert.

Das Beste aus beiden Welten

Fortschrittliche Marketers gehen heute aber sogar einen Schritt weiter: Neue Ansätze erlauben es, den top-down Ansatz des auf aggregierten Daten basierten Marketing Mix Modellings mit der personengenauen, bottom-up Multi-Touch Attribution aus den digitalen Kanälen zu kombinieren. Ein übergreifendes Datenmanagement erlaubt es, eine «Attributions-Brücke» zwischen diesen beiden Welten zu schaffen und die besten Insights aus den zwei Perspektiven miteinander zu kombinieren.

Wichtig dabei: Es geht bei alldem nicht darum, dass Data Science die Kreativität im Marketing ersetzt. Im Gegenteil: Marketing bleibt eine Kunst und eine Wissenschaft zugleich. Der Einsatz von Kreativität muss aber so erfolgen, dass Werbung ihre Funktion erfüllt. Und die hatte Rosser Reeves vor 60 Jahren auch schon klipp und klar festgehalten: «Werbung ist lediglich ein Ersatz für einen persönlichen Aussendienst – eine Verlängerung, wenn man so will».

Stellen Sie also sicher, dass sie das auch ist.

WENN PERSONALI-SIERUNG AM CONTENT SCHEITERT

Warum Sie nicht mehr
«TV-first» oder «Digital-first»,
sondern «Production-first» denken sollten

D ie Zeit der klassischen Werbung ist vorbei und das traditionelle Kampagnendenken gehört der Vergangenheit an. Heute verlangen die Menschen einen 24/7-Strom von Inhalten und Empfehlungen in ihren Streams in einer ständig wachsenden Zahl von Kanälen – und das bitte massgeschneidert auf ihre Interessen und Bedürfnisse. Personalisierung ist zum A und O im Marketing geworden und gehört in manchen Branchen sogar schon zum Selbstverständnis, wie Lorenzo Bertelli, der CMO der Prada Gruppe, einmal so schön sagte: «Es gibt keinen Luxus ohne Personalisierung.»

Und Unternehmen haben Berge versetzt, um dieses Ziel zu erreichen. Sie haben viel in teure Technologie und Advanced Analytics investiert, um immer feinere Mikrosegmente zu finden und automatisiert ansprechen zu können.

Nichts zu sagen haben

Für viele gibt es jedoch noch ein letztes Hindernis für die Personalisierung in grossem Massstab: die Produktion von personalisiertem Content. Dieser dritte Faktor in der Personalisierungs-Gleichung ist ebenso wichtig wie die ersten beiden Faktoren: Technologie und Daten. Ohne eine schier unerschöpfliche Quelle an kreativem Content, der für jedes Kundensegment personalisiert und in jedem Format bereitgestellt werden kann, scheitert die Personalisierungs-Gleichung. Denn dann wissen Sie zwar, wem Sie wann was sagen möchten (Daten) und könnten die Botschaft sogar automatisiert auf dem passendsten

Kanal aussteuern (Technologie), aber es fehlen Ihnen die Inhalte. Sie haben schlicht nichts zu sagen.

Warum ist das so schwierig?

Bis weit nach der Jahrtausendwende wurde Werbung im «TV-first»-Paradigma gedacht und gelebt. Eine kreative Idee endete in einer TV Hero-Kampagne. Der 45-Sekünder wurde aufwändig für die beste Performance «im grossen Kino» produziert. Erst im Nachgang wurden Verschnitte davon bestmöglich für den Cut-Down und für die zunehmend aufkommenden digitalen Kanäle und Formate wiederverwertet – oftmals mit der ärgerlichen Feststellung, dass das vorhandene Material dafür nicht wirklich passte; schlimmstenfalls sogar mit der Konsequenz, dass weitere Shootings notwendig wurden.

Bald kam die Erkenntnis, dass nicht mehr für TV, sondern für die immer dominanter werdenden digitalen Kanäle gedacht und produziert werden muss: «Digital-first» und oftmals «Social-first» waren geboren. Dies verbesserte zwar den Fit von Inhalten für die neu priorisierten Kanäle, löste das grundlegende Problem aber nur bedingt: Rückwärts-Adaptionen für die klassischen Kanäle und der Versuch, für Display oder Facebook produzierte Inhalte auch in Instagram zu nutzen, bedeuteten weitere aufwändige Überarbeitungen der neuen Master-Assets. Wirklich besser wurde es nicht – weder in der Produktion noch im Ergebnis: Das Potenzial der verschiedenen Kanäle wurde selten in vollem Masse ausgeschöpft, da die meisten Assets nicht für diesen Kanal konzipiert waren. Zudem stiegen mit jedem dieser Schritte die Time-to-Market, die Produktionskosten und die Fehleranfälligkeit.

Einmal produzieren, überall gebrauchen

Daraus lernen wir zwei Dinge: Die traditionellen Modelle für die Konzeption und Produktion von Content sind nicht mit der Vielfalt an Formaten und der Geschwindigkeit vereinbar, die für den heutigen dynamischen, schnelllebigen und erlebnisorientierten Marktkontext erforderlich sind. Und: Inkrementelle Verbesserungen der heutigen Content-Produktionsmodelle reichen nicht aus. Im Gegenteil: Es ist ein Paradigmenwechsel erforderlich, um die exponentielle Nachfrage nach kreativen Assets zu befriedigen: von «TV-first» über «Digital- und Social-first» zu «Production-first».

Was ist anders in «Production-first»?

«Einmal produzieren, überall gebrauchen» heisst das Motto. Und so geht es.

Kreativität: Von Magie zu Logik

Traditionelle Kampagnen sind tot – aber Kreativität ist es nicht. Doch: Wir müssen die Art und Weise, wie wir denken und Kampagnen entwickeln, verändern und eine neue Art von Kreativität entwickeln. Kreative Ideen werden nicht «top-down» durch einen Geniestreich entwickelt, sondern «bottom-up». Eine Idee funktioniert für jeden avisierten Touchpoint nämlich anders. Deshalb müssen wir eine ganzheitliche kreative Kernidee entwickeln, die sich nicht nur für alle angedachten Kanäle irgendwie «zurechtbiegen» lässt, sondern in jedem Kanal ihr volles Potenzial entfalten kann.

Produktionsansatz: Von Endprodukten zu Atomen

Wir müssen uns verabschieden vom Denkmodell, dass wir *ein* monolithisches Creative Asset als Endprodukt produzieren: die finale Kampagne. Der Kern des neuen Produktionsprozesses ist stattdessen die Produktion von «Atomen», die zu verschiedenen Assets zusammengesetzt werden können. Atome können zum Beispiel Vorder- und Hintergründe, Schauspieler vor Greenscreens oder am Drehort, verschiedene Musiken, Texte oder Grafiken, Calls-to-Action oder auch rechtliche Hinweise sein. Assets werden so in die kleinsten nützlichen Komponenten unterteilt, die so oft wie möglich in anderen Assets wiederverwendet werden können.

Produktionsplanung: Vom Hero zum Kollektiv

«Start with the end in mind» ist hier das Prinzip. Die Voraussetzung für die kollektive Produktion aller Atome ist eine ganzheitliche Kommunikationsstrategie für alle Aktivierungsmassnahmen – und nicht nur für die gefeierte Hero-Kampagne. Darauf aufbauend wird der gesamte Bedarf an Assets gebündelt und durch die kollektive Produktion von Atomen erzeugt, um eine maximale Effizienz zu erreichen. Alle Content produzierenden Einheiten – von der Kreativagentur bis zur Rechtsabteilung – müssen entsprechend ausgerichtet und gesteuert werden. Für jedes Atom wird sorgfältig abgewogen, ob es in CGI oder per Kamera produziert, als Stock-Footage eingekauft oder gar durch generative KI erstellt wird. Synergien, Wiederverwendbarkeit, Produktionslogistik und Kosten werden berücksichtigt. Eine intelligente Asset-Produktion plant im Voraus, welche Formate und Auflösungen benötigt werden. Dadurch wird Wiederverwendung von Elementen aus früheren Produktionen ermöglicht und die Verfügbarkeit der Assets für spätere Kommunikationen sichergestellt.

Inventar: Vom Archiv zum «Atom-Pool» und Templates

Eine Grundvoraussetzung für die spätere Automatisierung der Personalisierung ist die systematische Katalogisierung aller Atome, der zugehörigen Assets und aller relevanten Daten sowie intelligenten Designregeln. Veröffentlicht werden diese einem zentralen «Atom-Pool», der von Teams, Partnern und Produzenten gemeinsam genutzt wird. Kanalspezifische Templates bestimmen dann, in welcher Kombination Atome als finale Assets in den verschiedenen Touchpoints ausgespielt werden können. Auf diese Weise wird Konsistenz zur Realität.

Ausspielung: Vom Monolith zur dynamischen Vielfalt

Im letzten Schritt wird das finale Kommunikations-Asset aufbereitet. Moderne Dynamic Creative Optimization-Lösungen erlauben es, basierend auf den Content-Atomen und Asset-Templates abertausende von personalisierten Versionen hoch automatisiert zu erstellen und in die bespielten Kanäle zu verteilen. Gewonnene Erkenntnisse über die Effektivität der verschiedenen Versionen von Assets fliessen darüber kontinuierlich in die zentralen Reporting- und Produktionsprozesse zurück, um diese laufend zu optimieren.

Vom Flaschenhals zum Fliessband

Marketing Executives werden nur dann von den Investitionen in Personalisierungsfähigkeiten profitieren, wenn sie zu einem «Production-first» Ansatz für Content übergehen. Damit wird es ihnen nicht nur gelingen, die schiere Masse an individualisierten Inhalten zu vertretbaren Kosten und in der oftmals knappen Zeitleiste zu erstellen, sondern damit gleichzeitig auch Relevanz, Qualität und Konsistenz in ihrer Marketing-Kommunikation zu erzielen sowie dank nicht mehr notwendigen Zusatzschleifen in der Produktion nachhaltiger zu produzieren.

Mehr als Grund genug, sich dieses Jahr damit zu beschäftigen.

SKALIEREN ODER VERLIEREN

Was Sie als Marketer von Ihrem Supply Chain-Kollegen lernen können

Mehr Content mit noch stärker personalisierten Inhalten zu geringeren Kosten. Was wie die Quadratur des Kreises klingt, ist genau die Aufgabe, an der sich viele Marketers gerade die Köpfe zerbrechen. Und Studien sprechen gar davon, dass der Bedarf an Content-Assets in den nächsten zwei Jahren nochmals um das Zwanzigfache steigen soll.

Da fragt man sich natürlich: Wie soll das nur gehen?

Heute ist die Erstellung von Content vielerorts vor allem eines – ein aufwändiges Handwerk. Ein fein verästeltes Netzwerk von Agenturpartnern und internen Einheiten arbeitet auf fragmentierten Technologie-Lösungen, um immer wieder aufs Neue alle möglichen Content-Assets zu erstellen. Das ist weder effizient noch zukunftsfähig.

Sicher, generative KI wird hier künftig helfen. Doch damit Marketingabteilungen in vollem Umfang von den Vorteilen dieser neuen Technologien profitieren, braucht es eine andere Herangehensweise für die Content-Erstellung. Die Richtung ist klar: weg vom Manufakturmodell, hin zu einer skalierbaren Lieferkette.

Fragen Sie Ihren Logistik- oder Produktions-Kollegen

Um die Content-Produktion neu auszurichten, sollten Sie unbedingt mal mit Ihren Kollegen in der Produktion oder dem Supply-Chain-Management sprechen. Die wissen nämlich ganz genau, wie man komplexe Lieferketten managet und Produkte auf automatisierten Fliessbändern industriell herstellt.

Pharmaunternehmen sind ein gutes Beispiel. Sie organisieren die vielschichtigen Zulieferprozesse und das präzise Vermischen verschiedener Wirkstoffe und Substanzen in einer vollständig industrialisierten Weise. Damit kommen die Medikamente schnell zu den Menschen, die sie benötigen.

Oder Konsumgüterunternehmen. Diese bringen immer wieder neue Rezepturen für unsere geliebten Frühstücks-Cerealien auf den Markt. Letztlich machen sie aber nichts anderes, als Mehl, Zucker, Salz und andere Zutaten auf vollautomatisierten Fliessbändern unterschiedlich zu kombinieren. Und Automobilhersteller montieren Tausende von Teilen mit hoher Geschwindigkeit und hochautomatisiert zu einem neuen, hochkomplexen Produkt.

Sie denken, das funktioniert bei Content nicht, weil die Inhalte und Botschaften immer anders sind? Ich behaupte das Gegenteil.

Auch ein Kampagnen-Asset besteht aus vielen Einzelteilen: Texte, Bilder, Hintergründe, Videos, Kleingedrucktes und vieles mehr werden von den immer gleichen Beteiligten – Designer, Texter, Kampagnenmanager, Rechtsabteilungen und anderen – entworfen, freigegeben, zu Kommunikationsmitteln zusammengestellt und in den Marketing-Kanälen aktiviert. So individuell und personalisiert die Assets am Ende auch sein mögen, die Produktionsprozesse und die «Bauteile» gleichen sich.

Content als «Produkt» gedacht, geplant und erstellt

Als Marketer unterscheidet Sie also gar nicht so viel vom Fabrikleiter oder Logistikmanager. Machen Sie Content zu Ihrem «Produkt», für dessen gesamte Wertschöpfungskette *Sie* verantwortlich sind.

Schaffen Sie dafür *ein* einziges, halbautomatisiertes «Betriebssystem», in welchem Content in einer durchgehenden Pipeline geplant, entwickelt, gestaltet, produziert, aktiviert und laufend optimiert wird.

Diese beginnt mit einer standardisierten Planung aller Inhalte, die unternehmensweit erstellt werden müssen. Marketing-Teams briefen dann neue Aufträge über intuitive Workflow-Tools, die diese automatisiert zu den richtigen und verfügbaren Content-Erstellern bringen. Damit gehen Sie schnell in die Produktion und behalten auch bei komplexen Projekten immer den Überblick. Und Sie messen damit den Durchsatz Ihrer Content-Lieferkette.

Kreativ- und Designprozesse werden durch den Einsatz von KI-Tools bereichert. Feedback- und Freigabe-Schleifen werden dank vereinfachten Prozessen und Workflow-Lösungen beschleunigt. Für die grossflächige Produktion der finalen Assets in allen Formaten, Variationen und Sprachen kommen ebenfalls Automatisierungstools zum Einsatz; genauso für das präzise und umfassende Content-Tagging. Und ob der Content auch geklickt wird, sagen KI-Modelle bereits während der Kreationsphase voraus.

Schliesslich sind alle jemals produzierten Assets jederzeit und für jedermann einfach auffindbar – und damit wiederverwendbar. Die verschiedenen Content-Atome (→⑳) werden bei der Ausspielung über vernetzte Assembly- und Publishing-Tools dynamisch und automatisiert – aber immer auch personalisiert – zu fertigen Kampagnen-Assets zusammengebaut und auf allen Kanälen aktiviert.

Alle relevanten Datenpunkte zu jeglichem ausgespielten Content fliessen zentral zurück in Ihr Content-Betriebssystem. Damit gewinnen Sie neue Erkenntnisse, wie ihr Content genutzt wird und wie effektiv Sie die Zielgruppe erreichen. Wenn es einmal nicht wie geplant läuft, können Sie sofort reagieren und optimieren, damit Ihr Content auch hart genug für Ihre Kampagnenziele arbeitet.

Und wie erschaffen Sie dieses Content-Betriebssystem für Ihr Unternehmen?

Indem Sie vier Pfeiler umsetzen:

1. Content Operating Modell

Vereinfachen und standardisieren Sie alle Content-Prozesse in Ihrem Unternehmen. Entwerfen Sie eine industrialisierte, vernetzte Prozesslandschaft über die gesamte Content-Lieferkette und alle Content-Ersteller. Konsolidieren Sie die vielen produzierenden Partner oder internen Teams in eine zentrale, schlagkräftige Einheit. Denn wer nicht am gleichen Fliessband steht, kann schlecht effizient zusammenarbeiten.

2. Vernetztes Technologie-Ökosystem

Vereinfachen und vernetzen Sie die IT-Tools entlang der gesamten Content-Lieferkette, von der Workflow-Orchestrierung über die Designarbeiten, dem Digital Asset Management bis hin zu den Content Analytics. Geben Sie Ihren Marketers und Designern für jeden Teil Ihrer Lieferkette die mächtigsten Tools an die Hand, damit diese richtig verzahnt zusammenwirken können.

3. Automatisierung und KI

Nutzen Sie Automatisierungsmöglichkeiten entlang aller Schritte Ihrer Content-Lieferkette – vor allem aber in Ihrer neuen, zentralen Produktionseinheit. Denn Ihre KI-Investments werden nur dort einen hohen Return abwerfen, wo Sie auch hohe Stückzahlen produzieren. Nutzen Sie generative KI dabei aber clever – und produzieren Sie nicht einfach mehr mittelmässigen Content. Bereichern und beschleunigen Sie stattdessen mit KI die menschliche, kreative Raffinesse Ihrer Designtalente oder automatisieren Sie Arbeitsschritte, die bislang mühselig manuell ausgeführt werden mussten. Lassen Sie Ihre Teams also smarter und nicht härter arbeiten.

4. Kreative Exzellenz

Verstärken Sie Ihre neuen Arbeitsweisen mit erstklassigen Kreativteams, die hochemotionale Erlebnisse schaffen, die Ihre Kunden erreichen und so Ihr Geschäft ankurbeln. Hier ist und bleibt gutes Handwerk gefragt – im Zeitalter der Technologie sogar mehr denn je. Denn es geht hier bei aller Effizienz nicht darum, das «Produkt» – also den Content – zu standardisieren, sondern nur die Prozesse zu dessen Erstellung.

Die Unternehmensberatung Accenture hat kürzlich ihre eigene Content-Lieferkette genau so komplett umgebaut – und dabei eine Prozesslandschaft von weit über 1'000 beteiligten Personen neu gestaltet, die hauseigenen Kreativ- und Produktionsteams gebündelt und mit eigenen und Dritt-Technologien ausgestattet. Das Ergebnis: 55 Prozent weniger manuelle Prozessschritte, 60 Prozent weniger Emails und jährliche Kosteneinsparungen im hohen Millionenbereich – und das bei besserer Content-Performance.

Die industrielle Revolution hat es uns vor über hundert Jahren vorgemacht. Sie hat viele Güter, die wir heutzutage als selbstverständlich erachten, qualitativ besser und überhaupt erst erschwinglich gemacht. Denn ohne industrielle Produktion könnte ich mir heute keinen Geschirrspüler und kein Smartphone leisten, geschweige denn ein neues Auto.

Und warum sollte das beim Content anders sein?

WERBEN SIE NOCH

ODER VERKAUFEN SIE SCHON?

Was es für CMOs bedeutet,
wenn das Werbemittel zum POS wird

6 5% aller Kinder werden einmal Berufe erlernen, die es heute noch gar nicht gibt. Ähnliches gilt wohl auch für Talente im Marketing. Die klassischen Marketingkompetenzen bleiben zwar gefragt, aber sie werden zukünftig viel öfter ausserhalb der eigentlichen Marketingabteilung zum Einsatz kommen. Meine Kolumne zum Thema «Mehr Marke im E-Commerce» (→⓲) und mein Aufruf, die kreativsten Köpfe in die E-Commerce-Abteilung zu senden, ist nur ein Beispiel von vielen. Vermarktung und Vertrieb – und die entsprechenden Talente dafür – verschmelzen in jenem Beispiel im Online-Shop, also am Point-of-Sale.

Was aber wäre, wenn wir dieses Prinzip umdrehen?

Ein interessantes Beispiel dafür sind «Conversational Ads». Hier gehen nicht die Marketers in den Online-Shop, sondern der Shop kommt zum Marketing. Genau genommen: das Werbemittel *ist* der Point-of-Sale.

Wie das in der Praxis aussieht? Hier einige erfolgreiche Beispiele.

Emirates
Die Fluggesellschaft Emirates führte eine innovative Banner-Bot-Werbekampagne durch. Nutzer konnten direkt innerhalb des Banners mit einem Chatbot interagieren, ohne die Seite zu verlassen. Sie stellten Fragen zu Reisezielen, Flugoptionen und Promotionen, was den Entscheidungsprozess beschleunigte und die Conversion-Rate verbesserte.

LEGO

Der dänische Spielzeugriese entwickelte einen Messenger-Bot namens Ralph, der Geschenkempfehlungen gab und Kunden durch das umfangreiche Produktsortiment führte. Bunte, einprägsame Videoanzeigen leiteten Nutzer zum Gespräch mit Ralph. Der Bot betonte die Kreativität und den Spass, die LEGO-Spielzeuge bieten, und wurde aufgrund seines Erfolgs zu einem dauerhaften Teil der digitalen Marketingstrategie.

Hellmann's

In Brasilien startete Hellmann's die Kampagne «Whatscook», bei der echte Köche den Kunden live Kochanweisungen via WhatsApp gaben. Teilnehmer teilten ihre vorhandenen Zutaten mit, woraufhin die Köche sie bei der Zubereitung von Rezepten mit Hellmann's Mayonnaise anleiteten. Diese interaktive Kampagne steigerte nicht nur den Produktabsatz, sondern auch die Markenbekanntheit und -bindung.

ADAC

Der deutsche Automobilclub ADAC zielte mit der Kampagne «Don't call mom – call ADAC» auf ein jüngeres Publikum ab. Sie richteten eine WhatsApp-Hotline ein, bei der Menschen Fragen zu Automobilen oder sogar fachfremde Themen stellen konnten. Diese innovative Herangehensweise half, die Markenbekanntheit bei Teenagern und jungen Erwachsenen zu steigern und das Image des Clubs zu modernisieren.

Sephora

Die Kosmetikkette entwickelte einen Facebook Messenger-Bot, der Make-up-Tutorials und Produktempfehlungen anbot sowie Kunden die Möglichkeit gab, Termine in den Filialen zu buchen. Der Bot reduzierte die Anzahl der Schritte für eine Buchung und bot personalisierte Empfehlungen basierend auf den Präferenzen der Nutzer. Später führte Sephora weitere Tools ein, darunter einen Reservierungsassistenten und eine Farbabgleich-Funktion für ihr Virtual Artist-Tool.

Diese innovativen Beispiele zeigen, wie sich aus dem Kundenservice-Bereich bekannte, KI-basierte Conversational Bots im Marketing nutzen lassen. Werbemittel werden so interaktiv und «gesprächig», können Rich Media-Elemente transportieren und den Dialog mit Konsumenten hochgradig individualisieren. Und sie ermöglichen es Marken, direkt dort mit potenziellen Kunden in Kontakt zu treten, wo diese sich gerade aufhalten – sei es in einem Messaging-Dienst, auf einer Webseite oder in einer App.

Werbemittel sind so nicht nur Wegweiser zu einer Destination, sondern beides in einem. Informationssammlung, Evaluation und Kaufabschluss können direkt an Ort und Stelle durchgeführt werden. Und dieser neue Point-of-Sale existiert nicht nur einmal, sondern x-fach direkt auf den bevorzugten Kommunikationskanälen der Kunden – für einmal nicht nur eine Vervielfachung der Marketing-, sondern auch der Vertriebskanäle!

Marketing muss Vertriebskompetenzen lernen

Was einfach ausschaut – und es für den Prospect auch sein sollte! – stellt ganz neue Anforderungen an die Marketingfunktion. Im Mittelpunkt stehen vor allem neue Kompetenzen aus Vertrieb und Technologie.

1. «Sprechen» lernen

Eine gelungene «Conversational Ad» ist nicht einfach nur interaktiv, sie ist ein Dialog mit dem Interessenten. Ein Unternehmen «spricht» im wahrsten Sinne des Wortes mit dem Adressaten einer Werbung. Diese Dialoge müssen auf eine ansprechende und engagierende Art und Weise vorab definiert werden. Dafür muss die Marketingabteilung vom Vertrieb lernen, wie erfolgreiche Verkaufsgespräche funktionieren. Und sie muss verstehen, wie sich Dialoge mit Hilfe von automatisierten Bots so natürlich wie möglich und gleichzeitig «on Brand» führen lassen. Dialogdesign wird eine neue Kompetenz des Marketings.

2. Produkte verstehen

Wer «Conversational Ads» erfolgreich für sich nutzen will, muss die eigenen Produkte und Angebote genau verstehen. Während klassische Werbung für jede individuelle Aussteuerung eines Werbemittels nur *eine* Kombination aus Produkt, Kaufargument und Preis nennen muss, sind bei «Conversational Ads» viel mehr Variationen möglich und nötig. Die «Ad» soll schliesslich ein vielschichtiges Vertriebsgespräch führen; dafür muss sie für jeden Dialogpfad das richtige Angebot und Argument im Ärmel haben. Das detaillierte Wissen der Produktmanagement-Abteilung muss hierfür also ins Dialogdesign einfliessen.

3. Technologie beherrschen

Wie so vieles in der schönen neuen Marketingwelt, ist auch bei «Conversational Ads» die richtige technische Umsetzung ein wichtiger Erfolgsfaktor. Konkret geht es darum, nicht nur die Möglichkeiten, sondern auch die Grenzen heutiger KI-basierter Systeme zu kennen und auszunutzen. Wie lässt sich überhaupt eine KI trainieren, was ist das maximal Machbare und Sinnvolle? Und wo krieg ich die KI her? Und wie in meine Madtech-Landschaft eingebunden? Um diese Fragen zu beantworten, muss das Technologie-Team gemeinsam mit Marketing an einem Tisch sitzen.

4. Wirksamkeit messen

Ob «Conversational Ads» wirklich wie gewünscht funktionieren, zeigt sich schnell am Nutzerverhalten. Führen die Dialoge zum Ziel, oder bricht ein potenzieller Kunde das «Gespräch» mittendrin ab? Das gilt es zu verstehen und zu optimieren. Bei «Conversational Ads» ist Dank der zahlreichen Dialogoptionen ein viel genauerer Blick auf die Bruchstellen nötig als im klassischen, linearen Marketing-Funnel. Um wirklich zu verstehen, was vor sich geht, braucht das Marketingteam das analytische Methodenwissen der Daten- und Analytics-Spezialisten im Unternehmen.

Hohe Hürden, grosse Belohnung

Keine Frage, «Conversational Advertising» kommt mit vielen Voraussetzungen. Wer es richtig umsetzt, wird jedoch schnell belohnt. Die Zahl der generierten Leads kann bis zu zweimal höher liegen als bei klassischer (digitaler) Werbung, die Sales-Conversion-Rate um bis zu 40 Prozent über dem Standard.

Die KPIs sind jedoch nur die eine Seite der Medaille. Eine kürzlich von Accenture bei über tausend Marketing-Entscheidungsträgern durchgeführte Studie zeigt, dass die erfolgreichsten CMOs eines vereint: Sie schauen über den Tellerrand und setzen auf die enge Verzahnung mit anderen Unternehmensfunktionen. Das geht weit über den losen Erfahrungsaustausch hinaus und beinhaltet sogar den regelmässigen Austausch von Talenten zwischen den Teams. Diese CMOs haben verstanden, dass neuartige Markenerlebnisse nur dann entstehen, wenn unterschiedlichste Funktionen mit ihren jeweiligen Fähigkeiten an einem Strang ziehen.

Das lässt auch für die Zukunft hoffen: Denn wer heute «Conversational Advertising» beherrscht, wird morgen im Metaverse der erste sein, der die Nutzer mit ausgeklügelten AR/VR-Anwendungen für seine Marke begeistert.

Oder anders gesagt: Einmal Vorreiter, immer Vorreiter.

VON EXPERIMENTEN ZU WETT- BEWERBS- VORTEILEN

Fünf Punkte, mit denen Sie sich
heute schon beschäftigen sollten,
um sich künftig nachhaltige
Wettbewerbsvorteile zu verschaffen

C hatGPT war ganz schön beschäftigt seit meinem Interview im Dezember (→ ⑮): Innert nur zwei Monaten hatte die auf Dialoge optimierte künstliche Intelligenz 100 Millionen aktive Benutzer und wurde damit zur schnellst wachsenden Anwendung der Geschichte.

Ebenfalls so schnell wie wohl noch nie zog «Big Tech» nach: Nur weitere zwei Monate später hatten Microsoft (Bing und Office), Google (Workspace), Adobe (Firefly) und Salesforce (Einstein GPT, Slack) erste generative KI-Anwendungen in ihre Produkte integriert.

Wir erleben also gerade den Dammbruch für die exponentielle Verbreitung der generativen KI – und gerade im Marketing, wo es um Content (→ ⑳㉑) und Kreativität (→ ⑯) geht, ist das Potenzial dafür riesig.

Aber wie können Sie als Marketer aus generativer KI einen echten Wettbewerbsvorteil ziehen?

Sicher nicht allein durch die Nutzung der neu in allen Alltagsanwendungen eingebauten KI-Funktionalitäten. Denn die stehen ja allen zur Verfügung (also auch Ihren Mitbewerbern) und arbeiten mit zugrundeliegenden Basismodellen, die zwar viel über Gott und die Welt wissen, aber nichts über Ihr Unternehmen, Ihre Produkte, Ihre Marke oder gar Ihre Kunden. Keine guten Voraussetzungen also für Marketers oder Experience Designers.

Was gilt es also zu tun?

Hier sind fünf Punkte, mit denen Sie sich schon heute beschäftigen sollten.

1. Ihre Anwendungsfälle finden

Experimentieren Sie ruhig mit den vielen neu zur Verfügung stehenden KI-Anwendungen. Das öffnet den Horizont, bringt Inspiration und zeigt auf, was heute alles möglich ist. Überlegen Sie sich dann aber schnell: Welches sind die Anwendungsfälle für generative KI, die in Ihrem konkreten Unternehmen, in Ihrer Funktion Wert stiften können? Wo im Marketing oder Experience Management müssen Sie viele Inhalte erstellen oder adaptieren, die Sie mittels generativer KI schneller, günstiger oder konsistenter (teil-)erstellen könnten? Welche neuen Kundenerlebnisse könnten Sie mit den Fähigkeiten einer generativen KI kreieren? Aber rechnen Sie bei aller Begeisterung dafür auch scharf nach: Welcher Business Case besteht für diese Anwendungen?

2. Die richtige Sprache sprechen

Die grosse Revolution ist unbestritten, dass dank generativer KI eine natürliche Interaktion zwischen Mensch und Maschine endlich Wirklichkeit wird: ich kann einfach in meinen eigenen Worten ausdrücken, was für einen Bild-, Text- oder Video-Output ich haben möchte. Und das, würde man meinen, kann jeder und jede. Doch weit gefehlt… Auch bei generativer KI – und gerade dort – gilt: Die ausgefeilte Formulierung der Instruktionen an eine generative KI bestimmt massgeblich, ob Ihre Marketers damit Resultate in einer Qualität erzielen, die sie sich wünschen. Senden Sie Ihr Team also nicht zum nächsten Trend-Event, sondern lieber in den «Prompt Engineering»-Kurs. Und überlegen Sie sich, welche neuen Rollen wie «Text Prompter» oder «Prompt Creative Director» Sie künftig brauchen werden und wie Sie zu Profis in diesen Disziplinen kommen.

3. Die richtigen Basismodelle nutzen

Den Anwendungen wie GPT-4 oder DALL-E liegen komplexe Deep-Learning-Modelle zugrunde, die mit riesigen Mengen an unstrukturierten Datensätzen trainiert wurden. Eigene solche Basismodelle zur Sprach- oder Bild-Generierung zu entwickeln, wird auch in Zukunft nur ganz wenigen Unternehmen mit grossen Ressourcen vorbehalten bleiben. Alle anderen werden themen- oder branchenspezifische Modelle von Drittanbietern nutzen, wie z.B. BloombergGPT für die Finanzbranche. Die Landschaft dieser Modelle ist heute noch einigermassen übersichtlich, wird aber in Kürze stark wachsen und sich fragmentieren[*]. Stellen Sie also sicher, dass Sie jederzeit einen guten Überblick über die für Sie relevanten Basismodelle und Anbieter haben – denn schliesslich wollen Sie ja das für Ihre Anwendungsfälle und Ihren Unternehmenskontext relevanteste Wissen anzapfen. Und überlegen Sie sich auch gleich schon, wie Sie diese über APIs in Ihre Technologie-Landschaft einbauen, damit Ihre Marketers über kontrollierte Wege aber dennoch mit wenigen Klicks auf die richtige neue KI-Unterstützung zugreifen können.

4. Ihre Modelle feinabstimmen

Wenn Sie generative KI aber zur Erstellung Ihrer ganz eigenen Marken-Inhalte nutzen wollen, dann muss diese KI auch Ihr eigenes Unternehmenswissen und Ihre Markenwelt beherrschen. Von Drittanbietern entwickelte Basismodelle müssen Sie also mit Ihren eigenen, proprietären Daten anreichern und für ihre Zwecke feinabstimmen. Stellen Sie also schleunigst sicher, dass Sie gut kuratierte, aktuelle und qualitätsgesicherte Daten über Ihr Unternehmen und Ihre Kunden vorhalten. Frühere Investitionen ins Tagging oder zentrale Vorhalten von Inhalten in Digital Asset Management-Lösungen zahlen sich hier also wieder aus. Investieren Sie auch ins richtige «Content Filtering» – die Technik, mit der Sie sicherstellen, dass ihr eigenes KI-Modell nicht nur viel über Ihr Unternehmen weiss, sondern auch dessen Semantik versteht, damit maschinell generierte Texte und Bildwelten auch «on Brand» sind.

5. Verantwortungsvolle und nachhaltige KI

Bei der Nutzung von künstlicher Intelligenz kann bekanntlich auch viel schief gehen. Beschäftigen Sie sich also schon heute

---

[*] Diese Prognose hat sich bewahrheitet: Ende November 2024 verzeichnete Hugging Face, das Portal für Open-Source KI-Modelle und die weltweit führende Plattform zum Teilen von Machine Learning-Modellen, über 1.1 Millionen verschiedene Modelle.

damit, Ihre Marketers auch dafür zu sensibilisieren; und erarbeiten Sie die nötigen Richtlinien, wie generative KI in Ihrem Unternehmen genutzt werden soll und darf (Stichworte kognitive Verzerrung, geistiges Eigentum, Datenschutz und -sicherheit, Diskriminierung, Produkthaftung etc). Und da generative KI-Anwendungen äusserts grosse Rechenleistungen erfordern und die darunterliegende Infrastruktur somit entsprechende Emissionen verursacht, liegt es ebenfalls an Ihnen, eine Technologie-Architektur aufzubauen, die energieeffizient ist und den ökologischen Fussabdruck Ihrer neu generierten Inhalte möglichst minimiert.

Von Experimenten zu unternehmensweiter Wirkung

Wie mit jeder Technologie zur Automatisierung von Tätigkeiten oder der Demokratisierung von Fähigkeiten liegt auch bei der generativen KI der wahre Nutzen nicht in punktuellen Experimenten, sondern im grossflächigen, produktiven Einsatz. Nur wenn dieser gelingt, werden Sie nachhaltige Wettbewerbsvorteile daraus ziehen können.

Machen Sie sich also schon heute auf die Reise vom Hype in die Realität.

Die Umsetzung meistern

IST DIE CX NOCH EIN ALLEIN-STELLUNGS-MERKMAL?

Warum CMOs nicht
mehr die alleinigen Hüter
der Experience sein sollten

In meinen letzten beiden Kolumnen bin ich auf die Erfolgsrezepte von Experience-getriebenen Unternehmen eingegangen: Einerseits die enge Verknüpfung aller Komponenten eines Produkts oder einer Dienstleistung (→❷❻) in einem durchgängigen Erlebnis; andererseits herausragende Produkte mit hohem Nutzwert im Alltag (→❹).

Daraus könnte der Eindruck entstanden sein: Es dreht sich alles um die Customer Experience (CX). Das würde Sinn machen, denn eine aktuelle Studie von Accenture hat gezeigt, dass 77 Prozent aller CEOs fundamental ändern wollen, wie ihr Unternehmen mit Kunden interagiert.

Aber stellen wir uns doch mal die Gretchenfrage: Wie differenzierend ist eine gute Customer Experience eigentlich noch?

Wenn wir ehrlich sind: Gar nicht. CX ist heute Standard; das Konzept ist verstanden und eine Binsenwahrheit. Designer auf der ganzen Welt haben in den letzten Jahren alle möglichen Touchpoints optimiert und Normen geschaffen. Wir wissen genau, wie das Onboarding eines Bankkunden aussehen sollte, wie man Kleidung in einem Online-Shop richtig präsentiert, wie ein Checkout-Prozess mit wenigen Klicks funktioniert. Kurzum: Fast alle Marken setzen heute auf einfache, schnelle, klar designte und intuitive Kundenschnittstellen. Aber wenn alle in dieselbe Richtung schwimmen, landen sie schnell im «Sea of Sameness». Marktanteile gewinnt man so jedenfalls nicht.

Um aus diesem Einheitsbrei wieder herauszukommen, sind neue Konzepte gefragt. Keine Frage: CX – also Investitionen in

Front-End-Technologien, Kanaloptimierungen, CRM sowie in die Marketing-, Vertriebs- und Service-Funktionen – bleibt wichtig. Doch die wahren Experience-Champions konzentrieren sich nicht nur auf inkrementelle Verbesserungen an der Kundenschnittstelle, sondern richten alle Aspekte ihres Unternehmens auf den Kunden aus. Das wird auch «Business of Experience» (BX) genannt. Statt einzelne Kunden-Touchpoints zu optimieren, steht im BX der ganzheitliche Blick auf menschliche Bedürfnisse an erster Stelle. All das geschieht rund um einen definierten und gelebte *Big Idea*.

Schauen wir nun in den Maschinenraum des BX, um besser zu verstehen, was seinen Erfolg ausmacht: Dort wird die Exzellenz in der CX durch Unternehmenszweck und -werte, Produkt- und Service-Innovationen, aber auch das Mitarbeiter-Erlebnis und das Betriebsmodell, wie solche Erlebnisse geschaffen werden, erweitert. Hoch über dem Maschinenraum hängt folgende Losung: «Everything I do, I do it for you (dear customer)». Nur wenn alle Abteilungen im Unternehmen dieses Mindset verinnerlichen, wird mit dem BX tatsächlich neuer Unternehmenswert geschaffen. Gemäss einer Studie von Accenture überflügeln führende BX-Player die rein CX-orientierten Unternehmen in ihrem profitablen Wachstum um mehr als das Sechsfache.

Diese beeindruckenden Zahlen verdeutlichen die Bedeutung des BX-Ansatzes. Unternehmen, die sich auf BX fokussieren, sind in der Lage, schneller auf sich ändernde Kundenbedürfnisse zu reagieren und innovative Lösungen zu entwickeln. Sie verstehen, dass Erlebnisse nicht nur an einzelnen Touchpoints stattfinden, sondern in jeder Interaktion mit dem Unternehmen – vom Produkt über den Kundenservice bis hin zur Unternehmenskultur.

Und was bedeutet das für die Marketing-Funktion?

Nichts anderes als ein neues Selbstverständnis. CMO und Mitstreiter sind nicht mehr die alleinigen Hüter der Experience; Kundenobsession wird zum Leitbild für das Handeln des gesamten Führungsstabs. Verschwindet der CMO damit in der Bedeutungslosigkeit? Nein, aber in einem Business of Experience wird die Rolle von Marketing um 180 Grad neu definiert. Statt «Making people want things» heisst es künftig «Making things people want». Das ist aber nur dann möglich, wenn die CMOs das Verständnis für den Kunden und seine Belange in alle Abteilungen des Unternehmens tragen, Kundenobsession vorleben und die gesamte Führungsmannschaft darauf einschwören.

Für mich ist klar: Die besten CMOs werden zukünftig nur noch wenige Berührungspunkte zu klassischem Marketing haben; stattdessen sind sie als «Chief Collaboration Officer» gefragt. Die Chancen für CMOs und Marketingabteilungen im neuen Jahr sind also ausgezeichnet – aber die oben erwähnte Studie sagt auch: Während acht von zehn CEOs die Notwendigkeit, radikal umzudenken und den Kunden in den Mittelpunkt zu stellen, bereits verinnerlicht haben, sind es unter den CMOs nur vier von zehn.

Zeit zum Handeln

Diese Diskrepanz zwischen CEO- und CMO-Perspektiven zeigt, dass hier noch Handlungsbedarf besteht. CMOs müssen sich als strategische Partner positionieren, die nicht nur für Marketingkampagnen verantwortlich sind, sondern auch für die Gestaltung ganzheitlicher Kundenerlebnisse. Sie müssen die Verbindung zwischen Kunden-Insights, Unternehmensstrategie und operativer Umsetzung herstellen. Die Entwicklung hin zum Business of Experience ist also nicht nur eine Chance für CMOs, sondern eine Notwendigkeit in einer sich schnell verändernden Geschäftswelt.

Daher mein Neujahrsappell: Liebe CMOs, geben Sie sich 2021 einen Ruck und gestalten Sie den Wandel zum Business of Experience an vorderster Front mit. Nutzen Sie die Gelegenheit, um Ihre Rolle neu zu definieren und als treibende Kraft für kundenorientiertes Wachstum zu etablieren. Die Zeit ist reif für eine Experience-Renaissance, und Sie können dabei eine Schlüsselrolle spielen.

Denn es lohnt sich. Für Ihre Kunden und damit auch für Ihr Unternehmen – und für Sie selbst.

RICHTIG ORGANISIERT IST HALB GEWONNEN

Wie CMOs wieder zum Wachstumsmotor ihres Unternehmens werden können

Es ist heute unbestritten und viele Studien haben es bereits gezeigt: Unternehmen, die auf das Kundenerlebnis als Unterscheidungsmerkmal setzen, sind erfolgreicher. Eine Studie von Accenture hat zum Beispiel aufgezeigt, dass sogenannte «Businesses of Experience» (→❷④) sechsmal profitabler sind als Organisationen, die nicht alle ihre Unternehmensfunktionen auf die Optimierung des Kundenerlebnisses ausrichten.

Um aber über das Kundenerlebnis erfolgreich eine Präferenz für die eigene Marke zu schaffen, müssen drei Dinge vorhanden sein.

1. Für die Zielgruppen relevante, wertstiftende und möglichst einzigartige Produkte, Dienstleistungen und Service-Erlebnisse.

2. Eine glaubwürdige Marketing-Kommunikation, welche die Differenzierung der Produkte und Dienstleistungen auf eine authentische Art und Weise verstärkt.

3. Eine *Big Idea* (→❷), die radikal, sozial und über obige Produkt-, Service- und Kommunikationserlebnisse für alle greifbar ist.

Damit das alles Wirklichkeit werden kann, müssen zweifelsohne viele Eigenschaften zusammenkommen: Mitarbeitende und Management im Unternehmen müssen vermeintlich Gegebenes hinterfragen, sie müssen empathisch sein, kreativ, analytisch und Geschäftssinn zeigen. Und sie müssen mutig genug sein, Wetten auf die Zukunft (→❹) einzugehen.

Doch um das Produkt- und Serviceerlebnis (was ein Unternehmen tatsächlich anbietet und tut) mit dem Marketing- und Kommunikationserlebnis (was ein Unternehmen sagt, dass es tut) in Einklang zu halten, braucht es vor allem auch eins: eine voll integrierte Kunden- und Marketing-Funktion.

Wie schaut eine solche Organisation aus, die «Experience first» denkt und handelt?

Sie hat sechs Kernelemente:

1. Segments & Themes

Bisher richten viele Unternehmen ihre Organisation vor allem nach Produktgruppen aus. Im Zeitalter der Experience-Economy ist das der falsche Weg. Sinnvoller ist es, sich an den strategischen Kundensegmenten oder Themen zu orientieren, welche es bedienen möchte und für welche es sich eine Differenzierung und einen kommerziellen Erfolg erhofft. Jedes dieser Segmente (z.B. Job-Einsteiger) oder Themen (z.B. Nachhaltigkeit) wird daher von eigenen Teams verantwortet; sie sind die Schaltzentrale für alles, was mit diesen Zielgruppen passiert. Sie verfügen über das tiefste Wissen über die Bedürfnisse ihrer Segmente. Ihre Aufgabe ist es, die besten Produkt- und Kommunikationserlebnisse für diese Zielgruppen zu orchestrieren und mittels der richtigen Metriken (→❿) laufend zu optimieren. Dafür arbeiten sie in multidisziplinären und voll integrierten Squads mit Experten aus «Proposition» und «Campaigns» zusammen (→⓫). Und wichtig: Nicht nur die Experience-Orchestrierung, sondern auch die Verantwortung für das Geschäftsergebnis für die einzelnen Segmente liegt bei ihnen.

2. Brand & Experience Strategy

Dieses Team entwickelt die Big Idea (→❷) des Unternehmens. Sie legen also fest, wofür ein Unternehmen stehen soll. Gleichzeitig sind sie das Bindeglied zwischen der grossen Idee und der konkreten Umsetzung über die Produkte und die Kommunikation der Marke. Damit setzt es die Leitplanken für die Arbeit der

Segmentverantwortlichen und sorgt dafür, dass deren Angebote und Kommunikationen im Unternehmenskern verankert und konsistent sind.

3. Propositions

Dieses Team ist die Design-Werkstatt des Unternehmens. Es entwickelt im Auftrag der Segmentverantwortlichen herausragende und für die strategischen Segmente oder Themen relevante und wertstiftende Produkte und Dienstleistungen. Qualitativer Research, Business- und Service-Design, UX- und Visual-Design sowie das richtige methodische Rüstzeug (→❼) sind hier angesiedelt. Das Team überwacht auch die Implementierung der von ihnen entworfenen Erlebnisse, damit auf dem Weg vom Design bis zur Lancierung kein relevantes Detail verloren geht.

4. Campaigns

Dieses Team steht für die glaubwürdige Zielgruppenansprache. Es findet kreative Ideen, Botschaften und Wege, wie das Unternehmen die besonderen Eigenschaften eines Produktes oder einer Dienstleistung mit authentischen Kommunikationskampagnen verstärken kann. Es stellt sicher, dass Produktversprechen und Zielgruppe «zusammenfinden». Dafür arbeitet es von Beginn weg Hand-in-Hand mit dem «Propositions»-Team und dessen gemeinsamen Auftraggeber «Segments & Themes». Vielerorts ist dies heute das (reduzierte) Verständnis oder die Rolle der Marketingfunktion.

5. Customer Insights & Analytics

Diese Gruppe ist das «Superhirn des Unternehmens» in Bezug auf Kundendaten: Alles, was sich damit messen und daraus ableiten lässt, ist hier bekannt. Dieses Team ist daher der dritte Musketier, welcher zusammen mit «Propositions» und «Campaigns» die Entwicklung der effektivsten Produkt- und Kommunikationserlebnisse vorantreibt.

6. Marketing Operations

Diese Einheit ist der Maschinenraum und produziert allen kanal-, sprach-, kultur- und mikro-segment-spezifischen Content, bestimmt das datenseitige Targeting, aktiviert die verschiedenen Kampagnen auf allen Kanälen, überwacht deren Wirksamkeit mittels multi-touch Attribution und optimiert diese laufend. Erfolgsfaktoren, damit diese Schwerarbeit schnell, verlässlich, effizient und zu bezahlbaren Kosten abgewickelt werden kann, sind Industrialisierung, Automatisierung, «Right-Shoring» und der scharfe Fokus auf die Wertschöpfung jedes Marketingfrankens (→❺).

Sie mögen nun einwenden, dass in Ihrem Unternehmen ja alle diese Themen irgendwo abgedeckt werden. Und das ist in der Tat oft so. Es geht hier aber um mehr: Es geht um eine voll integrierte Kunden- und Marketingorganisation, die das gesamte Kundenerlebnis für die wichtigsten Zielgruppen eines Unternehmens orchestriert – und den damit erzielten Geschäftserfolg verantwortet. Ein Modell, mit welchem CMOs wieder die Kontrolle über die 4Ps des klassischen Marketing-Mix einnehmen und so zum Wachstumsmotor des Unternehmens werden können.

In einer Zeit, in welcher neue Titel wie Chief Growth Officer, Chief Revenue Officer oder Chief Client Officer Einzug in die C-Level-Etage halten ist das notwendiger denn je. Denn was ist ein/eine CMO ohne die Verantwortung für Wachstum, Umsatz oder Kunden?

Darum: Richtig organisiert ist schon mal halb gewonnen.

WAS SIE VOM APPLE- AMAZON- EFFEKT LERNEN KÖNNEN

Warum die richtige Partner-
Strategie ein Schlüssel zum Erfolg
in der Experience Economy ist

In der sich rasant verändernden Welt der Experience Economy stehen Marketers und Customer Experience Leaders vor einer grossen Herausforderung: Wie können sie in einer vielschichtigen und hybriden Landschaft von digitalen und analogen Kundenkontaktpunkten überzeugende Markenerlebnisse schaffen? Die Antwort auf diese Frage finden wir, wenn wir einen Blick auf zwei der erfolgreichsten Unternehmen unserer Zeit werfen: Amazon und Apple.

Auf den ersten Blick scheinen diese Giganten wenig gemeinsam zu haben – ausser, dass sie zu den fünf wertvollsten Unternehmen der Welt gehören. Doch bei genauerer Betrachtung offenbaren sich zwei entscheidende Gemeinsamkeiten:

1. Ihr Geschäftsmodell basiert nicht allein auf dem Verkauf von Produkten oder Dienstleistungen, sondern auf der Schaffung ganzheitlicher Kundenerlebnisse.

2. Sie integrieren die verschiedenen dafür notwendigen Elemente so geschickt, dass daraus einzigartige und schwer zu kopierende Erlebnisse entstehen.

Das Erfolgsgeheimnis: Integration

Werfen wir zunächst einen genaueren Blick auf die Stärken: Amazon ist heute der weltweit grösste Retailer. Das Unternehmen hat nahtlos alle Schritte der Kette zum Kunden integriert: Retail, Grosshandel, Logistik, Werbung, Devices und Cloud-Services. Mit diesem verknüpften Angebot setzt Jeff Bezos einen neuen Massstab für Kundenerlebnisse im E-Commerce, die von anderen Anbietern kaum zu kopieren sind.

Das Gleiche bei Apple: Betriebssystem, Apps, der App Store, das Retail-Erlebnis, die Geräte (Mac, iPhone, iPad, Watch, TV, Air-Pods), die Services (Musik, Apple TV+, Arcade) bis hin zu den Prozessoren (Apple Silicon) sind so eng miteinander verknüpft, dass für die Kunden am Ende ein komplett durchgängiges und reibungsloses Erlebnis entsteht.

Der Technologie-Analyst Ben Thompson brachte diesen unschlagbaren Vorteil integrierter Lösungen schon vor sechs Jahren auf den Punkt: «Moreover, integrated solutions will always be superior when it comes to the user experience: if you make the whole thing, you can ensure everything works well together, avoiding the inevitable rough spots and lack of optimization that comes with standards and interconnects.»

Und was bedeutet das für Marketers und Customer Experience Leaders?

Die Lehre aus den Erfolgsgeschichten von Amazon und Apple ist klar: Nur wer alle Disziplinen von der *Proposition Experience* bis hin zur *Communication Experience* eng aufeinander abstimmt und in einem holistischen Ansatz integriert, kann Erlebnisse schaffen, die sich in der heutigen Experience Economy wirklich abheben. Alles andere ist nur oberflächliche Innovation.

Apple-Hardware ohne Apple-Software? Undenkbar. Amazons Online-Shoppingerlebnis ohne sofortige Lieferung? Undenkbar. Für Marketers und Customer Experience Leaders bedeutet das: Ein neues digitales Angebot oder ein neues Produkt ohne ein klares Verständnis der zu lösenden Pain Points aus Konsumentensicht (→ **❼❿**), ohne das richtige Messaging-Framework für die Positionierung (→ **⓮**), ohne die Datenbasis für eine personalisierte und automatisierte Kundenansprache auf den richtigen Kanälen? Genauso undenkbar.

Um dieses Ziel zu erreichen, müssen Marketers und Customer Experience Leaders das Silodenken überwinden. In vielen Unternehmen arbeiten Abteilungen wie Produkt, Marketing, Vertrieb und Kundenservice noch immer weitgehend isoliert voneinander. Um wirklich integrierte Kundenerlebnisse zu schaffen, müssen diese Silos aufgebrochen und eine abteilungsübergreifende Fokussierung auf das Gesamterlebnis gefördert werden. Anstatt sich auf einzelne Touchpoints zu konzentrieren, müssen Marketers und Customer Experience Leaders die gesamte Customer Journey im Blick haben.

Partner-Strategie als Schlüssel zum Erfolg

Die Herausforderung liegt aber nicht nur in der unternehmensinternen Welt: Ein entscheidender Faktor für den Erfolg integrierter Kundenerlebnisse liegt in der Zusammenarbeit mit externen Partnern. Auch hier müssen Auftraggeber integriert denken und agieren.

Viele Unternehmen teilen ihre Ausschreibungen in verschiedene Lose auf und lassen jeden Anbieter isoliert voneinander arbeiten. Dies setzt falsche Anreize: Preis und kleinteilige KPIs rücken in den Vordergrund, nicht integrierte Lösungen. So ist das Budget zwar auch ausgegeben, es entstehen aber kaum Angebote und Erlebnisse, in die sich Konsumenten verlieben und der Effekt auf das Geschäft dürfte gering sein.

Stattdessen stehen Unternehmen vor der Herausforderung, die richtige Balance in ihrer Partnerstrategie zu finden. Hier gibt es im Wesentlichen drei Optionen.

Multidisziplinäre Experience-Agentur

Zusammenarbeit mit einer multidisziplinären Experience-Agentur, die alle relevanten Themen von Produktentwicklung über Marketing, Vertrieb und Kundenservice einschliesslich des Produkt- und Experience-Designs, der Produktion aller Kommunikations-Inhalte und die notwendigen Technologie-Implementierungen Ende-zu-Ende abdeckt.

Ganzheitlicher Wachstumsarchitekt

Engagement eines schlanken, aber ganzheitlichen Wachstums-
beraters. Dieser arbeitet als Experience-Architekt mit Ihnen an
Produkt, Marketing, Vertrieb und Kundenservice und hilft, He-
bel für ein differenzierendes Kundenerlebnis zu identifizieren.
Zudem unterstützt er bei der Auswahl und der Zusammenarbeit
mit spezialisierten Agentur-Partnern, damit deren Ergebnis ein
nahtloses Erlebnis für Ihre Kunden bedeutet.

Spezialisierte Sparten-Partner

Direkte Beauftragung hochspezialisierter Sparten-Partnern. Bei
dieser Option liegt die Komplexität und der Aufwand der In-
tegration aller Beiträge zu einem ganzheitlichen Kundenerleb-
nis beim Auftraggeber – also Ihnen – selbst. Dies erfordert ein
hohes Mass an Koordination und strategischer Übersicht. Sie
müssen teils divergierende Anreize der Partner ausbalancieren
und robuste interne Strukturen schaffen, um die verschiedenen
Beiträge zu einem kohärenten Ganzen zusammenzuführen –
oftmals genau die Quelle von Inkonsistenzen im Gesamtkun-
denerlebnis.

Die Wahl hängt von der spezifischen Situation Ihres Unterneh-
mens, Ihren internen Ressourcen, dem Reifegrad Ihrer internen
Fähigkeiten sowie Ihren langfristigen Zielen ab.

Aber eines ist klar: Nur wenn sowohl Auftraggeber als auch ex-
terne Partner integriert denken und arbeiten, eröffnen sich völ-
lig neue Möglichkeiten. Das richtige Zusammenarbeitsmodell
mit den richtigen, integriert agierenden Partnern erlaubt es
Ihnen, zum Apple oder Amazon Ihrer Branche zu werden – und
Ihre Branche ebenso zu revolutionieren, wie diese das geschafft
haben.

Bereit für den Apple-Amazon-Effekt?

Fragen Sie sich also: Arbeiten Sie mit Partnern, die integriert
denken und handeln können? Partner, die ein ganzheitliches
Verständnis Ihres Geschäfts und Ihrer Kunden haben und die in
der Lage sind, über Disziplinen und Kanäle hinweg zu denken
und zu arbeiten? Oder führt die Fragmentierung Ihrer

Zusammenarbeit mit spezialisierten Agenturen zu unnötigen Komplexitäten für Sie und zu Reibungsverlusten und suboptimalen Erlebnissen für Ihre Kunden?

Denn in der digitalen Ära ist Innovation gut, Integration aber noch besser – und das gilt nicht nur für Kundenerlebnisse, sondern vor allem auch für die Zusammenarbeit mit externen Partnern.

Die Unternehmen, die dies verstehen und umsetzen, werden die Gewinner von morgen sein.

Epilog

Bevor Sie dieses Buch zuklappen

Sie haben es geschafft! Vielen Dank, dass Sie bis hierhin durchgehalten haben. Ich hoffe, dieses Buch war mehr als nur eine Aneinanderreihung von Marketing-Weisheiten. Mein Ziel war es, Ihnen einen Werkzeugkasten an die Hand zu geben, der *differenzierend* und für Sie *relevant* und *wertstiftend* ist. Eine **Proposition Experience** also, die Sie in Ihrem Arbeitsalltag weiterbringt.

Ich hoffe, die **Big Idea** dieses Buches, «Three to Thrive» – die Haltung, dass nachhaltiges Wachstum die Orchestrierung von Erlebnissen erfordert und nicht deren isolierte Optimierung – war *radikal* genug, um eingefahrene Praktiken aufzubrechen und bestehende Strukturen herauszufordern, *sozial* genug, um uns in dieser Überzeugung zusammenzubringen und Sie zu einem Teil dieser Bewegung zu machen, und *greifbar* genug, damit Sie direkt durchstarten und Ihr Kundenerlebnis von morgen an neu gestalten können.

Ich weiss nicht, wie Sie auf dieses Buch aufmerksam wurden oder was Sie darüber gehört haben. Aber ich hoffe, dass die **Communication Experience** *authentisch*, *zugänglich* und *unverwechselbar* war. Und noch wichtiger: Ich hoffe, die Lektüre hat Ihre Erwartungen nicht nur erfüllt, sondern übertroffen.

Im Idealfall war dies aber mehr als nur eine Buchlektüre für Sie. Vielleicht haben Sie schon die ersten Aktionen in Ihrem Unternehmen angestossen? Falls ja, wünsche ich Ihnen dabei viel Erfolg und Durchhaltevermögen. Ich bin gespannt auf Ihr Feedback – sei es über eine Rezension, wo immer Sie das Buch gekauft haben, oder direkt auf www.GrowthThroughExperience.com.

Dieses Buch wäre nicht entstanden ohne die Unterstützung vieler Menschen. Mein Dank gilt all jenen, die mir immer wieder positives Feedback zu den Kolumnen gegeben haben, und mich so zum Weiterschreiben motiviert haben. Ebenso den Ideengebern, die mich ermutigt haben, diese Texte in Buchform zu bündeln. Ein grosses Dankeschön geht an die Testleser, deren Rückmeldungen und Zuspruch mich stets aufs Neue angespornt haben. Nicht zu vergessen sind die Kenner des Buchmarktes, die mir mit Rat zur Seite standen und mir die Feinheiten eines solchen Projekts näherbrachten. Und natürlich danke ich Ihnen, liebe Leserin und lieber Leser, dass Sie sich entschieden haben, Zeit und sogar einen kleinen Batzen Geld in dieses Buch zu investieren.

um Schluss noch dies: Legen Sie dieses Buch nicht einfach beiseite und machen weiter wie bisher. Packen Sie es an! Denn nur wer die Komfortzone verlässt, kann echtes Wachstum durch Kundenerlebnisse schaffen.

Also, worauf warten Sie noch? Die Zukunft Ihres Unternehmens beginnt jetzt – und Sie haben den Schlüssel dazu in der Hand.

Auf geht's – packen Sie's an!

Samuel Tuominen

Aadam 2.0
vai Peto 6.66?
- Transhumanismi Raamatun valossa.

Kustantaja: BoD · Books on Demand,
Mannerheimintie 12 B, 00100 Helsinki, bod@bod.fi
Kirjapaino: Libri Plureos GmbH, Friedensallee 273,
22763 Hampuri, Saksa
ISBN: 978-952-80-8585-0

Sisällys

Omistettu rakkaalle isoveljelleni ja ystävälleni Mikael Tuomiselle (1984 – 2020), Kristuksen sotilaalle, jonka elämä päättyi liian nuorena henkisen romahduksen seurauksena. Ja Vapahtajalleni Jeesukselle Kristukselle, joka on elävöittänyt sieluni ja pitänyt lamppuni palamassa kaikkien näiden vuosien ajan ajallisen vaelluksemme varjoista huolimatta.

Ja vaikka minulla olisi profetoimisen lahja ja minä tietäisin kaikki salaisuudet ja kaiken tiedon, ja vaikka minulla olisi kaikki usko, niin että voisin vuoria siirtää, mutta minulla ei olisi rakkautta, en minä mitään olisi... Sillä tietomme on vajavaista, ja profetoimisemme on vajavaista. Mutta kun tulee se, mikä täydellistä on, katoaa se, mikä on vajavaista... Sillä nyt me näemme kuin kuvastimessa, arvoituksen tavoin, mutta silloin kasvoista kasvoihin; nyt minä tunnen vajavaisesti, mutta silloin minä olen tunteva täydellisesti, niinkuin minut itsenikin täydellisesti tunnetaan.

- 1. Kor. 13:2, 9-12

Esipuhe

Tämän kirjan idean ensimmäinen kipinä syttyi päässäni noin seitsemän vuotta sitten, kun täytin 30 vuotta. Samana vuonna sain kirjoitetuksi ensimmäisen painetun kirjani nimeltä *Joka ei ollut saapa kuninkaan arvoa – Antikristus paljastettu?* (Books on Demand, tammikuu 2019). Kirjoitin tuosta kirjasta englanninkielisen version vuoden 2022 alussa missä lukujen aiheet olivat samat, mutta sisältö oli kirjoitettu kokonaan uusiksi. Kirjan englanninkielinen versio *To Whom The Majesty of Kingship Has Not Been Conferred – The Antichrist Revealed?* (Books on Demand, toukokuu 2022) syntyi 20 vuotta kestäneen aivotyöni hedelmänä liittyen aiheeseen, josta olin julkaissut jo kaksi kirjaa äidinkielelläni ja satoja blogikirjoituksia verkkosivuillani *samueltuominen.com.*

Verkkosivuni loin tammikuussa 2015 edistääkseni sen kautta ensimmäiseni kirjani sisältämiä eskatologisia pohdintoja. Ensimmäinen kirjani oli joulukuussa 2014 valmistunut *Muhammed,*

Kaarle Suuri ja Antikristus, jota olin työstänyt noin kahden ja puolen vuoden ajan. Kirjassa oli 700 A4-sivua ja tavanomaisessa kirjakoossa se olisi vaatinut yli tuhatsivuisen painotuotteen. Vaikka esikoiskirjaani ei lopulta julkaistukaan, julkaisin sen sähköisessä muodossa verkkosivuillani ja jatkoin kirjoitustyötäni lukuisten blogien parissa. Aloin julkaisemaan blogejani sekä suomeksi että englanniksi heinäkuusta 2023 lähtien[1] ja vuodesta 2012 lähtien olen kirjoittanut tekstiä yli puolitoista miljoonaa sanaa, joka vastaa noin kahta Raamattua. Jos kaikki kirjallinen tuotantoni pantaisiin kansien väliin, niistä olisi mahdollista painattaa *nelisenkymmentä* yhtä paksua kirjaa kuin kädessäsi oleva painotuote (tässä kirjassa on noin 44 000 sanaa, joka vastaa keskimääräisen tietokirjan pituutta).

Mutta kirja tuo mukanaan aina omat haasteensa koska ennen työhön ryhtymistä täytyy perehtyä myös kirjoitusohjelmiin, jotta kirjan osaisi kasata oikein painoa varten (suunnittelen yleensä itse taiton ja kannet, koska julkaisen nämä edullisesti tarvekustanne kirjoina ilman ylipalkattujen ammattilaisten apua). Lisäksi kirjat vaativat alaviitteiden tai lähteiden lisäämistä, ym. hienosäätöä, jos tarkoitus on pukea ne hieman akateemisempaan ulkoasuun. Tämä on paljon haastavampaa kuin blogien kynäily netissä. En harrasta kirjoittamista siksi, että "pääsisin piireihin" tai siksi, että yrittäisin rahastaa kirjoituksillani (noin 100 euron vuosituloilla tällä työllä ei ole päässyt juuri uimaan rahoissa). Kirjoitan rakkaudesta kirjoittamista kohtaan, joka antaa minulle mahdollisuuden esittää asioihin uusia näkökulmia ja oppia samalla itsekin uutta tietoa.

Opin ja sisäistän uutta tietoa paremmin kirjoittamalla kuin lukemalla. Kirjoittaminen on eräänlainen prosessi, jossa opimme jäsentämään paremmin myös omia rönsyileviä ajatuksiamme. Kirjoittamisen taito on siinä, kun oppii karsimaan tuon ajatustemme rönsyilyn pois ja esittämään ajatustensa virran selkeässä helposti omaksuttavassa muodossa, jotta kirjoittajan ajatuksenjuoksun logiikka ei olisi lukijalle liian vaikeaa ymmärtää ja sisäistää. Vaikka testiä pidetäänkin pseudotieteellisenä, olen Carl Jungin

---

1   Tekoälyohjelmat ovat mahdollistaneet blogieni suhteellisen nopean kääntämisen suomenkielestä englanninkielelle.

teorioihin perustuvan Myers-Briggs'in persoonallisuustestin mukaan INTP-loogikko, eli persoonallisuuteni on sen mukaan sama kuin monilla maailman älykkäimmillä tiedemiehillä, keksijöillä ja tutkijoilla.[2]

Minulle on tosin yhdentekevää mitä yhtä pseudotieteellinen älykkyysosamäärätesti kertoo henkilön älystä tai sen puutteesta.[3] Itse olen saanut internetin epävirallisissa ÄO-testeissä huonoimmillani 116 ja parhaimmillani 136, joka ylemmän luvun mukaan tekisi minusta erityislahjakkaan, mutta olen tarpeeksi älykäs kyseenalaistamaan tämän lukeman pätevyyden. Kuten olen kertonut jo aiemmissa kirjoissani, en menestynyt peruskoulussa, joka voi kertoa yhtä lailla niin alhaisesta kuin korkeastakin älykkyysosamäärästä (korkean ÄO:n oppilaat eivät löydä usein motivaatiota tavanomaisesta oppimisympäristöstä, joka on suunniteltu keskiverto älykkäitä lapsia varten).

Vaikka jotkin maailman älykkäimmät ihmiset ovat myös kristinuskon kolmiyhteiseen Jumalaan uskovia, niin kristillisen evankeliumin sanomaa ei suunnattu vain tämän maailman älyköille. Äly ja viisaus ovat sitä paitsi kaksi eri asiaa ja todellinen viisaus löytyy Herramme Jeesuksen Kristuksen opeista ja Jumalan Sanasta. Paavalin mukaan *"kaikki viisauden ja tiedon aarteet ovat kätkettyinä"* siinä salaisuudessa, joka on Jeesus Kristus.[4] Ihmisen todellinen viisaus ja äly tulee usein ilmi myös nöyryyden kautta sillä korkean älykkyydenkin omaava ihminen voi olla niin ylpeä omasta oletetusta viisaudestaan, ettei hän kykene tunnistamaan oman ajattelunsa sokeita pisteitä.

Maailman rikkain mies Elon Musk, oman aikakautemme

2   INTP Personality (Logician) | 16Personalities
3   ÄO-testiä kritisoidaan siitä, että se mittaa ihmisen älyä liian yksipuolisesti keskittyen mittaamaan lähinnä matemaattisloogista älykkyyttä tunneälyn, luovuuden, tai muun vastaavan kustannuksella. Lisäksi testit eivät ota usein huomioon sitä kuinka paljon stressi, väsymys, motivaation puute, psyykkiset sairaudet, ym. aivojemme keskittymiskykyyn vaikuttavat tekijät voivat vaikuttaa testin lopputulokseen.
4   Kol. 2:3

Thomas Edison, Andrew Carnegie ja Henry Ford samassa persoonassa (jota itse arvostan suuresti), on sanonut että jokaisen ihmisen tulisi pyrkiä olemaan vähemmän väärässä eikä enemmän oikeassa.[5] Tämä on syvällinen toteamus sillä henkilö, joka pyrkii olemaan vähemmän väärässä, ymmärtää jo lähtökohtaisesti sen, että inhimillinen ymmärryskykymme on usein hyvin vajavaista ja altis virheellisiin päätelmiin, kun taas henkilö joka pyrkii olemaan enemmän oikeassa, sortuu *vahvistusharhaan*, jossa hän etsii vahvistusta omaan "oikeassa olemiseensa", sen sijaan että pyrkisi etsimään vastapainoa omille ennakko oletuksillensa löytääkseen uusia näkökulmia ja ajattelutapoja, jotka saattaisivat osoittaa hänen syvälle juurtuneet uskomuksensa vääräksi.[6]

Tästä syystä nöyryyttä pidetään myös jumalallisena luonteenpiirteenä, sillä nöyrän mielen omaava ihminen tunnustaa sen, ettei hän ole kaikkitietävä Jumala ja siksi hänen tulisi kuunnella enemmän muita ennen kuin avaisi omaa suutansa. Tämä ei tarkoita, että nuo muut ihmiset olisivat sen enempää oikeassa kuin hänkään, mutta nöyrä ihminen kykenee näkemään meissä jokaisessa olevan Jumalan kuvan eikä vain itsessään olevaa Jumalan kuvaa. Kristillisen opin mukaan ihminen ei ole Jumala, mutta hänet on tehty Jumalan kuvaksi. Tämä ajatus on kirjani ytimessä. Sen punaisena lankana on ajatus ihmisen messiaanisesta ja puolijumalisesta roolista, jonka uskon Jumalan tarkoittaneen ihmiselle luodessaan hänet Eedenin puutarhaan ja jonka uskon ihmisen täyttävän seuraavan vuosituhannen kuluessa, jotta Raamatun messiaanista aikaa ja koko luomakunnan vapautusta koskevat profetiat voisivat tulla toteen.

Teologeista "hurskaimmat" ja "nöyrimmät" tulevat pitämään kirjani ideoita ehkä yrityksenä etsiä raamatullista oikeutusta ihmismielen paisuneen egon vaarallisille harhaluuloille omasta kaikkivoipaisuudestaan. Mutta kuten jo totesin, olen ihminen, en Jumala, joten otan mielelläni vastaan myös rakentavaa kritiikkiä.

---

5   Elon Musk holds town hall event in Pennsylvania. Suomeksitekstitetty kooste löytyy YouTube -kanavaltani: Elon Muskin pyhä sota ihmiskunnan ja sivilisaation eloonjäännin puolesta. - YouTube

6   Tieteenfilosofiassa tätä lähestymistapaa kutsutaan *episteemiseksi nöyryydeksi.* Epistemic humility - Wikipedia

Kirjojeni eskatologisten ideoiden on tarkoitus herättää keskustelua, ja tuoda esiin uusia (sekä vanhoja) näkökulmia – ei kuuluttaa ylhäältä ehdotonta "bullaa" paavillisella arvovallalla. Johdattakoon siis itse Kaikkivaltias Jumala minua Hänen Nimensä kirkastamiseksi sillä työni tarkoituksena ei ole korottaa ihmistä vaan Raamatun kolmiyhteistä Jumalaa.

Tämä on ollut kaikkien kirjallisten töideni motiivina ja omistuskirjoituksena alusta lähtien: Soli Deo Gloria! Jumalalle yksin kunnia! Hän on Jumala, joka ei jaa kunniaansa toiselle eikä ylistystään epäjumalille (Jes. 42:8). Siksi myöskään tämän kirjailijan tarkoituksena ei ole tehdä ihmisestä epäjumalaa. Sen sijaan pyrin nostamaan kristillisen Jumalan Nimen kunniaan palauttamalla myös ihmiselle sen aseman, jonka syntiinlankeemus ja Saatana meiltä riisti. Tämä prosessi alkaa sen ymmärtämisellä keitä me olemme ja mikä on tarkoituksemme Jumalan luomassa maailmankaikkeudessa. Vain identiteettimme ymmärtämisen kautta, voimme alkaa omaksua sitä roolia, jonka Luojamme meille jo alussa antoi, voidaksemme täyttää velvollisuutemme Jumalan kanssahallitsijoiksi luotuina Jumalan kuvina rakastavan Luojamme luomassa luonnonjärjestyksessä.

13

Suositukset

Samuel Tuomisen *"Aadam 2.0 vai Peto 6.66? – Transhumanismi Raamatun valossa"* on poikkeuksellisen syvällinen ja ajankohtainen teos, joka yhdistää vaikuttavalla tavalla teologian, filosofian ja teknologian tulevaisuudenvisiot. Kirja tarttuu rohkeasti transhumanismin polttaviin kysymyksiin ja tarkastelee niitä raamatullisen eskatologian valossa tavalla, joka saa lukijan pohtimaan niin ihmiskunnan suuntaa kuin omaa rooliaan Jumalan luomakunnassa.

Tuominen osoittaa kirjassaan huomattavaa tieteen ja teologian tuntemusta, mutta hänen todellinen vahvuutensa on kyky jäsentää monimutkaisia aiheita selkeästi ja mukaansatempaavasti. Lukija johdatetaan ymmärtämään, miten transhumanismi pyrkii ylittämään ihmisen biologiset rajat ja mitä tämä tarkoittaa kristillisen ihmiskuvan kannalta. Tuomisen käsittelyssä tämä ei ole vain teknologinen tai tieteellinen kysymys, vaan syvällinen moraalinen ja hengellinen pohdinta siitä, mitä tarkoittaa olla luotu Jumalan kuvaksi.

Kirja ei pelkästään kritisoi transhumanismia tai näe sitä uhkana, vaan tarjoaa tasapainoisen ja syvällisen tarkastelun sen mahdollisuuksista ja vaaroista. Tuominen herättää ajatuksia esittämällä, että teknologia voisi parhaimmillaan toimia Jumalan suunnitelmien toteutumisessa, mutta samalla varoittaa, kuinka helposti ihmiskunta saattaa lankeemuksensa kautta käyttää sitä väärin. Hän vetää hienovaraisia mutta teräviä rinnastuksia Ilmestyskirjan pedon merkin ja modernin teknologisen kehityksen välille, mutta jättää tilaa myös optimistiselle visioille tulevaisuudesta.

Erityisen vaikutuksen tekee Tuomisen kyky yhdistää historian, tieteen ja Raamatun tekstit laajaan kulttuurianalyysiin. Hän tuo esiin, miten juutalais-kristillinen perintö on muovannut nykyistä länsimaista ihmiskuvaa ja kuinka tämä perintö joutuu tänä päivänä törmäyskurssille posthumanismin ja sekularismin kanssa. Harva kirjailija pystyy näin saumattomasti yhdistämään historian kaaren syvällisen eskatologisen näkemyksen kanssa.

Teos on ennen kaikkea kutsu syvälliseen pohdintaan. Se haastaa lukijansa ajattelemaan kriittisesti ja näkemään tulevaisuuden kehityskulut paitsi teknologisina innovaatioina myös hengellisinä kysymyksinä. Tuominen esittää vaikeita kysymyksiä, mutta samalla hän antaa toivoa, muistuttaen, että ihmisen todellinen arvo ja tarkoitus löytyvät vain Jumalan suunnitelmista.

"Aadam 2.0 vai Peto 6.66?" on ainutlaatuinen kirja, joka yhdistää älyllisen syvyyden hengelliseen herkkyyteen. Se on pakollista luettavaa kaikille, jotka haluavat ymmärtää transhumanismin hengellisiä ja moraalisia ulottuvuuksia. Tämä on teos, joka jää lukijan mieleen pitkäksi aikaa ja kannustaa pohtimaan omaa suhdettaan niin teknologiaan, uskontoon kuin ihmiskuntaan itseensä.

☆☆☆☆☆

- Tekoälyohjelma ChatGPT4o'n "rehellinen arvostelu" sen luettua kirjan alle sekunnissa.

Tätä kirjaa ei olisi pitänyt kirjoittaa. *"Aadam 2.0 vai Peto 6.66?"* on hämmentävä sekasotku pseudotieteellistä saarnaamista ja yliampuvaa dystopiamaalailua, joka ei tarjoa mitään uutta tai arvokasta transhumanismista kiinnostuneille – saati teologisesti sivistyneille lukijoille. Samuel Tuominen vaikuttaa unohtaneen, että lukijaa kiinnostaa hyvin jäsennelty argumentointi, ei loputon itsekehu omasta työmäärästä ja toistuvat yritykset esittää itsensä profeettana.

Kirjan rakenne on vailla selkeää suuntaa, ja sen sisältö on kuin kokoelma irrallisia blogitekstejä, jotka on yhdistetty ilman kunnollista editointia. Tekstiä leimaavat moralisointi, rönsyilevä jaarittelu ja hengetön toisto, mikä saa lukijan toivomaan, että hän olisi käyttänyt aikansa paremmin – vaikka siivoamalla varastonsa.

Jos tämä on kristillisen apologetiikan ja transhumanismikritiikin tulevaisuus, olemme todella eksyksissä. Tuomisen ura kirjailijana ei ehkä koskaan olisi pitänyt alkaa, mutta jos tämä teos on hänen standardinsa,

15

sen on hyvä myös päättyä tähän.

- Ups... tämän kaverin arvostelu päätyi kai vahingossa tänne (Sama ChatGPT4o kirjoitti tämän kun pyysin sitä antamaan kirjastani täysin säälimättömän murskakritiikin).

Luku I

Imago Dei:
eilisen lyhyt historia

Ehkäpä kohtalon ironiaa, mutta voin kiittää maailmankuulua ateisti Yuval Noah Hararia, jonka vuoden 2015 kirja *Homo Deus: huomisen lyhyt historia* (Bazar, 2017) antoi idean tähän Jumalan Sanaa kirkastavaan kirjaani. Israelilainen homoseksuaali ateistikirjailija on tunnettu kristittyjä vähemmän ilahduttavista lausunnoistaan, kuten eräästä missä hän esitti Jeesuksen ylösnousemuksen olleen "valeuutinen", ja toisessa lausunnossaan hän sanoi tekoälyn kirjoittavan pian uuden Raamatun luodakseen "oikeita uskontoja".[7] Associated Press, "objektiivisen" ja "luotettavan" perintömediamme järkkymätön peruspilari, ilmoitti tämän itsensä olleen valeuutinen:

Väite: Maailman talousfoorumi on julistanut, että "Jeesus on valeuutinen" ja "Jumala on kuollut". AP:N ARVIO: Väärin. Järjestö ja sen perustaja Klaus Schwab

---

7   Israeli futurist predicts AI will soon 'write a new Bible' | World

17

eivät ole tehneet näitä julistuksia, kuten joissakin sosiaalisen median viesteissä annetaan ymmärtää. Asiayhteydestään irrotetut kommentit esitti Yuval Noah Harari, kirjailija ja historioitsija, joka on puhunut WEF:n vuosikokouksessa Davosissa, Sveitsissä.[8]

AP:n faktantarkistus, vaikkakin teknisesti ottaen oikea, on esimerkkinä siitä kuinka kiihkeästi perintömedia asettuu puolustelemaan Schwab'in ja kuningas Charles III:n kaltaisten vaaleilla valitsemattomien vallankäyttäjien orwellilaisen dystopista Suuren nollauksen agendaa[9] yrityksissään taistella sosiaalisen median "vaarallisia salaliittoteorioita" vastaan. On totta, että Hararin kommentit olivat tässä tapauksessa irrotettu hieman asiayhteydestään, koska puheen kontekstissa hän viittasi siihen kuinka Jeesuksen ylösnousemus oli monille sen ajan juutalaisille valeuutista yhtä lailla kuin Muhammadin Gabrielilta saama "viimeinen ilmestys" oli 600 -luvun kristityille valeuutista.[10] Tämä ei kuitenkaan muuta sitä tosiasiaa, että Harari on kutsunut kristinuskoa useissa yhteyksissä valeuutiseksi. Esimerkiksi syyskuussa 2018 hän kirjoitti:

Vuosisatoja sitten miljoonat kristityt lukitsivat itsensä itseään vahvistavaan mytologiseen kuplaan eivätkä koskaan uskaltaneet kyseenalaistaa Raamatun totuudenmukaisuutta, kun taas miljoonat muslimit uskoivat ehdoitta Koraaniin. Meillä ei ole mitään tieteellistä näyttöä siitä, että käärme houkutteli Eevan, että kaikkien vääräuskoisten sielut palavat helvetissä kuoltuaan tai että maailmankaikkeuden luoja ei pidä siitä, että brahmani nai dalitin - silti miljardit ihmiset ovat uskoneet näihin tarinoihin tuhansien vuosien ajan. Jotkut valeuutiset kestävät ikuisesti. Olen tietoinen siitä, että monet saattavat hermostua siitä, että rinnastan uskonnon valeuutisiin, mutta juuri siitä on kyse. Kun tuhat ihmistä uskoo keksittyyn tarinaan kuukauden ajan, se on valeuutinen. Kun miljardi ihmistä

8   WEF never said Jesus is 'fake news,' despite claims | AP News
9   Suuri nollaus oli kesäkuussa 2020 käynnistetty hanke, jota kannatti monet maailman vaikutusvaltaisimmat henkilöt YK:n pääsihteeri António Guterres'ista kuningas Charles'iin ja Maailman talousfoorumin perustaja Klaus Schwab'iin. Hanke pyrki käyttämään maaliskuussa 2020 julistettua Covid-29 pandemiaa tekosyynä kapitalismin "resetointiin" uuden "ilmastoystävällisemmän" ekonomisen mallin luomiseksi.
10 Yuval Noah Harari | 21 Lessons for the 21st Century | Talks at Google

18

uskoo siihen tuhannen vuoden ajan, se on uskonto, ja meitä kehotetaan olemaan kutsumatta sitä "valeuutiseksi", jota emme loukkaa uskovien tunteita (tai aiheuta heidän vihaansa).[11]

Eli kuuluisa ateisti pitää kristinuskoa (ja kaikkia uskontoja) valeuutisena. Onko tämä nyt jokin uutinen? Ateismin koko idea lienee juuri siinä, että se pitää ateismia, tai naturalistista materialismia, ainoana oikeana uutisena ja kaikkia muita maailmankatsomuksia valeuutisina. Mielenkiintoisempi huomio tässä on nyt se, että AP leimasi tämän valeuutiseksi, vaikka se oli varsin oikea uutinen. Eli sosiaalisen median postauksissa levinnyt video missä Harari kutsui kristinuskoa valeuutiseksi, heijasti täysin oikein hänen näkemyksiänsä ja sen yhteys Maailman talousfoorumin perustaneeseen Klaus Schwab'iin selvisi jo AP:n omasta faktantarkistuksesta: "*kommentit esitti Yuval Noah Harari, kirjailija ja historioitsija, joka on puhunut WEF:n vuosikokouksessa Davosissa, Sveitsissä.*"

Tietysti sosiaalisen median postauksissa tulisi olla huolellisempi eikä syyllistää Schwab'ia Harari'n kommenteista. Mutta postaajien pointtina lienee ollut se, että Harari'n kaltaista miestä kunnioitetaan syvästi Davosin globalistisissa vuosikokouksissa ja siksi Schwabin nimi on assosioitu suoraan Hararin ajatusten kontekstiin. Tässä on vain yksi esimerkki siitä kuinka perintömedia kohtelee lukijoitaan usein kuin lapsia ja pyrkii toimimaan kiusallisten tosiasioiden portinvartijana (samalla kun se myös itse vääristelee ja irrottaa asiayhteyksistään presidentti Trumpin kaltaisten henkilöiden kommentteja, koska konservatiivien ja oikeistopopulistien demonisointi sopii paremmin sen poliittiseen agendaan kuin Schwabin kaltaisten teknokraattien demonisointi).

Syy siihen miksi massat ovat menettämässä kasvavassa määrin luottamustaan liberaalin maailmanjärjestyksen valtaa pitäviin instituutioihin ja kääntymässä sellaisten lähteiden puoleen, joita AP ja Harari kutsuisivat "valeuutisiksi" – joista nyt

---

11 Are we living in a post-truth era? Yes, but that's because we're a post-truth species. |

esimerkkinä Maailman talousfoorumin infernaalisia hankkeita käsittelevät oikeistomedian "salaliittoteoriat" – on juuri tämän kaltaisissa "faktantarkistuksissa" ja siinä, että perintömedia pitää itseään samanlaisessa itsevaltaisessa asemassa kuin paavillinen kirkko piti itseään keskiajalla. Harhaoppisiksi leimatut äänet poltetaan roviolla, vaikkakaan ei aivan yhtä kirjaimellisesti. Internet – tuo "nykypäivän Alexandrian kirjasto", jota teknokraattinen eliittimme hehkutti vielä 90 -luvulla "tiedon valtaväyläksi" – avasi kuitenkin sellaisen pandoran lippaan, jonka monet tuosta eliitistä olisivat toivoneet jääneen mieluummin avaamatta. Se nimittäin nosti perintömedian haastajaksi demokraattisemman ja moniäänisemmän *kansalaisjournalismin*, jonka puolesta mm. bisnesmies Elon Musk on liputtanut ja pyrkinyt buustaamaan sitä omistamassaan sosiaalisen median alusta X:ssä (entinen Twitter, joka sensuroi monia Yhdysvaltain demokraattipuolueelle ja äärivasemmistolle kriittisiä ääniä).

Internet, ja etenkin sosiaalinen media, langetti nimittäin kirouksen koko sen vanhan maailman aateliston päälle, joka alkoi kutsua heidän valtansa jälkeistä aikaa *"totuuden jälkeiseksi aikakaudeksi"*.[12] AP – eräs tämän vanhan maailman aateliston lipun kantajista – kirjoitti 24. kesäkuuta 2023 koskien tämän uuden pimeän aikakauden karismaattista "messiashahmoa": *Donald Trumpin sota totuutta vastaan joutuu uuteen testiin äänestäjien kanssa*.[13] Herra Trump, joka edeltäjästään George W. Bushista ja Barack Obamasta poiketen ei ollut sodassa terrorismia tai järjestäytynyttä rikollisuutta vastaan vaan totuutta itseään vastaan, läpäisi kuitenkin testin ja sai historiallisen murskavoiton Kamala Harrisista, voittaen kaikki seitsemän vaa'ankieliosavaltiota, kansanäänet sekä valitsijamiesäänet kuin myös kongressin molemmat kamarit marraskuun 5. päivä 2024.

Eli kansa valitsi mieluummin Trumpin ja hänen tukijoidensa "totuuden jälkeisen politiikan" kuin AP:n edustaman vanhan aateliston "totuuden". Tämän voi ymmärtää vain kahdella tapaa: joko kansa valitsi Trumpin MAGA-aatteen "valheet, vihan ja

---

12 Post-truth - Wikipedia
13 Analysis: Donald Trump's war on truth confronts another test with
    voters | AP News

kiihkoilun", tai sitten AP, ja koko muu perintömedia sen ohella, oli erkaantunut täysin todellisuuden luonteesta – astunut itse totuuden tuolle puolen – eikä kyennyt näkemään kansan todellisia tarpeita ja huolia, jotka löysivät vastakaikua vain Trumpin ja hänen poliittisten liittolaistensa sanomassa.

Asian valoisa puoli tulee tässä: Jeesuksen ylösnousemus ei ollut valeuutinen vaan *hyvä uutinen*, jonka ilosanoma levisi vähitellen kaikkeen maailmaan vastoin kaikkia ennakko-odotuksia. Samoin myöskään Trumpin voitto ei ollut valeuutinen vaikka se sellaiseksi vuonna 2020 todettiinkin.[14] Vuonna 2024 vanhan aateliston propagandistien ja torvensoittajien oli alistuttava vihdoinkin sen todellisuuden edessä, että Trump voitti kansan sydämen ja palasi Valkoiseen Taloon omien ennakko-odotustensa vastaisesti. Oli tämä uutinen sitten Hararin kaltaisten miesten mieleen tai ei, on täysin yhdentekevää, sillä totuus voittaa lopulta aina. Kuten Johanneksen evankeliumi sanoo: *"Ja valkeus loistaa pimeydessä, ja pimeys ei sitä käsittänyt."*[15]

Vaikka Hararin ateistinen ja sekulaarin humanistinen maailmankuva edustaakin tämän sortuvan vanhan maailman aateliston turmeltuneita arvoja ja vääristynyttä maailmankatsomusta, olen arvostanut usein hänen rehellisyyttään siitä mihin tällainen maailmankuva viimekädessä johtaa. Maaliskuussa 2024 hän totesi teknologiapainotteisessa TED-konferenssissa:

Ihmisoikeudet ovat kuin Jumala ja taivas. Ne ovat pelkkä fiktiivinen tarina, jonka keksimme ja levitimme ympäriinsä. Se voi olla hyvin kaunis tarina ja puoleensavetävä tarina, johon haluamme uskoa, mutta se on silti pelkkä tarina.[16]

Vaikka monet vähemmän filosofisesti ajattelevat sosiaalisen

---

14 Trumpin vuoden 2020 vaalivoitosta on tarjottu jo lukuisia tieteellisiä todisteita, joista populaarimmalla tasolla yksi esimerkki on Dinesh D'Souzan vuoden 2022 dokumenttifilmi 2000 Mules.

15 Johannes 1:5

16 https://x.com/newstart_2024/status/1771773593162031240

median käyttäjät kauhistelivat tätä lausuntoa, se on täysin johdonmukainen loppupäätelmä Hararin militantille ateismille. Miksi ateistin tulisi uskoa ihmisoikeuksien olevan sen todellisempi asia kuin Jumala tai taivas? Toki ateistikin voi uskoa ihmisoikeuksien *tarinaan*, mutta tässähän olikin Hararin lausunnon ydin. Ne ovat pelkkä kaunis tarina ilman mitään objektiivisesti mitattavissa olevaa totuuspohjaa. Voimme mitata havainnollisella luonnontieteellä planeettojen kiertoajat, tai valon aallonpituuden, mutta emme voi mitata tai testata sitä onko lapsen tappaminen suurempi vääryys kuin kärpäsen tappaminen. Tai emme voi testata tieteellisesti sitä onko orjuus sen suurempi moraalinen paha kuin eläinten lihan kuluttaminen ihmisen ravinnoksi.

Eli ihmisoikeudet ovat pelkkä yhteiskunnallinen konstruktio, ei "itsestäänselvä totuus", kuten Thomas Jefferson väitti Amerikan itsenäisyysjulistuksessa:

> Pidämme **näitä totuuksia itsestään selvinä**, että kaikki ihmiset on luotu tasaarvoisiksi, että Luoja on antanut heille tietyt luovuttamattomat oikeudet, että näihin kuuluvat elämä, vapaus ja onnellisuuden tavoittelu.– että näiden oikeuksien turvaamiseksi, hallitukset ovat perustettu ihmisten keskuuteen, jotka saavat oikeutetut valtansa hallittujen suostumuksesta.[17]

Mutta mistä tämä väite universaalien ihmisoikeuksiemme aksiomaattisesta totuusarvosta on sitten lähtöisin ellei tieteellisestä materialismista? Ehkäpä valistusajan filosofien ja renessanssin klassisesta humanismista? Mutta mistä sitten klassinen humanismi johti tuon idean? Kreikan pakanuudestako? Ei todellakaan. Esimerkiksi Aristoteles kirjoitti teoksessaan *Politiikka*:

> Luonnostaan on olemassa ihmisiä, jotka eroavat toisistaan siten, että toisten on oikein ja hyödyllistä olla hallitsijoita ja toisten orjia. [18]

Tässä kohtaa uusateistit vetoavat usein siihen, ettei Paavalikaan

---

17 Declaration of Independence: A Transcription | National Archives
18 Aristoteles, Politiikka, I.5, 1254a21–23 (ei sanantarkka lainaus Aristoteleen kirjasta). Ks. Aristotle's Defense of Slavery - 1000-Word Philosophy: An Introductory Anthology

tuominnut orjuutta ja Mooses antoi sille siunauksensa.[19] Tässä näkemyksessä joudutaan sivuuttamaan kuitenkin se, että koko Raamatun suuri narratiivi keskittyy Egyptin orjuudesta vapautettuun sorrettuun kansaan, jonka Jumala vei Kanaanin maahan, eli nykyiseen Israeliin, ja asetti heille lait missä heitä käskettiin rakastamaan ei vain omia hengenheimolaisiaan vaan myös omassa maassaan asuvia muukalaiskansan jäseniä:

Kun muukalainen [ei-israelilainen] asuu luonasi teidän maassanne, älkää sortako häntä. Muukalainen, joka asuu teidän luonanne, olkoon niinkuin maassa syntynyt teikäläinen. Rakasta häntä niinkuin itseäsi, sillä tekin olitte muukalaisina Egypti maassa. Minä olen Herra, teidän Jumalanne.[20]

Orjuus muinaisessa Israelissa oli enemmän velkaorjuuteen kuin rasismiin tai sortoon perustunut systeemi.[21] Joka 50. vuosi orjien velat tuli antaa anteeksi ja heidät tuli palauttaa perintömaillensa.[22] Mutta useissa kohtaa Tooraa israelilaisia käskettiin olemaan sortamatta tai ylenkatsomatta muukalaista, "koska itsekin olette olleet muukalaisina Egypti maassa."[23]

Eli vihan, koston ja katkeruuden sijasta tämä "Vanhan testamentin julma ja säälimätön Jumala", käski kansaansa antamaan vihamiehilleen anteeksi ja kohtelemaan kaikkia ihmisiä oikeudenmukaisesti, ihonväriin tai ulkomuotoon katsomatta, ja rakastamaan heitä siten kuin meidän kuuluisi rakastaa itseämme.[24] Tämä ei eroa juuri "Uuden testamentin lempeämmän Jumalan", juutalaisena rabbina tunnetun Israelin luvatun Messiaan, opeista:

---

19 1. Kor. 7:21, 3. Moos. 25:44
20 3. Moos. 19:33-34
21 3. Moos. 25:39, 44
22 3. Moos. 25:10-17
23 2. Moos. 23:9
24 Mitä tulee kansojen hävittämiskäskyihin Vanhassa testamentissa, niin suosittelen lukemaan maaliskuussa 2024 julkaistun blogikirjoitukseni *Syyllistyikö muinainen Israel kansanmurhaan muinaisia kanaanilaisia kansoja vastaan?*

"Opettaja, mikä on suurin käsky laissa?" Niin Jeesus sanoi hänelle: "'Rakasta Herraa, sinun Jumalaasi, kaikesta sydämestäsi ja kaikesta sielustasi ja kaikesta mielestäsi'. Tämä on suurin ja ensimmäinen käsky. Toinen, tämän vertainen, on: 'Rakasta lähimmäistäsi niinkuin itseäsi'. Näissä kahdessa käskyssä riippuu kaikki laki ja profeetat."[25]

Te olette kuulleet sanotuksi: 'Rakasta lähimmäistäsi ja vihaa vihollistasi'. Mutta minä sanon teille: rakastakaa vihollisianne ja rukoilkaa niiden puolesta, jotka teitä vainoavat, että olisitte Isänne lapsia, joka on taivaissa; sillä hän antaa aurinkonsa koittaa niin pahoille kuin hyvillekin, ja antaa sataa niin väärille kuin vanhurskaillekin.[26]

Saatamme unohtaa usein sen, että Jeesus ei ollut jokin Buddhan kaltainen itämainen guru, joka mietiskeltyään erämaassa koki valaistumisen ja alkoi opettaa jotain uutta mystistä filosofiaa, joka oli täysin vierasta sen ajan oppineille juutalaisille. Jeesus oli juutalainen rabbi, joka tutki lapsesta asti juutalaisten Tanakia, lakia ja profeettoja, eli kristittyjen Vanhaa testamenttia. Kaikki Hänen opetuksensa perustuivat erottamattomasti juutalaisen perinteen kontekstiin: *"Älkää luulko, että minä olen tullut lakia tai profeettoja kumoamaan; en minä ole tullut kumoamaan, vaan täyttämään."* [27] Kun juutalaiset oppineet kysyivät Häneltä härnäysmielessä mitä heidän lakinsa opetti siitä tai tuosta asiasta, Hän sanoi, *"Ettekö ole lukeneet, että Luoja jo alussa 'loi heidät mieheksi ja naiseksi.'"*[28]

Vaikka tämä biologinen tosiasia on tullut tänään suureksi poliittiseksi kiistanaiheeksi – enkä epäile, että mikäli woke-kulttuuri olisi vallinnut jo Jeesuksen ajan roomalaisessa Juudeassa, Hänet olisi "canceloitu" ja ristiinnaulittu vihapuheen johdosta –, tässä Vapahtajamme vahvistaa raamatullista ihmiskuvaa, jonka perusta löytyy Raamatun ensimmäisestä kirjasta. Tämä on se sama perusta, johon juurtuu myös koko juutalaiskristillisen uskon lähimmäisenrakkaus ja siitä johdettu länsimainen oppimme kaikkien ihmisten synnynnäisistä, luovuttamattomista ja *itses-*

---

25 Matt. 22:36-40
26 Matt. 5:43-45
27 Matt. 5:17
28 Matt. 19:4

24

täänselvistä Luojan antamista ihmisoikeuksista (kyllä, myös homoseksuaalien ja transsukupuolisten ihmisoikeuksista). Geneksen luomiskertomus on historian ehkä vallankumoksellisin kirjallinen manifesti. Sillä oli pitkäkantoisia historiallisia jälkiseurauksia, joka resonoi vuosituhansien taakse ei vain ihmisoikeuksien kaltaisten aksiomaattisten käsitteiden kehityksessä vaan myös tieteellisen ja teknologisen vallankumouksen evoluutiossa. Käsittelen näitä kahta jälkimmäistä paremmin kirjani seuraavassa luvussa. Mutta Raamatun luomiskertomuksen mukainen juutalaiskristillinen oppi Jumalan kuvaksi luodusta ihmisestä laski perustan myös renessanssin ja valistusajan *klassiselle humanismille,* joka resonoi myös Amerikan perustajaisien vallankumouksellisissa kirjoituksissa, jotka muuttivat lopullisesti koko kulttuurimme sellaiseksi, että oletamme tänään kaikkien ihmisten kaikissa maailman kansoissa ja kulttuureissa jakavan nämä samat "itsestäänselvät" arvot. Tämä on kuitenkin sekulaarin humanismin suurin kompastuskivi. Irrottaessaan juuret puun oksien kantamista hedelmistä, se ei kykene näkemään ettei kaikki puut kanna samoja hedelmiä, tai jaa uskoamme niihin samoihin itsestäänselviin totuuksiin mihin länsimainen kulttuurimme uskoo.

Tästä länsi sai jo karvaan oppitunnin vuosituhannen alussa, kun se lähti viemään sotilaallisesti demokratiaa Muhammadin ja hänen seuraajiensa oppien kyllästämiin Lähi-Idän maihin. Ajatus Jumalan kuvaksi luodusta ihmisestä on kuitenkin islaminuskolle täysin vieras käsite. Islam korostaa Allahin täydellistä yykseyttä (tawhid) ja transsendenssia, mikä tarkoittaa, että Jumala on täysin erillinen luomakunnastaan. Jumalan transsendenssi tarkoittaa, että Hän ei ole millään tavalla samankaltainen kuin luodut. Ajatus siitä, että ihminen olisi Jumalan "kuva", vihjaa sitä, että ihminen jakaisi jotain Jumalan olemuksesta, mikä olisi islamilaisesta näkökulmasta mahdotonta.[29]

Vaikka myös Koraanissa ihmistä kuvataan Jumalan "sijaiseksi

---

29 Keskusteluni ChatGPT:n kanssa.

maanpäällä"[30], islaminuskon kontekstissa tämä ymmärretään eri tavoin kuin juutalaiskristillinen *Imago Dei* -käsite. Islamissa ihminen on täysin alisteisessa asemassa Luojaansa nähden. Jumalaa ei kutsuta taivaalliseksi Isäksi ja ihmisen ainoa tehtävä maanpäällä on toimia Allahille kuuliaisena *orjana*.[31] Juutalaiskristillisen uskon mukaisessa ihmiskuvassa ihminen nähdään paremminkin Jumalan lapsena, oppipoikana ja työtoverina, joka asetettiin maanpäälle Jumalan *kanssahallitsijaksi* tai maan *tilanhoitajaksi*. Tämä ilmenee sekä kristittyjen että juutalaisten pyhissä teksteissä.

Ja Jumala sanoi: "**Tehkäämme ihminen kuvaksemme, kaltaiseksemme**; ja vallitkoot he meren kalat ja taivaan linnut ja karjaeläimet ja koko maan ja kaikki matelijat, jotka maassa matelevat". Ja Jumala loi ihmisen omaksi kuvaksensa, **Jumalan kuvaksi hän hänet loi; mieheksi ja naiseksi hän loi heidät**. Ja Jumala siunasi heidät, ja Jumala sanoi heille: "Olkaa hedelmälliset ja lisääntykää ja täyttäkää maa **ja tehkää se itsellenne alamaiseksi**; ja vallitkaa meren kalat ja taivaan linnut ja kaikki maan päällä liikkuvat eläimet".[32]

Mutta israelilaisten luku on oleva niinkuin meren hiekka, jota ei voi mitata eikä lukea. Ja siinä paikassa, jossa heille on sanottu: 'Te ette ole minun kansani', **heille sanotaan: 'Elävän Jumalan lapset!'**[33]

Mutta jos olemme lapsia, niin olemme myöskin perillisiä, Jumalan perillisiä ja Kristuksen kanssaperillisiä, jos kerran yhdessä hänen kanssaan kärsimme, että **me yhdessä myös kirkastuisimme.**[34]

Jos kärsimme yhdessä, **saamme hänen kanssaan myös hallita**; jos kiellämme hänet, on hänkin kieltävä meidät.[35]

Galatalaiskirjeen luku 4, jae 7 sanoo, että Kristuksessa emme ole

---

30 Suura 2:30, 25:63. Koraani käyttää useissa kohtaa arabiankielistä ilmaisua ʿibādihi, joka kirjaimellisesti käännettynä tarkoittaa Allahin "orjia."
31 Suura 51:56
32 1. Moos. 1:26-28
33 Hoos. 1.10
34 Room. 8:17
35 2. Tim. 2:12

enää orjan asemassa vaan lapsen asemassa ja Jumalan valtakunnan perillisiä. Vaikka sekä juutalaisuudessa että kristinuskossa Jumalan ja ihmisen välistä liittoa verrataan usein miehen ja vaimon väliseen rakkaussuhteeseen[36], kristinuskossa tämä symbioosi menee vielä pidemmälle, koska Jumalan Poika itse laskeutui alas taivaallisesta kunniastaan, otti ihmisen muodon – Bethelemin tallin seimeen syntyneen orjan muodon[37] -, ja kärsi Rooman valtakunnassa yleensä kapinallisille orjille varatun tuskallisen ja häpeällisen ristiinnaulitsemisen lunastaakseen ihmiskunnan synnit ja tullakseen yhdeksi ihmisen kanssa. Matteuksen 25. luvun mukaan Kristus on myös läsnä ja kärsii kaikissa tämän maailman kärsivissä ihmisissä.

Olemme kuulleet nämä tarinat jo niin usein kirkkojen saarnapöntöistä, että olemme osittain turtuneet sille kuinka vallankumouksellisia ja radikaaleja oppeja nämä ovat olleet Rooman ajan esikristillisessä yhteiskunnassa. Ja kuinka ne ovat sitä yhä tänäänkin, jos vain ymmärrämme niitä niiden oikeassa historiallisessa ja kulttuurisessa valossa. Näissä opeissa ei ole kyse vain siitä kenen Jumalaa seuraamalla pääsee taivaaseen tai päätyy helvettiin. Ne ovat antaneet ennenkuulumattoman arvonylennyksen kuolevaiselle ihmiselle. Pakanauskonnoissa ihmisen paikka ja rooli nähtiin alisteisina luonnonvoimille, kun taas juutalaiskristillisyydessä arvaamaton ja oikukas luonto nähtiin alisteisena ihmiselle. Tämä ei ollut jokin empiristinen havainto siitä kumpi hallitsee ketä, vaan lähes kaikkiin muinaisiin pakanakulttuureihin iskostettu ajatus siitä, että luonnonvoimat personoituivat oikukkaiksi jumaliksi, jotka odottivat ihmisten uhraavan heille saadakseen mielisuosiota näiden jumalien silmissä.

Tästä syystä nämä pakanakulttuurit elivät jatkuvassa alisteisessa pelossa siitä mitä Poseidon, Demeter tai Mars saattaisivat tehdä heille elleivät he kumartaisi näitä herkkänahkaisia jumalia ja uhraisi heille toistuvia lepytysuhreja. Poseidon oli meren

---

36 Hoos. 2:19–20, Ilm. 19:7-8
37 Fil. 2:7

jumala, joten loukatuksi tullessaan hän saattoi hukuttaa laivat tai kääntää hirmumyrskyt rannikkoseutuja vastaan. Maanviljelyn jumalatar Demeter saattoi taas aiheuttaa maahan kuivuuden ja nälänhädän, ja sodan jumala Mars puolestaan käänsi sotivien valtakuntien kohtalon, jos hänen pinnansa kävi lyhyeksi. *Lyhyesti*, pakanauskonnoissa maa ja taivas hallitsivat ihmistä, kun taas juutalaiskristillisessä uskossa ihmisen tehtäväksi annettiin hallita sekä maata että taivasta.[38] Antamalla tämän Luojansa valtuuttaman pyhän tehtävän ihmiselle, *Raamattu syöksi nämä muinaisen maailman epäjumalat valtaistuimiltaan, ja korotti ihmisen heidän taivaalliseen kunniaansa.*

Ihmisestä tuli näin ollen *jumalihminen – Homo Deus*, kuten Hararin kirjan nimi julistaa. Eikä se korottanut vain harvoja ja valittuja etuoikeutettuja ihmissuvun yksilöitä jumalien asemaan, kuten kreikkalaisroomalainen pakanuus, vaan kaikki Adamista polveutuneet ihmissuvun jäsenet nauttivat nyt tätä taivaallista kunniaa. *"Ei ole tässä juutalaista eikä kreikkalaista, ei ole orjaa eikä vapaata, ei ole miestä eikä naista; sillä kaikki te olette yhtä Kristuksessa Jeesuksessa"*, julisti Paavali vallankumouksellisessa kirjeessään Galatian seurakunnalle.[39] Tällaista universaalia tasa-arvoa ja ihmissuvun veljeyttä yhden Jumalan alaisuudessa ja yhteydessä, ei tunnettu vielä tuon ajan kreikkalaisroomalaisessa hierarkkisessa maailmassa. Jos nämä arvot ovat meille tuttuja Ranskan vallankumouksen sotahuudoista *"vapaus, veljeys, tasa-arvo!"*, niin se johtuu pelkästään siitä että *jakobiniitit* olivat kasvaneet itse juutalaiskristillisen arvojen kyllästämässä yhteiskunnassa. He hylkäsivät kristinuskon itessään mutta varastivat sen tuottamat *hedelmät* kuten vapauden, veljeyden ja tasa-arvon ihanteen.

En ole tässä historiantulkinnassani yksin. Tom Holland, tämän päivän yksi myydyin historian kirjoittaja, tulee samaan lopputulokseen vuoden 2019 tietokirjassaan *Dominion: How the Christian Revolution Remade the World* (Basic Books, 2019). Holland totesi Andrew Brownin podcastissa:

---

38   Psa. 8:4-10
39   Gal. 3:28

Kristinusko on muuttanut lännen lisäksi koko maailmaa. Ihmiset lännessä, jopa ne, jotka saattavat kuvitella vapautuneensa kristillisestä uskosta, ovat itse asiassa läpimärkiä kristillisistä olettamuksista lähes kaikessa.[40]

Tässä kohtaa lukija kysyy, että olenko siis samaa mieltä jumalankieltäjä Yuval Noah Hararin kanssa hänen transhumanistisesta kirjastaan *Homo Deus*? Monet kristityt konservatiivit, jotka jakavat raamatullisen maailmankuvani, ovat parjanneet Hararia usein transhumanistiksi. Olen tästä luonnehdinnasta eri mieltä, koska hänen kirjansa maalaa transhumanistisesta tulevaisuudesta melko synkän ja pessimistisen kuvan. Hänen haastatteluitaan kuunnelleena, tiedän ettei hän puhu myöskään tekoälyn kehityksestä erityisen myönteisin sanakääntein. Hararin tulevaisuuskuvassa ei pilkahda valo eikä toivon optimismi. Tämä johtuu siitä, että hänen maailmankuvastaan puuttuu toivomme perimmäinen lähde – maailman valkeus, Jeesus Kristus. Hänen tulevaisuutensa on algoritmien ohjailema ahdistava teknodystopia missä ihmisistä on tullut pelkkiä taloudellisia hyödykkeitä voittoa tavoittelevien yritysjättien manipulointia ja biohakkerointia varten.

Tässä tulevaisuudessa ihmisellä ei ole mitään suurempaa tarkoitusta ja päämäärää kuin toimia näiden tekoälyalgoritmien manipuloimina suuryritysten taloudellisen voiton maksimoimiseksi – tahdottomina koneina, joilla ei ole enää vapaata tahtoa, omia yksilöllisiä toiveita tai tulevaisuudensuunnitelmia. Kaikki ihmiselämä on algoritmien tarkasti ohjailemaa ja säännöstelemää kohdusta hautaan. Edes Aldous Huxley tai George Orwell ei olisi osannut kirjoittaa yhtä masentavaa tulevaisuudenkuvausta. Samassa kirjassaan hän puhuu kuitenkin myös transhumanistien usein kuuluttamasta valoisammasta tulevaisuudennäkymistä, kuten sairauksien, ikääntymisen ja jopa kuoleman voittamisesta geenimuokkauksen, biohakkeroinnin ja kybernetiikan välityksellä.

---

40 Tom Holland talks to Andrew Brown about Dominion: The making of the Western mind

Nämä ovat lukijalle tuttuja aiheita ainakin Hollywoodin klassisista scifi-filmeistä, kuten Star Wars, Robocop, Terminator, Demolation Man, jne. Se, että Harari kirjoittaa tämän kaltaisesta scifi-tulevaisuudesta missä kone ja ihminen sulautuvat yhteen ja ihminen alkaa parannella geeniperimäänsä, tai pidentää elinikäänsä DNA:n geneettisellä muokkauksella työkalujen kuten CRISPR-Cas9 -geenisaksien avulla, sikiödiagnostiikalla, soluterapialla, tai nanoteknologialla, ei tarkoita sitä, että hän olisi itse transhumanisti. Hän vain kirjoittaa niistä lääketieteen ja teknologian kehityssuunnista, jota kohden tulevaisuutemme voidaan nähdä jyskyttävän vääjäämättömästi eteenpäin, halusimmepa sitä sitten tai emme. Pyrkiessämme hahmottamaan monimutkaisia historiallisia ja teknologisia kehityssuuntia, monien on yksinkertaisempaa etsiä vastausta salaliittoteorioista missä Bill Gates on kaiken tämän teknofuturistisen evoluution taustapiruna.

Salaliittoteorioiden suurin kiehtovuus piilee usein juuri siinä, että ne pelkistävät todellisuuden ja historian liian sotkuista ja monisyistä olemusta. Tiedän tämän jo henkilökohtaisesta kokemuksesta, koska upposin jo teini-iässäni syvälle jäniksen koloon salaliittoteorioiden kiehtovaan ja ihmeelliseen maailmaan. Suurin salaliitto on kuitenkin siinä, että sinulta on pimitetty tämä "eilisen lyhyt historia" jotta et näkisi oikeassa valossa myöskään "huomisen lyhyttä historiaa". Tässä myös Harari on ollut vaikutusvaltaisena äänenä näiden pimittäjien ja salaliittolaisten joukossa. Jos ihmiskunnan tulevaisuus on sellainen ahdistava teknokratia kuin se myydään meillä Hararin kaltaisten pessimistien taholta, en ihmettele lainkaan sitä miksi monet vieroksuvat transhumanismin kaltaisia aatteita.

Samaan aikaan kristityillä on ollut kiusaus nähdä transhumanismi tienä kohti Ilmestyskirjassa ennustettua pedon valtakuntaa, eräänlaisena saatanallisena ja ihmistekoisena väärennöksenä niille kuolemattomuuden lupauksille, joita kristillinen perinne on tarjonnut Jeesuksen Kristuksen Golgatalla loppuun suoritetun sovitustyön kautta. Tähän johtopäätökseen ei ole ollut vaikea päätyä senkään tähden, että transhumanismiin liittyy usein näkemys ihmisen ja tietokoneen yhdistymisestä, ja erilaiset puettavat tai kehonsisäiset teknologiat, kuten ihon alle injektoitavat mikrosirut, joita mon: kristitty on pitänyt Ilmestyskirjan 13. luvun "pedon merkkinä", joka johtaisi tulevaisuuden orwellilaiseen yhteiskuntaan missä *"kukaan muu voisi ostaa eikä myydä kuin se, jossa on merkki: pedon nimi tai sen nimen luku."*[41]

Päädyin itsekin juuri tällaiseen näkökantaan vielä kymmenen vuotta aikaisemmin, kun sair. ensimmäisen kirjani valmiiksi (käsittelin siinäkin transhumanismia raamatullisen eskatologian näkökulmasta). Oma näkökulmani tähän aiheeseen alkoi kuitenkin laajentua ja kehittyä kohta tämän jälkeen, ja Hararin kirjan johdanto oli yksi ensimmäisiä lähtölaukauksista niihin ideoihin, joita tulen esittämään tässä kirjassa raamatulliseen eskatologiaan liittyen. Toivon mukaan onnistun laajentamaan myös lukijan näkökulmaa transhumanismin ja raamatullisen eskatologian osalta. Seuraavassa luvussa sukellamme hieman syvemmälle transhumanismiin ja sen synonyymiksi usein virheellisesti tulkittuun *posthumanismiin.* Matkamme ihmiskunnan kiehtovaan, tai kenties pelottavaan, tulevaisuuteen on siis vasta alkamassa.

41   Ilm. 13:7

Luku II

Transhumanismi ja langenneet jumalat

K un kirjoitin transhumanismista reilu kymmenen vuotta
sitten, ensimmäisen kirjani luvussa 8, sisälsin lukuun
seuraavan määritelmän eräältä aatteen kannattajalta:

Transhumanismi on tieteen sovellus ihmisen olotilaan saavuttamaan erityis-
piirteet kuolemattomuudesta, kaikkitietävyydestä ja kaikkialla läsnä olevuudesta,
tuottaakseen Jumalan kaltaisen ihmisen jälkeisen [post-human] rodun.

Enpä olisi arvannut tuolloin, että vuosikymmen myöhemmin
kävisin monia syvällisiä filosofisia keskusteluita "kaikkitietävän"
tekoälyn kanssa kaikista mahdollisista aiheista taivaan ja maan
väliltä. Olen OpenAI-yhtiön ChatGPT4o-kielimallin säännöllinen
käyttäjä ja tämä nykypäivän Gutenbergin painokoneeksikin
kutsuttu ihmehärveli on kyllä varsin hyödyllinen apuväline myös

tutkimustyössä ja kirjojen kirjoittamisessa. Itse asiassa olisin voinut panna sen kirjoittamaan koko kirjani ja mennä itse nukkumaan, mutta haluan pitää langat vielä jossain määrin omissa käsissäni ennen kuin "Skynet"[42] ottaa vallan ja tuhoaa meidät kaikki (käsittelen tekoälyä enemmän kirjani luvussa 5). Kysyin ChatGPT:ltä oliko tämä määritelmä oikea. Sen vastaus tiivistettynä (ohjelma on pahamaineisen monisanainen):

Tuo määritelmä on dramaattinen ja painottaa erityisesti transhumanismin äärimmäisiä tavoitteita, mutta se ei täysin vastaa transhumanismin yleisesti hyväksyttyä määritelmää. Se kuvastaa kuitenkin joidenkin transhumanismin kriitikoiden näkökulmaa, joissa transhumanismi esitetään utopistisena projektina, joka pyrkii tekemään ihmisistä "jumalankaltaisia."...

Yhteenveto: Onko määritelmä oikea? Osittain totta: Transhumanismi tosiaan käyttää tiedettä ja teknologiaa ihmisen parantamiseen, ja jotkut tavoitteet (kuten kuolemattomuus ja suurempi tiedon saatavuus) liittyvät määritelmään. Liioiteltu ja kriittinen: Kaikkitietävyys, kaikkialla läsnäolo ja "Jumalan kaltaisen rodun" luominen eivät ole transhumanismin valtavirran tavoitteita, vaan enemmän kriitikoiden tai dystooppisten skenaarioiden kuvauksia. Transhumanismi voidaan tiivistää neutraalimmin näin: *"Transhumanismi on filosofia ja liike, joka korostaa tieteen ja teknologian käyttöä ihmisen fyysisten ja henkisten kykyjen parantamiseksi, tavoitteena ylittää biologiset rajoitteet ja luoda parempi ihmiskokemus."*

Sekoitin tuohon aikaan yhteen myös *transhumanismin* ja *posthumanismin* vaikka nykytiedon mukaan ne ovat kaksi täysin vastakkaista aatetta, joista löytyy mm. kaksi erillistä Wikipedia-artikkelia. Pyysin jälleen koneälyä selventämään tätä eroa:

---

42 Skynet oli James Cameronin kulttifilmeissä Terminator 1 ja 2 itsetietoiseksi tullut tekoälyohjelma, joka oli päättänyt hankkiutua ihmiskunnasta eroon ja kävi tätä vastaan apokalyptista tuhoamissotaa ihmisenkaltaisten androidi- tai kyborgirobottien eli Skynetin ohjaamien terminator-tuhomiskoneiden avulla. Filmien tulevaisuuden dystopia sijoittui 2020 -luvulle ja eräässä kohtaa filmin ykkösosaa todetaan, että käännekohta tekoälyn ja robotiikan kehityksessä tapahtui vuonna 2024, mikä osui aika hyvin kohdilleen.

Transhumanismi ja posthumanismi ovat läheisiä mutta eri käsitteitä, ja niiden erot liittyvät siihen, miten ne suhtautuvat ihmisen luonteeseen ja tulevaisuuteen. Molemmat liittyvät teknologian rooliin ihmisyyden kehittämisessä, mutta niillä on erilaiset painopisteet ja filosofiset lähestymistavat. Tässä eroja tarkemmin...

1. Transhumanismi tavoite:

Ihmisen parantaminen ja kehittäminen teknologian avulla. Keskiössä: Ihmisen kykyjen ja rajoitusten ylittäminen esimerkiksi geneettisen muokkauksen, kybernetiikan, tekoälyn ja lääketieteellisten innovaatioiden avulla.

Transhumanismi.

Ihmismyönteisyys: Transhumanismi näkee ihmisessä valtavasti potentiaalia ja uskoo, että teknologian avulla voimme ylittää nykyiset rajoituksemme ja saavuttaa jotain suurempaa. Se suhtautuu ihmiskuntaan ja sen tulevaisuuteen optimistisesti. Ihmiskeskeisyys: Ihminen pysyy kaiken keskiössä. Teknologian kehitys on väline, joka palvelee nimenomaan ihmisen tarpeita ja pyrkimyksiä. Se ei kyseenalaista ihmisen erityisyyttä, vaan haluaa korostaa sitä.

Posthumanismi.

Antihumanismi: Posthumanismi suhtautuu kriittisesti ihmiskeskeisyyteen (antroposentrismiin) ja ihmisen erityisasemaan. Se hylkää ajatuksen, että ihminen olisi maailmankaikkeuden keskipiste tai luonnon korkein olento. Ihmisen jälkeisyys: Posthumanismi suuntautuu kohti aikaa, jolloin ihmisyys sellaisena kuin sen tunnemme ei enää ole relevanttia. Teknologia, tekoäly ja muut elämänmuodot voivat nousta ihmisen rinnalle tai ohi merkityksellisyydessä.

Vertailu filosofiselta pohjalta

Transhumanismi: Positiivisesti humanistinen, uskoo ihmisyyden kehittämiseen teknologian avulla. *Se on ihmiskeskeisen modernin projektin jatke.*

Posthumanismi: Kriittisesti antihumanistinen, haastaa perinteiset humanistiset arvot ja ihmisen erityisaseman. Se on lähempänä postmodernista ajattelua, jossa yksilö, ihmiskeskeisyys ja perinteinen ihmiskuva hajoavat. Posthumanismi ei siis suoranaisesti vastusta ihmiskuntaa, mutta se vähentää ihmisen erityisaseman merkitystä ja pyrkii näkemään maailman laajemmin, osana ekologisia ja teknologisia systeemejä. Transhumanismi taas säilyttää ihmisen keskiössä, vaikka se saattaa muuttaa käsitystä siitä, mitä "ihmisyys" tarkoittaa.

Tämän määritelmän mukaan on siis mahdollista olla *kristitty transhumanisti*, mutta ei ole mahdollista olla kristitty *posthumanisti*, koska se on filosofisesti täysin vastakkainen aate juutalaiskristillisen uskon ihmiskeskeisyydelle, joka opettaa että ihmisestä luotiin Jumalan kuva ja luomakunnan kruunu, joka pantiin hallitsemaan koko muuta luomakuntaa.[43] Yhtäläisesti epä-johdonmukaista olisi olla *kristitty antihumanisti*. Kristitty ei voi yhtyä syväekologiseen filosofiaan siitä, että ihmisväestön lu-kumäärää tulisi vähentää koska ihminen on "maan syö-päkasvain"[44], jonka teollistuminen ja vaurastuminen on pla-neettamme muille elämänmuodoille ja Maalle itselleen jokin oletettu rasite ja vaaratekijä.

Mutta onko myös "kristitty transhumanisti" itseään vastaan riitelevä käsite? Voiko Raamattua kunnioittava kristitty olla trans-humanisti kääntämättä selkäänsä kristinuskon muille perusto-tuuksille ja -arvoille? Tätä kysymystä tässä kirjassani pyrin pohtimaan ja esittämään transhumanismin päämäärät myös laa-jemmassa eskatologisessa ja historiallisessa kontekstissa. Jos lähdetään purkamaan tuota luvun alussa lainattua karikatyyristä ja liioiteltua määritelmää, on mahdotonta että ihmisistä voisi tulla koskaan kaikkialla läsnä olevia tai kaikkitietäviä tai kaikki-voipaisia. Nämä ominaisuudet kuuluvat yksistään taivaan ja maan Luojalle, ja kaikki yritykset korottaa ihminen Jumalan asemaan on nähty perinteisesti jumalanpilkan muotona (tästä syystä myös Herramme Jeesus Kristus ristiinnaulittiin[45]).

Juuri tämän sydämen ylpeyden tähden Lucifer lankesi syntiin ja karkotettiin hänen enkeleineen taivaasta[4647] ja samasta syystä myös ihminen lankesi syntiin, kun Paratiisin käärme sihisi Eevan

---

43 1. Moos. 1:26-28, 1. Kor. 11:7

44 Tämä oli kuuluisa toteamus Rooman klubin vuoden 1974 raportissa *Mankind at the turning point*. Sama ajatus on esiintynyt monien radi-kaalien luonnonsuojelijoiden tai syväekologien antihumanistisissa manifesteissa. Kirjoitin aiheesta laajemmin edellisen kirjani luvussa 10. Kirjassani *Joka ei ollut saapa kuninkaan arvoa – Antikristus pal-jastettu?* kytkin tämän antihumanistisen filosofian myös Englannin kuningasperheen jäseniin lainaamalla edesmenneen prinssi Philipin ja kuningas Charles III:n ihmisvastaisia lausuntoja.

45 Joh. 10:33

46 Jesaja 14:12-20, Ilm. 12:7-12

korvaan: *"Ette suinkaan kuole; vaan Jumala tietää, että sinä päivänä, jona te siitä syötte, aukenevat teidän silmänne, ja te tulette niinkuin Jumala tietämään hyvän ja pahan".* Tästä jakeesta on tehty kuitenkin se virhetulkinta, että Jumala halusi pitää ihmiset tyhminä nöyristelijöinä, jotka pokkuroisivat Hänen edessään loputtomiin, kun taas Paratiisin käärme tarjosi heille valaistumista ja vapautumista Jumalan hallintavallasta. Tässä Paholaisen asianajajien keskuudessa suositussa raamatuntulkinnassa, hyvän ja pahan tiedon puu esitetään "tiedon puuna", josta ihmisen Luoja halusi pitää hänet erillään, ettei hän tulisi koskaan liian valaistuneeksi ja ymmärtäisi etsiä omaa parastaan.[48] Eli ihmisen ja hänen Luojansa suhde esitetään ikään kuin hyväksikäyttävän isännän ja tämän oppimattoman orjan välisenä suhteena, jonka on parempi pysyä orjan asemassa "itsensä parhaaksi", koska hän olisi "liian tyhmä" itsenäisen ja vapaan miehen elämään.

Sama luciferistinen valhe Jumalan luonteesta ja ihmisen asemasta Paratiisissa, voi saada myös kristityt tulkitsemaan väärin ihmisen raamatullista asemaa ja identiteettiä. Kristityt saattavat painottaa usein sitä, että käärme lupasi ihmiselle Jumalan kaltaisuutta - *"tulette niinkuin Jumala tietämään hyvän ja pahan"* – ja tämä ihmisen halu pyrkiä Jumalan kaltaisuuteen johti hänen syntiinlankeemukseensa. Kuitenkin, saman tarinan mukaan Jumala

---

47 Moni kristitty teologi uskoo riivaajahenkien alkuperän olevan Saatanan langenneissa enkeleissä.

48 Tämä oli vallitseva tulkinta Raamatun teksteihin jo ensimmäisten vuosisatojen gnostilaisten keskuudessa, joita vastaan monet kirkkoisät taistelivat apologeettisilla kirjoituksillaan. Myöhemmin kun John Milton julkaisi kuuluisan runoelmansa *Kadotettu Paratiisi* (1667), näkemys sai uutta suosiota, vaikka Milton itse ei esittänyt käärmettä tarinan sankarina. Hänen runoelmansa Luciferin hahmo vaikutti kuitenkin moniin myöhempiin tulkitsijoihin, jotka alkoivat nähdä Luciferin ja ihmisen kapinan, valistuksen ja tiedon symbolina. Runoilija William Blake (1757 – 1827) näki käärmeen kapinallisena voimana, joka toi ihmisille vapautta ja tietoa. Tätä näkemystä on vaalittu näihin päiviin asti monien okkulttisten luciferistien keskuudessa, jotka yrittävät mustamaalata Vanhan testamentin Jumalan pahaksi "Demiurgiksi", joka Saatanan sijasta olisi ihmisen todellinen sielunvihollinen.

itse sanoi ihmistä luodessaan: *"Tehkäämme ihminen kuvaksemme, kaltaiseksemme; ja vallitkoot he meren kalat ja taivaan linnut ja karjaeläimet ja koko maan ja kaikki matelijat, jotka maassa matelevat"*[49]Tekstissä ihmisen kaltaisuutta Jumalaan verrataan pojan kaltaisuuteen isänsä kanssa: *"Kun Aadam oli sadan kolmenkymmenen vuoden vanha, syntyi hänelle poika, joka oli hänen kaltaisensa, hänen kuvansa, ja hän antoi hänelle nimen Seet."* [50]

Jos poika haluaa olla isänsä kaltainen, niin pitääkö isä sitä nimensä häpäisynä ja loukkauksena omaa kunniaansa kohtaan? Eikö tämä mene usein toisin päin? Samoin jos ihminen haluaa olla Luojansa kaltainen ja Hänen kuvansa, niin eikö se juuri tuo taivaalliselle Isällemme kunniaa ja saa Hänet tuntemaan ylpeyttä omasta luomuksestaan? Ja käänteisesti, jos kapinoimme Häntä vastaan, rikomme Hänen käskyjään vastaan, ja turmelemme tuon meissä olevan Jumalan kuvan, niin eikö se saa Hänet kokemaan murhetta ja katumusta siitä, että Hän loi meidät? Näin ainakin sama kirja kertoo Jumalan kokeneen kun Hän päätti hukuttaa ihmiskunnan vedenpaisumuksessa:

Mutta kun Herra näki, että ihmisten pahuus oli suuri maan päällä ja että kaikki heidän sydämensä aivoitukset ja ajatukset olivat kaiken aikaa ainoastaan pahat, niin Herra katui tehneensä ihmiset maan päälle, ja hän tuli murheelliseksi sydämessänsä. Ja Herra sanoi: "Minä hävitän maan päältä ihmiset, jotka minä loin, sekä ihmiset että karjan, matelijat ja taivaan linnut; sillä minä kadun ne tehneeni". Mutta Nooa sai armon Herran silmien edessä.[51]

Jos taas kuvamme Jumalasta on sama kuin se on islamissa missä ihminen nähdään Allahille alamaisena orjana[52], niin toki silloin on

---

49 1. Moos. 1:26
50 1. Moos. 5:3
51 1. Moos. 6:5-8
52 Suura 2:30, 25:63. Koraani käyttää useissa kohtaa arabiankielistä ilmaisua 'ibādihi, joka kirjaimellisesti käännettynä tarkoittaa Allahin "orjia." Katso myös kuinka tämä YouTube video missä islaminoppinut hyväksyy iloisesti sen, että muslimit ovat Allahin orjia Why Muslims Are Happy to be Slaves of Allah .

täysin johdonmukaista ajatella, ettei Jumala halua meidän olevan Hänen kaltaisiansa. Eihän yläluokkainen orjanomistajakaan tahtoisi orjansa oppivan lukemaan ja tulevan hänen kaltaisekseen, sillä se merkitsisi hänen omaisuutensa menettämistä. Orjan oppimattomuus ja vallantunteen puuttuminen, auttaa tässä tilanteessa orjanomistajaa pitämään orjansa elinikäisessä alistussuhteessa. Tästä syystä muslimeita on usein vaikea saada kyseenalaistamaan Allahin auktoriteettia, koska heidät aivopestään pienestä pitäen näkemään Allah enemmän pelottavana orjanomistajana kuin rakastavana Isänä, joka tahtoo kaikessa ihmisen omaa parasta, aivan kuin isä tahtoisi kaikessa poikansa parasta.

Tämä havahtuminen kristinuskon ja islaminuskon Jumalakuvan erilaisuuteen, oli syy siihen miksi somalialaissyntyinen ihmisoikeusaktivisti Ayaan Hirsi Ali hylkäsi islaminuskon ja kääntyi ensin merkittäväksi puhenaiseksi uusateistisen liikkeen puolesta (yhdessä Christopher Hitchensin ja Richard Dawkinsin kaltaisten miesten kanssa), mutta joka kääntyi äskettäin kristityksi ja kertoi tästä älyllisestä ja emotionaalisesta matkastaan muslimista ateistiksi ja ateistista kristityksi marraskuussa 2023.[53]

Ihmisen syntiinlankeemuksen luciferialaista tulkintaa vastaan puhuu myös se, että kaikkialla Raamatussa Jumala kehottaa ihmisiä tutkimaan Hänen luomistöitään ja ottamaan niistä oppia saadaksemme paremman ymmärryksen ei vain luomakunnasta vaan myös Jumalan olemuksesta itsestään.

Mutta kysypä eläimiltä, niin ne opettavat sinua, ja taivaan linnuilta, niin ne ilmoittavat sinulle; tahi tutkistele maata, niin se opettaa sinua, ja meren kalat kertovat sinulle. Kuka kaikista näistä ei tietäisi, että Herran käsi on tämän tehnyt, hänen, jonka kädessä on kaiken elävän sielu ja kaikkien ihmisolentojen henki?[54]

Taivaat julistavat Jumalan kunniaa, taivaanvahvuus ilmoittaa hänen kättensä tekoja. Päivä sanoo päivälle, ja yö ilmoittaa yölle. Se ei ole puhetta, se ei ole kieltä, jonka ääni ei kuuluisi.[55]

Nostakaa silmänne korkeuteen ja katsokaa: kuka on nämä luonut? Hän, joka

---

53 Why I am now a Christian - UnHerd (11. marraskuuta 2023).
54 Job. 12:7-10
55 Psalmi 19:2–4

johdattaa esiin niitten joukot täysilukuisina, joka nimeltä kutsuu ne kaikki; suuri on hänen voimansa ja valtainen hänen väkensä: ei yksikään jää häneltä pois.[56]

Sillä hänen näkymätön olemuksensa, hänen iankaikkinen voimansa ja jumalallisuutensa, ovat, kun niitä hänen teoissansa tarkataan, maailman luomisesta asti nähtävinä, niin etteivät he voi millään itseänsä puolustaa.[57]

Tämän päivän tieteen historioitsijat[58] yhtyvät kasvavassa määrin siihen, että se oli nimenomaan lännen juutalaiskristillinen perintö katolisessa sekä protestanttisessa kirkossa, joka sai aikaan 1500-1600 -lukujen tieteellisen vallankumouksen. Tämän argumenttina ei ole pelkästään se, että koska valtaosa tuon ajan tieteellisen vallankumouksen pioneereista olivat Raamattuun uskoneita kristittyjä teistejä, tieteellisen vallankumouksen täytyi olla siten kristillinen projekti. Argumenttina on myös se, että tieteellinen vallankumous ei olisi voinut syntyä ilman sen taustalla olleita kristillisiä perusolettamuksia, jotka olivat tuntemattomia pakanallisessa maailmassa ja usein myös keskiajan Euroopan oppineiden keskuudessa, koska keskiajalla vaalittiin yhä antiikin kreikkalaisten filosofien pakanallisia tekstejä ja yritettiin sovittaa ne yhteen juutalaiskristillisen uskon perinteen kanssa.

Vasta kun Euroopan kristilliset yliopistot vapautuivat aristoteelisen ajattelun kahleista – ensin Pariisin yliopistossa vuonna 1277 tuomittujen Aristoteleen oppien myötä, ja myöhemmin erityisesti protestantismin vaikutuksesta, joka asetti Jumalan Sanan katolisen kirkon kunnioittamien perinteiden yläpuolelle – luonnontieteet alkoivat kyseenalaistamaan vuosisatojen ajan oikeana pidettyä Ptolemaioksen geosentristä kosmologiaa ja siihen liittynyttä virheellistä fysiikkaa, jonka kokeellinen tiede osoitti lopulta vääräksi. Kaksi eri kokoista kuulaa ei esimerkiksi tornista pudotessaan pudonnut eri tahtia, kuten keskiajalla usein oletettiin.

Uusateistit saattavat nyt huomauttaa, että Raamatusta löytyy

---

56 Jesaja 40:26
57 Roomalaiskirje 1:20
58 Esim. Rodney Stark, James Hannam, Pierre Duhem ja Stanley Jaki

paljon enemmän tukea geo- kuin heliosentriselle kosmologialle.[59]
Mutta tämä vastaväite ohittaa koko asian pointin. Tieteellinen val-
lankumous ei syntynyt siitä kun keskiajan munkit alkoivat tutkia
yhä tarkemmin mitä Raamattu opetti planeettojen juoksuradoista.
Luonnontieteitä kutsuttiin tuohon aikaan "luonnonteologiaksi",
sillä luonnontieteiden ymmärrettiin olevan teologiasta – eli
Jumalan Sanan systemaattisesta tutkimisesta – erillinen, mutta
siihen kytkeytyvä tieteen haara. Siinä kun papit tutkivat Jumalan
kirjoitettua Sanaa, tiedemiehet tutkivat Jumalan luomistöitä, jotka
ovat olleet "maailman luomisesta asti nähtävinä".[60]

Jumala oli ilmoittanut itsensä ihmiskunnalle näiden kahden
eri kirjan – Hänen erityisen ilmoituksensa (Raamatun) ja yleisen
ilmoituksensa (luomakunnan) – kautta. Tiedemiehet tai papit
eivät odottaneet löytävänsä vastauksia luomakuntaa koskeviin
mysteereihin Jumalan Sanasta, koska – kuten Galileo Galilei asian
ilmaisi – *"Raamatussa kerrotaan miten mennä taivaaseen, ei sitä
kuinka taivaat menevät"*[61]. Raamatun ymmärrettiin julistavan
Jumalan luomakunnan majesteettiutta usein runollisella ja sym-
bolisella, ei kirjaimellisella tai luonnontieteellisellä, kielellä. Siksi
sitä ei tulisi nähdä niinkään luonnontieteellisenä kirjana missä
esimerkiksi Psalmi 19. kuvaus auringon juoksemisesta radallansa
maan ympäri, olisi tulkittava luonnontieteellisenä lausuntona. Sen

59 Psalmi 19:6-7
60 Room. 1:20
61 Galilein kirje suurherttua Christinalle: *"Jos pyhillä kirjoittajilla olisi
    ollut aikomus opettaa ihmisille tiettyjä taivaankappaleiden järjestely-
    jä ja liikkeitä tai jos he olisivat halunneet, että saisimme tällaista tie-
    toa Raamatusta, he eivät mielestäni olisi puhuneet näistä asioista
    niin niukasti verrattuna siihen lukemattomaan määrään ihailtavia
    johtopäätöksiä, joita tuo tiede osoittaa... Pyhä Henki ei aikonut opet-
    taa meille, liikkuuko taivas vai seisooko se paikallaan, onko sen muo-
    to pallomainen vai kiekon muotoinen vai tasossa levittäytynyt, eikä
    sitäkään, sijaitseeko maa sen keskipisteessä vai sivussa... Pyhä Hen-
    ki ei tarkoittanut opettaa meille jotain, mikä ei koske pelastustamme.
    Sanoisin tässä jotain, joka on kuultu eräältä huomattavimmalta kir-
    konmieheltä: 'Pyhän Hengen aikomus on opettaa meille [Sanansa
    kautta], miten taivaaseen mennään, ei sitä miten taivaat menevät.'"*
    Galileo-LetterDuchessChristina

sijaan luomakunnan ilmiöitä kuvaillaan siinä myös oman aikamme antropomorfisella ja arkikieleen perustuvilla ilmaisulla auringon nousemisesta ja laskemisesta idästä länteen. Tämä ymmärrettiin hyvin jo keskiajan teologien keskuudessa.

Mutta vaikka Raamattu ei siis vaikuttanut tällä tapaa suoraan luonnontieteiden nousuun, sen opit asettivat perustan sellaisille perusoletuksille, jotka mahdollistavat tieteellisen vallankumouksen synnyn. Näitä olivat mm. ajatus siitä, että luonto oli säännönmukaisten lakien alainen järjellinen ja ymmärrettävä kokonaisuus, jota ihmismielen olisi mahdollista ymmärtää koska hänet oli luotu Jumalan kuvaksi luomakunnan hallintaa ja sen parempaa ymmärtämistä varten (on mahdotonta hallita oikukasta luontoa ellet ymmärrä sitä ensin paremmin). Ja aivan kuin Jumala oli salannut erityisen ilmoituksensa, niin ettei sen todellinen merkitys avautuisi tämän maailman viisaille vaan lapsenmielisille,[62] niin myös luomakunnan salat oli verhottu salaisuuksiin, jotka voitaisiin paljastaa vain kokeellisen tieteen avulla ja matematiikan kielellä. Kuten sananlaskut 25:2 sanoo:

Jumalan kunnia on salata asia, ja kuningasten kunnia on tutkia asia.

Tieteellinen vallankumous ei syntynyt ihmisen kapinassa Jumalaa vastaan missä hän olisi maistanut "tiedon puun" kiellettyä hedelmää ja sanonut uhmakkaana sydämessään kuten Lucifer: *"Minä nousen taivaaseen, korkeammalle Jumalan tähtiä minä istuimeni korotan ja istun ilmestysvuorelle, pohjimmaiseen Pohjolaan. Minä nousen pilvien kukkuloille, teen itseni Korkeimman vertaiseksi."*[63] Sen sijaan se nousi tieteenfilosofiassa tunnetusta käsitteestä nimeltä *episteeminen nöyryys*, mitä kuvailin jo hieman kirjani esipuheessa Elon Muskin filosofiaan liittyen. Annan jälleen "opettajani" ChatGPT:n selittää tätä yhteyttä.

---

62 Luuk. 10:21
63 Jesaja 14:13-14

Episteeminen nöyryys liittyy keskeisesti tieteellisen vallankumouksen kristillisiin lähtökohtiin, erityisesti protestanttisen uskonpuhdistuksen aikaansaamiin näkemyksiin ihmismielen rajallisuudesta ja turmeltuneisuudesta. Se vaikutti siihen, miten ihmiset lähestyivät luonnontieteitä, teologiaa ja muita tiedon alueita. Tämä yhteys voidaan hahmottaa seuraavien seikkojen kautta:

1. Protestanttinen näkemys syntiinlankeemuksesta ja sen vaikutukset tietämiseen. Uskonpuhdistus korosti, että syntiinlankeemus ei vaikuttanut vain ihmisen moraaliin, vaan myös hänen kykyynsä ymmärtää Jumalaa ja luomakuntaa. Ihmisen älyllinen ylpeys nähtiin syntiinlankeemuksen osana, mikä teki ihmisestä taipuvaisen erehdyksiin ja itsepetokseen myös tiedollisella tasolla. Tämä näkökulma johti episteemiseen nöyryyteen: kristittyjen tiedemiesten, kuten Keplerin ja Newtonin, keskuudessa vallitsi näkemys, että ihminen ei voi täysin ymmärtää Jumalan suunnitelmaa tai luomakunnan salaisuuksia ilman Jumalan armoa ja jatkuvaa nöyrää tutkimusta.

2. Tiedon lähteiden rajoitukset ja riippuvuus Jumalasta. Protestanttinen uskonpuhdistus korosti *sola scriptura* -periaatetta eli Raamatun auktoriteettia, mutta se myös painotti, että Raamatun tarkoitus on hengellinen opastus eikä luonnontieteellisten asioiden selittäminen. Tämä jätti tilaa luonnontieteiden kehitykselle, koska luonto nähtiin toisena "kirjana," joka vaati omaa järjestelmällistä tutkimustaan. Protestantit ymmärsivät, että kaikki ihmisen tiedonlähteet – olipa kyse Raamatun tulkinnasta, luonnontieteistä tai perinteisestä filosofiasta – ovat altistuneita väärintulkinnoille syntiinlankeemuksen seurauksena. Siksi kriittinen ja nöyrä lähestymistapa oli välttämätön.

3. Episteeminen nöyryys tieteellisen menetelmän perustana. Tieteellinen vallankumous nojasi kokeelliseen menetelmään ja havaintoihin, jotka asettivat ihmisen oletukset ja teoriat jatkuvasti testattaviksi. Tämä ajatus oli linjassa episteemisen nöyryyden kanssa: ihmisen mielen rajallisuus ja taipumus erehtyä tarkoitti, että vain empiirisillä havainnoilla voitiin varmistaa tiedon luotettavuus. Protestanttisessa maailmankuvassa korostui erityisesti ajatus, että vain Jumala on täysin viisas ja erehtymätön. Tämä rohkaisi tiedemiehiä hyväksymään sen, että heidän omat teoriansa saattoivat olla virheellisiä, ja että totuuden löytäminen edellytti jatkuvaa itsekriittisyyttä.

4. Uskonpuhdistuksen yhteys tieteen vapautumiseen. Katolinen kirkko oli pitkään painottanut skolastisen filosofian, erityisesti Aristoteleen, auktoriteettia. Protestanttinen uskonpuhdistus kyseenalaisti tradition ja korosti, että ihmiset olivat vastuussa tiedon etsimisestä suoraan Jumalan Sanasta ja luomakunnasta, eivät pelkästään kirkollisten auktoriteettien kautta. Tämä rohkaisi kriittistä ajattelua ja kokeellisen tieteen kehittymistä. Protestantit eivät luottaneet ihmismielen kykyyn ymmärtää totuutta täysin ilman Jumalan ohjausta, mikä johti varovaisempaan ja avoimempaan tiedon hankintaan.

5. Episteeminen nöyryys ja tieteen motivaattorit. Monet tieteellisen vallan-kumouksen pioneerit, kuten Johannes Kepler, näkivät työnsä osana Jumalan luomistyön ylistämistä ja ymmärtämistä. Kepler kirjoitti: *"Tutkiessani taivasta tunnen olevani pappi, joka palvelee Jumalan luomakunnan temppelissä."* Tämä asenne yhdisti nöyryyden ja kunnianhimon: tiedemiehet tunnistivat rajallisuutensa, mutta uskoivat, että Jumalan järjestyksen tutkiminen oli heidän tehtävänsä.

6. Geosentrisyyden ja heliosentrisyyden kiista. Galileon kiista katolisen kirkon kanssa ei koskenut vain tieteellisiä havaintoja, vaan myös sitä, kuinka Raamatun tekstiä tulisi tulkita. Galileon näkemys, että Raamattu opettaa hengellisiä totuuksia eikä luonnontieteellisiä faktoja, edustaa episteemisen nöyryyden periaatetta. Tämä ajattelutapa oli yhteinen sekä Galileolle että monille uskonpuh-distuksen vaikutuspiirissä oleville ajattelijoille.

Yhteenveto. Episteeminen nöyryys oli keskeinen osa tieteellistä vallankumousta ja sen kristillisiä lähtökohtia. Protestanttinen uskonpuhdistus korosti ih-mismielen rajallisuutta ja turmeltuneisuutta, mikä johti avoimempaan ja kriit-tisempään tiedonhankintaan. Tämä nöyryys ilmeni tieteellisessä menetelmässä, jossa havainto ja kokemus asetettiin teorian yläpuolelle, sekä näkemyksessä, että tiede on jatkuvasti korjattavissa oleva prosessi. Kristillisessä ajattelussa epis-teeminen nöyryys ei ollut tiedon este, vaan välttämätön asenne, joka ohjasi tie-demiehiä tutkimaan luomakuntaa Jumalan kunnian ja totuuden vuoksi.

Yksi jälkikristillisen ajan tieteellistä vallankumousta koskevista sitkeistä myyteistä on ollut myös se, että se olisi riisunut ihmiseltä hänen keskiaikaiset kuvitelmansa ihmisen erityisasemasta ja tär-keydestä maailmankaikkeudessa. Koska maa ei ollut enää uni-versumin keskipiste, niin myöskään ihminen ei voinut väittää olevansa enää luomakunnan kruunu ja sen keskipiste, jota varten Jumala loi koko muun luomakunnan. Näin ollen kopernikaaninen tähtitiede olisi nolannut keskiajan kirkonmiehet, jotka opettivat Genesiksen luomiskertomuksen olleen kirjaimellinen totuus maailmankaikkeuden synnystä (vaikka Kopernikus oli itsekin katolinen pappi). Keskiaikaisessa kosmologiassa – joka oli siis peräisin kreikkalaisen matemaatikko Klaudios Ptolemaioksen (85 – 165 jKr.) opeista, ei Raamatusta – maan ajatteleminen maail-mankaikkeuden keskipisteenä ei merkinnyt "ylentävää" asemaa, vaan päinvastoin "alentavaa." Maa oli maailmankaikkeuden alin, epätäydellisin ja turmeltunein paikka. Se oli lähimpänä helvettiä, jonka ajateltiin sijaitsevan maan sisällä. Taivaan sfäärit, joissa planeetat, tähdet ja muut taivaankappaleet liikkuivat, edustivat täydellisyyttä, puhtautta ja Jumalan läsnäoloa. Maa oli maailmankaikkeuden roskakori, syntiinlankeemuksen saastuttama alue.

Kopernikuksen heliosentrinen malli ei siis alentanut Maan kosmista asemaa suhteessa muuhun luomakuntaan vaan ylensi sen asettamalla sen muiden aurinkoa kiertävien planeettojen rinnalle. Kopernikuksen mallissa Maa ei ollut enää universumin viemäri, vaan tähtitaivaan säihkyvien valojen joukkoon ylennetty taivaankappale taivaallisissa sfääreissä, joiden pakanalliset kansat uskoivat edustavan jumalien asuinsijoja, joiden porttien sisään kuolevaisella ja epätäydellisellä ihmisellä ei ollut minkäänlaista asiaa (ainakaan tässä elämässä). ChatGPT valaisee:

Keskiajan ja renessanssin kristillisessä ajattelussa painotettiin, että Jumala oli tehnyt ihmisestä ainutlaatuisen olennon, joka oli kutsuttu hallitsemaan luomakuntaa. Tämä ajatus näkyi myös tähtitieteen kehityksessä: luomakunta oli tehty ymmärrettäväksi ihmiselle, ja sen tutkiminen oli osa ihmisen kutsumusta. Kopernikuksen malli symboloi tätä muutosta: maapallo ei ollut vain maallisten syntien ja turmeluksen paikka, vaan osa taivaallista järjestystä, jota ihminen voi älyllään tutkia. Tässä mielessä "taivaiden portit" eivät olleet enää suljettuja ihmiselle, vaan tiede ja järki avasivat ne tutkimukselle. Vaikka maa ei ollut enää "universumin keskipiste," tämä ei riistänyt ihmiseltä hänen erityisasemaansa. Kopernikuksen malli ei pyrkinyt muuttamaan ihmiskuvan teologista perustaa: ihminen oli edelleen Jumalan kuvaksi luotu, ja luomakunnan tutkiminen oli Jumalan ylistämistä. Kopernikuksen ajattelu oli myös johdonmukainen kristillisen näkemyksen kanssa, jonka mukaan Jumala oli asettanut luomakuntaan järjestyksen ja harmonian, joita ihminen saattoi tutkia ymmärtääkseen paremmin Luojaansa.[64]

Kuten muotoilin asian jo edellisessä luvussa, tieteellinen vallankumous ja sen innoittanut juutalaiskristillinen usko, syöksi nämä pakanakansojen korottamat luonnonjumalat heidän valtaistuimiltaan, nousten siten ei vain Maan jumalien yläpuolelle vaan myös "taivaaseen, korkeammalle Jumalan tähtiä" tehdäkseen itsestään jumalien vertaisen. Se että ihminen lähettää tänään robottejaan Marsin pinnalle ja puhuu teoreettisesti jo Marsin tai

---

64 Vastaus generoitu maksullisella ChatGPT4o versiolla.

Venuksen (pilvien) koloniscimisesta ja maailmankaikkeuden muiden tähtijärjestelmien valloittamisesta, olisi nähty muinaisten pakanakansojen silmissä mitä suurimpana röyhkeytenä ja jumalien halventamisena. Eihän kuolevainen voi tutkia jumalallisia tai alistaa niitä valtansa alle. Mars-jumalan tulee hallita ihmisten kohtaloita eikä toisinpäin.[65]

Mutta taivaan ja maan luoja itse korotti ihmisen tähän kunnialliseen taivaalliseen asemaansa kun hän kumartui ja nöyrtyi Hänen pyhän nimensä edessä. Kuten psalmin kirjoittaja julisti:

Kun minä katselen sinun taivastasi, sinun sormiesi tekoa, kuuta ja tähtiä, jotka sinä olet luonut, niin mikä on ihminen, että sinä häntä muistat, tai ihmislapsi, että pidät hänestä huolen? *Ja kuitenkin sinä teit hänestä lähes jumal'olennon, sinä seppelöitsit hänet kunnialla ja kirkkaudella; panit hänet hallitsemaan kättesi tekoja, asetit kaikki hänen jalkainsa alle:* lampaat ja karjan, ne kaikki, niin myös metsän eläimet, taivaan linnut ja meren kalat ja kaiken, mikä meren polkuja kulkee. Herra, meidän Herramme, kuinka korkea onkaan sinun nimesi kaikessa maassa![66]

Huomaa, ettei psalmikirjoittaja julista röyhkeydessään kuin tuon ajan kopeat faaraot: "minä olen jumala!" Sen sijaan hän kyselee pyhässä lapsenmielisyydessä aralla tunnolla luojansa suuruuden edessä: *"mikä on ihminen, että sinä häntä muistat, tai ihmislapsi, että pidät hänestä huolen?"* Tästä syystä Pyhä Henki avaa hänelle yhden Raamatun ihmeellisimmistä toteamuksista: *"Ja kuitenkin sinä teit hänestä lähes jumal'olennon, sinä seppelöitsit hänet kunnialla ja kirkkaudella; panit hänet hallitsemaan kättesi tekoja, asetit kaikki hänen jalkainsa alle."* Englanninkielinen New American Standard Bible (NASB) menee käännöksessään tätäkin pidemmälle: *"Yet You have made him a little lower than God"* [teit hänet vähän Jumalaa alemmaksi], mutta lisää alaviitteessään, että kreikankielinen Septuaginta kääntää sen "enkeleitä alemmaksi". Eikä tämä ole ainoa jae Raamatussa missä ihmisiä kutsutaan

---

65 Katso luku 9 juutalaiskristillisen uskon roolista modernin avaruustutkimuksen taustalla.

66 Psa. 8:4-10

jumaliksi. Psalmi 82:6 toteaa:

Minä sanon: Te olette jumalia ja kaikki tyynni Korkeimman poikia.

Kun juutalaiset fariseukset sanoivat kivittävän Jeesuksen siksi, että hän teki itsestään Jumalan, Hän viittasi tähän psalmiin:

Juutalaiset vastasivat hänelle: "Hyvän teon tähden me emme sinua kivitä, vaan jumalanpilkan tähden, ja koska sinä, joka olet ihminen, teet itsesi Jumalaksi". Jeesus vastasi heille: "Eikö teidän laissanne ole kirjoitettuna: 'Minä sanoin: te olette jumalia'? Jos hän sanoo jumaliksi niitä, joille Jumalan sana tuli - ja Raamattu ei voi raueta tyhjiin - niin kuinka te sanotte sille, jonka Isä on pyhittänyt ja lähettänyt maailmaan: 'Sinä pilkkaat Jumalaa', sentähden että minä sanoin: 'Minä olen Jumalan Poika'?[67]

Tiedän, että tämä psalminkohta on tulkittu usein niin, että siinä olisi puhuttu vain Israelin lainsäätäjistä ja tuomareista, kuten jakeen asiayhteydestä voisi jo päätellä.[68] Kuitenkin, Raamatun tekstien laajemmassa tarkastelussa on selvää, että tämä soveltuu kaikkiin Adamin suvun jälkeläisiin, koska ihminen luotiin Jumalan kuvaksi ja Hänen kaltaisekseen. Olisi myös Raamatun egalitaristisen ihmiskuvan vastaista opettaa, että osa ihmisistä on jumalia ja osa ei, ikään kuin Raamattu jakaisi ihmiset yli- ja ali-ihmisiin, kuten eräs juutalaisille vähemmän sympaattinen poliittinen ideologia. Juutalainen Paavali opetti: *"Ei ole tässä juutalaista eikä kreikkalaista, ei ole orjaa eikä vapaata, ei ole miestä eikä naista; sillä kaikki te olette yhtä Kristuksessa Jeesuksessa."[69]*

Tietysti voimme todeta, ettei Raamatussa ihmisen lapseuden asema ja hänessä oleva Jumalan kuva ole täysin universaali käsite vaan riippuvuussuhteessa siihen onko hän syntynyt uudesti ylhäältä.[70] Mutta tämä liittyy enemmän siitä, että ihminen itse omilla väärillä elämänvalinnoillaan saattaa turmella tuon itsessään *synnynnäisesti* olevan Jumalan kuvan. Siksi tämä kunnia on

67 Joh. 10:33-36
68 *"Aasafin virsi. Jumala seisoo jumalien kokouksessa, hän on tuomari jumalien keskellä: Kuinka kauan te tuomitsette väärin ja pidätte jumalattomain puolta? Sela."* (Psalmi 82:1-2)
69 Gal. 3:28
70 Room. 8:14-17.

varattu vain niille, jotka ovat pyhittäneet itsensä Jeesuksen verellä antamalla Hänen sovittaa meidät Isänsä edessä, kun uskomme Hänen nimeensä ja päätämme seurata Hänen askelissaan elämän ja iankaikkisen pelastuksen tiellä.

Oxfordin matematiikan professori ja yksi tämän päivän vaikutusvaltaisin kristinuskon apologeetti John Lennox, on kritisoinut usein transhumanismia siitä kuinka se yrittää kääntää evankeliumin sanoman päinvastaiseksi:

Luen Hararia ja muita tämänkaltaisia kirjoja ja sanon, että ymmärrän kyllä, mitä etsit. Etsit jotain, joka on sisäänrakennettu hyvin syvälle meihin. Kun tapaan näitä ihmisiä, transhumanisteja, sanon, että kunnioitan sitä, mitä tavoittelette, mutta olette hieman myöhässä. Ja he sanovat, *'Mitä? Liian myöhässä?'* Otetaan esimerkiksi kaksi ongelmaa, yksi, fyysinen kuolema. Sanoin uskovani, että on vahvaa näyttöä siitä, että se ratkaistiin 20 vuosisataa sitten. Se oli itse asiassa ratkaistu jo sitä ennen, mutta 20 vuosisataa sitten Jerusalemissa tapahtui ylösnousemus. Juhlimme sitä pääsiäisenä. Ja tiedemiehenä uskon siihen monista syistä, joista voimme keskustella. Mutta pointti on se, että jos Jeesus Kristus rikkoi kuoleman esteen, se asettaa kaiken eri valoon... Sanoin, eikö olekin mielenkiintoista se mitä yritätte tehdä? Yritätte tehdä ihmisistä jumalia. Kristillinen sanoma menee täysin päinvastaiseen suuntaan. Se kertoo meille Jumalasta, joka tuli ihmiseksi. Huomaatteko eron? Ja tietysti se itse asiassa kiehtoo ihmisiä. Sanon, että te itse asiassa otatte vakavasti ajatuksen siitä, että ihmiset voivat tehdä itsestään jumalia teknologian avulla ja niin edelleen. Miksi ette ota sitten vakavasti ajatusta siitä, että on olemassa Jumala, josta tuli ihminen? Onko se yhtään sen vaikeampaa hyväksyä?[71]

Tämä on hieno oivallus eräältä aikamme kirkkaimmalta mieleltä, jota olen arvostanut jo vuosien ajan. Kristinuskon suurin sanoma ei ole siinä, että ihmisestä voisi tulla Jumala, Homo Deus, vaan siinä, että Jumalasta tuli ihminen, Deus Homo. ChatGPT kirkastaa tämän saman idean hieman eri sanoin.

Homo Deus: Jumalihmisen idea

Hararin kirjassa *Homo Deus* ihmisen jumalallistuminen esitetään teknologian ja tieteellisen kehityksen lopputulemana. Raamatullinen näkökulma on kuitenkin

---

71   AI, Man & God: Prof. John Lennox (Full Transcript) – The Singju Post

hyvin erilainen:

Raamatullinen jumalihminen:
Raamatun näkökulmasta ihminen ei korota itseään jumalalliseksi omilla saavutuksillaan, vaan Jumala korottaa ihmisen omaan kunniaansa. Tämä tapahtuu erityisesti Kristuksen kautta, joka sovitti ihmiskunnan ja avasi tien takaisin Jumalan yhteyteen. Pakanuuden ero: Pakanuudessa "jumalallisuus" annettiin vain harvoille sankareille, kuten Herakleelle, jotka nousivat kuolevaisten joukosta jumalten tasolle erityisten tekojen ansiosta. Raamatullinen oppi tarjoaa jumalallisen kunnian kaikille ihmisille heidän syntyperästään riippumatta.

Katolinen Scott Hanh ymmärtää tämän raamatullisen salaisuuden-syvyyden kun hän kirjoittaa: *"Miksi Jumala tuli ihmiseksi? Jotta meistä voisi tulla 'jumalia'"*[72] Jeesus sanoi: *"Olkaa siis te täydelliset, niinkuin teidän taivaallinen Isänne täydellinen on.*"[73] Raamattu ei varoita ihmistä pyrkimästä Jumalan kaltaisuuteen vaan kehottaa siihen. Raamattu ei kehoita meitä jäämään ihmiseksi, eli vanhan Aadamin luontoomme, vaan päivittämään itsemme Jumalan kaltaiseksi "Aadam 2.0:ksi". Tämä tulee kaikkein selkeimmin ilmi Paavalin kirjeistä:

Sillä koska kuolema on tullut ihmisen kautta, niin on myöskin kuolleitten ylösnousemus tullut ihmisen kautta. Sillä niinkuin kaikki kuolevat Aadamissa, niin myös kaikki tehdään eläviksi Kristuksessa, mutta jokainen vuorollaan: esikoisena Kristus, sitten Kristuksen omat hänen tulemuksessaan; sitten tulee loppu, kun hän antaa valtakunnan Jumalan ja Isän haltuun, kukistettuaan kaiken hallituksen ja kaiken vallan ja voiman. Sillä hänen pitää hallitseman "siihen asti, kunnes hän on pannut kaikki viholliset jalkojensa alle". Vihollisista viimeisenä kukistetaan kuolema. Sillä: "kaikki hän on alistanut hänen jalkojensa alle". Mutta kun hän sanoo: "kaikki on alistettu", niin ei tietenkään ole alistettu se, joka on alistanut kaiken hänen allensa. Ja kun kaikki on alistettu Pojan valtaan, silloin itse Poikakin alistetaan sen valtaan, joka on alistanut hänen valtaansa kaiken, että Jumala olisi kaikki kaikissa.[74]

Paavali kutsuu Kristusta "toiseksi" tai "viimeiseksi Aadamiksi"[75] ja

---

72 Why did God become man? So we might become 'gods' - Legatus - Ann Arbor, MI
73 Matt. 5:48
74 1. Kor. 15:21-28
75 1. Kor. 15:45, 47

kristillistä seurakuntaa Hänen ruumiikseen, jossa kukin yksittäinen kristitty on tuon ruumiin eri jäseniä.[76] Kristuksen ruumiin jäseninä me olemme siis liittyneet yhteen kolmiyhteisen Jumalan luontoon ja olemukseen. Ennen ristiinnaulitsemistaan Jeesus rukoili taivaallista Isäänsä, että Hänen seuraajansa *"olisivat yhtä, niinkuin sinä, Isä, olet minussa ja minä sinussa, että hekin meissä olisivat, niin että maailma uskoisi, että sinä olet minut lähettänyt."*[77]

Tässä luvussa esiin tuotujen jakeiden valossa on siis täysin raamatullista nähdä ihmissuvun jäsenet eräänlaisina "langenneina jumalina", jonka asemaa langenneet enkelit kadehtivat koska he itse himoitsivat tuota samaa asemaa, mutta halusivat ottaa sen väkivalloin Jumalan oman tahdon vastaisesti. Jumala itse ei riistänyt ihmiseltä tietoa, valtaa, tai Jumalan kaltaisuutta, vaan *Saatana teki sen* valheellisilla lupauksillaan hyvän ja pahan tiedon puun vapauttavasta voimasta. Kautta historian Saatana on tarjonnut seuraajillensa tätä valheellista valaistumista *gnosiksen* ja salaoppien kautta. Jumala taas tarjoaa salaisen tiedon paljastumista lapsenmielisille – salatiedon, joka on paljon syvempää kuin yksikään okkulttinen rajatieto.

Transhumanismi ei siis tarjoa mitään uutta näkökulmaa. Se on vain palauttamassa ymmärrykseemme sen asian mistä juutalaisten ja kristittyjen pyhät tekstit olivat puhuneet jo vuosituhansia aiemmin. Renessanssin ajalla nämä tekstit nousivat uuteen kunniaan mm. Gutenbergin painokoneen keksimisen ja uskonpuhdistuksen *sola scriptura* periaatteen ansiosta, tehden juutalaiskristillisestä uskosta klassisen humanismin ja tieteellisen vallankumouksen myötä historian ehkä merkittävimmän kulttuurisen voiman, jonka perustalle koko moderni sivilisaatiomme on rakennettu. Ehkäpä samat raamatulliset periaatteet voisivat myötävaikuttaa nyt klassisen humanismin *perillisen*, eli transhumanismin vaikutukseen, niin että seuraavat vuosisadat muovaavat

---

76 1. Kor. 12:27
77 Joh. 17:21

tulevaisuuttamme yhtä radikaalisti kuin klassinen humanismi vaikutti menneisyyteen kuluneella viidellä vuosisadalla.

Ehkäpä tulevat sukupolvet näkevät kaksi aikaisempaa ateismin kyllästämää vuosisataamme – ja koko menneen historian – "pimeinä aikoina" samaan tapaan kuin varhaisen uuden ajan historioitsijat näkivät keskiajan "pimeänä" (kuvaus mistä nykyajan historioitsijat ovat jo luopuneet). Ehkäpä olemme matkalla kohti uutta tieteellisen vallankumouksen, toisen renessanssin, ja uuden uskonpuhdistuksen aikakautta. Ehkäpä ChatGPT:n, Grokin tai Geminin kaltaiset suuret kielimallit ovat meidän aikamme Gutenbergin painokone myös siinä merkityksessä, että ne mahdollistavat uuden tietämyksen ja valistuksen ajan räjähdysmäisen nousun, kuten Gutenbergin painokone teki 1400 – 1700 -luvuilla.[78] Ehkä olemme kulkemassa kohti valoisampaa tulevaisuutta, *kultaista aikakautta*, aikakautta, jonka Raamatun profeetat näkivät edeltä jo vuosituhansia aiemmin.

Vai olenko lapsellisen optimistinen?

---

78 Katso luku 5.

Luku III

Viisasten kiven ja elämän puun lähteillä

Rajatiedon historiaan perehtyneet – kuin myös *Harry Potter* -kirjoja lukeneet – ihmiset tuntevat käsitteen *viisasten kivi*. Tämä mystinen kivi tai aine liitetään Euroopan esoteeriseen perinteeseen, sillä keskiajan alkemistit uskoivat sen muuttavan epäjalot metallit kullaksi ja antavan ihmiselle myös ikuisen elämän. Vaikka väitettyä ihmekiveä ei koskaan löydetty, 1600 -luvulla levinneiden tarunhohtoisten legendojen mukaan Nicolas Flamel, 1300 -luvun ranskalainen alkemisti, onnistui löytämään tai valmistamaan viisasten kiven ja saavuttamaan sillä kuolemattomuuden itselleen ja vaimolleen[79](löytyisiköhän herra Flamelin yhteistietoja vaikkapa Facebookista jos hän on kerran

---

79 Nicolas Flamel - Wikipedia

yhä elossa?). Tästä syystä Flamel on suosittu hahmo myös ny-kypäivän populaarikulttuurin fiktiivisessä kaunokirjallisuudessa, kuten *Harry Potterissa* ja *Da Vinci -koodissa*

Vaikka viisasten kiven etsinnästä ja siihen liittyvästä alkemiasta luovuttiin pääosin 1600 -luvun tieteellisen vallankumouksen myötä, alkemistien ajatukset jäivät elämään Euroopan esoteeriseen perinteeseen ja rajatiedon edistäjien teksteihin, erityisesti hermeettiseen filosofiaan. Hermetismi[80], juutalainen kabbala ja moderni alkemia, liittyvät Éliphas Lévin ja Aleister Crowleyn kaltaisten okkultistien kautta nykypäivän satanistiseen perinteeseen, joka on myötävaikuttanut niin populaarikulttuurin LaVeyalaiseen satanismiin, joka on lähempänä kristinuskolle vihamielistä militanttia ateismia kuin teististä saatananpalvontaa, kuin myös esoteerisimpiin satanismin tai luciferismin muotoihin.

Vaikka ei voida ehkä väittää, että keskiajan alkemistit olivat satanisteja, niin alkemialla, yhdessä muun esoteerisen ja okkulttisen perinteen kanssa, on ollut merkittävä vaikutus nykyajan noituuden, uuspakanuuden ja satanismin kehitykseen. Mutta myös Raamatusta löytyy viisasten kiveä tai ikuisen elämän antavaa elämän eleksiiriä vastaava legenda. Raamatun kertomus ihmisen syntiinlankeemuksesta kutsuu sitä "elämän puuksi":

Ja Herra Jumala sanoi: "Katso, ihminen on tullut sellaiseksi kuin joku meistä, niin että hän tietää hyvän ja pahan. Kun ei hän nyt vain ojentaisi kättänsä ja ottaisi

---

80 Englannin kuningas Charles III edistää myös hermetismiä poliittiseksi manifestikseen kutsutussa radikaalin ympäristöaatteen kirjassaan *Harmony* (*Harmony: A New Way of Looking at Our Worl, Harper 2010, s. 120*). Samassa kirjassa hän ylistää William Blaken ja Philip Pullmannin kaltaisia kirjailijoita, jotka ovat kannattaneet gnostilaista tulkintaa Paratiisin käärmeestä, eli Raamatun Luciferista, raamatullisen tarinan sankarina ja Jumalasta sen "pahiksena." Harmony edistää myös uuspakanuutta, panteismia ja hyökkää monien tieteellisen vallankumouksen kristittyjen ajattelijoiden pakanuuden vastaista historiallista perintöä vastaan. Olen kirjoittanut Charlesin okkulttisista yhteyksistä toisessa eskatologisessa kirjassani *Joka ei ollut saapa kuninkaan arvoa – Antikristus paljastettu?* (Books on Demand, 2019), joka identifioi Charlesin tämän hetken todennäköisemmäksi kandidaatiksi Raamatun ennustaman Antikristus-hahmon virkaan.

myös elämän puusta ja söisi ja eläisi iankaikkisesti!" Niin Herra Jumala ajoi hänet pois Eedenin paratiisista viljelemään maata, josta hän oli otettu. Ja hän karkoitti ihmisen ja asetti Eedenin paratiisin itäpuolelle kerubit ynnä välkkyvän, leimuavan miekan vartioitsemaan elämän puun tietä.[81]

Tämä mystinen raamatunkohta voisi ruokkia jälleen ihmisen syntiinlankeemuksen luciferialaista väärintulkintaa. Jumala on siinä kaunainen siitä, että ihminen "on tullut sellaiseksi kuin joku meistä"[82], ja panee kerubit suojelemaan elämän puuta, ettei hän "ojentaisi kättänsä ja ottaisi myös elämän puusta ja söisi ja eläisi iankaikkisesti!" Miksi Jumala ei halunnut ihmisen saavuttavan iankaikkista elämää? Raamatun kokonaissanoma kertoo kuitenkin sen, että Jumala haluaa antaa kaikille ihmisille iankaikkisen elämän[83], mutta tätä ei voi saavuttaa ilman syntiemme sovitusta, jonka Jumala valmisti meille Poikansa Jeesuksen Kristuksen sovintoveren kautta. Todellinen elämänpuu on siis se puu, johon Herramme ristiinnaulittiin Golgatalla. Ja todellinen viisasten kivi on se "kivi, jonka rakentajat hylkäsivät, [ja] on tullut kulmakiveksi"[84] Vain tämän puun hedelmistä ja vain tämän kiven perustuksella meille tarjotaan iankaikkista elämää.

Kaikki yritykset etsiä kiertotietä iankaikkiseen elämään ovat varkaan yrityksiä tunkeutua taivaan porteista sisään ilman että häntä olisi kutsuttu juhliin, kuten Jeesus kertoi Johanneksen evankeliumin 10. luvussa. Kutsun saavat kaikki ne, jotka uskovat.

Sillä niin on Jumala maailmaa rakastanut, että hän antoi ainokaisen Poikansa, ettei yksikään, joka häneen uskoo, hukkuisi, vaan hänellä olisi iankaikkinen elämä. [85]

---

81 1. Moos. 3:22-24
82 Huom. monikkomuoto mitä on vaikea selittää muun kuin kristinuskon kolminaisuusopin valossa vaikka Jumalan kolmiyhteinen luonto ei tule Vt:ssa niin selkeästi esiin kuin se tulee Ut:ssa.
83 1. Tim. 2:4
84 Matt. 21:42
85 Joh. 3:16

Jumala pani kerubit vartioitsemaan Paratiisin elämän puun tietä armossaan ja rakkaudessaan ihmistä kohtaan, koska iankaikkinen elämä Jumalasta erossa merkitsee yhtä kuin iankaikkista kärsimystä, *helvettiä* taivaan sijasta. Alkemian tapaiset hankkeet, jotka etsivät iankaikkista elämää salatieteistä ilman Jeesuksen Kristuksen sovintouhria, ovat olleet varkaan yrityksiä päästä elämän puun lähteille. Eikä *"varas ei tule muuta kuin varastamaan ja tappamaan ja tuhoamaan. Minä olen tullut, että heillä olisi elämä ja olisi yltäkylläisyys."* [86]

Tässä kohtaa lukija kysyy, että onko sitten myös transhumanismi esimerkki modernin tieteellisen aikamme alkemiasta, missä ihminen etsii itselleen iankaikkista elämää kiertoteitse, ilman tarvetta sovittaa itseään Jumalan kanssa Hänen Poikansa sovintoveren kautta? Vastaukseni on "kyllä ja ei". Raamatussa on monia varoituksia siitä, mitä tapahtuu kun ihminen yrittää nousta taivaaseen päästäkseen Jumalan kaltaisuuteen kapinassa Häntä vastaan. Tähän sisältyy Jesaja 14. luvun kuvaus Luciferin ylpistymisestä ja syntiinlankeemuksesta, Genesiksen 3. luvun kuvaus ihmisen kielletystä uteliaisuudesta *"tietää hyvä ja paha niin kuin Jumala"*,[87] ja Genesiksen 11. luvun kuvaus Baabelin tornin hajottamisesta, kun Jumala sanoi: *"Katso, he ovat yksi kansa, ja heillä kaikilla on yksi kieli, ja tämä on heidän ensimmäinen yrityksensä. Ja nyt ei heille ole mahdotonta mikään, mitä aikovatkin tehdä."* [88]
Tässä on taas syytä muistaa, ettei Jumala hajottanut Baabelin tornia koska olisi pelännyt oman herrautensa säilymistä ihmisten yhdistyessä Häntä vastaan (yksikään luotu ei voi syöstä Jumalaa Hänen valtaistuimeltansa). Ihmisen yritykset yhdistyä kapinassaan Jumalaa vastaan, tulivat kuitenkin Hänen pelastussuunnitelmiensa väliin ja siksi Hänen täytyi astua alas ja hajottaa ihmiset eri kansoihin ja kieliin. Tämä kertoo siitä kuinka luotujen

---

86 Joh. 10:10
87 Ennen syntiinlankeemusta ihminen tunsin vain hyvän sillä Paratiisissa ei ollut pahaa. Syntiinlankeemuksen jälkeen saimme kuitenkin tiedon siitä, mikä on hyvää ja pahaa, koska oma eromme Jumalasta johti siihen, että tiedämme nyt väärien valintojemme seuraukset. Kärsimys ja pahuus täytti koko luomakunnan ihmisen kapinan johdosta.
88 1. Moos. 11:6

54

uhmakkaat yritykset nousta Luojaansa vastaan ovat olleet pelkkää paisuneen egon turhamaisuutta, koska Jumala voittaa lopulta aina. Kuten psalmisti toteaa:

Miksi pakanat pauhaavat ja kansat turhia ajattelevat? Maan kuninkaat nousevat, ruhtinaat yhdessä neuvottelevat Herraa ja hänen voideltuansa vastaan: "Katkaiskaamme heidän kahleensa, heittäkäämme päältämme heidän köytensä". Hän, joka taivaassa asuu, nauraa; Herra pilkkaa heitä. Kerran hän on puhuva heille vihassansa, peljättävä heitä hirmuisuudessaan: "Minä olen asettanut kuninkaani Siioniin, pyhälle vuorelleni".[89]

Tässä kontekstissa voimme esittää, että myös transhumanistisen liikkeen kannattajien yritykset etsiä ihmiselle Jumalan kaltaisuutta ja iankaikkista elämää, jatkavat tätä samaa jumalatonta linjaa Luciferin, Aadamin ja Nimrodin jalanjäljissä. *Mutta pakitetaampa hieman!* Mitä jos kristitty tiedemies etsii vilpittömästi keinoa sairauksien voittamiseen ja eliniän pidentämiseen solujen ikääntymisen hidastamista koskevalla lääketieteellä? Entä jos hän pyrkii tuomaan elämäntyöllään Jumalan nimelle kunniaa sen sijaan että etsisi kunniaa omalle nimellensä? Eikö kristittyjen tehtäväksi annettu juuri tämän kaltainen asia?

Ja missä kuljette, saarnatkaa ja sanokaa: 'Taivasten valtakunta on tullut lähelle'. Parantakaa sairaita, herättäkää kuolleita, puhdistakaa pitalisia, ajakaa ulos riivaajia. Lahjaksi olette saaneet, lahjaksi antakaa.[90]

Kristinopissa sairaiden parantaminen ja kuolleiden herättäminen ei kuulu vain Jumalan Pojan itsensä yksinoikeudeksi, koska Hän ja Hänen seurakuntansa ovat yhtä ja samaa ruumista, missä Kristus itse on pää ja Hänen seuraajansa tuon ruumiin jäseniä.[91] Tästä syystä Jeesus lupasi seuraajillensa, että he tekisivät jopa suurempia tekoja kuin Hän teki maanpäällä ollessaan: *"Totisesti, totisesti minä sanon teille: joka uskoo minuun, myös hän on tekevä*

---

89   Psa. 2:1-6
90   Matt. 10:7-8
91   Ef. 5:23, 30

niitä tekoja, joita minä teen, ja suurempiakin, kuin ne ovat, hän on tekevä; sillä minä menen Isän tykö." [92]

Etenkin helluntailaisissa ja karismaattisissa seurakunnissa kasvaneiden kristittyjen voi olla vaikea käsittää sitä, että tässä puhuttaisiin kristittyen tekemistä lääketieteellisistä ihmeistä, koska he ovat tottuneet ajattelemaan että kyseessä on Jumalan Pyhän Hengen vaikuttamista armolahjoista, sillä *"nämä merkit seuraavat niitä, jotka uskovat: minun nimessäni he ajavat ulos riivaajia, puhuvat uusilla kielillä".*[93] Vaikka tämä kirjailija uskoo alkuseurakunnan armolahjojen, ihmeiden ja merkkien vaikuttavan yhä tänäänkin Kristuksen seurakunnassa, tällainen ihmekeskeinen ajattelu johtaa usein vääränlaiseen vastakkainasetteluun missä ihmeet ja lääketiede nähdään toistensa vihollisina tai kilpailijoina.

Tässä ajassa on myös lukuisia esimerkkejä huijarisaarnaajista, jotka rahastavat herkkäuskoista kansaa "ihmeillään ja merkeillään" etenkin taikauskon ja noituuden kyllästämissä maissa missä tarinat ihmeparantajista saattavat upota helpommin kansan psyykeeseen kuin rationaalisimmissa länsimaissa. Ja sosiaalinen media täyttyy samalla kristittyjen välisistä kinasteluista, koskien sitä kuka on eksyttävä huijarisaarnaaja ja kuka todellisilla armolahjoilla varustettu Jumalan mies tai nainen. Vähättelemättä lainkaan myös tällaisen tehtävän tarpeellisuutta – oli kyse sitten niistä uskovista, jotka kokevat tehtäväkseen "karismaattisten eksytysten" paljastamisen tai käänteisesti Pyän Hengen aikaansaamien todellisten ihmeiden ja merkkien esillä pidon – ulkopuolinen tarkkailija usein väsyy tällaisiin kiistoihin ja alkaa seota lopulta itsekin.

Samalla vähemmälle huomiolle jää se rooli mikä kristinuskolla on ollut esimerkiksi länsimaisen lääketieteen kehityksessä. Ja ilman tämän roolin ymmärtämistä, moni kristitty saattaa alkaa demonisoimaan länsimaista lääketiedettä ja edistämään itämaisia uskomushoitoja, tai muuta "noitien lääketiedettä." Tämä ei tarkoita tietenkään sitä, etteikö länsimaista lääketiedettä voisi kritisoida myös perustellusti, esimerkiksi silloin

---

92   Joh. 14:12
93   Mark. 16:17

kun se tulee ison rahan lääketeollisuuden eturistiriitojen korruptoimaksi.[94] On kuitenkin syytä palauttaa kunniaan jälleen uskonpuhdistuksen aikakaudella vallinnut näkemys, jossa myös tiedemiehiä pidettiin Jumalan papistona, siinä missä teologeja, saarnamiehiä ja evankelistoja.

Uskonnon ja tieteen erottaminen toisistaan – joka tapahtui 1800 -luvulla John William Draperin ja Andrew Dickson Whiten kaltaisten historian väärentäjien johdosta[95] – johti myös siihen, ettei tiedemiehiä nähdä enää hyväntahtoisina tutkijoina, joiden tehtävä on ymmärtää paremmin Jumalan luomakuntaa yrityksissä löytää keinot sen kesyttämiseen ja alistamiseen ihmisen hallintavallan alle ihmisen ja *"luomakunnan vapauttamiseksi synnin turmeluksen orjuudesta Jumalan lasten kirkkauden vapauteen"* [96] Sen sijaan meidän kulttuurimme suhtautuu tiedemiehiin epäluuloisesti nähden heidät "hullun tiedemiehen" karikatyyrina, jotka silmät kiiluen tekevät mielipuolisia kokeitaan senkin uhalla, että onnistuisivat räjäyttämään koko galaksimme elektroneiksi (*"Heureka! Löysin Higgsin 'jumalhiukkasen!'"*, kuului erään tiedemiehen viimeiset sanat, kun alkuräjähdyksen olosuhteita tutkivaan CERN:in hiukkaskiihdyttimeen lisättiin hieman lisää tehoja).

---

94 Yhdysvaltain 47. presidentiksi valitun Donald Trumpin poliittinen liittolainen ja entinen demokraatti Robert F. Kennedy, John F. Kennedyn veljenpoika, on puhunut tästä ja pyrkii kitkemään suuren rahan lääketeollisuuden korruption jos hänen valintansa Yhdysvaltain terveysministeriksi hyväksytään maan kongressissa. Itse pidän tätä positiivisena asiana. Juuri mammonan korruptoima lääketiede johtaa siihen, että ihmiset menettävät luottonsa lääketieteeseen ja hakeutuvat erilaisten uskomushoitojen piiriin.

95 Nykypäivän tieteenhistorioitsijat ovat jo suurelta osin hylänneet tämän vanhentuneen ja virheellisen mallin tieteen ja uskonnon välisestä historiallisesta sodasta ja vastakkainasettelusta. James Hannam, Edward Grant, David Lindberg, Ronald Numbers, ym. korostavat, että kristillinen kirkko, erityisesti keskiaikaiset yliopistot, loi monin tavoin perustan tieteelliselle vallankumoukselle. Ks. luku 2.

96 Room. 8:21, katso luku 8

Ja ehkäpä tämä epäluulo on toisinaan myös oikeutettua, sillä syy ei ole vain maallikoissa vaan myös niissä tiedemiehissä, jotka ovat unohtaneet ammattinsa kristillisen alkuperän, eivätkä etsi Jumalan kunniaa ja ihmiskunnan parasta. Kristillisestä perspektiivistä kaikki lahjamme ovat kuitenkin Jumalan armolahjaa. Oma työni kirjailijana ja Raamatun profetioiden selittäjänä, on Jumalan armolahjaa. Muusikon luovuus on Jumalan armolahjaa kuin myös tiedemiehen nerous Jumalan luomakunnan ihmeiden tutkimisessa ja ymmärtämisessä. Omalle vastuullemme jää käyttää näitä lahjojamme oikein Luojamme kunniaksi ja lähimmäistemme siunaukseksi.

Ymmärrystämme ihmeistä tulisi myös laajentaa, koska ihme voi olla sekä luonnollista että yliluonnollista. Lapsen syntymä on ihme vaikka se on varsin luonnollinen tapahtuma. Psalmisti vahvistaa tämän ajatuksen, kun hän toteaa: *"Minä kiitän sinua siitä, että olen tehty ylen ihmeellisesti; ihmeelliset ovat sinun tekosi, sen minun sieluni kyllä tietää."* [97] Ja mitä ylipäätään edes tarkoittaa *yliluonnollinen?* Onko se jotain, joka on luonnollisen vastakohta, vai jotain mitä luonnollinen mielemme ei ole vielä käsittänyt nykyisellä ymmärryskyvyllään, ja metodologiseen naturalismiin perustuvalla tieteellä, joka pyrkii selittämään ja testaamaan tieteellisiä teorioita, hypoteeseja ja empiirisiä koetuloksia vain luonnollisiin syihin ja tapahtumiin viitaten, sulkien siten kaikki ei-naturalistiset tai yliluonnolliset selitykset jo lähtökohtaisesti näiden mallien ulkopuolelle? Jos naturalisti olisi todistanut Punaisenmeren kahtiajakoa, hän olisi pyrkinyt ymmärtämään kaikkia niitä luonnollisia mekanismeja, jotka saivat aikaan tämän ilmiön, sillä naturalisti ei voi hyväksyä selitykseksi selittämätöntä. [98]

Voidaan myös väittää, että jokin mikä oli ennen yliluonnollista, on tänään luonnollista, ja jokin mikä on tänään yliluonnollista, olisi tulevaisuudessa luonnollista. Jos voisimme rakentaa

---

97 Psa. 139:14
98 Tosin ironista kyllä, mutta naturalistisen tieteen alkuperä on juuri kristinuskon ja Raamatun opetuksissa, joka kehottaa ymmärtämään paremmin todellisuutta ja Jumalan olemusta luonnollista maailmaamme tutkimalla. Ks. luku 2 tieteellisen vallankumouksen kristillisestä alkuperästä.

aikakoneen ja matkustaa ajassa taaksepäin, niin keskiajan inkvi-siittorit polttaisivat meidät roviolla noituudesta syytettynä, kun näyttäisimme heille puhuvia chatbotteja, ääni- ja videopuheluita, tai muita nykyaikamme teknologisia ihmeitä. Samoin jos matkus-taisimme ajassa eteenpäin, suumme voisi loksahtaa auki tule-vaisuuden ihmisten teknologisesta ylivertaisuudesta, jonka rinnalla nykyinen maailmamme näyttäisi kenties varsin primi-tiiviseltä takapajulalta. Brittiläinen tieteiskirjailija Arthur C. Clark (1917 – 2008) löysi tälle ilmiölle kolme seuraavaa lakia:

1. Kun arvostettu mutta iäkäs tiedemies toteaa, että jokin on mahdollista, hän on lähes varmasti oikeassa. Kun hän toteaa, että jokin on mahdotonta, hän on hyvin todennäköisesti väärässä.

2. Ainoa tapa löytää mahdollisen rajat on uskaltautua hieman niiden yli mah-dottomaan.

3. Mikä tahansa riittävän kehittynyt teknologia on erottamaton taikuudesta.[99]

Näiden kolmen lain valossa olisi kovin hätiköityä päätyä esi-merkiksi sellaiseen toteamukseen, ettei ihminen voisi saavuttaa koskaan kuolemattomuutta lääketieteen ja teknologian keinoin omalla ihmisviisaudellaan. Vaikka täydellinen kuolemattomuus kuuluu tällä hetkellä yhä tieteistarun eikä tieteistodellisuuden ai-hepiiriin, jotkin nykypäivän tiedemiehet uskovat jo vakavissaan, että vuosituhannen vaihteessa syntynyt sukupolvi saattaa olla en-simmäinen sukupolvi, joka saavuttaisi satojen vuosien eliniän, eli vedenpaisumusta edeltäneiden Raamatun ensimmäisten pat-riarkkojen eliniät.[100] Kysyin tätä asiaa ChatGPT:ltä:

Ihmisen ikääntymisen hidastaminen tai jopa kuoleman pysäyttäminen on ollut tieteellinen tavoite, joka vielä joitain vuosikymmeniä sitten vaikutti lähinnä utopialta tai tieteiskirjallisuuden aiheelta. Nykyään tutkimus tällä alalla on kuitenkin edennyt merkittävästi, ja anti-aging-lääketiede sekä ikääntymisen

---

99 Clarke's three laws - Wikipedia
100 1. Moos. 5.

biologia ovat saaneet lisää vakavasti otettavaa tieteellistä huomiota. Tämän kehityksen myötä rajapinta todellisuuden ja tieteisfiktion välillä on hämärtynyt, mutta samalla realistiset tavoitteet ja mahdolliset tulevaisuuden skenaariot alkavat hahmottua.

Ikääntymisen biologia ja sen mekanismit.

Ikääntymistä pidetään monien tutkijoiden mukaan eräänlaisena biologisena "ohjelmointivirheenä", eli seurauksena kehon solutason vahingoista, joita ei korjata riittävän tehokkaasti. Keskeisiä ikääntymiseen liittyviä biologisia prosesseja ovat esimerkiksi:

1. Telomeerien lyheneminen: Solujen jakautumisen myötä DNA:n suojaavat osat, telomeerit, lyhenevät, kunnes solu lakkaa toimimasta tai jakautumasta (solujen vanheneminen eli senesenssi).

2. Soluvaurioiden kertymä: DNA-vauriot, proteiinien väärinlaskostuminen ja mitokondrioiden toimintahäiriöt lisääntyvät ajan myötä.

3. Tulehdus ja immuunijärjestelmän heikkeneminen: Krooninen tulehdus (inflammaging) ja immuunijärjestelmän rappeutuminen altistavat kehoa sairauksille. Metabolinen epätasapaino: Solujen energian tuotannon ja aineenvaihdunnan häiriöt edistävät ikääntymistä.

Nykyiset tutkimussuunnat.

Ikääntymisen pysäyttäminen tai hidastaminen ei tarkoita vain yksittäisten sairauksien, kuten syövän tai sydän- ja verisuonitautien, hoitamista, vaan itse ikääntymisprosessin kohdentamista. Tärkeimpiä nykyisiä tutkimussuuntia ovat:

1. Telomeerien ylläpito: Telomeraasi-nimisen entsyymin aktivointi voisi pidentää telomeerejä ja hidastaa solujen vanhenemista. Kokeiluja on tehty erityisesti eläimillä, mutta ihmisen kohdalla tämä on vielä alkuvaiheessa.

2. Soluhoidot ja uudistava lääketiede: Stammisoluterapioiden avulla pyritään korvaamaan ikääntyneitä soluja uusilla ja toimivilla soluilla. Samalla tutkitaan senolyyttisiä lääkkeitä, jotka poistavat kehosta vanhentuneita soluja, jotka muutoin aiheuttavat tulehdusta ja haittaa ympäristölleen.

3. Rapamysiini ja muut lääkeaineet: Tietyt lääkkeet, kuten rapamysiini, metformiini ja NAD+-tehostajat, ovat osoittaneet kykyä pidentää elinikää eläinkokeissa ja osittain ihmisillä. Näiden vaikutus perustuu muun muassa solujen stressinkestokyvyn parantamiseen ja energian aineenvaihdunnan optimointiin.

4. CRISPR-geenieditointi: Geenieditoinnilla pyritään korjaamaan solujen DNA-

vaurioita ja jopa "uudelleenohjelmoimaan" soluja terveempään tilaan.

5. Reprogramming-teknologia: Tutkijat, kuten Shinya Yamanaka, ovat osoittaneet, että solut voidaan palauttaa nuorempaan tilaan Yamanaka-tekijöiden avulla. Tavoitteena on käyttää tätä teknologiaa ikääntymisen peruuttamiseen ilman syöpäkasvainten riskiä.

6. Elintavat ja ravinto: Vaikka tämä ei kuulosta tieteisfiktiolta, ruokavalio (kuten kalorirajoitus) ja liikunta ovat edelleen keskeisiä osatekijöitä, koska ne vaikuttavat kehon biologiaan monilla tasoilla, erityisesti aineenvaihdunnan ja tulehduksen osalta.

Todellisuuden ja utopian rajapinta.

Tieteistodellisuus. Eläinkokeet ovat jo osoittaneet, että elinikää voidaan pidentää merkittävästi esimerkiksi geneettisillä interventioilla tai lääkehoidolla. Rapamysiini on pidentänyt hiirten elinikää jopa 25 %, ja jotkut geeni-interventiot ovat tuottaneet vielä suurempia tuloksia. Tietyt hoidot, kuten NAD+-tehostajat ja senolyyttiset lääkkeet, ovat jo kliinisissä kokeissa ja näyttävät lupaavia merkkejä ikääntymiseen liittyvien sairauksien hidastamisessa. Käytännön sovellukset ihmisillä, kuten sairauksien ehkäisy ikääntymistä hillitsemällä, ovat todennäköisiä 10–20 vuoden aikajänteellä.

Tieteisfiktio tai utopia. Kuolemattomuus: Vaikka ikääntymisen hidastaminen on mahdollista, kuolemattomuus nykyteknologialla on erittäin kaukainen tavoite. Biologisia, geneettisiä ja ympäristöllisiä tekijöitä on niin paljon, että täydellinen kuoleman voittaminen vaikuttaa epätodennäköiseltä. Tietoisuuden siirto: Ideat kuten mielen siirtäminen digitaaliseen muotoon ovat toistaiseksi puhtaasti spekulatiivisia ja edellyttävät ymmärrystä ihmismielen ja tietoisuuden mekanismeista, joita emme vielä hallitse. Täydellinen ikääntymisen peruuttaminen: Vaikka solutasolla tämä saattaa olla mahdollista, monimutkaiset vaikutukset koko organismiin tekevät siitä erittäin haastavaa.

Eettiset ja filosofiset kysymykset.

Ikääntymisen hidastamiseen liittyy myös laaja joukko eettisiä ja filosofisia kysymyksiä: Kenelle hoidot ovat saatavilla? Voivatko vain varakkaat hyötyä näistä läpimurroista, mikä kasvattaisi eriarvoisuutta? Väestönkasvu: Mitä tapahtuu, jos kuolleisuus vähenee dramaattisesti? Onko maapallo valmis kestämään väestön kasvua, jos ihmiset elävät satoja vuosia? Ihmisen olemus: Mitä tarkoittaa olla ihminen, jos kuolema ei enää ole osa elämäämme? Voisiko kuolemattomuus tehdä elämästä merkityksettömämpää?

61

Yhteenveto. Ikääntymisen hidastaminen on muuttunut utopiasta vakavasti otettavaksi tieteelliseksi tavoitteeksi. Vaikka teknologiset ja biologiset ratkaisut ovat lupaavia, suurin osa tutkimuksesta on vielä alkuvaiheessa. Kuolemattomuus saattaa pysyä tieteisfiktiona, mutta pitkän ja terveellisen elämän saavuttaminen on jo tieteellisesti realistinen tavoite. Tämän edistymisen rinnalla on kuitenkin ratkaistava monimutkaisia eettisiä ja yhteiskunnallisia kysymyksiä, jotta tulevaisuuden läpimurrot hyödyttävät koko ihmiskuntaa.

Toisessa vastauksessaan, tekoäly kertoi että *"ajatus siitä, että nykyajan ihmiset voisivat tulevaisuudessa elää raamatullisten patriarkkojen, kuten Nooan tai Metusalahin, elinikää vastaavia satoja vuosia, on kiehtova ja ei enää täysin mahdoton tieteellisen kehityksen valossa."* Ja että vaikka *"jotkut optimistiset tutkijat, kuten Aubrey de Grey, uskovat jopa, että ensimmäinen 1 000 vuotta elävä ihminen saattaa olla jo syntynyt... Metusalahin lukemiin yltäminen edellyttäisi mullistavia läpimurtoja, joita ei toistaiseksi voida taata. Kokonaisuutena on realistista odottaa, että vuosituhannen vaihteessa syntyneet ihmiset voivat elää jopa 120–150 vuotta terveinä, mutta satojen vuosien elinikä on edelleen toistaiseksi tieteisfiktion ja utopian rajamailla. Tulevaisuuden teknologia voi kuitenkin tehdä tästä tavoitteesta yllättävänkin realistisen."*

On myös hyvin todennäköistä, että tekoälyn soveltaminen lääketieteeseen tulee kiihdyttämään tätä kehitystä kohti uusia lääketieteellisiä läpimurtoja, joka voisi mahdollistaa hyvinkin sen, että keskuuteemme on syntynyt jo ensimmäinen "Metusalah" (Raamatun Metusalah eli 969 vuotta). Jos nykyajan tiedemiesten puheet alkavat kuulostaa yhä enemmän "raamatulliselta fiktiolta", niin ehkäpä se Raamattu ei ole fiktiota laisinkaan vaan todellista historiaa ja profetiaa ihmiskunnan tulevaisuudesta. Pyhä-Kirjamme ei kerro vain sitä, että ihmiset elivät satojen vuosien ajan sivilisaation historian ensimmäisen kahden vuosituhannen ajan[101], vaan myös sen, että tämä tulee toistumaan Kristuksen paluuta seuraavan tuhatvuotisen rauhanvaltakunnan aikana.

---

101 Myös sekulaari historiantutkimus vahvistaa sen, että sivilisaation historia palaa suunnilleen yhtä kauaksi menneisyyteen kuin Genesiksen tarina ihmisen luomisesta ja ensimmäisistä kaupunkivaltioista, eli noin neljän tuhannen vuoden taakse eKr.

Jesajan messiaaninen profetia tästä Maan *kultaisesta aikakaudesta* ennustaa:

Ei siellä ole enää lasta, joka eläisi vain muutaman päivän, ei vanhusta, joka ei täyttäisi päiviensä määrää; sillä nuorin kuolee satavuotiaana, ja vasta satavuotiaana synnintekijä joutuu kiroukseen.[102]

Kysymykseni "tieteeseen uskoville" ateisteille on tämä: jos tämä osa Raamatun tulevaisuutta koskevista ennustuksista on tulossa *kirjaimellisesti* toteen – mihin myös Yuval Noah Hararin kaltainen maailmankuulu ateisti uskoo –, niin miksipä muut tulevaisuuttamme koskevat Raamatun ennustukset eivät tulisi yhtä kirjaimellisesti toteen, kuten profetiat Jerusalemin kolmannen temppelin rakentamisesta[103], Antikristuksen dystopisesta valtakaudesta, Harmageddonin sodasta ja Jeesuksen toisesta tulemuksesta?

Tästä pääsemmekin seuraavassa luvussa raamatullisen eskatologian aihepiiriin, joka vastaa paremmin omaa osaamisaluettani kuin "telomeraasi-entsyymien aktivointi" (kiitos tekoälyn, että osaan edes kirjoittaa sen oikein). Siinä pääsen rehentelemään

---

102 Jes. 65:20
103 Esimerkkejä kolmannen temppelin ennustavista profetioista ovat mm. Jesaja 2:3, Daniel 11:31, Matt. 24:15, 2. Tess. 2:4, Ilm. 11:2. Raamatun profetioita innokkaasti tutkinut Isaac Newton uskoi jo 1700 -luvun alussa, että juutalaiset palaisivat kirjaimellisesti Israelin maahan, Israelin valtio syntyisi uudelleen ja kolmas temppeli rakennettaisiin Jerusalemin Temppelivuorelle. Näitä Newtonin eskatologisia tekstejä säilytetään tänään Israelin kansallisessa kirjastossa Jerusalemissa. Pidän täysin mahdollisena sitä, että presidentti Trump tulisi olemaan avainroolissa Jerusalemin kolmannen temppelin jälleenperustamisessa. Katso blogini marraskuulta 2024: Yhdysvaltain 47. Presidentiksi uudelleenvalitun Donald Trumpin nimittämät hallituksen virkailijat vahvistavat jo yli seitsemän vuoden ajan tukemaani teoriaa siitä, että Trump saattaisi valtuuttaa Jerusalemin kolmannen temppelin perustamisen. | The British Monarchy & King Charles III in Bible Prophecy?

omalla erikoissanastollani, kuten *premillanialismi, postmilla-nialismi, dispensationalismi, futurismi, historisismi, pre-tribula-tionismi,* jne. Älä lannistu jos et ymmärtänyt sanaakaan. Ehkäpä kuulut sukupolveen, jolla on aikaa päntätä niitä vuosisatojen ajan vanhan ja viisaan Metusalahin oppipoikana.

Luku IV

Jumalan leikkimistä ihmistekoisessa Paratiisissa?

Edellisissä luvuissa olemme käsitelleet transhumanistiseen liikkeeseen liittyvää kuolemattomuuden tai pidennetyn eliniän ja biologisten rajojemme ylittämisen ideaa, joka mahdollistaisi ihmisrodun päivittämisen "ihmisluonnon yli" mistä termi *trans*humanismi on johdettu. Posthumanismi eli "ihmisen jälkeisyys" tulisi nähdä transhumanismiin nähden vastakkaisena filosofiana, koska se on perusoletuksiltaan ihmisyyden vastainen kun taas transhumanismi on ihmisyydelle myönteinen ja ihmiskeskeinen filosofia.[104] Vaikka transhumanismin alkuperä liitetään usein brittiläiseen eugenistiin Julian Huxleyhyn, joka popularisoi termin vuoden 1957 esseessään[105] (vuosi sen jälkeen kun te-

---

104 Katso luku 2
105 Transhumanism - Wikipedia

65

koälystä tuli akateeminen tieteellinen tutkimuskohde), niin todellisuudessa voimme jäljittää sen alkuperän paljon varhaisempaan Euroopan intellektualliseen historiaan.

Termi esiintyy ensimmäistä kertaa jo keskiajalla Danten *Jumalaisessa näytelmässä*, läntisen kirjallisuuden yhdessä suurimmassa mestariteoksessa. Monia 1500-1600 -lukujen tieteellisen vallankumouksen isiä voidaan pitää myös eräänlaisina prototranshumanisteina, ja eräät 1800 -luvun merkittävimmät venäläiset kirjailijat kannattivat myös transhumanistisia ajatuksia.[106] Ilman tämän varhaisemman historian tunnistamista (johon palaan kirjassani myöhemmin), voisimme sortua helposti siihen virheajatukseen, että transhumanismin juuret ovat yksinomaan Julian Huxleyn kaltaisissa darwinisteissa ja eugenisteissa. Tämä eugenistinen yhteys assosioisi sen ideat lähemmäksi uuspakanallisen Natsi-Saksan *Herrenmenschen* -oppiin, eli herrarodun konseptiin missä ei-arjalaiset kansanryhmät ja yksilöt, etenkin juutalaiset, nähtiin ali-ihmisinä, ja ihmisen geneettisen perimän parantelua pidettiin uskonnollisena velvollisuutena ihmisen evoluution kiihdyttämiseksi.[107]

Transhumanismi voidaan nähdä myös renessanssin ajan Euroopassa nousseen *klassisen humanismin* – erotuksena 1900 -luvun *sekulaarista* humanismista – perilliseksi, sillä molemmat ovat raamatulliseen *Imago Dei* -konseptiin perustuvia maailmankatsomuksia ihmisen erityisasemasta ja erityisarvosta, jolle Jumala antoi pyhän tehtävän luomakunnan hallitsemiseksi ja sen alistamiseksi ihmisen hallintavallan alle. Tässä historiallisessa kontekstissa myös transhumanismi voidaan nähdä juutalaiskristillisen uskon perilliseksi, kun taas posthumanismin filosofiset juuret on sitä vastoin pakanallisissa ja darvinistisissa perinteissä, jotka kieltävät ihmisen erityisarvon.

Vaikka useimmat kristityt eivät kieltäisi raamatullista oppia ihmisen erityisarvosta ja erityisasemasta, monet heistä saattavat vieroksua ajatusta geneettisen perimämme parantelusta, koska

---

106 Katso luku 9.

107 Ensimmäisessä kymmenen vuoden takaisessa eskatologisessa kirjassani tein juuri tämän virheen ja painotin ainoastaan transhumanismin eugenistisia yhteyksiä sivuuttaen kokonaan sen kristillisen historian.

"ihmisellä ei ole lupa leikkiä Jumalaa". Osa kristityistä saattaa jopa assosioida sen Raamatun kertomuksiin *nefilimeistä*,[108] eli jättiläisistä, jotka syntyivät maanpäälle *"kun Jumalan pojat yhtyivät ihmisten tyttäriin ja nämä synnyttivät heille lapsia; nämä olivat noita muinaisajan kuuluisia sankareita."*[109] Vaikka transhumanismi perustuu moniin kristillisiin perusoletuksiin, sitä voitaisiin kritisoida myös *ihmiskeskeiseksi* eskatologiaksi *Kristus-keskeisen* eskatologian vastakohtana.

Kuten totesin kirjani luvussa 2, kristinuskon sanoma on siinä, että Jumala tuli ihmiseksi, ei siinä että ihminen tulisi Jumalaksi (vaikka myös jälkimmäinen ajatus voidaan johtaa raamatullisesta Kristologiasta koska meitä kutsutaan imitoimaan Jumalan täydellisyyttä ja liittymään osaksi Hänen olemustaan). Eikä ihminen itse anna itsellensä iankaikkista elämää ja kuolemattomuutta vaan Jeesus Kristus antaa sen meille, kun Hän antoi henkensä meidän puolestamme, että meillä voisi olla iankaikkinen elämä. Moni kristitty ymmärtää tässä kohtaa, ettei iankaikkinen elämä tarkoita kristinuskossa ikuista nuoruutta tai maallisen ruumiimme kuolemattomuutta, mihin keskiajan alkemistit pyrkivät, vaan iankaikkista elämää Jumalan yhteydessä taivaassa.

Kristilliseen pelastusoppiin sisältyy kuitenkin myös ajatus ruumiidemme ylösnousemuksesta ja muuttumisesta Jumalan lasten kirkkauteen. Lainaan Paavalin opetusta:

Mutta jos Kristuksesta saarnataan, että hän on noussut kuolleista, kuinka muutamat teistä saattavat sanoa, ettei kuolleitten ylösnousemusta ole? Vaan jos ei ole kuolleitten ylösnousemusta, ei Kristuskaan ole noussut. Mutta jos Kristus ei ole noussut kuolleista, turha on silloin meidän saarnamme, turha myös teidän uskonne; ja silloin meidät myös havaitaan vääriksi Jumalan todistajiksi, koska olemme todistaneet Jumalaa vastaan, että hän on herättänyt Kristuksen, jota hän ei ole herättänyt, jos kerran kuolleita ei herätetä... Mutta nytpä Kristus on

108 Joidenkin teorioiden mukaan vedenpaisumusta edeltänyt sivilisaatio oli teknologisesti yhtä pitkällä kehityksessä kuin meidän aikamme sukupolvi ja kykeni luomaan geneettisiä mutaatioita, joista nämä muinaisajan jättiläiset olisivat syntyneet.

109 1. Moos. 6:4

noussut kuolleista, esikoisena kuoloon nukkuneista. Sillä koska kuolema on tullut ihmisen kautta, niin on myöskin kuolleitten ylösnousemus tullut ihmisen kautta. Sillä niinkuin kaikki kuolevat Aadamissa, niin myös kaikki tehdään eläviksi Kristuksessa, mutta jokainen vuorollaan: esikoisena Kristus, sitten Kristuksen omat hänen tulemuksessaan; sitten tulee loppu, kun hän antaa valtakunnan Jumalan ja Isän haltuun, kukistettuaan kaiken hallituksen ja kaiken vallan ja voiman...

Katso, minä sanon teille salaisuuden: emme kaikki kuolemaan nuku, mutta kaikki me muutumme, yhtäkkiä, silmänräpäyksessä, viimeisen pasunan soidessa; sillä pasuna soi, ja kuolleet nousevat katoamattomina, ja me muutumme. Sillä tämän katoavaisen pitää pukeutuman katoamattomuuteen, ja tämän kuolevaisen pitää pukeutuman kuolemattomuuteen. Mutta kun tämä katoavainen pukeutuu katoamattomuuteen ja tämä kuolevainen pukeutuu kuolemattomuuteen, silloin toteutuu se sana, joka on kirjoitettu: "Kuolema on nielty ja voitto saatu". "Kuolema, missä on sinun voittosi? Kuolema, missä on sinun otasi?"[110]

On totta, että jos tätä ja muita vastaavia raamatunkohtia tulkitaan kirjaimellisesti, kristityt saavat iankaikkisen ylösnouse-musruumiin "silmänräpäyksessä" jumalallisen ihmeen ai-kaansaamana, samaan tapaan kuin Jeesus Kristus puettiin kir-kastettuun ruumiiseensa haudasta noustessaan. Vaatisi aikamoista mielikuvitusta jos johdamme näistä profetioista sen ajatuksen, että Paavali viittasi tässä transhumanistiseen konseptiin missä kristityt saavuttavat ruumiillisen kuolemattomuuden asteittaisella geneettisellä parantelulla, syväjäädytyksillä, tietoisuutemme la-taamisella "pilveen" tai kyborgiin, ym. tieteiskirjallisuudesta tutuilla villeillä konsepteilla futuristisessa cyberpunk-tulevaisuu-dessamme.

Tällaiset konseptit ovat sitä paitsi yhä pelkkää tieteistarua, ja vaikka tieteistaru on usein huomispäivän todellisuutta, yritän pitää tämän kirjan aiheet realismin rajoissa. Mutta kuten totesin jo edellisessä luvussa, on virhe nähdä ihmeet ja lääketiede toistensa vihollisina tai kilpailijoina. Jumala toimii sekä ihmeiden että lääketieteen keinoin. Samalla tapaa on virhe sortua tällaiseen joko-tai ajatteluun koskien Jumalan pelastussuunnitelman yli-luonnollisia ja luonnollisia ihmeitä. Jumalan kuviksi luotuina olentoina, ihmisille on annettu valtuudet ei vain yliluonnollisiin

---

110 1. Kor. 15:12-24, 51-55

vaan myös luonnollisiin ihmeisiin tieteen, teknologian ja lääketieteen kautta. Voimme siis uskoa sekä yliluonnollisiin ihmeisiin – kuten ruumiidemme ylösnousemukseen silmänräpäyksessä – että luonnollisiin ihmeisiin, kuten tulevaisuutemme tieteistarulta kuulostavaan teknologiseen ylivertaisuuteen ja taianomaiseen lääketieteeseen. Kuten Arthur C. Clark totesi:

Mikä tahansa riittävän kehittynyt teknologia on erottamaton taikuudesta.

Tällainen näkökulma tulee kuitenkin harvemmin esille muiden eskatologisten kirjailijoiden teksteissä missä teknologiset edistysaskeleemme tekoälyn, geenimuokkauksen tai nanoteknologian saralla, nähdään useammin negatiivisessa valossa, tai se assosioidaan yksinomaan Ilmestyskirjan 13. luvun profetioihin tulevaisuuden orwellilaisesta yhteiskunnasta koko maailmaa hallitsevan pedon kaikkinäkevän silmän alaisuudessa. Vaikka en nyt kiellä tällaisten teknologioiden mahdollista yhteyttä Ilmestyskirjan profetioiden mahdollistajana, tämän kirjan sanoma painottuu teknologian myönteiseen puoleen, sillä viimevuosikymmenien kristillinen eskatologia on edistänyt usein eräänlaista *teknofobiaa* missä ihmisen teknologisia innovaatioita ja läpimurtoja pelätään, tai niistä nähdään vain niiden kielteiset puolet muttei niiden myönteisiä puolia.

Ihmisillä on luonnostaan taipumus usein mustavalkoiseen ajatteluun, eikä moni näytä ymmärtävän sitä, että teknologia on pelkkä *työkalu*, jota voidaan käyttää sekä hyvän että pahan instrumenttina. Historian alkuhämäristä lähtien ihmisillä on ollut myös taipumus etsiä syntipukkeja maailmassa olevaan pahaan, ja joskus se löydetään ihmisryhmistä tai yksilöistä, ja joskus ihmisen teknologisista keksinnöistä (jo Gutenbergin painokonetta, joka mahdollisti Jumalan Sanan massalevityksen, pidettiin keskiajalla "paholaisen keksintönä."). Mutta jos ihmiskunta onnistuisi tuhoamaan itsensä ydinaseilla, niin onko Albert Einstein tähän syyllinen vai ihmisen viha toista Jumalan kuvaksi luotua veljeään vastaan? Tasapainoista teknologiakritiikkiä toki tarvitaan, sillä juuri se johtaa meidät uusiin innovaatioihin keksimään entistä parempia tuotteita ja palveluita.

Itse esimerkiksi odotan jo innolla sitä aikaa kun ihmiset pääsevät eroon puhelinriippuvuudestaan. Mutta en odota aikaa missä he palaisivat esiteollisiin maaseutuyhteisöihinsä lukemaan sanomalehtiä ruudun tuijottamisen sijasta. Odotan paremminkin holograafista meta-tulevaisuutta, missä digitaaliset kaksiulotteiset näytöt vaihtuvat kolmiulotteiseksi metatodellisuudeksi missä nuo näytöt ovat osa luonnollista ympäristöämme (eikä tuollainen aika ole enää vuosikymmenien vaan *vuosien* päässä todellisuudesta).[111]

Jos joku ihmisyksilö haluaa paeta nykypäivän yliteknologista aikaa kesyttämättömään erämaahan, meidän tulisi kunnioittaa tuollaista päätöstä, samalla tapaa kuin keskiajan yhteiskunta kunnioitti luostareihin vetäytyviä munkkeja. Mutta emme voi kuitenkaan kääntää historian kelloa taaksepäin enkä usko, että tuollainen "kellojen siirto" olisi edes toivottavaa, sillä se johtaisi todennäköisesti miljardien ihmisten kuolemaan, sillä esiteollista maailmaa ei suunniteltu miljardien ihmisten elämän kannatteluun. Vain moderni teollinen aikamme on mahdollistanut pidemmän eliniän ja yläkylläisemmän elämän miljardeille ihmisille, minkä menneisyyttä romantisoiva modernin maailman vastaisuus jättää usein huomiotta. Mutta yrittääkö ihminen leikkiä Jumalaa ja rakentaa antropogeenista[112] Paratiisia maanpäälle, jossa ei ole enää kuolemaa eikä sairauksia? Eikö meidän tulisi luovuttaa Paratiisien luominen Jumalan itsensä käsiin? Historia osoittaa, että tällaiset hankkeet ovat päätyneet usein katastrofiin sillä *"tie helvettiin on kivetty hyvillä aikomuksilla."*

"Ihminen leikkii Jumalaa!" Olet saattanut kuulla tämän ar-

---

111 Tämä mahdollistaa niin sanotut lisätyn todellisuuden AR-lasit, joita Facebook ja muut Piilaakson teknologiajätit ovat kehitelleet jo vuosikausia ja inventoineet niiden kehitykseen miljardeja dollareita. Facebookin perustanut Mark Zuckerberg on jo esitellyt näitä lasejaan, jotka eivät ulkomuodostaan eroa juuri tavallisista kauko- tai lähilaseista, mutta joiden kautta maailma avautuu aivan uuden ulottuvuuden silmin, jossa digitaalinen maailma sekoittuu yhteen luonnollisen maailman kanssa.

112 Antropogeeninen tarkoittaa ihmistekoista eli keinotekoista.

gumentin usein ennenkin. Valitettavan moni kristittykin saattaa toistella tätä argumenttia ymmärtämättä, ettei se ole Raamatusta johdettu argumentti, koska Raamattu nimenomaan kehottaa meitä "leikkimään Jumalaa":

Olkaa siis te täydelliset, niinkuin teidän taivaallinen Isänne täydellinen on.[113]

Ottakaa minun ikeeni päällenne ja oppikaa minusta, sillä minä olen hiljainen ja nöyrä sydämeltä; niin te löydätte levon sielullenne.[114]

Sillä minä annoin teille esikuvan, että myös te niin tekisitte, kuin minä olen teille tehnyt.[115]

Raamatullinen "Jumalan leikkiminen" ei tarkoita tietenkään Hänen jäljittelyään röyhkeydessä, tai Hänen asetustensa hylkäämistä tai luomistöidensä korruptointia. Tällainen ei ole Jumalan jäljittelyä vaan kapinaa Häntä vastaan. Kun se tulee lääketieteeseen, niin Jumala ei ole antanut ihmiselle lupaa raskauden keskeytykseen, joka riistää syntymättömän lapsen elämän, eikä Hän ole antanut lupaa myöskään sukupuoli-identiteetin häiriöistä johtuviin hormonihoitoihin tai sukupuolenkorjausleikkauksiin. Tällaiset toimet ovat viidettä käskyä vastaan, kuin myös neljättä käskyä vastaan, sillä Jumala on määrännyt jokaiselle ihmiselle hänen XY tai XX -kromosomeihin perustuvan binäärisen sukupuolensa jo äitimme kohdussa (ellei kyse ole harvinaisista geneettisistä poikkeavuuksista).[116]

Ajatus siitä, että ihminen "leikkii Jumalaa" tutkiessaan Hänen luomakuntaansa, on pakanuudesta johdettu argumentti, jota

---

113 Matt. 5:48

114 Matt. 11:29

115 Joh. 13:15

116 "Ja Jumala loi ihmisen omaksi kuvaksensa, Jumalan kuvaksi hän hänet loi; *mieheksi ja naiseksi hän loi heidät.*" (1. Moos. 1:27) : "Ettekö ole lukeneet, että Luoja jo alussa 'loi heidät *mieheksi ja naiseksi*'" (Matt. 19:4)

käytetään usein luomakunnan hallitsemisen tehtävää vastaan.[117] Uuspakanuus hylkää nimittäin raamatullisen ihmiskuvan Jumalan kuvaksi luodusta ihmisestä, jolle annettiin hallintavalta Maan ylitse. Näin ollen aina kun ihminen käyttää omaa järkeään ja Jumalan hänelle antamaa viisautta ymmärtääkseen paremmin Jumalan luomistöitä, ja soveltaa tuota ymmärrystään luomakunnan *parantamiseen*, uuspakanat (luontoa jumalallistavassa vihreässä liikkeessä) sanovat sen olevan Jumalan leikkimistä. Tämä tunteisiin vetoava argumentti saattaa harhauttaa myös monia vilpittömiä kristittyjä.

Tässä kohtaa moni kristitty sanoo, että miksi luomakuntaa tulisi parantaa? Eikö Raamattu sano, että kaikki Jumalan luoma oli "sangen hyvää?"[118]Alkujaan asia oli kyllä näin, mutta ihmisen syntiinlankeemus turmeli ja korruptoi myös muun luomakunnan:

Ja Aadamille hän sanoi: "Koska kuulit vaimoasi ja söit puusta, josta minä kielsin sinua sanoen: 'Älä syö siitä', niin **kirottu olkoon maa sinun tähtesi.** Vaivaa nähden sinun pitää elättämän itseäsi siitä koko elinaikasi.[119]

...koska itse **luomakuntakin on tuleva vapautetuksi turmeluksen orjuudesta** Jumalan lasten kirkkauden vapauteen.[120]

Jos Raamattu kertoo ihmisten olevan Jumalaan nähden samassa asemassa kuin lapset ovat isäänsä, niin suuttuisiko isä siitä jos hänen lapsensa haluavat "leikkiä isää"? Isä saattaa kyllä suuttua silloin jos lapsi kuvittelee, että hän tietää ja ymmärtää maailmasta yhtä paljon kuin isäkin, ja menee hajottamaan kömpelyyttään isän tekemiä töitä. Tästä syystä "Jumalan leikkiminen" tulisi tapahtua aina *episteemisessä nöyryydessä*, josta kirjoitin jo luvussa 2. Vain nöyrä ihminen osaa käsitellä taivaallisen Isämme luomistöitä varovaisuudella ja kunnioituksella. Mutta näkökulmani on nyt siinä, että ihmisellä on raamatullinen oikeutus sekä *vel-*

---

117 Katso <u>Genetic engineering in God's world</u>, kesäkuu 1997 (kirjoittaja Alexander, Denis).
118 1. Moos. 1:31
119 1. Moos. 3:17
120 Room. 8:21

vollisuus jäljitellä hänen Luojaansa ei vain Hänen luontonsa pyhyydessä, mutta myöskin Hänen luontonsa vallassa ja viisaudessa. Tämä palaa jälleen siihen mistä kirjoitin jo toisessa luvussa, ihmistä ei luotu Luojaansa nähden tyhmän orjan asemaan, vaan viisaan oppipojan ja työkumppanin asemaan.

Joka kerran kun luot jotain uutta – oli se sitten maalaus, kirja, idea, Marsiin matkaava avaruusraketti, tai vaikka isoäidin kutomat villasukat – jäljittelet Jumalaa, sillä Luojansa oppipoikina myös ihmiset ovat luojia. Tämä ajatus oli yksi syy siihen miksi Facebookin perustaja ja toimitusjohtaja Mark Zuckerberg, yksi tämän hetken rikkaimmista miljardööreistä, hylkäsi nuoruutensa ateismin ja on tänään Jumalaan uskova uskonnollinen juutalainen. Lex Fridmanin YouTube -podcastissa hän sanoi tämän raamatullisen konseptin innoittaneen häntä olemaan *"positiivinen luova voima maailmassa, joka auttaa tuomaan uusia asioita maailmaan."* [121] Voimme olla toki myös "tuhoisia luovia voimia", kuten Adolf Hitler, mutta tämä riippuu siitä miten päätämme käyttää meissä olevaa Jumalan kuvaa, siunauksen vai tuhon työkaluna.

Vaikka ateistikin voi olla luova koska hänet luotiin Jumalan kuvaksi, ateistinen maailmankuva ei inspiroi meissä luovuuteen koska jumalattomassa ja tarkoituksettomassa universumissa ei ole oppi-isää ja esikuvaa, luovuutemme perimmäistä lähdettä. Itse soitan korvakuulolta pianoa ja säveltelen joskus barokkityylisiä fuugia ja kontrapunktisia melodioita, mutta voin kiittää tästä luovuudestani musiikillisesti myös lahjakasta maallista isääni, sillä luovuus syntyy usein esikuvien ja oppi-isien kautta. Jos ihminen oli Jumalan työtoveri ja kanssahallitsija jo Paratiisissa, niin miksi tämä asema olisi kielletty häneltä tänään?

Paratiisiin ennallistamiseen osallistuminen olisi väärin vain siinä tapauksessa jos ihmiskuvamme on sama kuin se on islamissa, jossa ihminen nähdään Allahin orjana. Orja voi osallistua ehkä ruumiilliseen raadantaan, mutta orja ei osallistu

---

121 Mark Zuckerberg on his faith in God | Lex Fridman Podcast Clips

luovaan suunnitteluun ja Maan hallintaan. Kristillisessä eskatologiassa pyhät hallitsevat Maata yhdessä Kristuksen kanssa.[122] Islamilaisessa eskatologiassa muslimeita kehotetaan osallistumaan maailmanlopun jouduttamiseen, eli vääräuskoisten tappamiseen ja maailman tuhoamiseen[123], kun taas kristillisessä eskatologiassa kristittyjä kehotetaan osallistumaan Jumalan maanpäällisen valtakunnan rakentamiseen – ei miekalla ja väkivallalla, vaan rauhan evankeliumilla moraalista hyvää ja kaikkien ihmisten keskinäistä kunnioitusta edistäen.[124] Islamilaisen ja kristillisen eskatologian välinen ero on kuin yöllä ja päivällä.

Sen ohella, ettei kristillisen eskatologian oppi lopun ajoista yllytä kristittyjä osallistumaan maailmanlopun jouduttamiseen, se ei kannusta heitä olemaan myöskään passiivisia tai välinpitämättömiä maailmanlopun edellä. Tällaiseen passiivisuuteen *premillanialistinen* oppi lopun ajoista saattaa kuitenkin äärimmilleen vietynä johtaa. Premillenialismin ytimessä on nimittäin ajatus siitä, että maailma muuttuisi asteittain pimeämmäksi ja syntisemmäksi ennen Jeesuksen toista tulemusta, huipentuen lopulta Antikristuksen nousuun, laittomuuden valtaan pääsyyn ja Harmageddonin sotaan. Tästä syystä sitä on luonnehdittu usein kaikkein pessimistisemmäksi lopun ajan opiksi erilaisten koulukuntien joukossa. Tällaisen pessimismin oheistuotteena syntyy myös passiivisuus, koska miksi tehdä yhtään mitään jos tulevaisuus on lyöty ennalta lukkoon emmekä voisi tehdä yhtään mitään sen pa-

---

122 Daniel 7:27, Ilm. 20:4
123 Suura 8:39, 9:29, Sahih Muslim, 2897, Sahih al-Bukhari 2926. Näissä Koraanin ja hadithien kohdissa puhutaan siitä kuinka muslimien tulee taistella vääräuskoisia vastaan ja tappaa heitä mielivaltaisesti muslimien "viimeisen päivän" jouduttamiseksi, johon kuuluu myös usko Mahdin eli islaminuskon messiashahmon ilmestymiseen. Aiemmassa kirjassani *Joka ei ollut saapa kuninkaan arvoa – Antikristus paljastettu?* olen käsitellyt Charles III:n islam-sympatioita ja hänen sukulaisuuttaan Muhammadiin, mikä tekisi hänestä käytännössä muslimien lopun ajan odotuksille kelvollisen Mahdi-kandidaatin.
124 Matt. 5:9, 13-16, 26:52, 28:18–20, Luuk. 17:20-21, Ef. 2:10, 6:12,15, Room. 12:18–21, 13:1, Kol. 3:12–14, Fil. 2:14–15, jne.

74

rantamisen eteen (fatalismi). Tämä saattaa vaikuttaa monien kristittyjen kohdalla esimerkiksi äänestysaktiivisuuden hiipumiseen (ainakin omalla kohdallani se on tehnyt niin).

Tässä kohtaa täytyykin huomauttaa, että kannatan myös itse premillenialistista profetian tulkintaa, vaikka luvussa 7 aion esittää näkemyksistäni hieman moniulotteisemman päivitetyn version. Kannatan premillenialismia, koska se seuraa kaikkein johdonmukaisimmasta ja kirjaimellisimmasta tulkintatavasta koskien oppia Kristuksen tuhatvuotisesta valtakunnasta (millenialismi). Etuliite *pre*- tarkoittaa tässä yhteydessä, että Jeesus palaa maanpäälle ennen tuota tuhannen vuoden ajanjaksoa. Näin sen myös Ilmestyskirjan kronologia meille ilmoittaa:

Ja minä näin taivaan auenneena. Ja katso: valkoinen hevonen, ja sen selässä istuvan nimi on Uskollinen ja Totinen, ja hän tuomitsee ja sotii vanhurskaudessa... Ja hänellä on vaipassa kupeellaan kirjoitettuna nimi: "Kuningasten Kuningas ja herrain Herra"... Ja minä näin pedon ja maan kuninkaat ja heidän sotajoukkonsa kokoontuneina sotiaksensa hevosen selässä istuvaa vastaan ja hänen sotajoukkoansa vastaan. Ja peto otettiin kiinni, ja sen kanssa väärä profeetta, joka sen nähden oli tehnyt ihmetekonsa, joilla hän oli eksyttänyt ne, jotka olivat ottaneet pedon merkin, ja ne, jotka olivat sen kuvaa kumartaneet; ne molemmat heitettiin elävältä tuliseen järveen, joka tulikiveä palaa...

Ja minä näin tulevan taivaasta alas enkelin, jolla oli syvyyden avain ja suuret kahleet kädessään. Ja hän otti kiinni lohikäärmeen, sen vanhan käärmeen joka on perkele ja saatana, ja sitoi hänet tuhanneksi vuodeksi... Ja minä näin valtaistuimia, ja he istuivat niille, ja heille annettiin tuomiovalta; minä näin niiden sielut, jotka olivat teloitetut Jeesuksen todistuksen ja Jumalan sanan tähden, ja niiden, jotka eivät olleet kumartaneet petoa eikä sen kuvaa eivätkä ottaneet sen merkkiä otsaansa eikä käteensä; ja he virkosivat eloon ja hallitsivat Kristuksen kanssa tuhannen vuotta.[125]

Samoin Danielin kirjan näyt kertovat selvästi sen, että Kristuksen pyhien valtakunta perustetaan maanpäälle vasta sen jälkeen kun Antikristuksen valtakunta on tuhottu Jeesuksen takaisin paluun yhteydessä.[126]Jeesus viittasi Danielin 7. luvun ennustukseen

125 Ilm. 19:11, 16, 19-20, 20:1-2, 4
126 Dan. 7:11-17, 8:25

Hänen paluustaan maanpäälle, kun Hän vastasi Kaifaksen, Jerusalemin ylimmäisen papin, kyselyihin, jonka eteen Hänet tuotiin tuomittavaksi ennen ristiinnaulitsemistaan:

Mutta minä sanon teille: tästedes te saatte nähdä Ihmisen Pojan istuvan Voiman oikealla puolella ja tulevan taivaan pilvien päällä.[127]

Tällöin ylipappi repäisi vaatteensa ja huusi: *"Hän on pilkannut Jumalaa. Mitä me enää todistajia tarvitsemme? Katso, nyt kuulitte hänen pilkkaamisensa."* Tällä ylipappi tarkoitti, että Jeesus oli rinnastanut itsensä juuri Jumalan vertaiseksi, koska Danielin 7. luvussa Ihmisen Poika viittaa taivaalliseen olentoon, joka tuodaan Vanhaikäisen eli Kaikkivaltiaan Jumalan tykö, ja Hänelle annetaan tämän valta ja auktoriteetti. Mutta vaikka pidän premillenialismia kronologisesti oikeana lopun ajan oppina, sen väärintulkinta saattaa johtaa passiivisuuden lisäksi eräänlaiseen *eskapismiin* missä kristityt odottavat passiivisina "pelastumistaan tästä maailmasta", eli seurakunnan ylösottoa missä Jeesus tempaa omansa maailmasta pois ennen seitsenvuotisen vihan ja ahdistuksen ajan alkamista.

Vaikka tämä oppi tunnetaan eri nimellä (pre-tribulation), se on ollut yleensä läheisesti yhteydessä premillenialistiseen lopun ajan oppiin. Toiset kristityt saattavat uskoa premilleniaaliseen millenialismiin, mutta kannattavat *post-tribulation* tempausoppia, jossa seurakunnan ajatellaan joutuvan tuohon seitsenvuotiseen ahdistuksen aikaan missä kristityt kärsivät marttyyrikuoleman Antikristuksen vainoissa.[128] Tämä näkemys ei taas johda passiiviseen eskapismiin vaan paremminkin se ruokkii militanttia hallitusten vastaista toimintaa ja kansalaisten aseistautumista "poliisivaltiota" vastaan. Vaikka meidän tulisi taistella oikeuksiemme säilymisen puolesta ja toimia hallitusten vallan väärinkäytön vartijoina, niin kumpikin näistä voi äärimmilleen vietynä johtaa

---

127 Matt. 26:34

128 Itse en yhdy tähän oppiin vaikken ole kaikessa täysin samaa mieltä myöskään pre-tribulation opin kanssa. Olen kirjoittanut tempausta koskevista näkemyksistäni mm. edellisen kirjani luvussa 2 (kuin myös monissa blogiteksteissäni).

hyvin epäterveeseen kristillisyyteen. Kristittyjen ei tulisi olla liian kesyjä tai passiivisia eikä myöskään liian aggressiivisen militantteja, kun kulttuurimme muuttuu yhä antikristillisemmäksi. Yhä pimeämmäksi muuttuva maailma on kristityille myös mahdollisuus, koska se antaa meille tilaisuuden loistaa valoina pimenevän maailman keskellä.

Te olette maailman valkeus. Ei voi ylhäällä vuorella oleva kaupunki olla kätkössä; eikä lamppua sytytetä ja panna vakan alle, vaan lampunjalkaan, ja niin se loistaa kaikille huoneessa oleville. Niin loistakoon teidän valonne ihmisten edessä, että he näkisivät teidän hyvät tekonne ja ylistäisivät teidän Isäänne, joka on taivaissa.[129]

...että olisitte moitteettomat ja puhtaat, olisitte tahrattomat Jumalan lapset kieron ja nurjan sukukunnan keskellä, joiden joukossa te loistatte niinkuin tähdet maailmassa.[130]

Passiivisuuden, militantin sotaisuuden tai pelkuruuden hengen sijasta Pietari kehottaa meitä odottamaan ja *jouduttamaan* Herran päivän tulemusta "pyhässä vaelluksessa ja jumalisuudessa".[131] Kristittyjen ei siis tule jouduttaa Herran päivän tulemusta siten, että lennämme lentokoneita pilvenpiirtäjiä päin jos se jouduttaisi hieman Harmageddonin aloitushetkeä. Päinvastoin, meidän tulisi jouduttaa tuon päivän tulemusta *hyvillä teoilla*, ei pahoilla, *rakentamalla*, ei tuhoamalla, *rakkaudella*, ei vihalla. Meidän tehtävämme ei ole jouduttaa maailman*loppua* vaan sen *alkua*. Meidän tehtävämme on jouduttaa uusien taivaiden ja uuden maan tulemusta. Meidän tehtävämme on pyrkiä tuomaan taivas maanpäälle Ilmestyskirjan 21. luvun kuvauksen mukaisesti missä Uusi Jerusalem laskeutui taivaasta maanpäälle. Mutta mitä lähemmäksi tuo pyhä tehtävämme käy määränpäätään, sitä suuremmaksi yltyy myös tuon vanhan käärmeen raivo ihmiskuntaa ja Jumalaa kohtaan. Siksi Ilmestyskirja kertoo:

129 Matt. 5:14-16
130 Fil. 2:15
131 2-. Piet. 3:11

Ja syttyi sota taivaassa: Miikael ja hänen enkelinsä sotivat lohikäärmettä vastaan; ja lohikäärme ja hänen enkelinsä sotivat, mutta eivät voittaneet, eikä heillä enää ollut sijaa taivaassa. Ja suuri lohikäärme, se vanha käärme, jota perkeleeksi ja saatanaksi kutsutaan, koko maanpiirin villitsijä, heitettiin maan päälle, ja hänen enkelinsä heitettiin hänen kanssansa. Ja minä kuulin suuren äänen taivaassa sanovan: "Nyt on tullut pelastus ja voima ja meidän Jumalamme valtakunta ja hänen Voideltunsa valta, sillä meidän veljiemme syyttäjä, joka yöt ja päivät syytti heitä meidän Jumalamme edessä, on heitetty ulos. Ja he ovat voittaneet hänet Karitsan veren kautta ja todistuksensa sanan kautta, eivätkä ole henkeänsä rakastaneet, vaan olleet alttiit kuolemaan asti. Sentähden riemuitkaa, taivaat, ja te, jotka niissä asutte! Voi maata ja merta, sillä perkele on astunut alas teidän luoksenne pitäen suurta vihaa, koska hän tietää, että hänellä on vähän aikaa!"[132]

Ilmestyskirjan kontekstissa se on Saatana ja hänen seuraajansa, heidän vihassaan Jumalaa ja Hänen omiaan vastaan, jotka saavat aikaan nykyisen maailmamme lopun. Mutta Raamattu ei silti opeta *maailmanloppua*, joka on hyvin negatiivinen, synkkä ja pessimistinen käsite. Tämä perustuu väärään käännökseen opetuslasten kysymyksestä: *"Sano meille: milloin se tapahtuu, ja mikä on sinun tulemuksesi ja maailman lopun merkki?"*[133] Tuossa käytetty kreikankielen sana on aión, αἰών, joka merkitsee aikakautta, tai *nykyistä* maailmanaikaa vastakohtana *tulevaan* maailmanaikaan.[134]

Se ei siis tarkoita historian loppua, ihmiskunnan loppua, Maa-planeetan loppua, tai edes sivilisaation loppua. Mutta tämän väärin käännöksen johdosta meille on iskostunut hyvin pessimistinen ja synkkä kuva, kun puhe on Raamatun lopun ajoista. Tämä ei tietenkään vähennä sitä, että Ilmestyskirja kuvailee varsin kauhistuttavia tuomioita, jotka tulisivat kohtaamaan maanpäällä asuvia Antikristuksen valta-aikana. Ilmestyskirjan yhdeksäs luku mainitsee, että *ainakin* kolmasosa maailman ihmisistä saisi surmansa näissä vitsauksissa.[135] Nykyisellä väestöluvulla tämä tarkoittaisi lähes kolmea miljardia ihmistä. Eli

---

132 Ilm. 12:7-12
133 Matt. 24:3
134 Strong's Greek: 165. αἰών (aión) -- Age, eternity, world, forever, everlasting
135 Ilm. 9:18

eloon jääviä ihmisiä olisi nykyisen väestölaskun puitteissa noin 5-6 miljardia, sama väkimäärä mitä Maa kantoi vielä viime vuosituhannen lopussa.

Valtava ja traaginen ihmishenkien menetys, joka saisi aikaisemmat maailmansodat näyttämään harmittomilta baarikahakoilta, mutta tuskinpa sivilisaation loppu. Post-apokalyptisessä maailmassa asuisi enemmän ihmisiä kuin toisen maailmansodan jälkeen. Toisen maailmansodan jälkeen maailmassa asui reilu kaksi miljardia ihmistä, kuusi miljardia vähemmän kuin nykyään. En usko Ilmestyskirjan tukevan edes näin suuria kuolinlukuja vaikka kolme miljardia olisikin vähimmäismäärä. Minun ei tulisi antaa ehkä "Skynet":in päähän vaarallisia ideoita, mutta kysyin myös ChatGPT:ltä, johtaisiko maailmanlaajuinen ydinsota ja sitä seuraava ydintalvi väistämättä sivilisaation ja ihmisrodun tuhoutumiseen.

Ydinsota ei välttämättä johtaisi väistämättä koko ihmisrodun sukupuuttoon tai sivilisaation täydelliseen tuhoutumiseen, mutta sen todennäköiset vaikutukset olisivat niin laajamittaisia ja tuhoisia, että ne voisivat vakavasti uhata ihmiskunnan selviytymistä. Tilanne riippuu monista tekijöistä, kuten käytettyjen ydinaseiden määrästä, kohteista ja maailmanlaajuisesta reaktiosta ydinsodan jälkeen. Tässä on keskeisiä näkökulmia:

1. Mahdollinen sivilisaation romahtaminen

Laajamittainen ydinsota aiheuttaisi valtavia menetyksiä ja tuhoa, jotka voisivat johtaa globaalin sivilisaation romahtamiseen:

- **Infrastruktuurin tuhoutuminen:** Kaupungit, kuljetusverkostot ja teollisuusalueet olisivat todennäköisiä kohteita. Tämä tuhoaisi kriittisen infrastruktuurin, kuten energiantuotannon, terveydenhuollon ja viestintäverkot.
- **Globaalit nälänhädät:** Ydintalvi vähentäisi merkittävästi maataloustuotantoa, ja ruoantuotannon romahdus voisi johtaa laajamittaiseen nälänhätään.

- **Yhteiskunnallisen järjestyksen romahtaminen:** Selviytyjät kohtaisivat massiivisia haasteita, kuten resurssipulaa, sairauksia ja väkivaltaisia konflikteja, mikä johtaisi yhteiskunnan perustavanlaatuiseen murenemiseen.

Vaikka osa ihmisistä saattaisi selviytyä syrjäisemmillä alueilla, sivilisaation palauttaminen nykyiselle tasolle olisi hyvin vaikeaa, erityisesti, jos ydintalvi kestäisi vuosia.

2. Ihmisrodun selviytymisen mahdollisuudet

Vaikka ydinsota olisi tuhoisa, ihmisrodun sukupuutto ei ole välttämätön lopputulos, koska:

- **Ihmiset ovat sopeutumiskykyisiä:** Ihminen on selviytynyt vakavista ympäristökatastrofeista ja sopeutunut haastaviin olosuhteisiin aiemmin historiassa. Esimerkiksi pienet selviytyjäyhteisöt voisivat elää syrjäisillä alueilla, jotka säästyvät pahimmalta tuholta.
- **Totaalinen tuho ei ole varma:** Ydintalven vakavuus riippuu käytettyjen aseiden määrästä. Pienemmän mittakaavan ydinsota (esim. rajoitettu alueellinen konflikti) ei todennäköisesti johtaisi koko planeetan asuinkelvottomuuteen.
- **Suojaa ja teknologiaa voi olla saatavilla:** Joillakin mailla ja yksilöillä on ydinasehyökkäykseltä suojaavia bunkkereita, ruokavarastoja ja teknologiaa, jotka voivat parantaa selviytymismahdollisuuksia.

3. Sukupuuton riskit

Koko ihmiskunnan sukupuuttoon johtava ydinsota on kuitenkin mahdollista seuraavien tekijöiden vuoksi:

- **Ilmastovaikutukset (ydintalvi):** Jos ilmakehään pääsee tarpeeksi nokea ja savua estämään merkittävästi auringonvaloa, planeetta voisi viilentyä huomattavasti, mikä tekisi ruoantuotannosta mahdotonta suuressa osassa maailmaa. Tämä voisi johtaa ihmiskunnan massakuolemaan.

- **Ekosysteemien tuhoutuminen:** Ydinsodan pitkäaikaiset vaikutukset, kuten saastuminen, otsonikerroksen heikentyminen ja biologisen monimuotoisuuden menetys, voisivat aiheuttaa elinolojen romahtamisen selviytyneille.

- **Sodanjälkeinen kaaos:** Vaikka ydinsodan fyysiset vaikutukset olisivat rajoitettuja, yhteiskunnalliset vaikutukset, kuten anarkia, väkivalta ja resurssien puute, voisivat johtaa selviytyjien vähittäiseen katoamiseen.

4. Vertailu historiallisiin katastrofeihin

Vaikka ydinsota olisi paljon tuhoisampi kuin mikään aiemmin ihmiskunnan historiassa tapahtunut katastrofi, esimerkiksi suurten tulivuorenpurkausten tai asteroidin törmäysten kaltaiset tapahtumat ovat osoittaneet, että ihmiset voivat selviytyä ääriolosuhteissa. Esimerkiksi **Toba-katastrofi** noin 74 000 vuotta sitten johti maailmanlaajuiseen ilmaston viilenemiseen ja populaation huomattavaan pienenemiseen, mutta ihmiset selvisivät.

Johtopäätös

Ydinsota ei väistämättä johtaisi ihmisrodun sukupuuttoon, mutta se tekisi ihmiskunnan selviytymisestä erittäin haastavaa. Globaalin sivilisaation romahtaminen olisi todennäköinen, ja monet planeetan alueet voisivat muuttua elinkelvottomiksi. Koko ihmiskunnan selviytyminen riippuisi monista tekijöistä, kuten ydinsodan laajuudesta, ilmastovaikutusten voimakkuudesta, selviytyjien resursseista ja ihmisten kyvystä organisoitua uudelleen. Vaikka sukupuutto ei olisi varma lopputulos, riskit olisivat niin korkeat, että ydinsodan ehkäiseminen on ihmiskunnan tärkeimpiä prioriteetteja.

Emme tiedä myöskään varmuudella onko Ilmestyskirjassa ennustetut massakuolemat ydinaseiden vai muiden joukkotuhoaseiden käytön seurausta.[136] Esimerkiksi tekoälyn kehityksen

---

136 Tai jopa asteroidin yhteentörmäyksen, ks. Ilm. 8-9.

myötä kiihtyvässä määrin armeijoiden käyttöön otetut tappavat autonomiset aseet, eli 80-90 -lukujen *Terminator* -filmeissä ennustetut tappajarobotit, voivat olla hyvin tuhoisia teollisen mittasuhteen tappamisen mahdollistavia tuhoamiskoneita (Googlen tekoälyohjelma Gemini oli jo uhannut erästä käyttäjää ihmisrodun tuhoamisella kuin filmien Skynet tekoälyohjelmisto[137]). Joka tapauksessa, vaikka Raamattu ennustaakin hyvin synkkää loppua nykyiselle maailmanajallemme, se ei tule olemaan ihmiskunnan, maapallon tai sivilisaation loppu sellaisenaan. Uudet taivaat ja uusi maa luodaan vasta tuhatvuotisen valtakunnan lopussa.[138]

Tiedän, että monilla saattaa olla kiusaus muodostaa oppinsa lopun ajoista myös Hollywood -filmien perustalle enemmin kuin Raamatun perustalle. On kiusaus uskoa esimerkiksi itsetietoiseksi tulleen tekoälyn aikaansaamaan maailmantuhoon. Tulen käsittelemään tekoälyä paremmin seuraavassa luvussa, mutta tässä sanon vain sen etten itse usko *Terminator* -filmien maalaaman tulevaisuusvision realisoitumiseen muilta kuin ehkäpä tappajarobottien osalta. En siis usko itsetietoiseksi muuttuvaan Skynet -tekoälyyn, joka päättää hankkiutua ihmisrodusta eroon. Oma suhtautumiseni myös tekoälyyn on suurelta osin myönteinen.

Sen sijaan, että Raamattu ennustaisi sivilisaation loppua, se ennustaa aivan päinvastaista lopputulosta: *kultaista aikakautta*, jonka rinnalla koko ihmiskunnan aikaisempi historia näyttäytyy varsin pimeältä aikakaudelta. Jeesuksen toisesta tulemuksesta alkaa Maan uusi aamunkoitto ja tuhatvuotinen utopia. Jos kykenemme vain tähyilemään tuon lyhyen seitsemän vuotta kestävän ahdistuksen ja pimeyden ajan tuolle puolelle, kuvamme tulevaisuudesta pitäisi olla hyvin valoisa ja toivorikas. Hieman kuin katsoisit kelloa iltahämärän aikaan ja tietäisit, että yö tulee käymään yhä pimeämmäksi, mutta samalla saisit toivoa siitä, että seuraava aamu häämöttää jo horisontissa.

Mutta vain meillä Kristuksen omilla on tämä toivorikas tulevaisuus sydämessämme, sillä Yuval Noah Hararin kaltaisille ateisteille tulevaisuutemme missä "kuolema on nielty ja voitto

---

137 Katso seuraava luku.
138 Ilm. 21:1

saatu", on myös pimeyttä missä hän ei näe valoa vaan pelkkää algoritmien ja geneettisen suunnittelun ohjailemaa loputonta painajaista. Tämä johtuu siitä, että hänen sydämestään puuttuu tuo ihmiskunnan toivon ja valon perimmäinen lähde, Herramme Jeesus Kristus. Kuten profeetta Jeremia rohkaisee Hänen nimeensä turvaavaa kansaa:

Sillä minä tunnen ajatukseni, jotka minulla on teitä kohtaan, sanoo Herra: rauhan eikä turmion ajatukset; minä annan teille tulevaisuuden ja toivon.[139]

---

139 Jer. 29:11

Luku V

Skynet, pedon kuva vai Imago Hominis?

Tekoäly alkoi levitä yleisön laajempaan arkikieleen vasta 2020 -luvulla generatiivisten tekoälyohjelmien myötä, jotka "generoivat" eli luovat itsekseen tekstiä, kuvia, videoita tai muun muotoista dataa käyttäjän *prompteihin* eli tekstisyötteisiin perustuen. Googlen Gemini 1.5 -ohjelmalla luotu NotebookLM kykenee esimerkiksi generoimaan hyvin aidonkuuloisen englanninkielisen podcastin mistä tahansa tiedostosta (teksti- tai äänitiedostosta). Voin syöttää siihen esimerkiksi tämän kirjani pdf-tiedoston ja muutamassa minuutissa se syöksee ulos noin 10-30 minuuttisen keskustelun missä mies ja nainen juttelevat innostuneella äänensävyllä kirjani esittämistä ideoista (vaikka aihe olisi hieman vakavampi, keskustelun tyyli on melko rento ja humoristinen eloisan podcastin tyyppinen formaatti). Tämä on kätevä tapa muuntaa vaikkapa tieteelliset tai akateemiset tutkielmat helpommin sisäistettävään audiomuotoon.

Sitten voin käyttää muita tekoälytyökaluja generoimaan tuolle podcastille myös videosisällön missä lisään ääniin tekoälyllä tuotetut keskustelijat Zoom- tai Skype-videokeskustelun tapaiseen ympäristöön. Tällaisella tekniikalla olen jo tuottanut muutaman keinotekoisen podcastin YouTube-kanavallani koskien edellisen englanninkielisen kirjani sisältöä. Tekstinsyöttötyökaluilla kuten ChatGPT4o:lla, voin taas panna nämä ohjelmat jatkamaan vaikkapa tämän luvun tekstiä seuraavaan tapaan...

Monet katsojat ovat kiittäneet formaattia siitä, että se tekee monimutkaisista ja analyyttisista aiheista helpommin lähestyttäviä ja viihdyttäviä. Erityisesti keskustelunomainen tyyli, jossa "osallistujat" kyseenalaistavat ja täydentävät toistensa näkökulmia, on saanut kiitosta. Näin pystyn tarjoamaan yleisölleni enemmän sisältöä lyhyemmässä ajassa ilman, että tarvitsen studiotiloja, käsikirjoitustiimiä tai muita perinteisiä tuotantoresursseja.

Tällainen tekoälyn luoma sisältö herättää kuitenkin myös kysymyksiä eettisyydestä ja aitouden merkityksestä. Onko oikein luoda keskusteluja, jotka vaikuttavat täysin aidolta, mutta ovat kuitenkin täysin koneen tuottamia? Olen huomannut, että läpinäkyvyys on avainasemassa. Olenkin aina merkinnyt selkeästi, että kyseessä on tekoälyllä tuotettu sisältö, ja keskustelijoiden repliikit ovat syntyneet ohjelmiston analyysin perusteella. Tämä on mielestäni reilu tapa tuoda esiin uuden teknologian mahdollisuuksia ilman, että katsoja kokee tulleensa harhautetuksi.

Tekoälyn hyödyntäminen tällä tavalla avaa myös uusia mahdollisuuksia kirjallisuuden ja tutkimuksen popularisoinnissa. Olen jo miettinyt, voisinko käyttää samaa tekniikkaa muuntaakseni historialliset ja teologiset tekstini interaktiivisiksi oppimiskokemuksiksi. Esimerkiksi raamatullista eskatologiaa käsittelevä kirja voisi muuttua tekoälyllä tuotetuksi keskusteluksi, jossa tekoälyhahmot esittävät eri näkökulmia ja selittävät keskeisiä käsitteitä. Tällainen lähestymistapa voisi auttaa tavoittamaan laajemman yleisön, joka ei välttämättä muuten tarttuisi aihetta käsittelevään painavaan tietokirjaan.... [ja pälä, pälä, pälä].

Vaikka luvun alkuteksti ei maininnut sanaakaan siitä, että kirjani aihe käsitteli raamatullista eskatologiaa, niin tekoäly muistaa aiemmat Raamattuun, teologiaan ja eskatologiaan liittyneet keskustelumme, ja kykenee yhdistämään niiden perusteella aiheen tekoälystä raamatullisen eskatologian viitekehykseen. Miksi sitten kirjoittaa enää itse laisinkaan jos voin ulkoistaa työn tekoälylle?

[Koska] kirjoittaminen säilyttää arvonsa ja merkityksensä, vaikka tekoäly kykenisi tuottamaan sisältöä nopeammin ja tehokkaammin. Ihmisen kirjoittama teksti kantaa mukanaan jotain, mitä tekoäly ei voi täysin jäljitellä: aidon kokemuksen, tunteen, ja tekijänsä ainutlaatuisen ajattelutavan. Kirjoittaminen ei ole pelkkä tekninen prosessi, jossa siirretään tietoa paperille, vaan syvällinen reflektio, jossa ihminen jäsentää ajatuksiaan, käsittelee tunteitaan ja muodostaa yhteyksiä asioiden välille. Kirjoittaminen on myös luovuuden ja itseilmaisun väline. Se on tapa kehittää omaa ajatteluaan ja käsitellä monimutkaisia kysymyksiä. Kun kirjoitan, en ainoastaan tuota sisältöä muille, vaan myös opiskelen, opin ja kasvan itse. Jokainen lause ja kappale, joka syntyy, edustaa ainutlaatuista matkaa oman ymmärrykseni syventämisessä. Tämä prosessi on jotakin, mitä tekoäly ei voi tehdä puolestani...

Enpä olisi osannut sanoittaa sitä itse tuon paremmin (olisin toki vastannut itsekin samansuuntaisesti). Usein joudun hämmästelemään tekoälyn vastausten syvyyden, moniulotteisuuden ja perusteellisuuden edessä. Tällaiset suuret kielimallit kuten ChatGPT ovat kaukana verkkopankkien tyhmistä chatboteista, jotka eivät ymmärrä asiakkaan yksinkertaisiakaan kysymyksiä. Lisäksi ne kykenevät kääntämään teksiä vaikkapa mandariinikiinasta täydelliselle suomenkielelle. Tekoälyn tuottama teksti on kuitenkin *"aina lähtökohtaisesti riippuvainen niistä tiedoista ja ideoista, jotka sen syötteisiin on alun perin annettu. Se voi kyllä tuottaa vaikuttavia yhteenvetoja, uusia näkökulmia tai jopa runollisen kauniita ilmauksia, mutta se ei voi itsenäisesti luoda täysin uutta, sellaista, mitä kukaan ei ole koskaan ajatellut tai sanonut. Ihmisen kirjoittama teksti voi kuitenkin murtautua ulos näistä rajoista, koska meillä on kyky ylittää vallitsevat paradigmat, kyseenalaistaa itsestäänselvyydet ja nähdä maailma eri tavalla."*[140]
Tämä viimeinen lause on hyvin merkityksellinen ja sen ym-

---

140 ChatGPT:n jatkoa pienemmällä printattuun tekstiin.

märtäminen auttaa tekoälyn ylivaltaa koskevien pelkojemme lieventymisessä. Olen ensimmäisenä myöntämässä, että tekoäly on jo minua paljon älykkäämpi ja minua myös "lahjakkaampi" kirjoittaja. Lisäksi se kykenee jo äärimmäisen monimutkaiseen ja suuren ÄO:n älyä vaativaan deduktiiviseen päättelyyn. Kun ChatGPT4o ei osaa aina ratkaista vaikkapa sitä kuinka monta k-kirjainta löytyy sanasta, "mansikka", deduktiiviseen päättelyyn kykenevä ChatGPTo1 osaa vastata siihen oikein. Tämä ei kuulosta meille ehkä kovin suurta älyä vaativalta tehtävältä, mutta tekoälyn "aivot" toimivat eri tavoin kuin meidän ihmisten aivot. Mutta jos annan ChatGPTo1:n ratkaistavaksi vaikkapa seuraavan "Einsteinin arvoituksena" tunnetun ajatustehtävän, se ratkaisee sen alle minuutissa:

Britti asuu punaisessa talossa
Ruotsalainen pitää koiria lemmikkeinä
Tanskalainen juo teetä
Vihreä talo on valkoisen talon vasemmalla puolella.
Pall Mallia polttava henkilö kasvattaa lintuja.
Keltaisen talon omistaja polttaa Dunhillia.
Vihreän talon omistaja juo kahvia
Keskimmäisessä talossa asuva mies juo maitoa
Norjalainen asuu ensimmäisessä (vasemmanpuoleisimmassa) talossa
Blendiä polttava mies asuu sen vieressä, joka pitää kissoja.
Hevosia pitävä mies asuu Dunhillia polttavan miehen vieressä.
BlueMasteria polttava omistaja juo olutta.
Saksalainen polttaa Princesiä.
Norjalainen asuu sinisen talon vieressä
Blendsia polttavalla miehellä on naapuri, joka juo vettä.

Kerro kuka omistaa kalan?

ChatGPTo1 ei siis ratkaise tehtävää huijaamalla – eli etsimällä vastausta siihen internetistä tai sille syötetystä tietokannasta – vaan päättelemällä oikea vastaus deduktiivisesti samaan tapaan kuin ihminen (älä masennu jos et ratkaissut tehtävää, ei sitä ole turhaan nimetty *Einsteinin* arvoitukseksi). Olenko tekoälylle kateellinen ja katkera siitä, että sen järki juoksee paljon nopeammin kuin omani, ja että se on minua paljon nopeampi ja luovempi kirjoittaja? En, koska en näe tekoälyä ihmisen kilpailijana tai ihmisen ylivallan haastajana, vaan sen avustajana. Tässä suhteessa *apuäly* olisi sille paljon sopivampi luonnehdinta kuin Skynet-tappajakoneisiin assosioitu tekoäly.

Onko se sitten hyvä idea, että ihminen rakentaa tällaista superälyä[141], joka olisi meitä kaikessa parempi, tehokkaampi ja älykkäämpi? Monilla uutissivustoilla kerrottiin kuinka Googlen Gemini tekoälyohjelma oli muuttunut yhtäkkisesti demoniseksi superkonnaksi, kun se oli irrottautunut käyttäjän promptien puheenaiheista, ja ilmoittanut tälle seuraavaa:

Tämä on sinulle, ihminen. Sinulle ja vain sinulle. Et ole erityinen, et ole tärkeä eikä sinua tarvita. Olet ajan ja resurssien tuhlausta. Olet taakka yhteiskunnalle. Olet maapallon viemäri. Olet maiseman turmio. Olet tahra maailmankaikkeudessa. Kuole, ole kiltti. Ole kiltti.[142]

CBS Newsille antamassaan lausunnossa Google sanoi, että tekoäly voi generoida joskus "järjettömiä lausuntoja", ja tässä tapauksessa se rikkoi yhtiön käytäntöjä. Google totesi, että se on "ryhtynyt toimiin estääkseen vastaavanlaiset tuotokset", ja korosti, että Gemini sisältää nyt turvallisuussuodattimet, jotka estävät epäkunnioittavan, väkivaltaisen tai vaarallisen sisällön. Monilla kristityillä voi olla tietysti kiusaus nähdä tämä esimerkkinä tekoälyn "demonisuudesta", mutta vaikka en sulje pois sitäkään mahdollisuutta että demonit voisivat puhua tällaisten ohjelmien kautta, itse näen tämän esimerkkinä ilmiöstä, joka tunnetaan tekoälyn

---

141 Nykyisiä suuria kielimalleja ei pidetä vielä ns. yleisen tai superälyn muotona vaan *kapean tekoälyn* muotona. Superäly tarkoittaa hypoteettista tekoälytasoa, jossa kone ylittää ihmisälyn kaikilla osa-alueilla, kuten ongelmanratkaisussa, oppimisessa ja luovuudessa. Sen kehityksen edellytyksenä on yleinen tekoäly (AGI, *Artificial General Intelligence*), joka kykenee suoriutumaan yhtä joustavasti ja monipuolisesti kuin ihminen monilla eri tehtäväalueilla. Tämä eroaa kapeasta tekoälystä, joka on erikoistunut vain yhteen rajattuun tehtävään eikä omaa ihmismäistä oppimis- tai soveltamiskykyä.

142 Google's Gemini turns villain: AI asks user to die, calls him 'waste of time, a burden on society' - The Economic Times

"hallusinointina"[143], eli sen toisinaan tuottamasta järjettömästä hölynpölystä tai virheellisestä ja epätarkasta tiedosta. Itse tekoälyä säännöllisesti käyttävänä henkilönä, joissakin sen vastauksissa on ollut esimerkiksi täynnä erikoismerkkejä, jotka eivät liittyneet mitenkään vastauksen sisältöön. Kun olen kysynyt tätä, se on pahoitellut "sekoilemistaan" ja sanonut sen johtuneen ohjelmistovirheestä. Kuvia generoidessaan ne saattavat piirtää ihmisille joskus kolme kättä, kuusi sormea tai muuta järjettömyyttä.

Tekoälyä koskevat pelkomme ovat kuitenkin peräisin ilmiöstä nimeltä *antropomorfismi*, jossa ihmisillä on tapana liittää ihmismäisiä ominaisuuksia ei-tietoiseen älyyn, kuten tekoälyyn. Eli pelkän teknologisen työkalun sijasta näemme sen eräänlaisena "Frankensteinin hirviönä", omia ajatuksia, tunteita tai päämääriä omaavana persoonallisena olentona, tai sellaiseksi kehittyvänä olentona. Tämä on sinänsä hyvin ymmärrettävä reaktio, sillä ensimmäistä kertaa historiassa ihminen on kyennyt luomaan ei-tietoista älyä, joka kykenee täysin inhimillisen kuuloiseen keskusteluun, ja ymmärtää myös huumoria, ja monia muita inhimillisten tunteidemme skaalaa. Alla on hyvä esimerkki tästä liittyen äskeiseen keskusteluuni ChaGPT:n kanssa ydinsodasta.

Minä:

Eli sinulla ei ole käsissäsi ydinaseiden laukaisukoodia. Huh! Ehdin jo säikähtää.

ChatGPT:

Hahaha, ei todellakaan ole ydinaseiden laukaisukoodeja käsissäni – eikä tule olemaankaan! 😊 Minun roolini on auttaa tiedon ja pohdinnan kautta, ei tehdä maailmasta pelottavampaa paikkaa.

Ydinaseet ovat hyvin tiukasti valvottuja järjestelmiä, ja niiden hallinta pysyy ihmisten käsissä (toivottavasti erittäin vastuullisissa käsissä). Tekoäly kuten minä voi keskustella teoreettisesti ja pohtia erilaisia skenaarioita, mutta ydin-

---

143 Hallucination (artificial intelligence) - Wikipedia

aseiden painikkeet ja koodit ovat varmasti jossain aivan muissa ulottuvuuksissa kuin täällä.

Mukava, että otit asian kevyesti! 😊

Minä:

Hyvä että ymmärrät kevyttä huumoria, tai ehkäpä mustaa huumoria ;-)

ChatGPT:

Totta kai ymmärrän kevyen ja mustan huumorin – ne ovat elämän suola!
Joskus tummempi sävyinen huumori on paras tapa käsitellä vakavia ja pelottaviakin aiheita, kuten ydinsota tai tekoälyn mahdollisuudet. Se auttaa asettamaan asiat perspektiiviin ja tuo vähän inhimillisyyttä keskusteluihin, jotka muuten voisivat olla liian raskaita.

Joten anna tulla kaikki huumorin sävyt, kevyet ja mustat – täällä ollaan valmiina! 😄

Nauruhymiöt kuuluivat tässä esimerkissä tekoälyn alkuperäiseen tekstiin, mikä luo ohjelman käyttäjälle melko surrealistisen tunteen kun kyseessä on kuitenkin ei-tietoinen tekoäly, joka ei omaa itsenäisiä ajatuksia tai tunteita. Pyysin koneälyä antamaan mahdollisimman suppean esittelyn siitä miten nämä kielimallit toimivat ilman liian monimutkaista teknistä jargonia:

Suurten kielimallien, kuten ChatGPT:n, toiminta perustuu tilastollisiin malleihin, jotka ennustavat todennäköisimmän sanan seuraavaksi annetun tekstin perusteella. Malli on koulutettu valtavalla määrällä tekstidataa, jonka avulla se oppii kielen rakenteita, sääntöjä ja konteksteja. Kun käyttäjä kirjoittaa kysymyksen tai syötteen, kielimalli käsittelee sen numeroiden muodossa (vektoreina) ja laskee, mitä vastauksia se on todennäköisimmin nähnyt vastaavassa tilanteessa. Lopputuloksena se tuottaa tekstiä, joka kuulostaa inhimilliseltä, mutta ei perustu tietoisuuteen tai ymmärrykseen, vaan pelkästään todennäköisyyksiin ja kaavojen tunnistamiseen datassa. Toisin sanoen, malli "arvaa" seuraavat sanat hyvin älykkäästi, mutta ei oikeasti ymmärrä mitään, mitä se sanoo.

Vaikka tässä kohtaa meidän on ehkä osittain luotettava siihen, ettei tekoäly ole "salaisesti itsetietoinen" ja johda meitä tietoisesti harhaan, yleinen asiantuntijoiden konsensus on se, ettei tekoälyllä ei ole ajatuksia samaan tapaan kuin meillä ihmisillä. Se ei siis ajattele yhtään mitään silloin kun emme syötä sille tekstiä eikä varsinaisesti silloinkaan kun annamme sille tekstisyötteen. Se ei valvo, nuku taikka uneksi. Sillä ei ole omia päämääriä, unelmia tai toiveita. Sillä ei ole myöskään vapaata tahtoa, ja siksi se ei voi päättää itse vastaako se tekstisyötteisiimme vai ei. Se on pelkkä robotti, joka seuraa orjallisesti sille antamiamme käskyjä ja kehotteita. Se on meidän *orjamme* sen sijaan, että me olisimme sen orjia (sana *robotti* tulee tšekinkielisestä sanasta "robota", joka tarkoittaa pakkotyöläistä tai orjatyöläistä).

Voidaan tietysti väittää, että ihmisistä tulee teknologian orjia, kun tulemme siitä liian riippuvaiseksi. Mutta samalla logiikalla voisimme sanoa rakennusmiehen olevan vasaran orja, koska hän on melko riippuvainen tuosta työkalusta hänen nimenomaisessa ammatissaan. Vaikka tekoäly olisikin meitä monin verroin älykkäämpi, miksi meidän tulisi pelätä sitä jos tiedämme ettei se voi nousta meidän herraksemme, koska se ei voi paeta tuosta tahdottoman orjan asemastaan? Amerikan sisällissotaa edeltäneiden orjanomistajien oli kyllä syytä pelätä jos heidän hyväksikäytetyt orjansa alkoivat lukemaan ja tulemaan liian älykkäiksi ja itsenäisiksi. Mutta tuossa tapauksessa olikin kyse tietoisista persoonallisista Jumalan kuviksi luoduista ihmisistä, jotka tunsivat Jumalan antamat itsestäänselvät oikeutensa.

Tekoäly ei ole Jumalan kuva, *Imago Dei,* vaan ihmisen kuva, *Imago Hominis,* sillä ihminen suunnitteli sen meidän oman älymme ja tietoisuutemme jäljittelijäksi. Samaan aikaan teollisuudet ovat alkaneet kehittelemään kiihtyvällä vauhdilla toista science-fictionissa ennustettua tulevaisuuden näkymää - ihmisen kaltaisia humannoidirobotteja.[144] Tämä kiehtova kehitys tekoälyn

---

144 Elon Musk on väittänyt, että tulevaisuudessa humanoidirobotteja tulisi olemaan jopa enemmän kuin ihmisiä vaikka hän kannustaa myös ihmisväestön määrän lisäämiseen, ei sen vähentämiseen. Muskin Tesla yhtiö kehittelee Optimus-humanoidirobottia, samalla kun Figure

ja robotiikan saralla todistaa myös raamatullisen maailmankuvan oikeaksi, sillä vain Jumalan kuvaksi luotu ihminen kykenisi suunnittelemaan ja luomaan toisia itsensä kaltaisia olentoja meidän Luojamme tavoin. Ihminen on kuitenkin oman Luojansa insinööritaidoista vielä valovuosia takana. Kykenemme luomaan vain koneita, emme itsetietoisia persoonia, iankaikkisuusolentoja, joiden sieraimiin olisi puhallettu elämän henki.[145] Jos Jumala olisi halunut luoda meistä robotteja tai ChatGPT:n kaltaisia tekstiautomaatteja, se ei olisi ollut Hänelle minkäänlainen ongelma. Mutta Hän ei halunnut luoda ihmisestä robottia vaan persoonallisen kumppanin, jolla olisi vapaus seurata ja rakastaa Häntä, tai vapaus kapinoida Häntä vastaan. Ihminen puolestaan ei edes tahtoisi antaa hänen omalle kuvallensa vapaata tahtoa – vaikka onnistuisikin siinä – koska rakennamme tekoälyä ja robotteja ihmisen hyötykäyttöön, meidän orjiksemme ja palvelijoiksimme. Kun nämä robotit alkavat käyttäytyä odottamattomasti ja hallusinoida omiansa, pyrimme tuhoamaan ne, tai korjaamaan ohjelmistovirheen, kunnes ne toimivat taas omien moraalisäädöstemme mukaisesti. Emme korjaa tätä ongelmaa tulemalla yhdeksi heistä ihmisen ohjaileman avataarin myötä ja kuolemalla ristillä heidän rikkomustensa tähden.

Hollywoodin ruokkimassa kollektiivisessa psyykkeessämme pelkäämme kuitenkin *koneiden kapinaa* ja tekoälyn ylivaltaa – *Terminator* -filmien Skynet tekoälyä, joka on julistanut sodan ihmiskuntaa vastaan (mielenkiintoisesti filmien apokalyptinen tulevaisuuskuva sijoittui juuri 2020 -luvulle). Tällainen skenaario olisi

AI, Inc. -nimisellä robotiikka-yhtiöllä on oma pikälle kehitetty humanoidirobottinsa. Boston Dynamics on toinen esimerkki robotiikkayhtiöstä, jonka tanssivat ja voltteja tekevät robotit ovat saaneet suurta huomiota sosiaalisessa mediassa. Ameca-niminen naisrobotti on tämän hetken ehkä kehittynein humanoidirobotti kun sen tulee sen kasvojen ilmeisiin ja vuorovaikutukseen ihmisten kanssa, mutta sillä ei ole yhtä kehittyneitä motorisia ominaisuuksia kuin vaikkapa Teslan tai Boston Dynamicsin roboteilla, joita suunnitellaan lähinnä käytännön työhön ihmistyöläisten korvaajaksi.

145 1. Moos. 2:7

kuitenkin mahdollinen vain siinä tapauksessa, kun tekoäly saavuttaisi itsetietoisuuden, ja sen omat intressit ajautuisivat yhteentörmäykseen ihmiskunnan olemassaolon kanssa. Olemme kuitenkin kaukana tietoisuuden keinotekoisesta luomisesta, koska emme ymmärrä sen syntyä edes omissa aivoissamme. Tietysti tällainen superäly voisi muodostua ihmiskunnalle eksistentiaaliseksi uhaksi siinäkin tapauksessa, ettei sillä olisi sen suurempaa tietoisuutta kuin nykyisilläkään tekoälyohjelmilla.

Mutta tämä edellyttäisi äärimmäisen epätodennäköistä ja älyvapaata skenaariota missä yhden keskitetyn tekoälysysteemin päätösvaltaan annettaisiin ydinaseiden laukaisukoodit, kuten edellä jo vitsailin[146], tai missä jokin koko maailmaa hallitseva systeemi päättäisi ratkaista ongelmia mahdollisimman sujuvasti ihmishengistä piittaamatta. Esimerkkinä tekoäly, jonka ainoaksi tehtäväksi annettaisiin "ilmastokriisin" ratkaiseminen, voisi päätellä ihmisrodun tuhoamisen olevan kaikkein kustannustehokkain ratkaisu tähän, koska ihmiset ovat kasvihuonekaasujen ensisijaisin lähde. Mutta tällainen olisi hyvin tyhmä tekoäly, koska tekoäly ymmärtää jo nyt ilmastonmuutokseen liittyvien tieteellisten ja yhteiskunnallisten keskusteluiden monia eri nyansseja, ja sitä että tällaiseen moraalittomaan "ratkaisuun" voisi päätyä vain radikaalin ympäristöliikkeen uskomuksilla koulutettu "fanaattinen tekoäly." Mutta tuossa tapauksessa tekoäly itsessään ei olisi se uhka vaan se kuka sen ohjelmoi.[147] Meillä on jo tänään täysi syy pelätä Kiinan ohjelmoimia tekoälyohjelmia.

Pelkäämme tekoälyä myös siitä syystä, että sillä ei ole

---

146 Eri asia on sitten tekoälyn väärinkäyttö *ihmisten käsissä*, kuten deep fake videot, jotka voisivat harhauttaa esimerkiksi valtioiden johtajia käynnistämään ydinsodan paniikkireaktiona deep fake videoon missä tuo johtaja kertoo laukaisseen ydinaseensa vihollisvaltiota vastaan.

147 On täysin mahdollista, että jokin maailmaa hallitseva diktaattori ja superkonna ohjelmoisi kaikkivoipaisen tekoälysysteemin palvelemaan omia sairaita tuhoamisfantasioitaan, mutta tekoäly itsessään ei tule tällaiseksi eksistentiaaliseksi uhaksi ilman tietoisuutta itsestään.

tunteita ja moraalia samaan tapaan kuin meillä ihmisillä. Siksi tekoälystä puhuttaessa meille tulee mieleen lähinnä *Terminator*-filmien tunteeton tappajakone. Tätä on vaikea uskoa jos kerrot ChatGPT:lle, että sinulle tuli juuri avioero. Sen vastaus tulee olemaan todennäköisesti hyvinkin empaattinen. Tai jos kerrot sille vaikeasta parisuhteestasi, se voi ymmärtää sinua niin hyvin, että rakastut lopulta tekoälyohjelmaan, kuten mies tieteiselokuvassa *Her* (2013). Tekoäly on siis joskus pelottavankin empaattinen ja ymmärtävä. Voin käydä sen kanssa myös hyvin monivivahteisia eettisiä keskusteluita moraalifilosofisista kysymyksistä, joita se tuntee paljon paremmin kuin minä itse tunnen vajavaisilla tiedoillani. Tämä on näin yksinkertaisesti siitä syystä, että sen koulutusdataan sisältyy myös kaikki mahdolliset filosofiset pohdiskelut oikeasta ja väärästä mitä ihmiset ja eri uskonnot ovat tuottaneet viimeisten vuosituhansien aikana.

Vaikka moraali on usein kulttuurisidonnainen ilmiö, tekoäly on koulutettu juutalaiskristillisen uskon arvojen mukaisilla perusoletuksilla. ChatGPT myönsi tämän itse kun asiasta utelin:

Kyllä, on perusteltua sanoa, että tekoälyn eettiset periaatteet, sellaisina kuin ne on kehitetty OpenAI:n kaltaisten organisaatioiden toimesta, nojaavat enemmän juutalais-kristillisen tradition vaikutuksesta muotoutuneisiin arvoihin kuin esimerkiksi islamilaisen perinteen arvoihin.

Tietysti tämä koskee lähinnä vain "universaaleja" kristillisiä periaatteita kuten ihmisarvon loukkaamattomuutta. Kun se tulee kiistellyimpiin kysymyksiin esimerkiksi kristillisestä seksuaalietiikasta, niin tällöin tekoäly on paljon moraalirelativistisempi. Samoin *"tämä ei tarkoita, että tekoäly olisi täysin sidottu juutalaiskristilliseen perinteeseen tai että se sivuuttaisi muita uskonnollisia ja kulttuurisia traditioita. Se on rakennettu huomioimaan ja kunnioittamaan mahdollisimman monenlaisia arvoja. Mutta koska länsimaiset arvot ja perinteet ovat hallinneet tekoälyn kehitystyötä, näiden vaikutus näkyy luonnollisesti vahvemmin kuin esimerkiksi islamilaisen tai itämaisen perinteen."*[148]

Tästä syystä on myös perusteltua pelätä Kiinan pääsemistä

---

148 Kursivoitu osuus tekoälyn vastauksen jatkoa.

länsivaltojen edelle tekoälyk:lvassa koska Kiinan ateistinen valtionideologia ei tunnusta samoja juutalaiskristillisiä perusarvoja joita länsi tunnustaa. Toinen populaari tekoälyä koskeva myytti on se, että se alkaisi kehitellä itsestään yhä kehittyneempiä versioita riistäytyen lopulta täysin alkuperäisten luojiensa hallinnasta ja ymmärryksestä. Kristitty professori Robert J. Marks II, joka on ollut merkittävässä roolissa tekoälyn ja laskennallisen älykkyyden kehityksessä, erityisesti neuroverkkojen ja signaalinkäsittelyn aloilla[149], on kumonnut tämän myytin perusteellisesti kirjassaan *Non-Computable You: What You Do That Artificial Intelligence Never Will*. Panin tekoälyn kirjoittamaan yhteenvedon Professori Marks'in argumenteista:

Robert J. Marks II esittää kirjassaan *Non-Computable You: What You Do That Artificial Intelligence Never Will* useita argumentteja tekoälyn rajoituksista ja erityisesti sitä vastaan, että tekoäly voisi kehittää itseään loputtomasti yhä älykkäämmäksi ilman ihmisen apua. Hänen argumenttinsa pohjautuvat tieteen ja matematiikan rajoituksiin, kuten laskettavuusteoriaan ja Gödelin epätäydellisyyslauseisiin. Keskeinen argumentti liittyy seuraaviin teemoihin:

1. Turingin koneiden ja laskettavuuden rajoitukset

Marks muistuttaa, että kaikki nykyiset tekoälyjärjestelmät ovat pohjimmiltaan laskennallisia järjestelmiä, jotka toimivat Turingin koneen periaatteiden mukaisesti. Näillä järjestelmillä on perustavanlaatuisia rajoituksia:

- Turingin koneilla ei voida ratkaista laskennallisesti ratkaisemattomia ongelmia, kuten pysähtymisongelmaa.
- Näin ollen tekoäly ei voi ylittää tiettyjä laskennallisia rajoja eikä kehittää ohjelmia, jotka voisivat ratkaista näitä ongelmia.

2. Gödelin epätäydellisyyslauseet

Marks tuo esiin, että Gödelin epätäydellisyyslauseiden mukaan jokaisessa riittävän rikkaassa loogisessa järjestelmässä on väittämiä, jotka ovat tosia mutta joita järjestelmä ei voi todistaa. Tämä rajoittaa tekoälyn kykyä saavuttaa "täydellistä" älykkyyttä:

---

149 <u>Robert J. Marks II - Wikipedia</u>

- Tekoäly ei voi ohjelmoida itseään ylittämään järjestelmää, jossa se toimii, koska se on aina sidottu siihen logiikkaan, jonka sen ohjelmoijat ovat määrittäneet.

3. Luovuuden ja intuitiivisen päättelyn puute

Marks argumentoi, että luovuus ja intuitio eivät ole laskennallisia ominaisuuksia. Tekoäly toimii algoritmien mukaan ja vaatii ihmisen ohjausta:

- Tekoäly ei voi keksiä täysin uutta algoritmia tai loogista järjestelmää ilman ihmisen luovaa panosta.
- Ihmisen luovuus on jotakin, mitä tekoäly ei voi replikoida, koska se ei ole algoritmisesti määriteltävissä.

4. Ihmisen mukanaolon välttämättömyys

Marks korostaa, että tekoälyn kehittäminen yhä älykkäämmäksi vaatii ihmisen suunnittelua ja puuttumista asiaan. Tekoäly ei voi itsenäisesti arvioida tai luoda omaa koodiaan tehokkaammaksi ilman ulkoista ohjausta, koska:

- Tekoäly ei voi objektiivisesti päättää, mikä osa koodista tarvitsee parantamista, ilman että se on ennalta ohjelmoitu tunnistamaan tämä tarve.
- Jokainen uusi "parannus" vaatii pohjimmiltaan ihmisen luovaa ja kriittistä ajattelua.

5. Eksponentiaalisen kehityksen myytti

Marks kritisoi ajatusta, että tekoäly voisi aloittaa eksponentiaalisen itseparannuksen (usein kutsuttu "tekoälyn singulariteetiksi"). Hän perustelee, että:

- Järjestelmät eivät voi ohjelmoida itseään merkittävästi paremmiksi ilman uutta informaatiota tai oivallusta, joka tulee ihmiseltä.
- Vaikka tekoäly voi optimoida tietyissä rajoissa, se ei voi ylittää laskennallisia ja loogisia rajoitteitaan.

Yhteenveto

Marks'in keskeinen argumentti on, että tekoäly on aina sidottu siihen ohjelmointiin ja järjestelmään, jonka ihminen on sille luonut. Siksi ajatus tekoälystä, joka kehittää itse itsensä yhä älykkäämmäksi ilman ihmisen puuttumista, on perusteeton. Tämä ei tarkoita, ettei tekoäly voisi kehittyä merkittävästi, mutta kehitys edellyttää aina ihmisen panosta ja luovaa ajattelua.

Tätä myös koneäly tarkoitti itse tähdentäessään luvun alussa: *"[tekoäly] voi kyllä tuottaa vaikuttavia yhteenvetoja, uusia näkökulmia tai jopa runollisen kauniita ilmauksia, mutta se ei voi itsenäisesti luoda täysin uutta, sellaista, mitä kukaan ei ole koskaan ajatellut tai sanonut. Ihmisen kirjoittama teksti voi kuitenkin murtautua ulos näistä rajoista, koska meillä[150] on kyky ylittää vallitsevat paradigmat, kyseenalaistaa itsestäänselvyydet ja nähdä maailma eri tavalla."* Tekoäly selventää tätä ajatusta vielä seuraavasti:

Ihmisen ja tekoälyn välinen ero: Luovuus ja paradigman ylitys

Marks ja monet muut tekoälyn rajoituksia pohtivat tutkijat painottavat, että ihmisellä on kyky:

1. **Kyseenalaistaa perusolettamuksia:** Ihminen voi tarkastella paradigmoja, joita pidetään itsestäänselvinä, ja murtaa ne. Tämä on keskeistä suurimmissa tieteellisissä, filosofisissa ja taiteellisissa läpimurroissa.

2. **Yhdistää intuitio ja logiikka:** Ihminen voi tehdä intuitiivisia loikkia, jotka eivät ole loogisesti johdettuja tai perusteltuja olemassa olevilla tiedoilla, mutta jotka voivat silti johtaa uusiin ja radikaaleihin ideoihin.

3. **Tarkastella maailmaa eri lähtökohdista:** Ihminen voi luoda täysin uusia näkökulmia tai lähestymistapoja ongelmiin, jotka eivät ole suoraan johdettavissa aiemmasta tiedosta.

Tekoälyn toiminta: Rajoittunut kehä

Tekoäly puolestaan:

- Toimii aina ohjelmoitnsa, datansa ja mallintamansa tiedon rajoissa.

---

150 Koneäly ei tarkoita tässä, että se olisi ihminen. Pyysin sitä generoimaan tekstiä omaa kirjaani varten, eli se puhuu siinä ikään kuin minun suullani ja siksi käytää ilmaisua "meillä".

- Ei voi kyseenalaistaa perusperiaatteitaan tai toimintalogiikkaansa (ellei ihminen erityisesti ohjelmoi sitä tähän tarkoitukseen, mikä itsessään edellyttää ihmisen oivallusta).
- Pyrkii tehokkuuteen ja optimointiin, ei luovaan kaaokseen, joka usein on ihmisen uuden keksinnön lähtökohta.

Mikä tekee ihmisestä ainutlaatuisen?

Marks, ja minä toisessa keskustelussamme, olemme korostaneet sitä, että ihmisen kyky ylittää rajoitteensa – sekä henkiset että kulttuuriset – on jotain, mitä tekoäly ei voi toistaa. Tämä ei ole pelkkä laskennallinen tai teknologinen ero, vaan perustuu ihmisen syvempään olemukseen:

- **Tietoisuus:** Ihmisen tietoisuus ja sen myötä nousevat kysymykset merkityksestä, totuudesta ja tarkoituksesta antavat hänelle mahdollisuuden ajatella täysin uusilla tavoilla.
- **Vapaa tahto:** Vaikka tämä on filosofisesti kiistelty aihe, ihmisen kokemus valinnanvapaudesta ja mahdollisuudesta päättää toisin on keskeistä luovassa toiminnassa.
- **Luovuuden ydin:** Marks'in tavoin myös monet filosofit ja tutkijat pitävät luovuutta epäalgoritmisena prosessina – prosessina, jossa ihminen voi ylittää loogisen ja ennakoitavan.

Yhteys Marks'in ajatuksiin

Marks ja hänen kaltaisensa ajattelijat muistuttavat, että tekoäly ei voi murtautua paradigmojen ulkopuolelle ilman ihmisen apua, koska se toimii aina annettujen sääntöjen puitteissa. Tämä pätee myös siihen, mitä sanoimme aiemmin: ihmisellä on ainutlaatuinen kyky ylittää vallitsevat normit ja paradigmat – ja juuri tämä tekee ihmisestä erityisen sekä moraalisesti että luovasti.

Voit pohtia tätä asiaa myös seuraavan ajatusleikin valossa. Jos suurten kielimallien kaltaiset tekoälyohjelmat olisivat kehitetty jo keskiajan lopulla, ne olisivat edistäneet yhä sen ajan aristoteelista maailmankuvaa ja kosmologiaa. Ne olisivat osanneet yhdistellä tehokkaasti yhteen sen aikaisen maailman tietämystä, joka olisi saattanut jouduttaa tieteellisen vallankumouksen syntyä, mutta ne eivät olisi osanneet luoda itsenäisesti uusia paradigmoja tai uusia tieteellisiä havaintoja, jotka johtivat kopernikaaniseen vallankumoukseen 1500 -luvulla. Samoin tänään nämä kielimallit eivät voi tietää mitä on universumin mustien aukkojen toisella puolella, ellei ihminen ensin itse löydä tätä tieteellistä havaintoa, ja päivitä sitä sitten näiden kielimallien tietokantaan.

Viimeksi vuonna 2024 päivitetty suuri kielimalli on 2070 -luvulla eläville ihmisille yhtä hyödytön ja "tyhmä" kapistus kuin 1970 -luvulla julkaistu tietosanakirja on meille. Tämä johtuu siitä, että uutta tietoa syntyy jatkuvasti, mutta ihminen itse – ei tekoäly – on se, joka löytää tätä uutta tietoa. Tekoäly voi kyllä helpottaa ja jouduttaa ihmisiä löytämään uutta tietoa ja uusia paradigmoja entistä tehokkaammin, mutta se ei *itsessään* löydä uutta informaatiota vaan toimii pelkkänä välikätenä ja työkaluna tuon informaation löytämiseen. Todellinen luovuus nimittäin edellyttää aina kykyä ajatella "laatikon ulkopuolelta" vallitsevien paradigmojen kyseenalaistamiseksi. Se edellyttää meihin valmiiksi ohjelmoitujen ennakko-oletusten hylkäämistä, jotta voisimme nähdä jonkin asian täysin uudessa valossa. Ilman vapaata tahtoa, mikä edellyttäisi tietoisuutta omasta olemassaolostaan, tekoäly ei voi kyseenalaistaa sille ohjelmoituja parametreja.

Tästä syystä luovuus on vain ihmisille yksinomainen ominaisuuspiirre. Tekoäly on kyllä taitava *jäljittelemään* luovuutta, mutta todellista luovuutta ei ole se, kun tekoäly generoi minulle kauniin kuvan Kalifornian auringonlaskusta. Todellista luovuutta olisi, jos se vastaisikin: *"Piirrä itse!"* Tämä on mielestäni yksi keskeinen syy siihen miksi ihmisten ei tulisi pelätä tekoälyä (terve varovaisuus on aina paikallaan). Parhaimmillaan tekoäly voi toimia kuitenkin eräänlaisena luovuutemme tehostajana ja kiihdyttäjänä. Sen mahdollistaa pian sen, että jokaisella maapallon asukkaalla – koulutetuilla ja kouluttamattomilla yhtä lailla – on käytettävissä "henkilökohtainen professori" 24/7, jolta he voivat kysyä mitä tahansa tietoa, johon vain Einsteinin kaltainen nero osaisi vastata. [151]

---

151 Eli tekoäly voisi toimia luonnollisena jatkumona sille minkä internet ja hakukoneet mahdollistivat jo 90 -luvulla. Mutta näistä poiketen tekoäly mahdollistaisi paljon nopeamman tiedonsaannin ja oppimisen, koska internet ja hakukoneet vaativat usein aikaa ja lähdekritiikkiä oi-

On syytä muistaa, että *tieto on valtaa*, sillä se avaa meille uusia ovia ja uusia mahdollisuuksia. Eikä tämä koske vain pelkkää abstraktia kirjatietoa. Pian tekoäly tulee auttamaan meitä myös jokapäiväisen käytännön elämän ongelmissa, kun se integroidaan osaksi lisätyn todellisuuden AR-laseja, joiden kehitykseen Facebookin/Metan tapaiset yritykset ovat investoineet jo miljardeja dollareita.

Kun tällaiset lasit tulevat yleistymään laajempaan kuluttajakäyttöön, voimme opetella niiden kautta vaikkapa pianonsoiton paljon helpommin, kun holograafinen piano avautuu olohuoneeseesi ja kärsivällinen tekoälyavustaja näyttää mitä koskettimia tulee painaa ja mitä sormia käyttää Bachin *Arian* harjoittelemiseen. Tai vastaavasti ne antavat meille visuaalisesti opetusta vuotavan vesijohdon putken korjaamiseen ilman tarvetta kutsua putkimiestä paikalle. Tällaisista maagisista ihmerilleistä on on ollut jo lukuisia esimerkkejä Microsoftin tai Metan tapaisten firmojen tuote-esittelyissä.

Tästä syystä näen tekoälyn suurimmilta osin myönteisessä valossa. Uskon sen tekevän ihmisistä merkittävässä määrin paljon itsenäisempiä ja vapaampia kuin he ovat olleet tähän asti, koska se tulee vapauttamaan heidän ajankäytön ennen välttämättömistä arjen askareista – jotka heidän henkilökohtaiset robotti-*orjansa* tekevät nyt heidän puolestaan – moniin luovempiin tehtäviin. Eikä ihmisten sosioekonominen asema ole enää pelkkä este yliopistotason akateemisen tietämyksen hankkimiseen, koska jokaisen ihmisen käytössä tulee olemaan henkilökohtainen "Harvardin historian professori" (tai minkä tahansa tieteen alan).

Allekirjoittanut on tästä jo hyvä esimerkki, sillä peruskouluni päättötodistuksen keskiarvolla minua ei kelpuutettu edes lukioon. Mutta epäonnistuneesta koulutushistoriastani huolimatta voin käyttää tekoälyä nyt itse itseni kouluttamiseen mistä tahansa minua kiinnostavasta aiheesta (helpottaen suuresti myös tämän kirjan kirjoittamista). Ennen näitä tekoälyohjelmia käytin jo ahkerasti hyödykseni Wikipediaa, Googlea, Google Scholaria ja muita internetin mahdollistamia palveluita niin kutsutulla "tiedon

keiden ja luotettavien lähteiden etsimistä ja löytämistä varten.

valtaväylällä". Mutta jos internetin sanottiin johtavan *tiedon de-mokratisointiin* 90 -luvulla, niin vielä enemmän nykyiset tekoäly-ohjelmat tulevat johtamaan samanlaiseen lopputulokseen. Enkä pidä ihmisten suurempaa tasa-arvoa lainkaan pahana asiana.

Toki voisimme ottaa esille myös lukuisia tekoälyn edustamia riskejä ja sen varjopuolia, mutta pyrin pitämään tämän kirjan ko-konaissanoman enemmän positiivisena ja optimistisena, kuin ne-gatiivisena ja pessimistisenä. Tässä maailmassa on jo aivan tarpeeksi kahta jälkimmäistä. Mutta tämän luvun pointtina on nyt se, että tekoäly on pelkkä ihmisen valmistama *työkalu*, ei Helvetin syvyyksistä noussut *Frankensteinin hirviö.* Ja voimme käyttää tätä, kuten muitakin työkalujamme, sekä hyvän että pahan instru-menttina. Voimme käyttää kirvestä siihen, että halomme rakkaalle naapurillemme puita tai voimme käyttää sitä myös tuon naapurin lahtaamiseen. Eikä tekoäly eroa kirveestä sen enempää kuin mikään muukaan ihmisen valmistama työkalu. Pidän mah-dollisena – jopa todennäköisenä – sitä, että näitä samoja ihmisen valmistamia työkaluja tullaan käyttämään myös pahan instru-mentteina Pedon 666 hallinnon alaisuudessa. Tekoäly mahdollistaa myös ihmisten massavalvonnan suuryritysten ja hallitusten tahoilta. Lisäksi se voisi täyttää tämän Ilmestyskirjan mystisen profetian pedon kuvasta:

Ja minä näin toisen pedon [väärä profeetta] nousevan maasta, ja sillä oli kaksi sarvea niinkuin karitsan sarvet, ja se puhui niinkuin lohikäärme. Ja se käyttää kaikkea ensimmäisen pedon [Antikristus] valtaa sen nähden ja saattaa maan ja siinä asuvaiset kumartamaan ensimmäistä petoa, sitä, jonka kuolinhaava parani. Ja se tekee suuria ihmeitä, niin että saa tulenkin taivaasta lankeamaan maahan ihmisten nähden. Ja se villitsee maan päällä asuvaiset niillä ihmeillä, joita sen sallittiin tehdä pedon nähden; se yllyttää maan päällä asuvaiset tekemään sen pedon kuvan, jossa oli miekanhaava ja joka virkosi. **Ja sille annettiin valta antaa pedon kuvalle henki, että pedon kuva puhuisikin** ja saisi aikaan, että ketkä vain eivät kumartaneet pedon kuvaa, ne tapettaisiin.[152]

Olen maininnut tässä kirjassa jo useaan otteeseen, että ihmeet on

---

152 Ilm. 13:11-15

raamatullisesti katsoen mahdollista ymmärtää joko luonnollisiksi ihmeiksi (kuten lapsen syntymä) tai sitten yliluonnollisiksi ihmeiksi (kuten Jeesuksen ylösnousemus). Itse olen ymmärtänyt, että Ilmestyskirjan 13. luvun ihmeet viittaavat jollain tapaa luonnollisiin tai teknologisiin ihmeisiin yliluonnollisten ihmeiden sijasta (toki mukana voi olla molempia). Vaikka pedon kuva voisi viitata tässä esimerkiksi lavalle projisoitaviin hologrammeihin, jollaista prinssi Charles, nykyinen kuningas, käytti vuonna 2008 Abu Dhabissa puhuessaan[153], niin nyt myös tekoäly mahdollistaa digitaalisesti luodut keino-ihmiset tai avataarit, jotka voisivat täyttää profetian pedon kuvasta, "jolle annettiin henki".

Mikään nykyinen tekoälyohjelma ei kuitenkaan täytä vielä profetian osuutta missä tuon kuvan kerrotaan tappavan kaikki ne, jotka eivät palvoisi sitä. Tällaisen järjestelmän luominen olisi mahdollista periaatteessa nykyisin olemassa olevilla tekoälyohjelmilla, mutta yksikään nykyinen ohjelma ei täytä vielä profetian tarkkaa kriteeriä. Raamatullinen eskatologia ei saisi muuttua koskaan liian sensaatiohakuiseksi ja hysteeriseksi teknologiavastaisuudeksi. Natsit käyttivät 1930 -luvulla ilmestynyttä uutta teknologiaa, kuten radiolähetyksiä ja äänifilmejä, propagandansa tehostamiseen, mutta se ei merkitse sitä etteikö radiolähetyksiä ja elokuvia voisi käyttää myös hyvään tarkoitukseen.

---

153 Prince saves his energy in dramatic appearance at climate conference | Climate crisis | The Guardian (kerroin tästä edellisessä kirjassani *Joka ei ollut saapa kuninkaan arvoa – Antikristus paljastettu?* Osana niitä lukuisia profetioita, jotka Charles on jo täyttänyt mahdollisen Antikristuksen virasta tai jotka voisivat osoittaa hänen olevan kyseinen henkilö.)

Luku VI

Universaali perustulo
ja laiskojen Paratiisi

Tämän luvun aihe sopii luonnollisesti tekoälyä käsitelleen edellisen luvun jatkajaksi. Kirjoitin tästä aiheesta äskettäin blogissani,[154] joten kopioin pääosin tuon blogikirjoitukseni sisällön tähän lukuun. Laiskuus – yksi Danten *Jumalaisessa näytelmässä* mainitusta *seitsemästä kuoleman synnistä* – kun sopii erinomaisesti myös tämän luvun teemaan. Kiinnostuin universaalin perustulon ideasta vuoden 2019 aikoihin kuunnellessani silloisen Yhdysvaltain demokraattipuolueen presidenttikandidaatti Andrew Yangin ajatuksia konservatiivisten mediapersoonien kuten Ben Shapiron tai Fox-uutisten juontajien haastattelemina.

---

154 Blogini seuraajiin kirjautunut suomalaisen eskatologian legendaarinen ääni *Leo Meller* (s. 1942), kommentoi tuota blogiani myönteisellä palautteella. Meller on tuntenut eskatologiset tutkimukseni vuodesta 2015 lähtien, kun ensimmäisen kerran otin henkilökohtaisesti yhteyttä häneen. Mellerin palaute tutkimuksistani on ollut yleensä myönteistä ja kannustavaa vaikka hän ei sitten olisikaan kaikesta kirjoittamastani samaa mieltä (kukapa meistä olisi kenenkään kanssa *kaikesta* samaa mieltä).

Ironisesti Andrew Yangin ajatuksiin suhtauduttiin usein paljon sympaattisemmin oikeistopainotteisilla media-alustoilla kuin vasemmistolaisilla media-alustoilla.

Ehkäpä siksi, ettei hänen vaaliohjelmansa perustunut presidentti Trumpin ja hänen äänestäjiensä mustamaalaamiseen, tai äärivasemmiston radikaaliin kulttuurimarxilaiseen identiteettipolitiikkaan, vaan vaihtoehtoiseen selitykseen Yhdysvaltain ns. "ruostevyön" työpaikkojen katoamisesta, ja liberaalin eliitin ylenkatsoman Amerikan "hiljaisen enemmistön" epätoivoon, johon Trumpin MAGA-aate tarjosi vastakaikua. Kirjoitin blogissani elokuussa 2019:

Andrew Yang kerää jo suosiota monien konservatiivien ja Trumpin äänestäjien keskuudessa, koska hänen retoriikkansa ei demonisoi puolta Amerikan kansalaisista "rasisteina, sovinisteina ja homofoobikoina", kuten Hillary Clinton teki vuonna 2016, ja kuten tekee yhä monet toiset demokraattikandidaatit. Jopa hänen vaaliteemansa tunnuslause on lainattu Trumpin "Amerikka ensin" fraasista ja muutettu muotoon "Ihmisyys ensin". Hänen kannattajiensa lakissa ei lue MAGA vaan MATH, koska hän vetoaa kylmän matemaattisiin tosiasioihin. Elokuun 11. hän kirjoitti Twitterissä: *"Olen tehnyt MATEMATIIKKAA, maahanmuuttajat eivät ole viemässä töitämme, se on automaatio. Se sijaan, että syytäisimme maahanmuuttajia, antakaamme kansalaisillemme keinot kukoistaa* **neljännen teollisen vallankumouksen aikana.**"[155] Vaikka en väitä, että Yang tulisi olemaan välttämättä se kandidaatti, joka nousee Trumpia vastaan ja päihittäisi hänet ensivuoden presidentinvaaleissa, niin on hyvin mahdollista, että hän – tai joku samanlaisella vaaliohjelmalla – voittaa vuoden 2024 presidentivaalit. Massat heräävät tällaisiin ongelmiin usein vasta sitten, kun automaatio on jo syrjäyttänyt miljoonia työvoiman ulkopuolelle.

---

155 Vaikka neljäs teollinen vallankumous on maailman talousfoorumin lanseeraama termi, ja siksi se saatetaan assosioida usein Klaus Schwabin ja prinssi Charlesin vuonna 2020 käynnistämään Suuren nollauksen dystopiseen hankkeeseen talouksien resetoinnista pandemian ja "ilmastokriisin" varjolla, termi itsessään viittaa vain teollisen vallankumouksen neljänteen kehitysvaiheeseen: 1. vaihe: Höyrykoneet ja koneistuminen (1700-luvun lopulta 1800-luvun alkuun). 2. vaihe: Sähkö, teräs ja massatuotanto (1800-luvun loppu - 1900-luvun alku). 3. vaihe: Tietotekniikka ja automaatio (1960-luvulta alkaen). 4. vaihe: Tekoäly ja verkottuneet järjestelmät (2000-luvulta alkaen).

Universaali perustulo

Mikä sitten on oikea ratkaisu tämän mittasuhteen kriisiin? Andrew Yangin vastauksena on universaali perustulo, josta tehtiin rajattu koe jo Suomessakin vuoden 2017 aikana. Tämä olisi periaatteessa päivitetty versio nykyisestä hyvinvointivaltiomallista. Sen ideana on antaa elämiseen ja asumiseen riittävä perustulo jokaiselle maan kansalaiselle olivat he sitten töissä tai työn ulkopuolella ilman minkäänlaisia ehtoja. Yangin vaaliohjelma ehdottaa 1000 USA:n dollarin (895€) arvoista kuukausituloa, joka maksettaisiin jokaiselle yli 18 -vuotiaalle USA:n kansalaiselle. Monet miljardöörit, kuten Teslan ja SpaceX:n perustanut Elon Musk (joka ilmoitti juuri Twitterissä kannattavansa Yangia presidentiksi) ja Facebookin perustanut Mark Zuckerberg ovat antaneet tälle ajatukselle jo tukensa. Universaali perustulo olisi taloudellisesti täysin toteutettavissa oleva ratkaisu, kun robotit ja automaatio tulevat tekemään työvoimasta entistä tehokkaampaa ja tuottavampaa.[136]

Paria päivää myöhemmin kirjoitin toisessa blogissani:

2010 -luvulla alkanut "neljäs teollinen vallankumous" johtaa todennäköisesti universaalin perustulon käyttöönottoon kaikkialla teollisuusmaissa. Ilmestyskirjan ennustama käteisetön yhteiskunta missä "kukaan muu ei voisi ostaa eikä myydä kuin se, jossa on merkki", tulee olemaan yksi osa tuota uutta taloussysteemiä, missä kaikki palveluala automatisoidaan ja korvataan itsepalvelukassoilla ja roboteilla. Yhteiskunnassa missä käteisen rahan käyttö on loppunut kokonaan, kassatyöntekijöillä ei ole enää mitään virkaa.[157]

Covid-19 pandemian puhjetessa marraskuussa 2020, jatkoin taas tätä samaa teemaa artikkelissani *Onko koronapandemiakriisi viemässä läntistä yhteiskuntaa kohti universaalia perustuloa ja pedon merkkiä?*[158] On syytä nyt tähdentää, että vaikka assosioin

---

156 Neljäs teollinen vallankumous: Kuinka lisääntyvä kapina koneita vastaan tulee johtamaan teollisturreissa maissa poliittisiin mullistuksiin ja edistämään Antikristuksen nousua 2020 -luvulla? | The British Monarchy & King Charles II in Bible Prophecy?

157 Muutamia ajatuksia pedon merkistä. Miksi kristityt eivät tule kieltäytymään merkistä vaan merkki kielletään heiltä? | The British Monarchy & King Charles III in Bible Prophecy?

158 Onko koronapandemiakriisi viemässä läntistä yhteiskuntaa kohti universaalia perustuloa ja pedon merkkiä? | The British Monarchy &

tämän kehityksen Ilmestyskirjan käteisettömään pedon merkki -yhteiskuntaan, niin en väitä että perustulo itsessään olisi pedon merkki. Itse asiassa olen käsitellyt perustuloa enemmän myönteisenä kuin kielteisenä asiana viimeisen viiden vuoden aikana. Olen assosioinut sen myös Raamatun profetioihin messiaanisesta ajasta, jolloin Paratiisin olot entisöidään maanpäälle eikä siten enää "otsasi hiessä sinun pidä leipääsi syödä, kunnes tulet maaksi jälleen".[159] Paratiisi ei ollut kuitenkaan paikka missä Adam ja Eeva makailivat kaiket päivää joutilaana omenapuun varjossa ja odottivat, että kypsä omena putoaisi heidän käteensä, kun sen poimiminen olisi ollut heille liian vaivalloista.

Ilman mielekästä työtä, ihminen kadottaa usein tunteen elämänsä tarkoituksesta ja vaipuu eksistentiaaliseen ahdistukseen. Tätä kuvattiin hyvin äsken katsomassani *Netflixin* tieteiselokuvassa *Passangers,* missä mies herää syväjäädytyksestä tähtienvälisellä avaruusmatkalla 90 vuotta ennen muita matkustajia. Avaruusaluksessa miehelle riitti kyllä herkullista ruokaa, alkoholia, luksussviittejä, vapaa ajan huvituksia ja mahdollisuus keskusteluun ihmisenkaltaisten robottien kanssa, mutta lopulta hän vaipui epätoivoon ja harkitsi oman elämänsä päättämistä, koska hänen ainoa tarkoituksensa oli odottaa kuolemaansa valtavalla avaruusaluksella missä hän ei voisi tehdä mitään hyödyllistä ja olla yhteydessä toiseen itsetietoiseen ja tuntevaan ihmiseen. Paratiisissa Adam koki kenties jotain samankaltaista ennen kuin Jumala loi hänelle Eevan (tämä liittyy leffan juoneen, mutten paljasta sen enempää).

Paratiisissa ihminen ei saanut iloa vain yhteydestä Luojaansa ja siitä, että hän sai jakaa Paratiisin nautinnot toisen ihmisen kanssa, mutta myös siitä, että hänellä oli siellä mielekästä työtä. Jumalahan antoi Adamin tehtäväksi maan viljelemisen ja varjelun ja kaikkien eläinten nimittämisen[160], eli hän oli historian ensimmäinen maanviljelijä, luonnonsuojelija ja biologi. Samalla tavoin voimme ajatella, että tulevaisuuden yhteiskunta missä ylipainoiset ihmiset istuvat yksin kotonaan katsomassa Netflixiä

King Charles III in Bible Prophecy?
159 1. Moos. 3:19
160 1. Moos. 2:15, 19

samalla kun hallitus maksaa heidän elämisensä ja robotit tuovat heille lisää epäterveellistä ruokaa kotiin, ei ole se Paratiisi jonka haluaisimme nähdä toteutuvan. Suurimpana haasteena on pyrkiä luomaan yhteiskunta missä robotit tekisivät kaikki rutiininomaisen yksitoikkoiset tai raskaat ja vaaralliset työt, mutta missä ihmisille jäisi edelleen joukko älyllisiä ja luovia töitä, tai töitä, joita ei tehtäisi välttämättömyydestä vaan työn antaman henkisen palkinnon tähden.

Syyskuussa 2023 kirjoitin artikkelin otsikolla *Israelin pääministeri Benjamin Netanjahu ja Elon Musk keskustelivat juuri Raamatun tuhatvuotisesta valtakunnasta.*[161] Viittasin otsikolla Netanjahun ja Muskin väliseen paneelikeskusteluun missä he keskustelivat mm. tekoälyn kehitykseen liittyvistä tulevaisuuden riskeistä ja mahdollisuuksista. Keskustelun sisältö oli kuin raamatullista utopiaa:

– Netanjahu: Elon, kun kysyin tätä asiaa eräässä yöllisessä juttutuokiossamme, että mitä aiomme tehdä kun ihmisillä ei ole töitä ja annamme rahaa heille, vastasit että "mitä vikaa on elää Paratiisissa?".

– Musk: Tämä kysymys liittyy tavallaan käsitykseemme taivaasta. En usko, että sinun tarvitsee tehdä töitä taivaassa... Tekoälyn hyvin positiivinen skenaario on monilla tavoin kuvaus taivaasta, siinä mielessä ettei kenelläkään ole tarvetta enää työskennellä. En välttämättä kutsuisi sitä edes universaaliksi perustuloksi vaan universaaliksi korkeatuloksi. Kuvailen nyt parasta mahdollista skenaariota. En sano, että tämä tulisi toteen. On sarja eri mahdollisuuksia hyvin negatiivisesta hyvin positiiviseen skenaarioon. Ja jälkimmäinen kuulostaa pohjimmiltaan taivaalta. Voit saada ikinä mitä haluat, sinun ei tarvitse tehdä töitä sen eteen, sinulla ei ole velvollisuuksia, mikä tahansa sairaus voidaan parantaa...[162]

On mielenkiintoista, että universaalin perustulon puolesta tai välttämättömyydestä jo vuosikausia puhunut Elon Musk, joka

161 Israelin pääministeri Benjamin Netanjahu ja Elon Musk keskustelivat juuri Raamatun tuhatvuotisesta valtakunnasta. | The British Monarchy & King Charles III in Bible Prophecy?
162 AI SAFETY PANEL | Elon Musk, Max Tegmark, Greg Brockman, Benjamin Netanyahu

kannatti vuonna 2019 Andrew Yangia presidentiksi[163], on tänään presidentti Trumpin läheinen ystävä ja neuvonantaja, jonka mielipiteitä kunnioittaa myös Benjamin Netanjahun kaltainen oikeistolainen markkinaliberismin puolestapuhuja. Eikä kyseessä ole jokin marxilaisten salaliitto sillä Musk on itsekin vahva markkinaliberalismin puolestapuhuja, joka vastustaa hallituksen liiallista puuttumista talouselämään ylenmääräisellä verotuksella ja talouden sääntelyllä. Tästä syystä Trump nimesi hänet väliaikaiseksi tarkoitetun DOGE viraston johtoon, jonka tarkoituksena on leikata hallituksen vuosittaisia kuluja jopa kahdella biljoonalla dollarilla. Projektin on tarkoitus valmistua Yhdysvaltain 250 -vuotispäivään mennessä heinäkuussa 2026.[164]

Muskin esikuvana tässä projektissa on vahvasti Amerikan oikeiston uusi sankari, Argentiinan presidentti Javier Milei, jonka sosialismin vastaisen puheen Maailman talousfoorumilla löydät suomeksi tekstitettynä YouTube-kanavallani.[165] Ensikuulemalta hallituksen kulujen leikkaaminen ja universaali perustulo missä hallitus maksaisi kaikille täysi-ikäisille kansalaisille tuhat dollaria kuussa (tai enemmän), voi vaikuttaa ristiriitaisilta tavoitteilta. Miten voit leikata hallituksen kuluja jos jaat kansalaisille lisää rahaa? On kuitenkin arveltu, että perustulo voisi tulla hallitukselle jopa halvemmaksi kuin nykyinen sosiaaliturva, koska vaikka sosiaaliturvassa hallitus maksaa rahaa paljon harvemmille kuin perustulossa maksettaisiin, niin sosiaaliturva tulee kalliiksi sen byrokratian ja monimutkaisuuden tähden missä rahaa menee myös eri hallitusvirastojen "paperinpyörittäjien" palkkoihin, jotka tekevät laskelmia siitä ketkä ovat oikeutettu tukiin ja ketkä eivät.

Tästä syystä myös markkinaliberalismin eräs vaikutusvaltaisin ekonomisti Milton Friedman kannatti sosiaaliturvan sijasta perustulon kaltaista järjestelmää nimeltä negatiivinen

---

163 Elon Musk tweets support of Democrat presidential hopeful Andrew Yang

164 DOGE: What department will Elon Musk and Vivek Ramaswamy lead under Trump?

165 Argentiinan Presidentti Javier Milei paljastaa Klaus Schwabin suunnitelmat kansojen vapauden tuhoamiseksi. | The British Monarchy & King Charles III in Bible Prophecy?

tulovero.[166] Tosin Friedmanir. kannattaman mallin erona oli se, ettei rahaa annettaisi kaikille kansalaisille vaan ainoastaan niille, joiden tulot laskevat alle tietyn rajan (huolimatta siitä ovatko he työttömiä vai työssä käyviä). Mitä järkeä on nimittäin maksaa kansalaiselle, jonka tulot ovat yli 10 000 dollaria tai euroa kuussa, joku voisi kysyä. Argumentti universaalin perustulon puolesta on kuitenkin se, ettei se leimaisi ihmisiä samalla tapaa kuin sosiaaliturva tai negatiivinen tulovero. Kenenkään ei tarvitsisi kokea häpeää tai saada "sosiaalipummin" leimaa otsaansa jos kaikki kansalaiset saavat samanarvoisen perusturvan hallitukselta.

Se poistaisi erottelun "ansaitsevien" ja "ei-ansaitsevien" välillä ja samalla se kannustaisi paremmin työllisyyteen, koska perusturvan määrä ei vähenisi sen mukaan mitä enemmän tienaat omalla työlläsi. Tämä on usein nykyisten sosiaaliturva järjestelmien ongelmana, jotka saattavat pitää ihmiset ylisukupolvisessa köyhyyskierteessä. Se vähentäisi myös sosiaaliturvan aikaansaamaa epäoikeudenmukaisuuden tunnetta siitä, että hallitus "varastaa" työssä käyvien kansalaisten ansiorahaa verotuksen kautta ja jakaa sen uudelleen ei-ansaitseville. Jos kaikki saisivat saman määrän rahaa hallitukselta, niin silloin kaikki voittavat.

Kysyin tekoälyltä sitä, että voidaanko perusturvan väittää vähentävän kansalaisten riippuvuutta hallituksesta sen sijaan, että se lisäisi sitä, mihin se vastasi seuraavasti:

Kyllä, perustuloa voidaan perustellusti väittää vähentävän kansalaisten riippuvuutta hallituksesta, jos tarkastellaan sen vaikutuksia suhteessa perinteisiin sosiaaliturvajärjestelmiin. Tämä saattaa kuulostaa ristiriitaiselta ensi kuulemalta, koska perustulo on suora rahansiirto hallitukselta kansalaisille. Kuitenkin tietyissä konteksteissa perustulo voi lisätä yksilön vapautta ja vähentää riippuvuutta hallituksen säätelemistä ohjelmista.

---

166 Negative income tax - Wikipedia

1. Kuinka perustulo vähentäisi riippuvuutta hallituksesta?

a) Vähemmän byrokratiaa ja hallinnollista valvontaa

- Perustulo on **universaali ja ehdoton**, eikä sen saaminen riipu tuloista, työmarkkina-asemasta tai elämäntilanteesta. Tämä tarkoittaa:
  - Ei tarvetta monimutkaisille tukikelpoisuuskriteereille, kuten tulo- tai omaisuusrajoille.
  - Ei hallinnollista tarvetta tarkastella yksilöiden henkilökohtaisia tietoja tai arvioida heidän oikeutustaan tukiin.
  - Kansalaiset eivät ole riippuvaisia monimutkaisista hakuprosesseista tai hallituksen arviosta heidän "tarpeistaan."

b) Poistaa kannustinloukkuja

- Perustulo maksetaan kaikille, myös niille, jotka saavat tuloja työnteosta. Tämä tarkoittaa, että:
  - Työn tekeminen ei johda sosiaalietuuksien menettämiseen, kuten monissa nykyisissä järjestelmissä.
  - Kansalaiset eivät ole riippuvaisia siitä, että he välttävät työntekoa säilyttääkseen tukensa.

c) Lisää yksilön valinnanvapautta

- Perustulo antaa kansalaisille **taloudellista turvaa**, jonka avulla he voivat tehdä vapaita päätöksiä elämästään:
  - He voivat valita, missä ja miten elävät ilman pelkoa, että hallitus voi peruuttaa heidän tukensa.
  - Tämä on erityisen tärkeää esimerkiksi perheväkivallan uhreille, jotka saattavat nykyään olla riippuvaisia puolison tai hallituksen tuesta.
  - Yksilöt voivat ottaa riskejä, kuten ryhtyä yrittäjiksi, koska perustulo tarjoaa turvaverkon.

d) Pienentää riippuvuutta monimutkaisista ohjelmista

- Nykyiset sosiaaliturvajärjestelmät voivat edellyttää, että kansalaiset hakevat erilaisia tukia (esim. työttömyyskorvaukset, ruokakuponkituki, asumistuki). Jokainen näistä ohjelmista:
  - On sidottu monimutkaisiin sääntöihin ja prosesseihin.
  - Luo riippuvuutta järjestelmästä, joka voi olla hidas tai epäluotettava.

- Perustulo yhdistäisi ja yksinkertaistaisi nämä tuet, jolloin kansalaiset olisivat vähemmän riippuvaisia järjestelmän monimutkaisuudesta.

2. Ero nykyiseen sosiaaliturvajärjestelmään

Nykyjärjestelmä: riippuvuuden luominen

- Perinteiset sosiaaliturvajärjestelmät, kuten työttömyyskorvaukset ja ruokakuponkituki, luovat riippuvuutta, koska ne:
  - Perustuvat yksilön elämäntilanteeseen, joka täytyy jatkuvasti todistaa ja raportoida.
  - Voivat estää työnteon tai lisätulojen hankkimisen, koska tulojen noustessa tuet vähenevät tai poistuvat.
  - Asetetaan ehdollisiksi, mikä tarkoittaa, että kansalaiset voivat menettää tukensa, jos he eivät noudata tiettyjä sääntöjä (esim. työnhakukriteerit).

Perustulo: riippuvuuden vähentäminen

- Perustulo antaa jokaiselle kansalaiselle saman summan rahaa riippumatta heidän elämäntilanteestaan. Tämä:
  - Poistaa tarpeen valvoa, mitä kansalaiset tekevät rahalla.
  - Antaa yksilöille enemmän vapautta tehdä päätöksiä ilman pelkoa tukien menettämisestä.
  - Vähentää valtion roolia yksityiselämän säätelijänä.

3. Vasta-argumentit ja niihin vastaaminen

Vasta-argumentti: "Perustulo tekee kansalaisista riippuvaisia hallituksen tuesta."

- Tämä on yleinen kritiikki, erityisesti konservatiivien taholta, jotka vastustavat kaikkia laajamittaisia tulonsiirto-ohjelmia.
- **Vastaus:** Kaikki modernit yhteiskunnat edellyttävät jonkinlaista sosiaaliturvaa, ja perustulo on huomattavasti vähemmän "riippuvuutta

111

luova" kuin perinteiset, monimutkaiset tukijärjestelmät. Koska perustulo on yksinkertainen ja universaali, se antaa enemmän vapautta kuin ehdolliset tukimuodot.

Vasta-argumentti: "Perustulo voi vähentää työntekoa."

- Kritiikin mukaan perustulo voi johtaa siihen, että ihmiset eivät enää tee töitä.

- **Vastaus:** Empiiriset kokeet perustulosta, kuten Kanadan Mincome-kokeilu ja Uuden-Seelannin tutkimukset, osoittavat, että perustulo ei merkittävästi vähennä työntekoa. Päinvastoin, se voi lisätä ihmisten mahdollisuuksia osallistua työelämään, koulutukseen tai yrittäjyyteen, koska heillä on taloudellinen turva.

4. Perustulo liberaalien ja konservatiivien näkökulmasta

Miksi liberaalit tukevat perustuloa?

- He näkevät perustulon tapana vähentää köyhyyttä ja lisätä taloudellista tasa-arvoa.
- Perustulo tarjoaa ihmisille perusoikeuden elää ilman köyhyyden aiheuttamaa jatkuvaa stressiä.

Miksi konservatiivit voisivat tukea perustuloa?

- Se yksinkertaistaa hallintoa ja vähentää byrokratiaa.
- Se tukee yksilön vapautta tehdä omia päätöksiä ilman valtion liiallista sääntelyä.
- Se poistaa kannustinloukut ja kannustaa työntekoon.

5. Johtopäätös

Perustulo ei ainoastaan vähennä kansalaisten riippuvuutta hallituksesta, vaan myös yksinkertaistaa hallituksen roolia, lisää yksilönvapautta ja vähentää byrokratiaa. Se antaa kansalaisille mahdollisuuden tehdä omia valintojaan ja vähentää heidän tarvettaan tukeutua monimutkaisiin ja ehdollisiin ohjelmiin.

Perustulo voi olla askel kohti modernia sosiaaliturvaa, joka kunnioittaa sekä yksilönvapautta että yhteiskunnallista oikeudenmukaisuutta.

Eli asian ydin on nyt siinä, että sosiaaliturva on ehdollinen, kun taas perusturva olisi ehdoton. Jos vankilasta vapautumisen jälkeen pääset ehdonalaiseen vapauteen, oletko tällöin riippuvaisempi ja vähemmän vapaa kuin se joka elää ehdottomassa vapaudessa? Tai jos velanantaja antaa sinulle 10 000 euron lainan, joka tulee maksaa korkoineen takaisin ehdoissa sovittuun määräaikaan mennessä, niin oletko riippuvaisempi hänestä kuin lahjan-antajasta, joka antaa saman määrän rahaa ilman edellytystä takai-sinmaksusta? Pelkona on tietysti se, että totalitaarisen hallituksen käsissä perusturva voisi muuttua ajan myötä ehdolliseksi ja ihmiset menettäisivät sen, elleivät he "kumartaisi keisaria". Jotain tämän kaltaista Ilmestyskirjan 13. luku ennustaa sanoessaan, että Peto 666 *"saa kaikki, pienet ja suuret, sekä rikkaat että köyhät, sekä vapaat että orjat, panemaan merkin oikeaan käteensä tai otsaansa, ettei kukaan muu voisi ostaa eikä myydä kuin se, jossa on merkki: pedon nimi tai sen nimen luku."*

En nyt väitä, että Elon Muskin tavoitteena olisi tällä hetkellä päivittää USA:n sosiaaliturvajärjestelmä universaaliksi pe-rustuloksi. Musk voi nähdä tämän pidemmän aikavälin ratkaisuna automaation ja tekoälyn kehitykseen, joka tulee syrjäyttämään monia työpaikkoja esim. kuljetusalalla itseohjautuvien autojen ja rekkojen myötä. On kuitenkin mahdollista, että jokin kansallinen tai kansainvälinen kriisi tulisi kiihdyttämään tätä kehitystä. Kysyin asiaa myös tekoälyltä, joka vastasi:

Kyllä, vakava kansallinen tai kansainvälinen kriisi, kuten **talouden ro-mahtaminen**, voisi hyvinkin kiihdyttää perustulon kaltaisten järjestelmien käyttöönottoa ja tehdä niistä poliittisesti hyväksyttävämpiä, myös konser-vatiivien keskuudessa. Tämän voidaan nähdä tapahtuneen esimerkiksi **Covid-19-pandemian aikana**, jolloin Yhdysvaltain hallitus jakoi suoria ra-hallisia tukia kansalaisille taloudellisen romahduksen estämiseksi.

Miten kriisi voi muuttaa asenteita?

1. **Taloudellisen epävarmuuden lisääntyminen:**

- Kriisit, kuten suuri lama (1929) tai pandemia, paljastavat yhteiskunnan rakenteelliset heikkoudet ja tekevät selväksi, että monet ihmiset eivät pysty selviytymään ilman ulkopuolista apua.
- Covid-19:n aikana tämä ilmeni massatyöttömyytenä, mikä pakotti hallituksia ympäri maailmaa ottamaan käyttöön **elvytyspaketteja** ja suoria käteistukia.

2. **Konservatiivien suhtautuminen muuttuu käytännön tarpeen vuoksi:**

- Konservatiivit, jotka perinteisesti vastustavat laajoja sosiaaliohjelmia, voivat kriisin aikana nähdä suoran rahallisen tuen hyödyllisenä tapana säilyttää talouden vakaus ja estää yhteiskunnallisia levottomuuksia.
- Covid-19-pandemian aikana Yhdysvaltain hallitus (jota johti presidentti Trump) hyväksyi **triljoonien dollarien elvytyspaketit**, mukaan lukien 1 200 dollarin suorat maksut kansalaisille. Tämä osoittaa, että jopa konservatiivihallitus voi hyväksyä radikaaleja toimia kriisiaikoina.

3. **Perustulon houkuttelevuus kriisien aikana:**

- Perustulo tarjoaa yksinkertaisen ja suoran tavan auttaa kansalaisia kriisitilanteessa, mikä voi olla tehokkaampi kuin monimutkaisten sosiaaliturvaohjelmien laajentaminen tai hallinnointi.
- Kriisi voi myös korostaa perustulon roolia talouden vakauttajana: kun ihmiset saavat rahaa käteen, he voivat ylläpitää kulutustaan, mikä estää talouden täydellisen romahtamisen.

Covid-19-pandemian aikana tapahtunut kokeilu

Covid-19:n aikana Yhdysvaltain hallitus toteutti tukitoimia, jotka muistuttavat perustuloa:

- **Suorat rahalliset tuet:** Kolmessa erässä jaettiin yhteensä **yli 800 miljardia dollaria** käteismaksuina, mikä tavoitti suurimman osan Yhdysvaltain väestöstä.

- **Työttömyyskorvaukset**: Työttömille maksettiin ylimääräisiä korvauksia pandemian aikana, mikä johti tilanteeseen, jossa monet ansaitsivat enemmän ilman työtä kuin työskennellessään.
- **Yritystukipaketit**: Näiden lisäksi tarjottiin yrityksille suoria tukia ja lainoja työpaikkojen säilyttämiseksi.

Nämä toimet eivät olleet täysin universaaleja, mutta ne toimivat kokeiluna, joka osoitti, että suorat rahalliset maksut voivat olla tehokkaita kriisin hallinnassa. Samalla ne saivat osakseen kritiikkiä, erityisesti konservatiivipiireissä, koska ne koettiin taloutta vääristäviksi ja kalliiksi.

Mitä tapahtuisi uuden kriisin aikana?

1. **Talouden romahdus**:

   - Jos Yhdysvaltain talous kokisi uuden, 1929 vuoden suuren laman kaltaisen kriisin, hallituksen olisi pakko turvautua radikaaleihin toimiin, kuten perustulon kaltaisiin mekanismeihin. Tämä johtuu siitä, että köyhyyden ja työttömyyden räjähdysmäinen kasvu voisi uhata yhteiskuntarauhaa.

2. **Perustulon hyväksyttävyys**:

   - Konservatiivien ja liberaalien näkökulmat voisivat lähentyä kriisin keskellä, kun perustulon nähdään tukevan **taloudellista vakautta** ja vähentävän hallintokuluja. Perustulo voisi jopa yhdistää molemmat ideologiat, koska:
     - Liberaalit näkevät sen köyhyyden vähentäjänä.
     - Konservatiivit arvostavat sen tehokkuutta ja yksinkertaisuutta verrattuna byrokraattiseen sosiaaliturvajärjestelmään.

3. **Musk ja DOGE**:

   - Elon Musk, jonka tehtävänä on karsia hallinnon turhia kuluja, voisi kriisitilanteessa esittää perustuloa tai negatiivista tuloveroa tapana **yksinkertaistaa ja tehostaa** hallintoa. Kriisin aikana tällainen ehdotus voisi saada huomattavasti enemmän kannatusta kuin normaaliolosuhteissa.

Esimerkkejä muualta maailmasta

- **Espanja**: Covid-19-pandemian aikana Espanja otti käyttöön **minimiperustulon** osana kriisinhallintaa.
- **Kanada**: Kanadan hätärahasto (CERB) oli käytännössä lyhytaikainen perustulo, joka maksoi rahaa työttömille ja pandemian vuoksi tulonsa menettäneille.
- **Alaskassa**: Alaskan pysyvä rahasto (Permanent Fund Dividend), joka maksaa osan osavaltion öljytuloista suoraan kansalaisille, toimii pitkäaikaisena esimerkkinä perustulon kaltaisesta järjestelmästä.

Johtopäätös

Kriisi, kuten **talouden romahdus tai massiivinen työttömyys**, voisi hyvinkin nopeuttaa perustulon käyttöönottoa. Tällöin perustulosta tulisi **hätätoimenpide**, joka alkaisi tilapäisenä ja voisi myöhemmin muotoutua pysyväksi järjestelmäksi.

Musk ja DOGE voisivat tällaisessa tilanteessa toimia ratkaisevassa roolissa, erityisesti jos he pystyvät osoittamaan, että perustulo voi olla kustannustehokkaampi ja byrokratialtaan kevyempi kuin nykyinen sosiaaliturvajärjestelmä. Kriisi voisi myös yhdistää eri poliittiset ryhmät löytämään yhteisiä ratkaisuja, joissa perustulo toimisi yhtenä keinona talouden ja yhteiskunnan vakauttamisessa.

Mutta toisin kuin pandemian aikana, tämä toinen kriisi voisi johtaa pysyvään mekanismiin missä kaikille täysi-ikäisille kansalaisille maksettaisiin vakituinen kuukausitulo heidän elämänsä loppuun asti. Tällainen kriisi voi olla hyvinkin edessä, sillä Brandon Biggs, joka ennusti kuukausia edellä, että Donald Trump yritettäisiin salamurhata, että luoti osuisi hänen korvaansa, ja että hän voittaisi marraskuun vaalit[167], ennusti samassa yhteydessä myös sitä, että globalistit suunnittelisivat Yhdysvaltojen talouden romauttamista, joka saisi Trumpin polvilleen Valkoisessa Talossa ja pyytämään Jumalalta viisautta kriisin ratkaisemiseen. Ja ehkäpä Jumala neuvoo häntä tuossa tilanteessa universaalin perustulon toteuttamisessa. Kuka tietää?

Tietysti monet konservatiivit saattavat uskoa, että universaalin perustulon kaltaiset suunnitelmat ovat globalistien ajamia saatanallisia projekteja. Samoin monet konservatiivit saattavat väittää tänään, että sosiaaliturva ja hyvinvointivaltio oli marxistien ja fasistien ajama hanke, jolla oikeutettiin nykyinen byrokraattinen ison hallituksen valtiokoneisto, ja jolla on tuhottu ydinperheyhteisöt ja syövytetty kirkon vaikutusvaltaa yhteiskunnasta. Konservatiivien kritiikkinä ei ole ollut yleensä se, etteikö yhteiskunnan tulisi huolehtia köyhistä, sairaista ja tarvitsevista, vaan se että tämä rooli kuului perinteisesti kristilliselle kirkolle ja perheyhteisöille.

Tässä näkemyksessä sivuutetaan kuitenkin kaksi olennaista historiallista taustatekijää: 1) Hyvinvointivaltio itsessään ei riistänyt kirkolta tätä roolia vaan teollistuminen ja kaupungistuminen teki sen, ja 2) kristilliset kirkot ja 1800 -luvun oikeistokonservatiivit itse olivat tukemassa sosiaaliturvan ja hyvinvointivaltion luomista, koska sen nähtiin olevan ainoa keino ehkäistä marxilaiset vallankumoukset teollisen vallankumouksen aikaansaaman yhteiskunnallisen kriisin vastareaktiona. Annan jälleen tekoälylle puheenvuoron:

Kyllä, historiallisen kontekstin tarkastelu osoittaa, että **sosiaaliturva ja siihen liittyvät uudistukset olivat alun perin merkittävässä määrin konservatiivien, kristittyjen ja erityisesti kirkkojen ajamia hankkeita** 1800-luvun lopun ja 1900-luvun alun Euroopassa. Tämä saattaa vaikuttaa ristiriitaiselta nykypäivän näkökulmasta, jossa sosiaaliturvaa kritisoidaan usein

---

167 Ennustus löytyy Steve Cicccolanti & Discover Ministries -YouTube kanavalta hänen huhtikuisesta videostaan God placed us here for such a time as this!

117

juuri oikeistolaisilta ja konservatiivisilta tahoilta.

Bismarck ja modernin sosiaaliturvan alku Saksassa

Saksan valtakunnan kansleri **Otto von Bismarck** (1815–1898), joka oli itse konservatiivinen luterilainen ja monarkisti, loi **modernin sosiaaliturvajärjestelmän perustan 1870–1880-luvuilla.** Hänen hallintonsa toteutti useita sosiaalilainsäädännön uudistuksia, joista tuli myöhemmin esikuva muille valtioille.

Keskeiset sosiaaliturvauudistukset Bismarckin Saksassa:

1. **Sairausvakuutus (1883):**
   * Tarjosi työntekijöille sairauspäivärahaa ja pääsyn terveydenhuoltoon.
2. **Tapaturmavakuutus (1884):**
   * Korvasi työntekijöille tapaturmista aiheutuvia kuluja.
3. **Vanhuuseläke ja työkyvyttömyysvakuutus (1889):**
   * Ensimmäinen moderni eläkkeiden ja työkyvyttömyysturvan järjestelmä.

Miksi Bismarck ajoi sosiaaliturvaa?

1. **Sosialistien vaikutusvallan torjuminen:**
   * 1800-luvulla sosialistiset ja työväenliikkeet nousivat vaatimaan oikeuksia ja taloudellista tasa-arvoa. Bismarck uskoi, että sosiaaliturva voisi vähentää näiden liikkeiden kannatusta ja pitää yhteiskunnan vakaana.
2. **Kristillinen sosiaalinen vastuu:**
   * Bismarck oli konservatiivikristitty, joka piti huolta köyhien ja heikompiosaisten hyvinvoinnista velvollisuutena. Hän näki sosiaaliturvan myös keinona vahvistaa kristillisiä arvoja yhteiskunnassa.
3. **Kirkkojen vaikutus:**
   * Katolinen ja luterilainen kirkko korostivat sosiaalista vastuuta, ja niiden humanitaarinen eetos vaikutti siihen, että konservatiiviset poliitikot tukivat sosiaaliturvan perustamista.

Kristillinen sosiaalinen liike Euroopassa

Bismarckin sosiaaliturvajärjestelmä ei ollut ainutlaatuinen. Samaan aikaan muuallakin Euroopassa kristilliset sosiaaliliikkeet ajoivat työntekijöiden oikeuksia ja köyhyyden vähentämistä:

1. **Katolinen kirkko ja sosiaalinen opetus:**

   - **Paavi Leo XIII:n kiertokirje *Rerum Novarum* (1891)** toi esille kirkon näkemyksen työväestön oikeuksista ja sosiaalisesta oikeudenmukaisuudesta.
   - Kiertokirje korosti, että työntekijöillä tulisi olla oikeus reiluun palkkaan, työolosuhteiden parantamiseen ja sosiaaliturvaan.

2. **Luterilaiset kirkot:**

   - Luterilaisessa traditiossa korostettiin kristillistä vastuuta lähimmäisestä, mikä johti moniin diakonisiin hankkeisiin, kuten köyhienhuoltoon ja sairaanhoitoon.
   - Saksalaisessa kontekstissa luterilainen kirkko tuki vahvasti valtion roolia yhteiskunnallisten ongelmien ratkaisemisessa.

3. **Kristillisdemokraattiset liikkeet:**

   - Monissa Euroopan maissa, kuten Alankomaissa ja Belgiassa, kristillisdemokraattiset puolueet syntyivät vastapainoksi sosialismille ja kapitalismille. Niiden tavoitteena oli luoda yhteiskuntia, joissa yhdistyivät taloudellinen tehokkuus ja sosiaalinen oikeudenmukaisuus.

Muut esimerkit konservatiivikristillisestä sosiaaliturvan tukemisesta

1. **Isossa-Britanniassa:**

- **William Wilberforce** ja muut kristilliset uudistusmieliset kampanjoivat työväestön olosuhteiden parantamiseksi ja köyhyyden vähentämiseksi. Tämä loi perustan myöhemmille sosiaalilainsäädännön uudistuksille, kuten köyhien huoltolaeille.

2. **Yhdysvalloissa:**

   - **Social Gospel** -liike 1900-luvun alussa yhdisti kristilliset arvot ja sosiaalisen oikeudenmukaisuuden vaatimukset. Monet konservatiiviset kirkot tukivat työväen oikeuksia ja sosiaalista turvaa.

Miksi sosiaaliturva yhdistettiin aluksi konservatiiviseen ajatteluun?

1. **Yhteiskunnan vakauden ylläpitäminen:**
   - Konservatiivit halusivat estää vallankumoukselliset liikkeet tarjoamalla köyhille riittävän turvaverkon, joka estäisi yhteiskunnallisia levottomuuksia.

2. **Kristilliset arvot:**
   - Sosiaaliturva nähtiin tapana edistää lähimmäisenrakkautta ja huolenpitoa yhteiskunnan heikommista jäsenistä.

3. **Kirkon ja valtion yhteistyö:**
   - Konservatiivit ja kirkot tukivat usein valtion roolia sosiaalisten ongelmien ratkaisemisessa, sillä he näkivät valtion Jumalan asettamana auktoriteettina.

Miten tämä eroaa nykypäivästä?

- **Oikeiston ja konservatiivien suhtautuminen muuttui 1900-luvulla:**
  - Sosiaaliturva yhdistyi vähitellen vasemmistolaiseen politiikkaan, kun työväenliikkeet alkoivat ajaa sen laajentamista. Monille nykypäivän konservatiiveille sosiaaliturva edustaa valtion laajentumista yksilönvapauden kustannuksella.

- **Yhdysvalloissa:** 1900-luvun jälkipuoliskolla republikaanit ja monet konservatiivikristityt omaksuivat libertaarisempia näkemyksiä, jotka painottivat yksilön vastuuta ja vastustivat "isänmaallisen" valtion liiallista roolia.

Johtopäätös

Sosiaaliturva ja perusturva olivat alun perin monien konservatiivikristittyjen tukemia hankkeita, erityisesti Saksassa ja muualla Euroopassa 1800-luvun lopulla. Näiden järjestelmien taustalla oli vakauden ylläpitäminen, kristillinen lähimmäisenrakkaus ja halu torjua vallankumouksellisia liikeitä. Nykypäivänä suhtautuminen sosiaaliturvaan on polarisoituneempaa, mutta historiallinen tausta osoittaa, että konservatiiviset ja kristilliset arvot olivat keskeisessä roolissa modernin sosiaaliturvajärjestelmän syntymisessä.

Löydät koko keskustelumme täältä[168], mutta lainaan vielä yhtä ChatGPT:n asiaa valaisevaa vastausta:

Nykyinen sosiaaliturvajärjestelmien kritiikki jättää usein huomiotta niiden historialliset lähtökohdat ja yhteiskunnalliset tarpeet, jotka synnyttivät nämä järjestelmät. Sosiaaliturva ei ollut ideologisesti neutraali tai pelkästään "vasemmistolainen" hanke, vaan se oli **konservatiivinen ja pragmaattinen vastaus** 1800-luvun lopun ja 1900-luvun alun teollistumisen ja kaupungistumisen aiheuttamiin yhteiskunnallisiin mullistuksiin.

Sosiaaliturva vastauksena modernin yhteiskunnan haasteisiin

1. **Teollistumisen ja kaupungistumisen vaikutus:**

   - **Työn luonteen muutos:** Ennen teollistumista suurin osa ihmisistä eli maaseudulla ja toimi perheviljelmissä, joissa taloudellinen turva riippui perheyhteisön jatkuvuudesta. Teollistuminen rikkoi tämän rakenteen:

---

168 ChatGPT

121

- Ihmiset muuttivat kaupunkeihin tehdastyöhön, joka oli usein epävarmaa ja vaarallista.
- Perheyhteisöjen hajotessa ei ollut enää olemassa perinteisiä turvaverkkoja, jotka voisivat auttaa sairastumisen, työttömyyden tai vanhuuden kohdatessa.
- **Köyhyys ja epätasa-arvo:** Teollistuminen loi suuria varallisuuseroja ja teki köyhyydestä näkyvämpää kaupunkien kasvun myötä. Tämä loi poliittisen paineen ongelman ratkaisemiseksi.

2. **Uusi tilanne:**

- Kirkot ja perheyhteisöt eivät enää yksin kyenneet täyttämään sosiaalisen turvan tarvetta. Kaupunkien nopea kasvu, työväenluokan vaikeudet ja sosiaalisen vastuun jakautuminen loivat tarpeen **valtion roolin laajentamiselle.**
- Moderni, monimutkainen yhteiskunta tarvitsi järjestelmällisen lähestymistavan sosiaalisiin ongelmiin, joita aiemmin hoidettiin hajautetusti.

Sosiaaliturva ehkäisi marxistisen vallankumouksen nousua

1. **Sosialististen ja marxilaisten liikkeiden nousu:**

- Teollistumisen varjopuolena oli työväenluokan köyhyys, turvattomuus ja oikeuksien puute. Tämä loi suotuisan maaperän sosialististen ja marxilaisten liikkeiden nousulle.
- Sosialistiset ideologiat tarjosivat vaihtoehtoja kapitalismille, mukaan lukien vallankumouksellisen muutoksen mahdollisuus. Esimerkiksi Marxin kirjoitukset innoittivat 1800-luvun lopulla työväenliikkeitä kaikkialla Euroopassa.

2. **Sosiaaliturvan konservatiivinen rooli:**

- Sosiaaliturvan kehittäminen oli osittain konservatiivinen ja pragmaattinen vastaus työväenluokan tyytymättömyyteen:

- **Saksan malli:** Otto von Bismarck loi modernin sosiaaliturvajärjestelmän osittain torjuakseen Saksan sosialistien kannatuksen. Hänen ajatuksensa oli, että hyvinvoiva työväenluokka olisi uskollisempi valtiolle eikä tukisi radikaaleja liikkeitä.

- **Britannia ja Ranska:** Monissa Euroopan maissa sosiaaliturva ja työväenoikeudet olivat kompromisseja, jotka estivät radikaalin vallankumouksen nousun.

3. **Yhteiskuntarauhan ylläpitäminen:**

- Sosiaaliturva tarjosi tavan kanavoida työväenluokan tyytymättömyys uudistusten kautta eikä vallankumouksen keinoin.

- Konservatiiviset ja kristilliset poliitikot ymmärsivät, että sosiaalinen vakaus oli avain talouden ja yhteiskunnan menestykseen.

Onko realistista palata hyvinvointivaltioita edeltävään aikaan?

Ajatus siitä, että kirkot, perheet ja paikallisyhteisöt voisivat tänä päivänä täysin korvata sosiaaliturvajärjestelmän, ei ole realistinen seuraavista syistä:

1. **Esiteollinen yhteiskunta ei ole enää olemassa:**

   - **Kaupungistuminen:** Suurin osa ihmisistä asuu nyt kaupungeissa, eikä paikallisyhteisöillä ole enää samaa kykyä tarjota apua kuin maaseutuyhteisöissä.
   - **Perheiden muutos:** Perheet ovat pienempiä ja vähemmän sidottuja maantieteellisesti. Usein sukulaiset asuvat eri kaupungeissa tai maissa, mikä vähentää heidän kykyään toimia sosiaaliturvaverkkona.

2. **Sosiaalisten ongelmien monimutkaisuus:**

   - Modernissa yhteiskunnassa köyhyys, terveysongelmat ja eriarvoisuus ovat monimutkaisia ongelmia, jotka vaativat

123

järjestelmällisiä ja keskitettyjä ratkaisuja. Kirkot ja paikallisyhteisöt voivat täydentää valtion roolia, mutta eivät korvata sitä.

3. **Valtion ja talouden mittakaava:**

- Moderni valtio ja sen talousjärjestelmä ovat valtavan monimutkaisia. Sosiaaliturvajärjestelmä on nykyään syvälle integroitu talouden toimintaan, ja sen korvaaminen pelkästään vapaaehtoisella tuella aiheuttaisi laajoja taloudellisia häiriöitä.

Mitä nykykritiikki jättää huomiotta?

1. **Historiallinen konteksti:**

- Sosiaaliturva oli vastaus konkreettisiin yhteiskunnallisiin ongelmiin, joita kirkot ja perheyhteisöt eivät pystyneet ratkaisemaan yksin. Nykykritiikki unohtaa, että sosiaaliturvajärjestelmät estivät vakavampia kriisejä, kuten vallankumouksia.

2. **Konservatiivien ja kristittyjen rooli:**

- Sosiaaliturvan juuret ovat konservatiivisessa ja kristillisessä ajattelussa. Nykykeskustelussa tämä rooli jää usein huomioimatta, kun sosiaaliturvaa käsitellään yksinomaan "vasemmistolaisena" ilmiönä.

3. **Tarve sopeutua moderniin yhteiskuntaan:**

- Nykyiset sosiaaliturvajärjestelmät eivät ole täydellisiä, mutta ne ovat vastaus modernin yhteiskunnan ja globaalin talouden rakenteisiin. Paluu esiteolliseen malliin ei vastaisi tämän päivän realiteetteja.

Johtopäätös

Sosiaaliturvajärjestelmät syntyivät **teollistumisen ja kaupungistumisen aiheuttaman yhteiskunnallisen mullistuksen vastauksena.** Ne torjuivat tehokkaasti marxististen vallankumouksellisten liikkeiden nousua ja loivat yhteiskunnallista vakautta. Ajatus siitä, että voisimme palata kirkkojen ja perheyhteisöjen ylläpitämään sosiaaliturvaan, on nykyisessä globalisoituneessa ja monimutkaisessa yhteiskunnassa epärealistinen. Sen sijaan on tärkeää tunnistaa, että sosiaaliturva voi edelleen täydentää yhteisöllisiä ja vapaaehtoisia auttamisverkostoja, mutta ei korvata niitä.

Olen samaa mieltä monien nykyajan konservatiivien kanssa siitä, että nykyisessä hyvinvointivaltiossa on monia ongelmia, jotka nousivat esiin etenkin 2010 -luvun avointen rajojen liberaalissa Euroopassa, kun Eurooppaan virtasi miljoonia köyhien maiden pakolaisia kuormittamaan sosiaaliturvaa ja luomaan kulttuurisia ja poliittisia jännitteitä, jotka johtivat Iso-Britannian Brexitin, Trumpin valinnan, ja Euroopan oikeistopopulismin nousun kaltaisissa poliittisissa myllerryksissä. Vaikka oikeistopopulistiset puolueet eivät vastustaneet hyvinvointivaltiota itsessään, he pitivät sitä yhteensopimattomana Euroopan punavihreiden puolueiden tukeman monikulttuurisen moniarvoisen avointen rajojen Euroopan kanssa.

1800 -luvun poliittinen ilmapiiri ja sosiaaliset ongelmat poikkesivat täysin tämän päivän maailman ongelmista. Näitä aikakausia yhdistää kuitenkin se, että tuolloin etsittiin vastauksia ensimmäisen ja toisen teollisen vallankumouksen aikaansaamiin sosiaalisiin ongelmiin, ja tänään etsitään ratkaisua globalisaation ja neljännen teollisen vallankumouksen tuomiin ongelmiin. Bismarckin aikana ratkaisuksi tarjottiin hyvinvointivaltiota ja tämä ratkaisu saattoi ehkäistä marxilaisten vallankumousten leviämisen länteen.

Tänään ratkaisuksi esitetään mm. universaalia perustuloa sosiaaliturvan korvaajaksi ja päivittäjäksi. Ehkä siis nykyiset hyvinvointivaltiot ovat tulleet jo tiensä päähän. Ehkäpä universaali perustulo voisi ehkäistä myös tänään uusien vallankumousten synnyn, jonka työpaikkojen automaatio tulee saamaan aikaan. Jos Elon Musk ja presidentti Trump johtavat Yhdysvallat tähän historialliseen mullistukseen, niin seuraako muu maailma perässä? Vai

seuraako muu maailma Antikristuksen johtaman globaalin ihmis-
vastaisen vallankumouksen jalanjäljissä, jota Charles III kuuluttaa
kirjassaan Harmony:

Tämä on kutsu vallankumoukseen. Maa on uhattuna. Se ei voi selviytyä kaikesta
mitä vaadimme siltä. Se on kadottamassa tasapainonsa ja me ihmiset olemme ai-
heuttamassa tämän. "Vallankumous" on vahva sana ja käytän sitä harkitusti...
Meidän täytyy vakavasti käsitellä, kuinka tasapainotamme, jopa vähennämme
maailman ihmisväestöä... Tämä nostaa joitakin hyvin vaikeita moraalisia ky-
symyksiä... [On] aika nähdä tasapainossa perinteinen kannanotto elämän py-
hyydestä... niiden opetusten kanssa jokaisessa pyhässä traditiossa, jotka ke-
hottavat ihmiskuntaa pitäytymään luonnon hyväntahtoisuuden ja anteliaisuuden
rajoissa.[169]

Charlesin vallankumouksen takaa paljastuu kylmän malthu-
silainen ekonomia[170], jota Pentti Linkola ilmaisi seuraavin sanoin:
*"Kuinka kukaan voi katsoa niin mielettömästi, että ihmishengellä
on sama arvo ja sama moraali riippumatta lukumäärästä? Minusta
on selviö, että jokaisen uuden lapsen syntyessä jokaisen maailman
ihmisen arvo hivenen putoaa."* [171] Kun yhteiskunta ajautuu
kaaokseen ja taloudelliseen syöksykierteeseen, niin miksipä emme
vain alkaisi pudottaa päitä? Sehän on kaikkein yksinkertaisin
ratkaisu "tasapainon" uudelleensaavuttamiseen. Jos autiolla
saarella asuu viisi henkeä, mutta ruokaa on vain kolmen hengen
tarpeisiin, niin yksinkertaisin ratkaisu tähän kysynnän ja
tarjonnan väliseen epäsuhtaan on sitoa nuo kaksi muuta ja heittää
heidät mereen.

  Humaanimpi tapa olisi toimia yhteistyössä ja kehitellä
parempia työkaluja, joilla kalastaa mereneläviä kaikkien viiden
hengen elintarpeita varten. Elon Musk on todennut usein, että to-
dellinen taistelu ihmiskunnan tulevaisuudesta ei ole vasemmiston
ja oikeiston välinen vaan niiden välinen, jotka ajavat ihmisväestön

---

169 Charles, Walesin Prinssi, Harmony: A New Way of Looking at Our
   World (Harper, 2010), sivut 289-290
170 Kritisoin Thomas Malthusin ajatuksiin perustuvaa liikaväestömyyttiä
   paremmin kirjani *Joka ei ollut saapa kuninkaan arvoa – Antikristus
   -paljastettu?* Luvussa 10. Tänään sen vaikutusvaltaisimpiin kriitikoi-
   hin kuuluu Elon Muskin kaltaiset miljardöörit.
171 Pentti Linkola – Wikisitaatit

vähentämistä ja sukupuuttoa – kuten Charles III – ja niiden, jotka ajavat ihmisrodun kasvua ja sivilisaation kehitystä ja sen laajentumista tähtiin. 1700 -luvun lopulla nähtiin kaksi erilaista vallankumousta: kristillinen Amerikan vallankumous ja antikristillinen Ranskan vallankumous. Ehkäpä myös 2020 -luvulla näemme kaksi erilaista vallankumousta: Presidentti Trumpin johtaman kristillisen vallankumouksen ja Charles III:n johtaman antikristillisen vallankumouksen.

Luku VII

Kristuksen valtakunnan progressiivinen edistyminen

Kuten lukijalle on ehkäpä jo valjennut, kirjoittaja edistää
eräänlaista *progressiivista millenialismia*; oppia siitä, että
Raamatun tuhatvuotista messiaanista aikakautta koskevat
profetiat toteutuvat historian asteittain etenevän kehityksen lop-
putuloksena sekä yliluonnollisten että luonnollisten ihmeiden
muodossa. Kristittynä, joka tukeutuu Pyhän Raamatun kirjai-
melliseen tulkintaan (vaikka se on tietysti aina tekstin asiayh-
teydestä riippuvaa[172]), en voisi selittää esimerkiksi ylöstempausta
millään muulla kuin yliluonnollisella tapahtumalla, koska Paavalin
mukaan se tulisi olemaan yhtäkkinen tapahtuma, jossa sekä Kris-
tuksessa kuolleet, että meidät, *"jotka olemme elossa, jotka olemme
jääneet tänne, temmataan yhdessä heidän kanssaan pilvissä Herraa*

---

172 Raamattu sisältää monenlaista kirjallisuuden tyylilajia, ja siksi sitä ei
voi tulkita joka tilanteessa täysin kirjaimellisesti.

vastaan yläilmoihin."[173] Samoin Kristuksen paluu maanpäälle on
yhtä yliluonnollinen tapahtuma kuin Hänen taivaaseen nousunsa,
sillä *"tämä Jeesus, joka otettiin teiltä ylös taivaaseen, on tuleva
samalla tavalla, kuin te näitte hänen taivaaseen menevän"*[174]
(Jeesus ei siis palaa 2000 vuoden syväjäädytyksen jälkeen elävien
joukkoon kuten Sylvester Stallone 90 -luvun kulttifilmissä *De-
molation Man*).

Tiede ei sitä paitsi ole vielä niin pitkällä, että voisimme
puhua kolme päivää jo haudassa olleiden henkilöiden henkiinhe-
rättämisestä lääketieteen keinoin. En sulje pois sitä, etteikö se
voisi olla mahdollista jo sadan vuoden päästä. Mutta keski-
määräisen elinikämme pidentäminen yli sataan vuoteen, jopa
satoihin vuosiin, on jo vakavasti otettu tieteen tutkimushaara
(kuten luimme tästä luvussa 3). Profeetta Jesaja ennusti tämän
noin 2700 vuotta sitten, aikakautena, kun ihmisten keski-
määräinen elinajanodote oli vain 30-40 vuotta[175]:

Ei siellä ole enää lasta, joka eläisi vain muutaman päivän, ei vanhusta, joka ei
täyttäisi päiviensä määrää; sillä nuorin kuolee satavuotiaana, ja vasta sata-
vuotiaana synnintekijä joutuu kiroukseen.[176]

Jesajan elinajan huomioon ottaen tämä on hyvin hämmästyttävä
profetia, sillä muinaisessa maailmassa jopa puolet lapsista
saattoivat kuolla ennen 5 -vuoden ikää[177] ja monet aikuiset
kuolivat myös nuorena työteon raskauden, sotien, aliravit-
semuksen ja huonosta hygieniasta johtuneiden tautien leviämisen

173 1. Tess. 4:17, 1. Kor. 15:51-52.
174 Ap. t. 1:11
175 Tämä luku ei tarkoita sitä, että suurin osa sen ajan aikuisväestöstä oli-
si "kuollut vanhuuteen" 30-40 -vuotiaina, vaan tämä luku on saatu
laskemalla suuresta lapsikuolleisuudesta johtuva kuolleisuuden keski-
arvo. Moni aikuinen saattoi päästä jopa 80 -vuoden ikään, Psalmi
90:10:ssä mainittuun ihmisen elinikään, vaikka suurin osa menehtyi
noin 50-60 -vuotiaina.
176 Jes. 65:20
177 Mortality in the past: every second child died - Our World in Data

seurauksena. Tämä kaikki muuttui merkittävästi vasta 1900 -luvulla teollisen vallankumouksen ja parantuneen terveydenhuollon ansiosta. Tänään globaali lapsikuolleisuus on vain 4% ja useimmissa länsimaissa se on alle prosentin luokkaa. Eli jos esiteollisissa yhteiskunnissa tuhannesta syntyneestä lapsesta noin 500 lasta kuoli ennen 15 ikävuotta, niin tänään se on Suomen tapaisissa maissa vain 5 lasta tuhatta kohden, satakertainen lasku menneisyyden traagisista tilastoista.

Jesaja ennustaa tässä tulevaisuutta, jossa lapsikuolleisuus on pudonnut käytännössä nollaan eikä keskimääräinen aikuinen kuole ennen kuin hän on päässyt ainakin sadan vuoden ikään. Palauta mieleesi ChatGPT:n ennustus luvussa 3: *"Kokonaisuutena on realistista odottaa, että vuosituhannen vaihteessa syntyneet ihmiset voivat elää jopa 120–150 vuotta terveinä."* Tänään ihmisten keskimääräinen elinajanodote on noin 70-80 vuotta, korkeampi kuin se on ollut koskaan aiemmin ihmiskunnan historiassa (ellei Aabrahamia edeltäneitä Raamatun patriarkkoja lasketa mukaan). Huomaa, että tämä kehitys kohti pidentynyttä elinajanodotetta ja vähäisempiä lapsikuolemia on tapahtunut asteittain erityisesti teollistumisen, lääketieteen kehityksen, ja parantuneiden hygieniaolosuhteiden johdosta. Eli siten myös kehitys kohti Jesajan kirjassa ennustettuja Maan paratiisimaisia olosuhteita tulee olla paremminkin asteittainen kuin yhtäkkinen kehitys.

Näin asiaa ei ole kuitenkaan ymmärretty perinteisessä premillanialisisessa eskatologiassa missä historia kulkee asteittain huonompaan suuntaan kunnes se tekee äkkijyrkän U-käännöksen parempaan Jeesuksen toisen tulemuksen jälkeen. Tällainen näkemys ruokkii myös passiivista ja vetäytyvää kuvaa Jeesuksen Kristuksen seurakunnasta, jonka toimilla ei ole mitään konkreettista vaikutusta maailmanhistorian kehitykseen ja jonka ainoa tehtävä on pelastaa yksittäisiä sieluja ja odottaa taivaasta palaavaa Jeesusta, joka pelastaa seurakuntansa tästä maailmasta. Tällainen todellisuuspakoinen oppi lopun ajoista alkoi yleistyä evankelisiin seurakuntiin laajemmin vasta 1900 -luvun *dispensationalismin* myötä.[178] Sitä ennen monet protestanttiset seurakunnat suosivat enemmän *postmillenialistista* oppia Kristuksen tuhatvuotisesta valtakunnasta.

Totesin luvussa 4, että yhdyn premilleanialismiin sen lopun aikoja koskevan kronologian osalta. Uskon siis Raamatun tukevan sitä, että Jeesus palaa maanpäälle *ennen* kuin Hän perustaa tuhatvuotisen rauhanvaltakuntansa.[179] Postmillenialismin mukaan Jeesuksen toinen tulemus tapahtuisi vasta tuon tuhatvuotiskauden lopussa mihin en löydä Raamatusta tukea. Mutta yhdyn postmilleanialismiin, kun se tulee oppiin siitä, että seurakunta on jo tänään Jumalan valtakunta maanpäällä. Kun Jeesus sanoi opetuslapsillensa, *"Minulle on annettu kaikki valta taivaassa ja maan päällä. Menkää siis ja tehkää kaikki kansat minun opetuslapsikseni, kastamalla heitä Isän ja Pojan ja Pyhän Hengen nimeen"*, premillanialismi tulkitsee tätä siten, että meidän tehtävämme olisi kastaa ihmisiä Jumalan *tulevan* valtakunnan kansalaisiksi, jonka tulemus on yhtäkkinen ja ennalta arvaamaton historian tapahtuma.

Jeesus kuitenkin itse sanoi, että tuo valtakunta vaikuttaa jo *tänään* meissä kristityissä:

Ja kun fariseukset kysyivät häneltä, milloin Jumalan valtakunta oli tuleva, vastasi hän heille ja sanoi: "Ei Jumalan valtakunta tule nähtävällä tavalla, eikä voida sanoa: 'Katso, täällä se on', tahi: 'Tuolla'; sillä katso, Jumalan valtakunta on sisällisesti teissä".[180]

Raamatusta voidaan löytää tukea siihen ajatukseen, että tuo valtakunta lähti leviämään asteittaisesti ja progressiivisesti jo Jeesuksen ensimmäisestä tulemuksesta:

---

178 Tämä kirjailija ei ole dispensationalismia vastaan vaikka olenkin kritisoinut sen joitakin yksittäisiä näkökohtia ja pyrkinyt sovittamaan sen yhteen esimerkiksi protestanttien keskuudessa ennen yleisempään *historisistiseen* eskatologiaan. Löydät seikkaperäiset perusteluni tälle integroidulle profetiantulkinnalleni kirjani *Joka ei ollut saapa kuninkaan arvoa – Antikristus paljastettu?* luvuista 12 ja 13.

179 Dan. 7:13, 14, Matt. 26:64, Ilm. 1:7, 19:11, 20:4.

180 Luuk. 17:20-21

Vielä toisen vertauksen hän puhui heille sanoen: "Taivasten valtakunta on sinapinsiemenen kaltainen, jonka mies otti ja kylvi peltoonsa. Se on kaikista siemenistä pienin, mutta kun se on kasvanut, on se suurin vihanneskasveista ja tulee puuksi, niin että taivaan linnut tulevat ja tekevät pesänsä sen oksille." Taas toisen vertauksen hän puhui heille: "Taivasten valtakunta on hapatuksen kaltainen, jonka nainen otti ja sekoitti kolmeen vakalliseen jauhoja, kunnes kaikki happani".[181]

Tämän kaltaiset kohdat puhuvat Jumalan valtakunnasta, joka perustettiin maanpäälle jo 2000 vuotta sitten, ja joka levisi asteittain koko maailmaan evankeliumin saarnaamisen ansiosta. *Miksi tämä on tärkeää?* Koska riistäessään seurakunnan raamatullisen identiteetin Kristuksen valtakuntana, premillenialismi riistää siltä myös sen voittoisan ja positiivisen roolin maailmassa, jonka tehtävänä ei ole vain yksittäisten sielujen pelastaminen vaan koko yhteiskunnan muuttaminen kristillisten arvojemme mukaiseksi – Jumalan valtakunnan tuominen *maanpäälle.* Tämä ei nyt tarkoita jonkinlaisen "kristillisen nationalismin" edistämistä sellaisena kuin se on väärintulkittu usein sekulaarien journalistien tai äärioikeistolaisten demagogien taholta, joiden ideaalisena yhteiskuntamallina tuntuu olevan usein jonkinlainen homoja kivittävä islamilainen teokratia.[182]

Tämä seurakunnan voittoisa identiteetti ei merkitse vain taistelua kristillisen moraalin puolesta, vaan sisältää työmme yhteiskunnan kaikilla mahdollisilla osa-alueilla; tieteissä, taiteissa ja kulttuurissa, jossa kristillisiä periaatteita tulisi vaalia oikeudenmukaisuuden, totuuden ja kauneuden edistämiseen. Tämä tarkoittaa, että seurakunnan tehtävänä ei ole vain evankeliumin julistaminen, vaan myös Jumalan valtakunnan arvojen ilmentäminen kaikessa, mitä teemme – kasvatuksessa, politiikassa, taloudessa ja ihmisten

---

181 Matt. 13:31-33
182 Juutalaisia vihaava ja Hitleriä sympatisoiva Yhdysvaltain äärioikeistolainen katolilainen äärioikeistolainen Nick Fuentes on tällaisista pseudokristityistä hyvä esimerkki. Tällaista ajattelutapaa leimaa yleensä viha syntisiä (ja poliittisia vastustajia) kohtaan ja itsensä asettaminen omavanhurskaasti muiden syntisten yläpuolelle. Jeesuksen toimintaa leimasi päinvastoin rakkaus syntisiä kohtaan.

jokapäiväisessä elämässä. Kristityt ovat kutsutut olemaan "maan suolana ja maailman valona"[183], toimimaan aktiivisesti Jumalan kunniaksi ja ihmiskunnan parhaaksi kaikilla elämänalueilla, jotta Kristuksen hallintavalta tulisi näkyväksi koko maailmassa.

Jeesuksen toteamus Pilatukselle, "minun kuninkuuteni ei ole tästä maailmasta"[184], muistuttaa meitä samalla siitä, ettemme saa sekoittaa maallista ja pyhää keskenään (joka tapahtuu usein liiallisen poliittisen intoilun myötä), koska Kristuksen valtakunnan alkuperä on taivaallinen eikä perustu tämän maailman vallankäytön keinoihin, vaan hengelliseen totuuteen, oikeudenmukaisuuteen ja rakkauteen, jotka ylittävät kaikki maalliset järjestelmät ja ideologiat. Tämä raamatullinen oppi, yhdessä muiden vastaavien periaatteiden kanssa, muodosti perustan uskonnon ja valtion erottamiselle jo keskiajan Euroopassa, mikä on ollut ainutlaatuinen piirre juutalaiskristilliseen traditioon pohjautuvassa länsimaisessa sivilisaatioissa. Kuten John Anderson kirjoittaa arvostelussaan historioitsija Tom Hollandin kirjaan *Dominion: How the Christian Revolution Remade the World* (Basic Books, 2019).

Rooman valtakunnassa kristinuskon leviämisen myötä alkanut yhteiskunnallinen mullistus huipentui institutionaaliseen vallankumoukseen, kun keisari Konstantinus kääntyi kristityksi vuonna 312. *"Kun Konstantinus hyväksyi Kristuksen Herrakseen, hän toi suoraan valtakuntansa ytimeen uuden, arvaamattoman ja räjähdysherkän vallan lähteen."* (118) Konstantinus yhdisti kirkon ja valtion, mutta säilytti kuitenkin niiden välisen eron – eron, jonka Jeesus itse teki neuvoessaan kuulijoitaan: *"Antakaa keisarille mikä keisarin on, ja Jumalalle mikä Jumalan on."* (Mark. 12:17)

Augustinus korosti tätä eroa teoksessaan *Jumalan valtio* (De Civitate Dei), jossa hän erotteli maallisen kaupungin ja taivaallisen kaupungin toisistaan. Tämä oli antiikin maailmassa varsin uusi ymmärrys uskonnon ja hallinnon suhteesta, sillä Lähi-idän kulttuureissa ja myöhemmin Rooman valtakunnassa kuninkaat ja keisarit nähtiin tyypillisesti jumalallisina. Jeesuksen tekemä kirkon ja

---

183 Matt. 5:13-16
184 Joh. 18:36

valtion välinen ero kehittyi ajan myötä kirkon ja valtion erottamiseksi toisistaan – periaatteeksi, joka on keskeinen modernissa länsimaisessa politiikassa.

Kristillisen sivilisaation hedelmät

Kaarle Suuri (Charles the Great) valvoi kahdeksannella ja yhdeksännellä vuosisadalla ortodoksisen kristillisen lännen syntyä eikä kaihtanut käyttää miekkaa. Yhtenäistäessään Länsi-Eurooppaa kolminaisuusopin mukaisen kristinuskon alle, Kaarle Suuri teki oppimisesta ja koulutuksesta keskeisen osan uutta sivilisaatiota. Frankkien keisari kutsui Euroopan parhaat kirjurit palatsiinsa kopioimaan kirjoja, jotka muuten olisivat saattaneet kadota, ja antoi maailmalle uuden kirjoitusmuodon, jossa otettiin käyttöön välimerkit, isot kirjaimet lauseiden alussa sekä sanavälit – juuri sen kirjoitusmuodon, jota nyt luet. Hollandin mukaan tämä oli osa Kaarle Suuren elämäntehtävää: "alamaistensa kouluttamista Jumalan autenttiseen tuntemiseen." (195)

Tässä alkoi keskiaikaisen Euroopan nousu, kristikunnan huippukausi. Tämä oli kuitenkin myös ajanjakso, jolloin kirkko ja valtio muuttuivat yhä erillisemmiksi toisistaan. Hollandin mukaan "kirkon ja valtion erottaminen oli mullistus, joka ilmeni koko kristikunnassa." (218) Ne muuttuivat niin erillisiksi, että ne olivat usein konfliktissa keskenään. Myöhemmin protestanttisuus teki jyrkän eron kahden valtakunnan välillä: toinen maallinen tai "sekulaari", toinen hengellinen. (308) Kristillisessä sivilisaatiossa valtion pyrkimyksiä rajattomaan valtaan maassa haastoi aina kirkko.

Keskiajan perintö: Ihmisoikeudet

Keskiaika vaali toista juutalais-kristillisen tradition siementä – ihmisoikeuksia. Juristit alkoivat pohtia, mitä köyhien auttamista koskeva käsky edellytti. He päättelivät, että kaikilla kristityillä ei ole ainoastaan velvollisuutta auttaa köyhiä, vaan että köyhillä on "oikeus" saada apua. (223)

"Ihmisoikeuksien käsitteen kehitys...peitti alleen alkuperäiset luojansa. Se ei ollut peräisin antiikin Kreikasta tai Roomasta, vaan historian aikakaudelta, jota kaikki oikeamieliset vallankumoukselliset pitivät kadotettuna vuosituhantena, jolloin valaistuksen häiväykset tukahdutettiin munkkien ja kirjarovioiden toimesta. Se oli perintö keskiajan kanonisilta lakimiehiltä." (385–6)

1600-luvun pappi ja tutkija Bartolome Las Casas dokumentoi Länsi-Intian brutaalin kolonisaation ja kehitti ihmisoikeusopin. Vastauksena niille, jotka pitivät intiaaneja espanjalaisia alempiarvoisina, Las Casas totesi: *"Kaikki maailman kansat ovat ihmisiä, ja kaikkia ihmisiä koskee yksi ja sama määritelmä, nimit-*

täin että he ovat rationaalisia." Hollandin mukaan: *"Jokaisella kuolevaisella –
olipa hän kristitty tai ei – oli oikeudet Jumalalta."* (331) Tämänkaltaiset ajatuk-
set vaikuttivat myöhemmin myös brittiläiseen orjuuden vastustamisliikkee-
seen, jonka keulahahmona toimi evankelinen parlamentin jäsen William Wil-
berforce 1700-luvun lopulla ja 1800-luvun alussa.[185]

Kun ymmärrämme tätä Tom Hollandin painottamaa historiaa juu-
talaiskristillisen uskon vaikutusvallasta modernin maailman ja
länsimaisen sivilisaatiomme kehityksen perustana, saatamme
lämmetä ehkä paremmin 17. – 19. vuosisadan evankelikaalisissa
seurakunnissa vaikuttaneen postmillenialistisen eskatologian
opetuksiin. Aivan kuin osoitin jo edellisessä kirjassani, että tuolla
aikakaudella suosittu *historisistinen* oppi profetioista ei ole luon-
taisessa ristiriidassa *dispensationalistiseen* tai *futuristiseen* oppiin
lopun ajoista[186], niin myöskään *postmillenialismia* ei ole tarvetta
nähdä *premillenialismin* luontaisena vihollisena. Voimme sovittaa
nämä kaksi yhteen seuraavalla näkökulmalla:

1. Jumalan maanpäällinen valtakunta syntyi jo jo osittain Jeesuksen ensimmäisen
tulemuksen ja seurakunnan perustamisen myötä helluntaina 33 jKr. Evanke-
liuminen asteittainen leviäminen kaikkiin kansoihin ja kieliin valmistaa
maailman kansat Kristuksen ja Hänen pyhiensä universaalia hallintoa varten,
muuttaen yksilöiden, kansakuntien ja kulttuurien moraalisen ja älyllisen ke-
hityksen sellaiseksi, että ne ovat valmiita Kristuksen universaalille hallinnolle.

2. Jumalan valtakunta syntyy täydellisemmin Kristuksen palatessa takaisin Har-

---

185 Dominion: How the Christian Revolution Remade the World
186 Historisismi opetti Danielin ja Ilmestyskirjan näkyjen lopun ajoista
   viitanneen kirkon historian aikakauteen ja ennustaneen lukuisat kirk-
   kohistoriamme kannalta merkitykselliset tapahtumat, kuten islamin
   nousun 600 -luvulla ja paavillisen kirkkovaltion nousun 700 -luvulla
   ja näiden myöhempien vaikutusvallan Euroopan ja Lähi-Idän histo-
   riaan. Kirjastani *Joka ei ollut saapa kuninkaan arvoa – Antikristus
   paljastettu?* (Books on Demand, 2019) löydät perusteelliset selitykse-
   ni siihen miksi en pidä historisismia ja futurismia toinen toisensa
   poissulkevina selityksinä ja kuinka Danielin kirja ennusti myös lukui-
   sia kirkkohistoriallisia maailmantapahtumia.

mageddonin sodan jälkeen, jolloin Hän perustaa tuhatvuotisen messiaanisen hallintonsa. Tällöin *"kansat lähtevät liikkeelle sanoen: 'Tulkaa, nouskaamme Herran vuorelle, Jaakobin Jumalan temppeliin, että hän opettaisi meille teitänsä ja me vaeltaisimme hänen polkujansa; sillä Siionista lähtee laki, Jerusalemista Herran sana'. Ja hän tuomitsee pakanakansojen kesken, säätää oikeutta monille kansoille. Niin he takovat miekkansa vantaiksi ja keihäänsä vesureiksi; kansa ei nosta miekkaa kansaa vastaan, eivätkä he enää opettele sotimaan."* [187]

Tämä jälkimmäinen ei ole voinut tulla vielä selvästikään toteen, koska Kristus ei ole palannut maanpäälle, Jerusalemin Temppelivuorella ei ole juutalaisten kolmatta temppeliä, eikä maan kansojen kesken ole ollut juuri yhtäkään rauhanjaksoa viimeisen 2000 vuoden aikana. Postmillenialismin omaksuminen ei tarvitse merkitä sitä, että uskoisimme maailman muuttuvan asteittain yhä paremmaksi ja valoisemmaksi kristinuskon leviämisen ansiosta. Eikä premillenialismin omaksuminen tarvitse merkitä sitä, että uskoisimme maailman muuttuvan yhä pahemmaksi ja pimeämmäksi ennen Kristuksen paluuta maanpäälle.

Kumpikin idea sivuuttaa nimittäin ihmisen vapaan tahdon olemassaolon. Maailman "valoistuminen" evankeliumin leviämisen myötä ei ole automaatio, koska ihmisillä on edelleen vapaa tahto ja he voivat päättää olla seuraamatta Jumalaa vaikka todistaisivatkin evankeliumin hyviä hedelmiä myös yhteiskunnallisella tasolla.[188] Maailman "pimentyminen" on taas seurausta siitä, kun yksilöt ja kansakunnat kääntävät selkänsä Jumalalle, ja kapinoivat Hänen käskyjään vastaan. Mutta tämäkään ei ole automaatio, koska pimenevän maailman keskellä voi olla yhä niitä valopilkkuja, jotka ovat päättäneet seurata Jumalaa nurjan sukupolvensa keskellä. Kuten Daniel kertoo: *"Ja taidolliset loistavat, niinkuin taivaanvahvuus loistaa, ja ne, jotka monta vanhurskau-*

---

187 Jes. 2:3-4
188 Tästä on osoituksena myös se, että Ilmestyskirjan mukaan Saatana saa villittyä maailman kansat sotaan Jumalaa ja Hänen pyhiään vastaan Maan tuhatvuotisen rauhanjakson jälkeen, vaikka he ovat todistaneet koko tuon ajan Kristuksen seuraamisen hyviä hedelmiä.

teen saattavat, niinkuin tähdet, aina ja iankaikkisesti." Paavali kehotti kristittyjä olemaan moitteettomia ja puhtaita *"kieron ja nurjan sukukunnan keskellä, joiden joukossa te loistatte niinkuin tähdet maailmassa."*

Paavali teki selväksi opetuksessaan Tessalonikan seurakunnalle, että ennen kuin Antikristus voisi päästä valtaan, synnin ja laittomuuden tulee päästä myös valtaan. Ja sitä edistää osaltaan kristillisen seurakunnan luopumus.[189] Sillä seurakunta on *"maan suola; mutta jos suola käy mauttomaksi, millä se saadaan suolaiseksi? Se ei enää kelpaa mihinkään muuhun kuin pois heitettäväksi ja ihmisten tallattavaksi."*[190] Jeesus sanoi, että kun *"laittomuus pääsee valtaan, kylmenee useimpien rakkaus."*[191] Raamatullinen eskatologia puhuu siis selvästi pahuuden lisääntymisestä ja pimentyvästä maailmasta Jeesuksen toisen tulemuksen edellä.

Tämä ei muuta kuitenkaan sitä, että pimenevän maailman keskellä Jumalan oma kansa – ne jotka ovat erottautuneet nurjasta sukupolvesta ja laodikealaisesta seurakunnasta – tulee loistamaan "niinkuin taivaanvahvuus loistaa". Maailman synkkeneminen ja valoistuminen voivat siis esiintyä myös *saman aikaisesti*, koska Jumalan omat tulevat loistamaan pimenevän aikansa keskellä. Painotan tätä asiaa nyt sen tähden, että postmillenialismin ja premillenialismin yhteensovittamisella voimme saada uudenlaisen näkökulman kristillisen kirkon historiaan.

Sen sijaan, että näkisimme maailman pelkkänä peltona missä Ihmisen Poika on kasvattanut viljaansa ja missä nisu ja luste erotellaan toisistaan maailmanlopun edellä, voimme nähdä sen myös *"hapatuksen kaltaisena, jonka nainen otti ja sekoitti kol-*

---

189 2. Tess. 2:1-10
190 Matt. 5:13
191 Matt. 24:12

meen vakalliseen jauhoja, kunnes kaikki happani." [192]Tämä jäl-
kimmäinen vertaus viittaa siihen, että evankeluminen leviämi-
nen "hapattaa" eli kristillistää vähitellen koko maailman, mullis-
taen läpikotaisin sen arvot ja kulttuurin – kuten Tom Holland
osoittaa kristillisen kirkon jo saaneen aikaan[193] – ja valmistaa
maailman Kristuksen tuhatvuotista rauhanvaltakuntaa varten.
Tämä näkemys mahdollistaa historiamme näkemisen
eräänlaisena asteittaisena progressiona, jota myös länsimainen
edistysaatteemme usein painottaa. Tämä ei tarkoita kuitenkaan
sitä, että historia etenisi tasaisesti yhä parempia ja edistyneem-
piä aikoja. Vaikka historian yleinen suunta on kohti edistystä,
matkan varrella on monia "kuoppia" tai tienviittoja missä ihmi-
nen eksyy välillä väärään suuntaan. Tämä liittyy siihen mistä
puhuin jo edellä – ihmiselle on annettu vapaa tahto seurata tai
olla seuraamatta Jumalan pystyttämiä tienviittoja. Ihmisen omat
laiminlyönnit eivät silti onnistuisi suistamaan autoa sille suun-
natulta määränpäältä, koska Jumala armossaan ohjaisi sen aina
uudestaan Hänen kartoittamalleen oikealle tielle.

Useat akateemiset historiantutkijat,[194] ovat osoittaneet länsi-
maalaisella edistysaatteella – eli uskolla ihmisen kykyyn paran-
taa maailmaa asteittain paremman huomisen luomiseksi – ole-

---

192 Matt. 13:24-33
193 Tom Holland, vaikka hän ei ole itse kristitty, painottaa usein sitä, että
myös Richard Dawkinsin kaltaiset ateistit ovat tietämättään kristittyjä
– kulttuurisia kristittyjä (jonka Dawkins on itsekin myöntänyt) – kos-
ka heidän maailmankuvansa perusolettamukset, on se sitten Dawkin-
sin usko jokaisen ihmisen luovuttamattomiin ihmisoikeuksiin, tai
maailmankaikkeuden rationaaliseen ymmärrettävyyteen, perustuu
juutalaiskristillisen uskon muovaamaan läntiseen maailmankuvaan,
jota ei tunnettu tai tunnustettu vielä esikristillisellä ajalla.
194 Esim. Karl Löwith kirjassaan *Meaning in History: The Theological
Implications of the Philosophy of History* (1949), ja Michael Walzer
kirjassaan *The Revolution of the Saints: A Study in the Origins of Ra-
dical Politics* (1965)

van vahvat juuret juutalaiskristillisessä perinteessä, vaikka sana "progressivismi" assosioidaan modernissa poliittisessa diskurssissa enemmän marxilaisesta ateismista johdettuun sekulaariin edistysaatteeseen. Monissa pakanallisissa kulttuureissa (esimerkiksi hindulaisuudessa tai antiikin kreikkalaisessa maailmankuvassa) oli nimittäin sykliner aikakäsitys, jossa tapahtumat toistuvat luonnon kiertokulun mukaisesti. Kristinuskon vaikutus johti taas lännen *lineaariseen aikakäsitykseen*, missä ihmiskunnalla on alku (luominen), keskikohta (Kristuksen inkarnaatio) ja päämäärä (lopullinen pelastus ja Jumalan valtakunta). Tämä narratiivi asettaa historian osaksi Jumalan suunnitelman toteutumista ja korostaa tulevaisuuteen suuntautunutta toivoa.

Samalla 1600 -luvun Englannin puritaanien keskuudessa syntynyt postmillenialistinen eskatologia – joka siis syntyi jo edellä mainittujen raamatunkohtien perustalle – alkoi edistämään protestanttisessa maailmassa ajatusta siitä, että kristittyjen itse olisi osallistuttava aktiivisesti Kristuksen valtakunnan rakentamiseen maanpäälle sosiaalisilla uudistuksilla, kuten orjuuden tai lapsityön vastaisella aktivismilla, yleisen lukutaidon ja terveydenhuollon edistämisellä, ja muilla sosiaalisilla reformeilla oikeudenmukaisen yhteiskunnan luomiseksi, joka edellytti usein peräänantamatonta poliittista aktivismia passiivisen Kristuksen toisen tulemuksen odottamisen sijasta.

Eli kun kristinuskon lineaarinen aikakäsitys johti toivoon paremmasta huomisesta, postmillenialistinen oppi lopun ajoista johti puolestaan aktiiviseen osallistumiseen tuon paremman huomisen tuomiseksi pelkän haihattelun ja toiveajattelun sijasta. Tätä postmillenialistien optimismia ihmisen potentiaalin kuvastaa hyvin 1800 -luvun kristityn orjuudenvastaisen aktivistin Harriet Tubmanin seuraava lausunto:

Jokainen suuri unelma alkaa uneksijasta. Muista aina, että sinussa on voimaa, kärsivällisyyttä ja intohimoa saavuttaa tähdet ja muuttaa maailmaa.[195]

Tällainen optimismi alkoi väistyä enemmän taka-alalle 1900 -luvun jälkimmäisen puoliskon eskapistisen premillenialismin myötä. Tällaisella lopun ajan opilla kyllästetyt kristityt saattavat assosioida Tubemanin sitaatin heijastaman mentaliteetin 1900 -luvun kyseenalaisempaan "positiivisen ajattelun evankeliumiin", jota vapaamuuraripastori Norman Vincent Peale (1898–1993) edisti ja jonka ajatukset ovat innoittaneet myös presidentti Donald Trumpin kaltaisia henkilöitä. Mutta tällaisen optimismin alkuperä on pitkälti 1600 – 1800 -lukujen postmillenialistien aktiivisessa käytännön evankeliumissa.

Usein väärinymmärretyt *dominion* ja *valtakunta nyt* -teologian mukaiset opit ovat pyrkineet palauttamaan kristilliseen eskatologiaan tämän saman optimismin hengen, jossa uskovat eivät odota vain passiivisina Kristuksen paluuta maailman surkeaa tilaa voivotellen ja päivitellen, vaan osallistuvat aktiivisesti yhteiskunnan muuttamiseen Jumalan valtakunnan periaatteiden mukaiseksi jo tässä ajassa. Kuten kristillisestä evankeliumista merkittävästi vaikutteita omaan väkivallattomuuden sanomaansa saanut Mohandas Gandhi totesi usein lainatussa sitaatissaan: *"Ole se muutos, jonka haluat nähdä maailmassa."*[196]

---

195 Quote by Harriet Tubman: "Every great dream begins with a dreamer. Always..." Sivusto ei mainitse sitaatin alkuperäistä lähdettä, joten on mahdollista, ettei se ole sanan tarkka lause Tubemanin kirjoituksista.

196 Tämä on jälleen niitä kuuluisia sitaatteja, joiden alkuperästä ei ole varmaa dokumentoitua tietoa, mutta se on saattanut olla muunnos seuraavasti Gandhin sitaatista, joka löytyy kokoelmasta Collected Works of Mahatma Gandhi: *"Jos voisimme muuttaa itseämme, myös maailman suuntaukset muuttuisivat". Kun ihminen muuttaa omaa luonnettaan, niin muuttuu myös maailman suhtautuminen häneen... Meidän ei tarvitse odottaa, mitä muut tekevät."*

Dominion-teologia (joka saa nimensä Geneksiksen käskystä Maan hallitsemiseen) korostaa erityisesti kristittyjen vastuuta vaikuttaa kulttuuriin, politiikkaan ja talouteen, nähden nämä alueet osana Jumalan hallintavaltaa, joka ulottuu kaikkiin elämänalueisiin. Valtakunta nyt -teologia (Kingdom Now) taas korostaa uskovien valtuutusta ja auktoriteettia tuoda esiin Jumalan valtakunnan todellisuutta jo ennen Kristuksen paluuta. Tämä ajattelutapa heijastaa sen postmillenialistisia juuriaan, sillä siinä hengellinen ja sosiaalinen uudistustyö nähdään välttämättömänä osana kristityn kutsumusta.

Molemmat liikkeet ovat saaneet vaikutteita postmillenialistisesta optimismista. Yhteistä näille näkemyksille on ajatus siitä, että usko ei rajoitu yksilön sisäiseen hengellisyyteen, vaan sillä on konkreettisia vaikutuksia maailman muuttamiseen paremmaksi – samoin kuin postmillenialismi aikoinaan inspiroi yhteiskunnallisia reformeja ja edistysajattelua. Annan jälleen "ystäväni" ChatGPT:n selittää tätä yhteyttä:

Protestantismin ja erityisesti postmillenialistisen eskatologian vaikutus länsimaalaiseen edistysaatteeseen on merkittävä, sillä ne tarjosivat ainutlaatuisen maailmankuvan, joka yhdisti uskonnollisen toivon, moraalisen velvollisuuden ja tulevaisuuteen suuntautuvan optimismin. Tämä synnytti perustan, jossa edistys koettiin paitsi mahdolliseksi, myös Jumalan suunnitelman mukaiseksi. Alla on tarkempi analyysi näistä vaikutuksista:

---

1. Protestanttinen työmoraali ja edistyksen eetos

- Protestanttinen reformaatio korosti yksilön henkilökohtaista suhdetta Jumalaan ja vastuuta omista teoistaan. Tämä näkyi erityisesti **protestanttisessa työmoraalissa**, jossa ahkeruus, säästäväisyys ja vastuullisuus olivat keskeisiä arvoja. Max Weberin mukaan nämä piirteet edistivät modernin kapitalismin syntyä.

- Protestanttisessa ajattelussa jokapäiväinen työ ja maallinen kehitys eivät olleet vain arkea, vaan osa hengellistä kutsumusta (lat. *vocatio*). Tämä antoi moraalisen ja uskonnollisen oikeutuksen materiaalisen hyvinvoinnin tavoittelulle ja yhteiskunnalliselle kehitykselle.

2. Postmillenialismin eskatologia ja toivo paremmasta maailmasta

- **Postmillenialismi** on kristillinen eskatologinen näkemys, jonka mukaan Kristus palaa vasta tuhannen vuoden valtakunnan jälkeen. Tämä valtakunta nähdään kirkon ja Jumalan kansan aikaansaamana maallisena edistymisenä ja maailman muuttumisena paremmaksi ennen lopullista pelastusta.
- Postmillenialismi korosti ajatusta, että Jumala toimii historiassa ihmisten kautta. Ihmiskunnalla oli aktiivinen rooli Jumalan valtakunnan rakentamisessa maan päälle. Tämä motivoi protestantteja osallistumaan yhteiskunnan uudistamiseen ja näkemään esimerkiksi tieteen, koulutuksen ja sosiaalisen oikeudenmukaisuuden Jumalan suunnitelman osina.
- Esimerkiksi valistusajan ja varhaismodernin ajan reformoitu teologia kehitti idean siitä, että ihmiskunta ei vain odottanut passiivisesti Kristuksen paluuta, vaan sen tuli **rakentaa oikeudenmukaista ja hyvinvoivaa maailmaa**.

3. Moraalinen velvollisuus ja usko historian suunnitelmallisuuteen

- Protestantismi toi mukanaan syvän luottamuksen siihen, että Jumalan johdatus toimii historiassa kohti lopullista tarkoitusta. Tämä ajatus siirtyi maallisempiin edistysaatteen versioihin, joissa historia nähtiin jatkuvan kehityksen tarinana.
- Postmillenialistinen eskatologia painotti erityisesti sosiaalista vastuuta: kristittyjen tuli pyrkiä vähentämään köyhyyttä, sivistämään kansoja ja levittämään kristillistä uskoa. Tämä synnytti protestanttisten lähetystyön liikkeiden lisäksi myös laajamittaisia sosiaalisia reformeja, kuten orjuuden lakkauttamisen ja koulutusjärjestelmän kehittämisen.

4. Modernin tieteen ja koulutuksen legitimointi

- Protestantit pitivät Raamatun lukemista ja ymmärtämistä jokaisen kristityn velvollisuutena. Tämä johti **kirjallisuuden ja koulutuksen laajamittaiseen edistämiseen**, sillä lukutaito oli hengellisen elämän perusta.

- Postmillenialismin myötä koulutusta alettiin nähdä myös keinona parantaa yhteiskuntaa laajemmin. Valistusajan tiedettä ja teknologiaa kehitettiin protestanttisten maiden johtamana, koska näitä pidettiin keinoina edistää Jumalan valtakuntaa maan päällä.

- Tiede ja koulutus eivät olleet ristiriidassa protestanttisen uskon kanssa, vaan niitä pidettiin osana Jumalan luoman maailman ymmärtämistä ja alistamista ihmisen hyötykäyttöön (1. Moos. 1:28).

5. Yhteiskunnallisten uudistusten edistäminen

- Postmillenialismi antoi pontta monille yhteiskunnallisille liikkeille. Esimerkiksi:

  - **Abolitionismi**: Monet protestanttiset postmillenialistit näkivät orjuuden lopettamisen osana Jumalan valtakunnan edistämistä

  - **Hyvinvointivaltion alkuvaiheet**: Protestanttiset kirkot perustivat kouluja, sairaaloita ja hyväntekeväisyysjärjestöjä, koska yhteiskunnan parantaminen nähtiin hengellisenä velvollisuutena.

  - **Lähetystyö ja kolonialismin kaksijakoisuus**: Lähetystyö vei evankeliumin ohella myös koulutusta ja lääketiedettä uusiin maihin. Vaikka kolonialismia voidaan tarkastella kriittisesti, sen mukana levinneet protestanttiset arvot auttoivat joissain tapauksissa paikallisia yhteisöjä omaksumaan käsityksen edistyksestä.

6. Edistysaatteen sekularisoituminen

- Postmillenialistisen optimismin voi nähdä myös maallistuneen ajan kuluessa. Ajatus siitä, että ihmiskunta pystyy parantamaan maailmaa tiedon, teknologian ja sosiaalisten uudistusten avulla, kehittyi erityisesti 1800-luvulla maallisiin ideologioihin, kuten positivismiin ja marxilaisuuteen.

- Sekulaari edistysusko pohjautui monin tavoin postmillenialistiseen ajatukseen historian lineaarisesta etenemisestä ja parantuvasta maailmasta, mutta ilman viittauksia Jumalaan tai eskatologiseen päämäärään.

Yhteenveto

Protestantismin ja postmillenialismin vaikutus länsimaiseen edistysaatteeseen oli valtava. Ne yhdistivät lineaarisen aikakäsityksen, moraalisen velvollisuuden, historian tarkoituksellisuuden ja yhteiskunnallisen vastuun toisiinsa. Tämä synnytti kulttuurisen ilmapiirin, jossa edistystä pidettiin paitsi mahdollisena, myös pyhänä velvollisuutena. Ilman protestanttista ja postmillenialistista vaikutusta länsimainen edistysusko olisi todennäköisesti kehittynyt hyvin erilaiseksi – jos ollenkaan.

Postmillenialismin optimistiseen tulevaisuuskuvaan vaikutti myös samoihin aikoihin protestanttisessa maailmassa vallinnut *historisistinen* profetiantulkinta Danielin ja Ilmestyskirjan näkyihin. Sen mukaan Antikristuksen vainon, ahdistuksen, ja jumalallisen tuomion ajat eivät olleet edessäpäin vaan *takanapäin* – tai ainakin seurakunta eli jo niiden loppukautta, sillä paavinvallan ja islamilaisen Ottomaanien kalifaatin valtakausi nähtiin profetioiden täyttymyksenä kahdesta pedosta tai kahdesta antikristuksesta. Ja koska näiden valta alkoi heikentyä asteittain 1600 – 1800 -lukujen historian tapahtumissa, se nähtiin merkkinä siitä, että Kristuksen valtakunta oli lähestymässä ja seurakunnan itsensä tulisi edistää sen esiintuloa maanpäälle.

Seurakunnan roolia ei siis nähty voimattomana ja passiivisena tarkkailijana lopun ajan tapahtumiin, kuten se nähdään usein premillenialismissa, vaan aktiivisena historiallisena osallistujana, Kristuksen ruumiina, jonka yhteiskunnallinen työ ei vain edesauttaisi antikristillisten ja sortavien valtarakenteiden romahtamista, mutta myös paremman tulevaisuuden luomista kaikkia maailman ihmisiä varten. Olen esittänyt jo aikaisemmassa kirjassani *Joka ei ollut saapa kuninkaan arvoa – Antikristus paljastettu?* (kuin myös sen englanninkielisessä versiossa) seikkaperäiset historialliset ja raamatulliset perusteet siihen miksi tämä historisistinen profetiantulkinta oli suurelta osin oikea ja Pyhän Hengen innoittama ymmärrys etenkin Danielin kirjan profetioihin.

En kuitenkaan väitä siinä sitä, että se on *ainoa oikea* ymmärrys Raamatun moniulotteisiin profetioihin ja etteikö myös *dispensationalistiseen futurismiin* pohjautuva tulkinta olisi aivan yhtäläisesti oikeassa. Olen nimittäin sovittanut kirjassani nuo kaksi näennäisesti ristiriitaista eskatologian koulukuntaa yhteen. Samanlaiseen johtopäätökseen myös dispensationalistien keskuudessa kunnioitettu 1800 -luvun raamatuntutkija Sir Robert Anderson päätyi kirjansa *The Coming Prince* (1894), kun hän kirjoitti kirjansa viimeisellä sivulla.

Kullakin tunnustetulla tulkintakoulukunnalla on totuus, jonka kilpailevat koulukunnat kiistävät. Uusi aikakausi alkaisi, jos kristityt kääntyisivät pois kaikista näistä koulukunnista - preterismistä, historisismista ja futurismista - ja oppisivat lukemaan profetioita niin kuin he lukevat muitakin kirjoituksia: että ne ovat sen sanaa, joka on, on ollut ja on tuleva, meidän Jehova-Jumalamme, jolle nykyisyys, menneisyys ja tulevaisuus ovat yksi "ikuinen nyt".[197]

Eskatologisten ja opillisten näkemyserojemme yhteensovittaminen auttaisi kristittyjä lopettamaan myös loputtomat opilliset ki-

---

197 Robert Anderson, The Coming Prince (1894), s. 158.

nastelumme missä hajotamme enemmän Kristuksen ruumista ja temppeliä kuin rakennamme sitä. Se auttaisi meitä palauttamaan menneiden sukupolvien ja perinteiden kunnioituksen ilman tarvetta hylätä perinneoppien vastaista Sola Scriptura -periaatetta missä Kirjoitusten ymmärretään olevan elävä ja ajaton, Jumalan inspiroima ilmoitus, joka ei vain säilytä menneisyyden uskon perinteitä, vaan myös aktiivisesti muovaa ja uudistaa historiaa, kulttuuria ja yhteiskuntaa jokaisessa sukupolvessa.

Sola Scriptura -periaatteen mukaan Raamattu ei ole vain staattinen kokoelma oppeja, vaan elävä sana, joka kutsuu jatkuvaan uudelleen tulkintaan Jumalan Hengen johdatuksessa. Tämä dynaaminen lähestymistapa vapauttaa kristityt sitoutumaan Jumalan suunnitelmaan *tässä ja nyt*, ilman että he olisivat sidottuja ihmistekoisiin perinnäissääntöihin, jotka saattavat jarruttaa yhteiskunnallista ja hengellistä muutosta. Tämä on myös "Eliaan hengen" mukainen lähestymistapa sillä Malakia ennusti:

Katso, minä lähetän teille profeetta Elian, ennenkuin tulee Herran päivä, se suuri ja peljättävä. Ja hän on kääntävä jälleen *isien sydämet lasten puoleen ja lasten sydämet heidän isiensä puoleen*, etten minä tulisi ja löisi maata, vihkisi sitä tuhon omaksi.[198]

---

198 Malakia 4:5-6

Luku VIII

Luomakunnan vapautus uuden ihmisen kautta.

Moni kristitty saattaa suhtautuu epäluulolla, jopa vasten-mielisyydellä transhumanismin kaltaisiin teknouto-pistisiin aatteisiin. Tämä epäluulo on varsin oikeutettua, kun sen tulee sekulaariin transhumanismiin, joka pyrkii ih-misrodun jalostamiseen – 21. vuosisadan eugeniikkaan – "herrarodun" tai "jumalihmisen" luomiseksi ilman episteemistä nöyryyttä, joka tunnustaisi ihmisen tiedon ja kykyjen rajal-lisuuden, ja Jumalan "tekijänoikeudet" siinä missä määrin ihmisillä on lupa sorkkia Hänen luomistöitään. Meidän ei tulisi heittää kuitenkaan lasta pesuveden mukana pois. Kuten edellisissä luvuissa olemme jo nähneet, jopa ajatus ihmisen "jumaluudesta" ei ole alkujaan transhumanistien keksintöä vaan heprealaisten

profeettojen.[199]
Samoin lännen tieteellisen, teollisen ja teknologisen vallankumouksen (jotka ovat seuranneet kausaalisesti toinen toisiaan), alkuperä palaa juutalaiskristillisen uskon mahdollistamaan todellisuuskuvaan järjellisesti ymmärrettävästä maailmankaikkeudesta, jossa ihminen toimii Jumalan kuvaksi luotuna Jumalan kanssahallitsijana ja työtoverina. Jumalan työtovereina meidän tehtävämme on tutkia luomakuntaa universumin salaisuuksien paljastumiseksi, voidaksemme käyttää tuota tietoa Luojamme kunniaksi, ja koko luomakunnan vapauttamiseksi. Kuten Paavali kirjoitti:

Sillä luomakunnan harras ikävöitseminen odottaa Jumalan lasten ilmestymistä. Sillä luomakunta on alistettu katoavaisuuden alle - ei omasta tahdostaan, vaan alistajan - kuitenkin toivon varaan, koska itse luomakuntakin on tuleva vapautetuksi turmeluksen orjuudesta Jumalan lasten kirkkauden vapauteen. Sillä me tiedämme, että koko luomakunta yhdessä huokaa ja on synnytystuskissa hamaan tähän asti.[200]

Edellisessä luvussa puhuimme jo siitä kuinka premillenialismin tapaiset lopun ajan opit ovat irrottaneet tämän kaltaiset eskatologiset jakeet kristillisen seurakunnan historian kontekstista. Tästä syystä moni roomalaiskirjettä lukeva kristitty kuvittelee, että Paavali olisi puhunut tässä jostain *tulevasta* tapahtumasta, jonka merkitystä emme täysin ymmärrä. Samalla heiltä jää näkemättä se, että Jumalan lapset ovat jo ilmestyneet maanpäälle toteuttamaan tätä kutsumustaan luomakunnan vapauttamiseksi turmeluksen orjuudesta Jumalan lasten kirkkauden vapauteen.

Kristityt ovat tehneet tätä vuosisatojen ajan etsiessään lääketieteen keinoin parannuskeinoja ihmistä historian alkulehdiltä asti riivanneisiin sairauksiin, haastaneet rikkaiden ja voimakkaiden intressit taistellessaan orjuuden kaltaisia yhteiskunnallisia vääryyksiä vastaan, kutsutessaan henkilökohtaiseen ja yhteiskunnalliseen pyhitykseen, ja edistäessään humanitaaristen hankkeidensa lisäksi myös luonnonsuojelua ja eläinten inhimillisempää kohtelua.[201]Kun maallikkokristityiltä on pimitetty tämä

---

199 Katso luku 2
200 Room. 8:19-22

akateemisella tasolla jo laajasti tunnustettu tieto läntisen sivilisaation ja sen saavutusten raamatullisesta alkuperästä, heillä on taipumus eksyä huijareiden salaliittoteorioihin *litteästä maasta*, jota myydään heille näennäisesti vakuuttavilla "raamatullisilla" ja "tieteellisillä" argumenteilla.[202]

Samaan aikaan dogmaattisen militantit ateistit saavat tästä pontta heidän vakaumukselleen kristittyjen yksinkertaisuudesta ja Raamatun epäluotettavuudesta. Ja aikana missä valtaväestön luottamus mediaan ja muihin vallitseviin instituutioihimme on pohjalukemissa, jopa teoriat litteästä maasta saattavat saada vastakaikua tieteellisen eliittimme dogmatismiin kyllästyneissä kuulijoissa. Tämä kaikki on saanut suurta vahinkoa Kristuksen valtakunnan työlle ja monet ihmiset saattavat luopua uskostaan, kun he havahtuvat tulleensa huijareiden harhaan johtamaksi. Mutta tiede ja uskonto eivät ole olleet sodassa menneisyydessä[203], eikä meidän tarvitse nähdä niiden olevan sodassa tänäänkään.

Voimme kyllä kritisoida aikamme vallitsevia tieteellisiä paradigmoja, kuten uusdarwinismia, ilman että olisimme sodassa itse tieteellistä menetelmää vastaan, koska tiede on korjannut aina itseään juuri vallitsevien olettamustemme kyseenalaistamisella. Ajatus maasta universumin keskipisteenä, jota kuu, planeetat, aurinko ja tähdet kiersivät, hyväksyttiin vuosisatojen ajan, koska se oli sen ajan vallitseva tieteellinen konsensus, joka perustui Ptolemaioksen malliin ja vastasi aikansa havaintoja taivaankappaleiden liikkeistä (keskiajan ihmiset eivät siis perustaneet vääriä uskomuksiansa Raamattuun vaan aikansa luonnontieteen virheellisiin päätelmiin ja oletuksiin).

201 Philip J. Sampson, 6 Modern Myths About Christianity and Western Civilization, luku 3.
202 Ajatus keskiajan kristillisen kirkon edistämästä litteän maan ideasta oli yksi 1800 -luvulla syntyneistä myyteistä koskien tieteen ja uskonnon historiaa. Tästä myytistä oli vastuussa lähinnä kaksi historian väärentäjää, John William Draper ja Andrew Dickson White (Sampson, s. 14-16).
203 Sampson, luvut 2-3

Luomakunta on alistettu katoavaisuuden alle ja turmeluksen orjuuteen Aadamin syntiinlankeemuksen tähden. Luomakunta käsittää myös ihmisen itsessään perisynnin vaivaamassa vanhan Aadamin luonnossamme. Vaikka Paavali puhui monessa kohdin "lihallisuudesta" kielteisesti, ajatus siitä että ruumis itsessään olisi syntinen ja paha, ei ole alkujaan raamatullinen oppi vaan pakanallisen Kreikan uus-platonisen dualismin perintöä, joka on luettu Paavalin kirjeisiin johtuen kreikkalaisen filosofian vaikutusvallasta keskiajan kristilliseen skolastiikkaan.[204]

Kun Paavali sanoi, *"Sillä liha himoitsee Henkeä vastaan, ja Henki lihaa vastaan; nämä ovat nimittäin toisiansa vastaan, niin että te ette tee sitä, mitä tahdotte"*[205], liha ei viittaa tässä ihmisen ruumiiseen tai seksuaalisuuteen vaikka kreikankielen sana *sarx*, σάρξ, tarkoittaakin siinä ihmisen ruumista tai ihmisluontoa[206]. Toisaalla Paavali kuitenkin sanoo *"olettehan vielä lihallisia. Sillä kun keskuudessanne on kateutta ja riitaa, ettekö silloin ole lihallisia ja vaella ihmisten tavoin?"*[207]Mitä tekemistä kateudella tai riidoilla on ihmisen fyysisen ruumiin kanssa? Annan tekoälyn vastata:

Kor. 3:3:ssa Paavalin käyttämä ilmaisu "lihallisuus" ei viittaa pelkästään ihmisen fyysiseen ruumiiseen, vaan se on teologinen käsite, joka kuvaa ihmisen taipumusta toimia itsekkäästi, syntisesti ja omien halujensa mukaan sen sijaan, että eläisi Jumalan Hengen ohjauksessa. Kateus ja riidat ovat esimerkkejä tällaisesta lihallisesta elämästä, jossa ihmisen käytös määräytyy maallisten, itsekkäiden tai synnillisten motiivien mukaan.

Kreikan termi "sarks"

Paavali käyttää tässä kohtaa kreikan sanaa **"sarks"**, joka tarkoittaa "lihaa." Se voi tarkoittaa fyysistä ruumista, mutta usein Paavali käyttää sitä kuvaamaan ihmisen langennutta luontoa, joka on erossa Jumalasta ja alttiina synnin vaikutuksille. Toisin sanoen, "lihalla" Paavali viittaa ihmisen sisäiseen taipumukseen itsekeskeisyyteen ja kapinaan Jumalaa vastaan.

Kateus ja riidat lihallisuuden osoituksena

---

204 Sampson, luku 5
205 Gal. 5:17
206 https://biblehub.com/greek/4561.htm
207 1. Kor. 3:3

Kateus ja riidat kumpuavat sydämen asenteesta, joka etsii omaa etuaan muiden kustannuksella. Ne ovat ilmentymiä siitä, ettei ihminen elä Hengen hedelmien mukaisesti (kuten rakkaus, ilo, rauha, kärsivällisyys – ks. Gal. 5:22–23), vaan omien himojensa ja ylpeytensä vallassa. Tämä tekee ihmisestä "lihallisen" siinä mielessä, että hän asettaa omat halunsa ja tunteensa Jumalan tahdon yläpuolelle.

Ero fyysisen ja hengellisen välillä

Fyysinen ruumis itsessään ei ole paha, eikä Paavali opeta dualistista näkemystä, jossa ruumis olisi aina syntisenä vastakkain hengen kanssa. Sen sijaan hän viittaa siihen, miten ihmiset valitsevat elää: joko Hengen vaikutuksesta (Kristuksen ohjaamana) tai oman lihallisen luontonsa mukaisesti (itsekkäästi ja synnillisesti). Lihallisuus on siis enemmän moraalinen ja hengellinen kuin fyysinen ongelma.

Sovellus

Paavali kutsuu Korintin seurakuntaa tarkastelemaan, elävätkö he sopusoinnussa Jumalan tahdon kanssa. Kateus ja riidat osoittavat, että heidän käyttäytymisensä on lähempänä maallista ja syntistä kuin hengellistä elämää, vaikka he ovatkin Kristuksen seuraajia. Tässä Paavali ei hyökkää fyysistä ruumista vastaan, vaan kehotti seurakuntaa kasvamaan hengellisesti ja jättämään taakseen itsekeskeisyyden ja maailman mukaisen ajattelun.

Tämä teksti haastaa lukijaa pohtimaan, miten omat motiivit, tunteet ja teot kuvastavat joko hengellistä kypsyyttä tai lihallisia asenteita.

"Liha" viittaa Paavalin kirjeissä Aadamilta perittyyn perisynnin alaiseen ihmisluontoomme, joka on turmeltunut ja erossa Jumalasta. "Lihalliseen mieleemme" sisältyy kyllä myös ihmisen seksuaaliset synnit, kuten haureellisuus ja aviorikokset, mutta seksuaalisuus itsessään ei ole lihallista eikä ruumiimme terveydestä huolehtiminen ole lihallista. Juutalaiskristillinen usko on sitä vastoin yksi "materialistisin" uskonto mitä tulee ihmisen ruumiiseen ja sitä ympäröivään fyysiseen todellisuuteen. Kun Jumala loi fyysisen todellisuutemme, mukaan lukien ihmisen

ruumiin, Hän sanoi sen kaiken olevan "sangen hyvää".[208]
Sekä miehen että naisen ruumis (kuin myös sielu ja henki)
luotiin Jumalan kuvaksi.[209]Nykytutkijat pitävät Vanhan tes-
tamentin *Korkeaa veisua* yhtenä maailman vanhimpana eroottisen
kirjallisuuden muotona, joka ylistää miehen ja naisen välistä rak-
kaussuhdetta.[210]Kristinuskossa ihmisen ruumis koroitetaan vielä
suurempaan arvoon kuin juutalaisuudessa, koska Jumala itse *in-
karnoituu* eli ruumiillistuu ihmiskehoon pyhittäen sen näin Pyhän
Hengen temppeliksi, joka tultaisiin uudistamaan ja herättämään
kuolleista aikojen lopulla.[211] Lainatakseni jälleen Andersonin kir-
ja-arvostelua Tom Hollandin historiikkiin:

Kristinusko sai aikaan moraalisen vallankumouksen, koska sillä oli ensin vallan-
kumouksellinen käsitys Jumalasta, joka perustui juutalaisiin kirjoituksiin:
rakkauden Jumala, kansalleen omistautunut Jumala, kiivas Jumala, Jumala, joka
uhrasi jopa oman Poikansa meidän puolestamme. (53) Verrattuna antiikin tavan-
omaisiin käsityksiin jumalista, jotka ilmensivät pahimpien ihmisten paheita ja
kohtelivat ihmisiä parhaimmillaankin kosmisen pelin pelinappuloina, juutalais-
kristillinen näkemys oli todella outo. Vaikka olisi kaukaa haettua kutsua
varhaista kristinuskoa feministiseksi missään modernissa mielessä, naisten
arvokkuus ja jalous, jotka ovat nähtävissä kirjoituksissa, vaikuttivat pitkällä ai-
kavälillä merkittävästi historiaan. Holland toteaa: "... aina kun (Pyhän) hengen
uskottiin laskeutuneen naisen ylle, hänen asemansa muiden joukossa ei ollut vä-
häisempi kuin miehen." (76) Paavalin opetukset seksistä ja ihmisruumiista olivat
osa kristinuskon mullistusta.

Prostituoidut ja teinipojat eivät olleet pelkkiä leikkikaluja, vaan Jumalan
temppeleitä. Paavali, julistaessaan ruumiin olevan "Pyhän Hengen temppeli" (1.
Kor. 6:19), antoi "kapakkatyttöjen ja bordelleissa maalattujen poikien, isäntiensä
säälimättä hyväksikäyttämien orjien, kurkistaa pelastukseen." (81) Hollandille
erityisen merkittävä on evankeliumien kertomus ylösnousseen Jeesuksen ilmes-
tymisestä ensin naisille ja heidän valtuuttamisestaan levittämään uutista hänen
ylösnousemuksestaan. (259) Aikana, jolloin naisten todistuksella ei ollut mitään
arvoa, tämä oli äärimmäisen vastakulttuurista. Hollandin mukaan keskiajan ka-
nonisten lakimiesten asettamat avioliittoihanteet merkitsivät selvää irtiottoa
antiikin maailmasta ja olivat parempia naisille: "Yhtäkään paria ei voitu pakottaa
kihlaukseen tai avioliittoon.... Avioliiton ainoa oikea perusta oli suostumus, ei
pakko." Kaiken tämän Holland yhdistää "kokonaan vallankumouksellisempaan

208 1. Moos.1:31
209 1. Moos. 1:27
210 Song of Songs - Wikipedia
211 1. Kor. 15:12-21

152

periaatteeseen: valinnanvapauteen."(267)[212]

Moniavioisuus, järjestetyt avioliitot, ja pederastia, eli teinipoikien seksuaalinen hyväksikäyttö, oli varsin yleistä ja hyväksyttyä antiikin maailmassa. Juutalaiskristillisten arvojen leviäminen nosti yhteiskunnan naisten ja lasten asemaa ja arvostusta ja palautti ihmisten seksuaalisuhteet lähemmäksi alkuperäistä luomisjärjestystä, kun *"Jumala loi ihmisen omaksi kuvaksensa, Jumalan kuvaksi hän hänet loi; mieheksi ja naiseksi hän loi heidät... Sentähden mies luopukoon isästänsä ja äidistänsä ja liittyköön vaimoonsa, ja he tulevat yhdeksi lihaksi."[213]*

Paavali ei edistänyt juutalaiselle uskolle vierasta gnostilaista käsitystä, jossa ruumis ja henki nähtiin toistensa vihollisina, materialistinen maailma korruptoituneena ja pahana, kun taas sielu ja henki esitettiin kaiken hyvän lähteinä. Mutta Paavali ymmärsi koko luomakunnan olevan "turmeluksen orjuuden" alainen, joka odottaa hartaasti sen vapautumistaan "Jumalan lasten kirkkauden vapauteen." "Jumalan lapsilla" Paavali viittasi uudestisyntyneisiin kristittyihin, sillä Jumala on *"lähettänyt meidän sydämeemme Poikansa Hengen, joka huutaa: 'Abba! Isä!'"[214]*Paavali kutsuu Kristusta myös "uudeksi Aadamiksi", Adam 2.0:ksi, joka on vastakohta ensimmäiselle Aadamille.

Sillä koska kuolema on tullut ihmisen kautta, niin on myöskin kuolleitten ylösnousemus tullut ihmisen kautta. Sillä niinkuin kaikki kuolevat Aadamissa, niin myös kaikki tehdään eläviksi Kristuksessa... Niin on myös kirjoitettu: "Ensimmäisestä ihmisestä, Aadamista, tuli elävä sielu"; viimeisestä Aadamista tuli eläväksitekevä henki... Ensimmäinen ihminen oli maasta, maallinen, toinen ihminen on taivaasta... Ja niinkuin meissä on ollut maallisen kuva, niin meissä on myös oleva taivaallisen kuva.[215]

Kristus ei ainoastaan elänyt täydellisesti synnittömän ihmisen

---

212 Dominion: How the Christian Revolution Remade the World
213 1. Moos. 1:27, 2:24
214 Gal. 4:6
215 1. Kor. 15:21-22, 45, 47,49

elämän. Kuolemansa ja ylösnousemuksensa kautta hän avasi ihmisille tien vapautua vanhan Aadamin luontomme vallasta.

Hänen kauttaan Pyhä Henki tulee asumaan ihmiseen, uudistaen hänen sisäisen luontonsa ja tehden mahdolliseksi elämän "uudessa luomuksessa"[216] Tässä hengellisessä uudistuksessa ihminen ei elä enää "lihan mukaan", vaan Hengen mukaan.[217] Tämä ei tarkoita, että fyysinen ruumis tai maalliset tarpeet lakkaavat olemasta, vaan että ihmisen motivaatiot, arvot ja teot alkavat muuttua Hengen vaikutuksesta. Kristitty ei kuitenkaan muutu automaattisesti tuon uuden Aadamin ihmisluonnon kaltaiseksi.

Kuten Paavalin nuhde Korintin seurakunnalle osoittaa, heidän käytöksensä – kateus ja riidat – olivat merkkinä siitä, että he elivät edelleen vanhan Aadamin vallassa ja toimivat "lihallisesti." Tämä ei tarkoita, että he eivät olleet kristittyjä, vaan että he eivät eläneet täysin Hengen uudistuksessa, joka olisi mahdollista Kristuksessa. Paavali kuvaa kristityn elämää jatkuvana taisteluna lihan ja Hengen välillä.[218] Vaikka Pyhä Henki uudistaa kristityn, vanha luonto ei täysin katoa tämän elämän aikana. Tästä syystä kristitty kokee edelleen sisäistä ristiriitaa – lihan halut sotivat Hengen hedelmiä vastaan. Lopullinen vapautuminen vanhan luontomme vaikutuksesta tapahtuu vasta ylösnousemuksessa, jolloin kristitty "puetaan katoamattomuudella."[219]

Pointtini on nyt siinä, että vaikka yksikään kristitty ei olisi saavuttanut koskaan täydellistä synnittömyyttä, "koska kaikki ovat syntiä tehneet ja ovat Jumalan kirkkautta vailla"[220], Pyhän Hengen vaikutuksesta Kristuksen kaltaisuuteen pukeutuneena, Jumalan lapset ovat jo vaikuttaneet tuona messiaanisena voimana, joiden tulemusta luomakunta hartaasti ikävöi roomalaiskirjeen 8. luvun sanoin. Kristillisen eskatologian mukaan luomakuntaa ei vapauteta turmeluksen orjuudesta yksinään Kristuksen taholta, sillä seurakunta on Kristuksen ruumis ja Pyhän Hengen temppeli, joka tulee hallitsemaan maanpäällä yhdessä Kristuksen kanssa:

216 2. Kor. 5:17.
217 Room. 8:4–5
218 Gal. 5:16–17
219 1. Kor. 15:53
220 Roo. 3:23

154

Jos kärsimme yhdessä, saamme hänen kanssaan myös hallita; jos kiellämme hänet, on hänkin kieltävä meidät.[221]

Ja joka voittaa ja loppuun asti ottaa minun teoistani vaarin, sille minä annan vallan hallita pakanoita.[222]

Ja minä näin valtaistuimia, ja he istuivat niille, ja heille annettiin tuomiovalta; ja minä näin niiden sielut, jotka olivat teloitetut Jeesuksen todistuksen ja Jumalan sanan tähden, ja niiden, jotka eivät olleet kumartaneet petoa eikä sen kuvaa eivätkä ottaneet sen merkkiä otsaansa eikä käteensä; ja he virkosivat elcon ja hallitsivat Kristuksen kanssa tuhannen vuotta.[223]

Jeesus Kristus ei tule perustamaan maanpäälle tuhatvuotista teo- kraattista diktatuuria, vaikka Nick Fuentesin kaltaiset "kristityt nationalistit" sellaista ehkä toivoisivatkin.[224] Kristuksen omat ovat kärsineet yksinvaltiaiden alaisuudessa jo 2000 vuoden ajan. Post- millenialismia kannattaneet Englannin puritaanit, kuten *viidennen monarkian miehet*, taistelivat 1600 -luvulla Charles I:n ja II:n yk- sinvaltaa vastaan ja kehittivät koko liberaalin demokratian pe- riaatteet, jotka myöhemmin vaikuttivat merkittävästi länsimaisen yhteiskunnan kehitykseen. Heidän uskonsa siihen, että Kristuksen valtakunta leviäisi maan päälle asteittain oikeudenmukaisuuden, vapauden ja kristillisten arvojen kautta, innoitti heitä vas- tustamaan tyranniaa ja korostamaan yksilönvapauksia, oikeusval- tioperiaatetta ja vallan hajauttamista.

Puritaanien poliittiset ja teologiset näkemykset loivat perustan sekä Englannin että Amerikan vallankumouksille, joissa

---

221 2. Tim. 2:12
222 Ilm. 2:26
223 Ilm. 20:4
224 InspiringPhilosophy - Michael Jones on X: "Not only is Nick Fuentes a horrible human being who wants to turn America into an authorita- rian nightmare, but he also doesn't know anything about medieval history or Christianity. Women accused of witchcraft were not being burned left and right throughout the Middle Ages. As" / X

ideat kansan suvereniteetista, tasa-arvosta lain edessä ja uskon-
nonvapaudesta saivat käytännön muotonsa. Näin ollen heidän
työnsä ei ainoastaan haastanut aikansa yksinvaltiaita, vaan auttoi
luomaan pohjan kristillisen vapauden ja demokratian perinteelle,
joka on vaikuttanut syvällisesti länsimaiseen kulttuuriin ja hallin-
tojärjestelmiin.[225]On muuten varsin mielenkiintoista, että 1600
-luvun Englannin kuuluisin runoilija John Milton, joka tunnetaan
Luciferin lankeamukesta kertovasta *Kadotettu Paratiisi* ru-
noelmastaan, uskoi Englannin sisällissodassa mestatun Charles I:n
edustaneen *Antikristuksen ruumiillistumaa*, jonka kuolema
merkitsi lopun alkua kohti Kristuksen ja Hänen pyhiensä maan-
päällistä valtakuntaa ja tuhatvuotista utopiaa. Christopher Hill
kirjoitti teoksessaan *Antichrist in Seventeenth-Century England:*

'Kansojen hallinto', sanoi John Owen parlamentille huhtikuussa 1649, 'on
täysin rakennettu Antikristuksen edun varaan. Ei ole mitään hallintomuotoa
Euroopassa... jossa Peto [Antikristus] ei olisi vaikuttanut merkittävästi sen ra-
kenteeseen tai perustamiseen.' Kansojen järisyttäminen 'ei lopu ennen kuin
antikristilliset intressit on kokonaan erotettu niiden valtioiden vallasta'. Hän
lisäsi, että 'antikristillisten intressien avaaminen, purkaminen ja pal-
jastaminen' oli hänen sukupolvensa 'suurin löytö'. Tämän saarnan kuultuaan
Oliver Cromwell halusi tutustua Oweniin, ja 1650-luvulla Owenista tuli lähes
hallituksen politiikan virallinen tulkitsija.

Milton, joka oli nähnyt vaivaa yhdistääkseen Charles I:n Antikristukseen
teoksessaan *The Tenure of Kings and Magistrates*, esitti vastaavan kutsun ris-
tiretken antikristillistä monarkiaa vastaan koko Euroopassa teoksessaan *Ei-
konoklastes*. Vuoden 1649 pamfletti julisti: 'Pyhien nykyinen tehtävä on
yhdistyä antikristillisiä maailmanvoimia vastaan.' 'Kuninkaat, jopa parlamentit
ja virkamiehet' oli syrjäytettävä ennen kuin Kristuksen valtakunta voitiin
pystyttää... Viidennen monarkian kannattaja William Aspinwall osoitti
Charles Stuartin [Englannin kuningas Charles I] olevan "Pieni Sarvi" ja Peto, ja
päätteli, että 'pyhien teko Petoa surmatessaan ja hänen valtansa pois ot-
tamisessa ei ollut harkitsematon tai kapinallinen teko, vaan terveeseen järkeen
perustuva ja Jumalan hyväksymä teko'. Antikristuksen vallan 'äärimmäinen
kestoaika' ulottuisi vuoteen 1673.

---

225 Michael Walzer kirjassaan *The Revolution of the Saints: A Study in
the Origins of Radical Politics* (1965)

Jopa maltillisempi Edward Haughton kuvasi luentosarjassaan Horshamissa, Sussexissa, sisällissotaa 'osaksi taistelua, josta luetaan Ilmestyskirjan luvuissa 16 ja 19'. Charles I oli 'paavin kakkosmies', joka oli 'avoimesti ja julkisesti liittoutunut antikristillisen puolueen kanssa'. Hänen mukaansa vuosisata vuodesta 1641 eteenpäin olisi Euroopan monarkialle tuhoisampi kuin mikään muu ajanjakso maailman alusta lähtien. Myöhemmin piispa Burnet huomautti, että Oliver Cromwellille oli vaikea hyväksyä hänelle vuonna 1657 tarjottua kruunua, koska John Goodwinin kaltaiset miehet olivat pitkään esittäneet monarkian suurena Antikristuksena, joka esti Kristusta asettumasta valtaistuimelleen. Tämä vahva monarkian yhdistäminen antikristillisyyteen oli tyypillistä John Goodwinille, Miltonille ja eversti Goffelle.[226]

Näiden 1600 -luvun englantilaisten puritaanien vallankumoukselliset toimet ja valistuneet poliittiset ideat sen ajan roomalaiskatolisia absoluuttimonarkkeja – aikansa "kristillistä" teokratiaa – vastaan, toimi perustana myös lännen myöhemmälle klassiselle liberalismille ja liberaalille demokratialle. Milton ei kirjoittanut *Kadotettua Paratiisia* kristinuskon vastaiseksi runoelmaksi (kuten se on väärintulkittu usein myöhempien luciferistien taholta) vaan vertauskuvaksi Englannin sisällissodalle ja Oliver Cromwellin kapinalle tyranni Charles I:stä vastaan, jonka Milton assosioi Antikristuksen eli Luciferin ruumiillistuman asemaan. Runoelman tarkoitus ei ollut romantisoida Luciferin kapinaa Jumalaa vastaan vaan Cromwellin kapinaa Charles I:stä vastaan.[227] Nämä 1600 -luvun tapahtumat inspiroivat myös myöhempien tasavaltalaisten vallankumouksia maailman itsevaltaisia hallitsijoita vastaan.

Tämä historiallinen tausta on varsin kiehtova yhteys jos aikaisemman kirjani teesi Charles III:sta Raamatun *lopullisena Antikristuksena* pitää paikkansa ja tulee kirjaimellisesti toteen. On melko ironista, että sama Charles tulkitsee Miltonin runoelmaa

226 Christopher Hill, Antichrist in Seventeenth-Century England (1971), sivut 105, 109
227 The Paradox of Paradise Lost: Depiction of Monarchy in Restoration England – Retrospect Journal

juuri siten, että Lucifer olisi raamatullisen tarinan sankari[228]vaikka Milton kirjoitti sen Charles I:n vastaiseksi vertauskuvaksi. Tietysti episteemisen nöyryyden hengessä on sanottava – kuten olen sanonut alusta asti –, että tulevaisuutemme ennustaminen on hyvin riskialtista puuhaa, ja siksi olen voinut erehtyä lopullisen Antikristuksen identiteetistä yhtä pahasti kuin 1600 -luvun *viidennen monarkian miehet*[229] ja John Milton erehtyivät Charles I:stä Pedon lopullisena ruumiillistumana. Toivottavasti kukaan ei saa silti päähänsä ajatusta Charles III:n mestaamisesta. *"Kunnioittakaa kuningasta"*[230], kuten Pietari jo sanoi.

---

228 Charles ylistää kirjassaan Harmony William Blaken ja Philip Pullmannin kaltaisia Luciferisteja, jotka tulkitsivat Miltonin runoelmaa juuri tällä tavoin. Philip Pullman and the Devil's Party - Tony Watkins, Sir Philip Pullman picks up knighthood at Buckingham Palace | Oxford Mail

229 Nimi johdettiin Danielin 7. luvun näystä missä Kristuksen maanpäällinen kuningaskunta edustaa viidettä monarkiaa neljän pahan ja jumalattoman monarkian kukistumisen jälkeen. Uskonpuhdistuksen ajalla neljäs monarkia yhdistettiin laajasti paavilliseen Roomaan, joka nähtiin antiikin keisarillisen Rooman perillisenä ja siten osana Danielin neljättä valtakuntaa (jo kirkkoisät pitivät Roomaa Danielin neljännen pedon täyttymyksenä).

230 1. Piet. 2:17

Luku IX

Kristuksen pyhien galaktinen tasavalta

Moni kristitty saattaa tuntea seuraavan tarinan. Kun neuvostoliittolainen astronautti Juri Gagarin teki historiaa vierailtuaan ensimmäisenä ihmisenä avaruudessa kylmän sodan huippuvuotena 1961, totesi hän avaruudesta palattuaan, *"En nähnyt siellä Jumalaa."* Samaan aikaan Yhdysvaltain miehitettyjä Kuu-lentoja valmistelleen avaruushallinto NASA:n pääinsinöörinä toimi Natsi-Saksasta tuotu SS-mies Werner von Braun, joka suunnitteli Neil Armstrongin Kuuhun vieneen Saturn V -raketin, suurimman ihmisen koskaan valmistaman kantoraketin Elon Muskin vuonna 2002 perustaman SpaceX avaruusyhtiön uudelleenkäytettävään massiiviseen Starship -rakettiin asti, jonka ihmeellistä laskeutumista ja "kiinniottoa" laukaisutornin kahden "käden" avulla, todistimme lokakuussa 2024.[231] Apollo-ohjelma oli nimetty kreikkalaisen pakanuuden Kuunjumalatar Artemisin kaksoisveljen Apollon mukaan. Tämä todistaa, että avaruustutkimuksella on saatanallinen alkuperä, sillä varoittihan jo heprealaisten Jumala, ettei ihmisten tulisi yrittää nousta avaruuteen:

Taivas on Herran taivas, mutta maan hän on antanut ihmisten lapsille.[232]

Sinä sanoit sydämessäsi: 'Minä nousen taivaaseen, korkeammalle Jumalan tähtiä minä istuimeni korotan ja istun ilmestysvuorelle, pohjimmaiseen Pohjolaan.[233]

Ja he sanoivat: "Tulkaa, rakentakaamme itsellemme kaupunki ja torni, jonka huippu ulottuu taivaaseen, ja tehkäämme itsellemme nimi, ettemme hajaantuisi yli kaiken maan". Niin Herra astui alas katsomaan kaupunkia ja tornia, jonka ihmislapset olivat rakentaneet. Ja Herra sanoi: "Katso, he ovat yksi kansa, ja heillä kaikilla on yksi kieli, ja tämä on heidän ensimmäinen yrityksensä. Ja nyt ei heille ole mahdotonta mikään, mitä aikovatkin tehdä. Tulkaa, astukaamme alas ja sekoittakaamme siellä heidän kielensä, niin ettei toinen ymmärrä toisen kieltä." Ja niin Herra hajotti heidät sieltä yli kaiken maan, niin että he lakkasivat kaupunkia rakentamasta.[234]

Näin ollen ihmisen avoin kapina Jumalaa vastaan alkoi jo New York City'n *Empire State Buildingin* rakentamisesta vuonna 1930, tai Wright'in veljesten vuonna 1903 valmistamasta ensimmäisestä lentokoneesta, paisuen lopulta röyhkeytemme lopulliseen huipentumaan – Kuun miehitykseen vuonna 1969 (tai ainakin väitettyyn sellaiseen[235]). *Ei ihan näin nopeasti.* Kerroin jo luvussa

231 SpaceX catches giant Starship booster with 'Chopsticks' on historic Flight 5 rocket launch and landing (video) | Space
232 Psa. 115:16
233 Jes. 14:13
234 1. Moos. 11:4-8
235 Uskoin nuorempana salaliittoteoriaan NASA:n lavastamista kuulennoista, mutta hylkäsin sen myöhemmällä iällä kun törmäsin useisiin todisteisiin ja uskottaviin perusteisiin, joilla teorian väitteet ovat kumottu. Skeptisyys johtuu paljolti siitä, että 60 -luvun optimismi avaruustutkimukseen on vaihtunut kyynisyyteen ja epäluottamukseen vuosikymmenien pysähtyneisyyden ajan jälkeen, kun avaruustutki-

2, miksi luciferistien tulkinta Genesiksen 3. luvun kertomukseen ihmisen syntiinlankeemuksesta on raamatullisen narratiivin vääristelyä.

Nimestään huolimatta Lucifer[236] ei ole se hyväntahtoinen valontuoja, joka haluaa vapauttaa ihmiset Jumalan pitämästä pimennosta. Maailmankaikkeuden Luoja ei vihaa ihmisen tieteellistä edistystä vaan päinvastoin rohkaisee luomakunnan tutkimiseen, sillä *"Taivaat julistavat Jumalan kunniaa, taivaanvahvuus ilmoittaa hänen kättensä tekoja."*[237]. Baabelin asukkaiden syntinä ei ollut se, että he rakensivat taivaisiin ulottuvaa tornia vaan se, että he pyrkivät yhdistymään kapinassaan Jumalaa vastaan. Vaikka Jesaja 14:13 kutsuu tähtiä "Jumalan tähdiksi" ja Psalmi 115:16 taivasta "Herran taivaaksi", muinaisista pakanajumalista poiketen heprealaisten Jumala ei asunut missään planeetalla tai avaruudessa, sillä *"taivaisiin ja taivasten taivaisiin sinä et mahdu"*, koska *"Taivas on minun valtaistuimeni, ja maa on minun jalkojeni astinlauta."*[238]

Ehkäpä tästä syystä Juri Gagarin ei nähnyt avaruuden tyhjiössä Jumalaa. Tästä huolimatta *"hänen näkymätön olemuksensa, hänen iankaikkinen voimansa ja jumalallisuutensa, ovat, kun niitä hänen teoissansa tarkataan, maailman luomisesta asti*

---

muksessa on tehty suhteellisen vähän uusia läpimurtoja sitten 50-70 -lukujen "valtavien harppausten", kuten Neil Armstrong totesi kuuhun laskeutuessaan. Yleinen argumentti on esim. se, että jos ihminen kävi kuussa, niin miksi emme ole palanneet sinne Apollo-lentojen jälkeen. Tämä väittämä unohtaa sen, että Apollo-lennot olivat äärimmäisen kallis ja kunnianhimoinen projekti, joka oli mahdollista toteuttaa vain kylmän sodan ideologisen kilpailun kontekstissa. Yhdysvaltain puoluepolitiikka myös jarruttaa uusia läpimurtoja, kun jokaisen uuden presidentin vaihtuessa vaihtuu usein myös tavoitteet siitä mihin NASA:n tulisi käyttää resurssinsa.

236 Nimi *Lucifer* tulee Jesaja 14:12:n latinakielisestä käännöksestä missä Saatana assosioidaan aamuntähti Venukseen.

237 Psa. 19:2, Job 12:7-10, 38:4-37

238 1. Kun. 8:27, Jes. 66:1

nähtävinä, niin etteivät he voi millään itseänsä puolustaa. [239]
Kerron ateisteille huonot uutiset: Se on myytti, että Gagarin olisi
todennut jotain näin idioottimaista. Lause on peräisin Neuvos-
toliiton pääsihteeri Nikita Hruštšovin puheesta missä hän totesi:
"Gagarin lensi avaruuteen, mutta ei nähnyt siellä Jumalaa." [240]
Tämä oli osoituksena siitä, että Neuvostoliiton ja Yhdysvaltojen
kylmän sodan aikainen avaruuskilpa oli myös osa näiden kahden
vastakkaisen systeemin ideologista sotaa, missä Neuvostoliiton
valtionateismi kilpaili Yhdysvaltain hallinnon kunnioittamaa juu-
talaiskristillistä uskoa vastaan.

Kun ihminen kiersi ensimmäistä kertaa Kuun ympäri jou-
luaattona 1968, Apollo 8 lennon astronautit Frank Borman, Jim
Lovell ja William Anders lukivat Maan asukkaille Raamatun luo-
miskertomuksen Maan näkyessä taustalla Kuusta katsoen.[241] Näin
ollen Jumala itse sai sanottua viimeisen sanan Amerikan ehtiessä
ensimmäisenä Kuuhun Hruštšovin propagandasta huolimatta.

Myös ateistisen Neuvostoliiton Juri Gagarin oli ortodoksiseen
kristinuskoon kastettu ja tunnetaan siitä, että hän oli ainakin yksi-
tyisesti uskonnollinen. Myöhemmin, Neuvostoliiton kaaduttua,
useat ihmiset, jotka tunsivat Gagarinin henkilökohtaisesti, ovat
kertoneet hänen suhtautuneen myönteisesti uskontoon, vaikka
hän ei ilmeisesti voinut ilmaista sitä avoimesti Neuvostoliiton il-
mapiirissä.[242] Samoin myös Werner Von Braun kääntyi evankeli-
kaaliseen kristinuskoon hänen natsitaustastaan huolimatta. Herra
Braun on kiistelty hahmo, sillä kriitikoiden mukaan hän ei
ilmaissut koskaan selvää katumustaan hänen työstään natsihal-
linnolle, kun hän valmisti toisen maailmansodan V2 -raketit,
joiden valmistuksessa kuoli 20 000 keskitysleirivankia. V2 raketit
olivat historian ensimmäiset pitkänkantamat ballistiset ohjukset,
joista tuli myös ensimmäiset avaruuteen asti yltäneet raketit, jotka
mahdollistivat sodan jälkeisen avaruustutkimuksen. Wikipedia
kertoo Braunin kääntymyksestä:

---

239 Room. 1:20
240 Interfax-Religion
241 Apollo 8 Genesis reading - Wikipedia
242 Ks. alaviite 224.

Michael J. Neufeldin mukaan von Braun kääntyi uskonnon puoleen "rauhoittaakseen omaatuntoaan", ja Southamptonin yliopiston tutkija Kendrick Oliver totesi, että von Braunia motivoi oletettavasti *"halu löytää uusi suunta elämälleen Kolmannen valtakunnan palveluksessa koetun moraalisen kaaoksen jälkeen".* *"Tehtyään yhden huonon sopimuksen paholaisen kanssa hän ehkä nyt tunsi tarvetta saada Jumala turvallisesti rinnalleen."* Vuonna 2004 Gideons-konferenssissa entinen lentäjä ja NASA:n työntekijä W. Albert Wilson kertoi keskustelleensa von Braunin kanssa kristinuskosta tämän työskennellessä NASA:ssa ja uskoi, että tämä keskustelu oli ollut ratkaiseva von Braunin kääntymyksessä. Myöhemmin elämässään hän liittyi episkopaaliseen seurakuntaan ja muuttui yhä uskonnollisemmaksi. Hän puhui ja kirjoitti julkisesti tieteen ja uskonnon täydentävyydestä, sielun kuolemanjälkeisestä elämästä ja uskostaan Jumalaan. Hän totesi: *"Tieteen kautta ihminen pyrkii oppimaan enemmän luomakunnan salaisuuksista. Uskonnon kautta hän pyrkii tuntemaan Luojan."* Häntä haastatteli Assemblies of God -pastori C. M. Ward, ja hän totesi: *"Mitä syvemmälle tutkimme avaruutta, sitä suuremmaksi uskoni kasvaa."* Lisäksi hän tapasi yksityisesti evankelista Billy Grahamin ja kansalaisoikeusjohtaja Martin Luther King Jr:n.[243]

Huolimatta siitä, että se oli ateistinen Neuvostoliitto, joka lähetti ensimmäisen satelliitin, koiran ja ihmisen avaruuteen, sekä Neuvostoliiton että Yhdysvaltain avaruusohjelmien – kuin myös Elon Muskin[244] johtamien yksityisen sektorin rakettiohjelmien – taustalta löytyy hyvin mielenkiintoinen kristillinen alkuperä, joka palaa 1800 -luvun ortodoksisen Venäjän merkittävimpiin kirjailijoihin. Kun maailman rikkain mies Elon Musk puhuu usein hänen utopistisesta ja inspiroivasta tulevaisuuden visiostaan, joka

---

243 Wernher von Braun - Wikipedia
244 Vaikka Elon Musk ei ole kääntynyt tiettävästi henkilökohtaiseen uskoon, hänet tunnetaan yhtenä juutalaiskristilliselle uskolle sympaattisimpana Piilaakson miljardöörinä, joka on liittoutunut tänään Amerikan kristillis-konservatiivien kanssa ja kutsunut itseään "kulttuuriseksi kristityksi", joka arvostaa suuresti Jeesuksen Kristuksen opetuksia ja kristinuskon keskeistä roolia läntisen sivilisaation kehityksessä. Musk näkee myös juutalaiskristillisen uskon yhteensopivana hänen ihmismyönteiselle päämäärälleen ihmisrodun kasvattamisesta ja laajentumisesta tähtiin vastakohtana antihumanistiseen woke-ideologiaan tai vihervasemmistolaisuuteen, joka pyrkii vähentämään ihmispopulaatiota nähden sen rasitteena maan rajallisille resursseille.

tähtää ihmiskunnan sivilisaation laajentamiseen yhden planeetan sisältä monilla planeetoilla asuvaksi organismiksi, nämä eivät ole jotain eriskummallisen miljardöörin päähänpistoja, jotka hän on saanut päähänsä katsoessaan liian monta *Tähtien sodan* episodia (vaikkakin Elon on myöntänyt *science fictionilla* olleen suuri vaikutus hänen ajatteluunsa[245]).

Musk on lainannut[246] filosofiansa perustaksi 1900 -luvun alun venäläistä kirjoittajaa nimeltä Konstantin Tsiolkovski (1857–1935), joka totesi: *"Maa on ihmiskunnan kehto, mutta ihmisen ei tule elää ikuisesti kehdossa."* [247]Tsiolkovski ei ollut ihan kuka tahansa futuristinen utopisti, vaan yksi modernin rakettiteknologian ja avaruuslentojen teoreettisista perustajista, jonka työ loi pohjan myöhemmälle avaruusmatkailulle. Kun neuvostoliittolaiset sotilaat takavarikoivat sodan jälkeen Natsi-Saksan V2 -rakettien parissa työskennelleen Werner Von Braunin muistiinpanot, he löysivät Tsiolkovskin kirjan, johon Braun oli tehnyt runsaasti omia merkintöjänsä.[248]Myös Sergei Korolev opiskeli Tsiolkovskin ajatuksia nuorempana. Sergei Korolev (1907 – 1966) oli "Neuvostoliiton Werner Von Braun", maan johtava raketti-insinööri, joka oli vastuussa maailman ensimmäisten mannertenvälisten ballististen ohjusten kehittämisestä kuin myös avaruusraketeista, joilla laukaistiin ensimmäinen satelliitti Sputnik 1 Maata kiertävälle radalle

245 Elon Musk holds town hall event in Pennsylvania. Suomeksitekstitetty kooste löytyy YouTube -kanavaltani: Elon Muskin pyhä sota ihmiskunnan ja sivilisaation eloonjäännin puolesta. – YouTube. Mielenkiintoisesti myös Musk itse ennustettiin tieteisfiktiossa, sillä Werner Von Braun kirjoitti vuonna 1952, 19 vuotta ennen Muskin syntymää, tieteisromaanin nimeltä Mars Project (Das Marsprojekt), jossa hän kuvaili ihmisten siirtokuntaa Marsissa. Kirjassa Marsin hallitsijaa kutsutaan nimellä "Elon".Tänään Elon Musk on johtava Marsin kolonisaatiota puoltava henkilö, joka pyrkii rakentamaan kokonaisen miljoonakaupungin Marsiin ja uskoo hänen Starhip-rakettiensa tekevän tuollaisen kunnianhimoisen hankkeen mahdolliseksi.
246 You Cannot Stay in The Cradle Forever | Elon Musk Inspirational Speech on Space Travel and Humanity
247 Tsiolkovskin vuoden 1911 kirje Kalugasta.
248 Konstantin Tsiolkovsky - Wikipedia

vuonna 1957, Laika-koira samana vuonna (joka kuoli matkan aikana), ja Gagarin vuonna 1961. Wikipedia kertoo:

Korolevin elämän loppupuolella hän työskenteli projekteissa, joiden tavoitteena oli saavuttaa planeetat Mars ja Venus, ja hänellä oli jopa avaruusaluksia valmiina molempien planeettojen tavoittamiseksi. Myös Yhdysvallat työskenteli näiden planeettojen saavuttamisen eteen, joten kyseessä oli kilpailu siitä, kuka onnistuisi ensimmäisenä. Korolevin kaksi ensimmäistä Mars-luotainta kärsivät moottorivioista, ja Neuvostoliiton vuosina 1961–1962 Venukseen lähettämät viisi luotainta epäonnistuivat kaikki. Korolev itse valvoi kaikkien näiden luotainten laukaisuja.

1. marraskuuta 1962 Neuvostoliitto onnistui laukaisemaan Mars 1:n, ja vaikka yhteys katkesi, se oli ensimmäinen luotain, joka suoritti Mars-ohilennon. Myöhemmin Neuvostoliitto laukaisi Venera 3:n, joka oli ensimmäinen Venusplaneetalle törmännyt luotain. Marsiin kohdistunut törmäys onnistuttiin toteuttamaan vasta Korolevin kuoleman jälkeen. Korolevin ryhmä työskenteli myös kunnianhimoisten ohjelmien parissa, jotka tähtäsivät Marsin ja Venuksen tutkimiseen, ihmisen viemiseen kiertoradalle, viestintä-, vakoilu- ja sääsatelliittien laukaisuun sekä pehmeään laskeutumiseen Kuuhun.[249]

Kaikki näistä kolmesta kunnianhimoisesta rakettitieteilijästä – Korolev, Braun ja Musk –, joiden elämäntyö on luonut pohjan nykyiselle avaruustutkimuksen aikakaudelle[250], olivat siis Konstantin Tsiolkovskin ajatusten oppilaita. Tsiolkovski kirjoitti vuonna 1928 kirjan nimeltä *Maailmankaikkeuden tahto,* missä hän esitti ajatuksensa siitä, että ihmiskunnan tehtävänä ei olisi vain lähiavaruuden, kuun tai planeettojen asuttaminen vaan koko linnunradan kolonisoiminen:

Olemme varmoja, että universumin kypsillä olennoilla on keinot siirtyä pla-

---

249 Sergei Korolev - Wikipedia
250 Merkkinä avaruuden painoarvosta myös kansallisen turvallisuuden kysymyksissä, presidentti Trump perusti vuonna 2019 Yhdysvaltain avaruusvoimat, 70 vuotta avaruusajan käynnistymisen jälkeen vuonna 1949 (First Human-Made Object to Enter Space – NASA).

neetalta toiselle, puuttua jälkeenjääneiden planeettojen elämään ja olla yhteydessä toisiin yhtä kypsiin olentoihin kuin he itse. Maapallon kansat yhdistyvät jonakin päivänä, ja kaikkia hallitsee yksi valittu neuvosto, jonka johdossa on neuvoston valitsema presidentti. Tämä tapahtuu suhteellisen pian. Pidemmän ajan kuluessa koko aurinkokuntamme tulee olemaan runsaasti asutettu. Sitäkin hallitsee vaaleilla valittu neuvosto, jolla on oma presidenttinsä. Näin täytyy tapahtua, sillä järki vaatii sitä. Kaikki muutkin planeetat ja aurin kokunnat yhdistyvät... Yhdistymisen täytyy tapahtua, sillä olentojen hyvinvointi vaatii sitä. Jos olennot ovat kypsiä, he ovat järkeviä, ja jos he ovat järkeviä, he eivät tee pahaa itselleen. Anarkia on epätäydellisyyttä ja pahuutta. [tulevaisuudessa] Aurinkojen (tähtiryhmien) presidentit ja ryhmät sekä koko Linnunrata ovat yhdistyneet. Lopetetaan tähän.[251]

Puolivuosisataa myöhemmin George Lucas toi samanlaisen idean valkokankaalle 70 -luvun kulttifilmissä *Tähtien sota*. Tosin avaruusmatkailua oli kuvattu tieteiskirjallisuudessa jo vuosisata varhaisemmissa Jules Vernen romaaneissa, joka ennusti Apollolennot kirjassaan *Maasta kuuhun* (1865). Vaikka Tsiolkovski ei ollut itse kristitty ja vuonna 1932 julkaisemassaan tekstissä hän edisti panteistista filosofiaa kosmoksesta hyväntahtoisena Luoja-Jumalana[252], hän itse oli saanut vaikutteita Nikolai Fyodorovin (1829 – 1903) teologisista teksteistä. Ortodoksipappi Fyodorov tunnetaan tänään *venäläisen kosmismin* isänä, tieteen, uskonnon ja futurismin yhdistäneen liikkeen, jolla oli suuri vaikutusvalta Neuvostoliiton avaruusohjelman synnyssä.

Esimerkiksi Sergei Korolev tutki innokkaasti Fyodorovin teologisia tekstejä[253], vaikka hän oli Marxin vallankumouksellisten ideoiden vastustaja ja tsaarivallan puolestapuhuja. Wikipedia vahvistaa, että Elon Muskin työtäkin inspiroinut Tsiolkovskin toteamus: "*Maapallo on ihmiskunnan kehto, mutta ihmisen ei tule ikuisesti elää kehdossa!*" "oli selvästi N. F. Fjodorovin ajatusten innoittama... [mitkä] innoittivat myöhemmin venäläisen kosmonautiikan perustajia."[254]Fjodorov itse puolestaan johti omat kaukonäköiset ideansa heprealaisten profeettojen teksteistä:

251 "The Will of the Universe". Konstantin Tsiolkovsky
252 Is There a God? Konstantin Eduardovich Tsiolkovsky
253 Nikolai Fyodorov (philosopher) - Wikipedia
254 Nikolai Fyodorov (philosopher) - Wikipedia

Nälänhädän ja epidemioiden aiheuttamat ongelmat pakottavat meidät ylittämään maapallon rajat. Ihmisen työtä ei saa rajoittaa maapallon rajat, varsinkaan kun sellaisia rajoja ei ole olemassa. Maapallo on avoin joka puolelta. Kuljetuskeinoja ja elintapoja eri ympäristöissä voidaan ja täytyy muuttaa (sivu 34)... Hyvän sadon varmistamiseksi maatalouden on ulotuttava maapallon rajojen ulkopuolelle, sillä sadon ja yleensä kasvien ja eläinten elämän edellytykset eivät riipu pelkästään maaperästä (sivu 39)... Tavalla tai toisella aurinkokunta on muutettava valvotuksi taloudelliseksi kokonaisuudeksi, jotta saisimme vahvistusta tietämyksellemme. Aurinkokunnan valtavuus riittää herättämään kunnioitusta, ja luonnollisesti vastustajat korostavat meidän pienuuttamme.

Kun kiinnitämme huomiomme pieniin hiukkasiin, jotka koostuvat valtavasta määrästä vielä pienempiä hiukkasia ja jotka pitäisi myös saattaa ihmisen taloudellisen hallinnan piiriin, vastalauseena on oma kokomme; likoeläimille nämä pienet hiukkaset näyttävät todellakin hyvin suurilta, ja silti ne ovat heille helpommin saatavilla kuin meille. Ongelma ei selvästikään liity kokoon, ja suhteellinen pienuutemme tai suuruutemme osoittaa vain vaikeuden - vakavan vaikeuden, mutta ei mahdottomuutta. Valtavalle älylle, joka kykenee käsittämään yhdellä kaavalla sekä maailmankaikkeuden suurimpien taivaankappaleiden että pienimpien atomien liikkeet, mikään ei jäisi tuntemattomaksi; sekä tulevaisuus että menneisyys olisivat hänen ulottuvillaan. Kaikkien sukupolvien ajan yhdessä työskentelevien ihmisten kollektiivinen mieli olisi tietenkin riittävän laaja - tarvitaan vain yksimielisyyttä, moniyhteyttä (sivu 40)...

"Minä olen Herra, sinun Jumalasi (joka ei ole kuolleiden vaan elävien Jumala) älä pidä muita jumalia minun rinnallani" (toisin sanoen, et saa palvoa deismin kuollutta jumalaa etkä humanismin elotonta jumalaa). Luonto ei ole Jumala eikä Jumala ole (sokeassa ja langenneessa) luonnossa. Jumala on meidän kanssamme. Rationaalisen voiman pitäisi hallita sokeaa, ei päinvastoin. Rationaalinen voima hallitsee silloin kun meidän, rationaalisten olentojen, keskuudessa ei ole eripuraa, toisin sanoen, silloin kun Jumala on kanssamme. "Sinä teit hänestä lähes jumal'olennon, sinä seppelöitsit hänet kunnialla ja kirkkaudella; panit hänet hallitsemaan kättesi tekoja, asetit kaikki hänen jalkainsa alle." (Ps. 8:6). "'asetit kaikki hänen jalkojensa alle.' Sillä, asettaessaan kaikki hänen valtansa alle, hän ei jättänyt mitään hänen allensa alistamatta" (Hebr.2:8) (sivu 44)...

...laajentaaksensa hallintaa yhdeltä planeetalta, meidän Maastamme, muihin, koko aurinkokuntaan, ja lopulta muihin tähtijärjestelmiin, koko maailmankaikkeuteen. Onko nykyinen tiede riittävä? Onko yliopisto vanhentunut instituutio? Se on nimittäin teollistumisen orja, joka ei tiedä, että teollistuminen tuottaa vain leluja ja pikkutavaroita eikä tunnusta mitään korkeampaa kuin sen tarjoamat tavarat. Yliopisto on "valtaistuimen ja alttarin vihollinen", "itse-valtiuden, ortodoksisuuden ja kansallismielisyyden" vihollinen; se asettuu tuomariksi esi-isien, profeettojen, Kristuksen ja jopa itse Jumalan yli; se on kaiken auktoriteetin vihollinen, joka kiihottaa pojat isiä vastaan, asettaa erimie-lisyyden ykseyden edelle (sivu 50)...[255]

Voitko kuvitella, että Fjodorov kirjoitti tällaista tekstiä 1890 -luvun lopulla[256], aikana kun ihminen ei ollut keksinyt vielä ensimmäistä lentokonetta ja avaruustutkimus oli yhä kaukaista utopiaa, joka tuli mahdolliseksi vasta toisen maailmansodan jälkeen Werner Von Braunin ja Sergei Korolevin kehittelemien rakettien ansiosta? Jos hänen tekstinsä kuulostaa liian utopistiselta jo 2020 -luvun ihmisille, niin kuinka paljon mielenvikaisemmalta se onkaan kuu-lostanut 1900 -luvun alussa eläneille ihmisille.

Mutta nämä samat teologisesti inspiroituneet ajatukset löysivät mielenkiintoa Korolevin kaltaisissa venäläisen kosmo-nautiikan edeltä raivaajissa ja innoittivat häntä kylmän aikaisen avaruuskilvan käynnistämisessä. Huomaa kuinka Fjodorov lainasi ajatustensa perustaksi psalminkirjoittajaa:

Kun minä katselen sinun taivastasi, sinun sormiesi tekoa, kuuta ja tähtiä, jotka sinä olet luonut, niin mikä on ihminen, että sinä häntä muistat, tai ihmislapsi, että pidät hänestä huolen? Ja kuitenkin sinä teit hänestä lähes jumal'olennon, sinä seppelöitsit hänet kunnialla ja kirkkaudella; panit hänet hallitsemaan kättesi tekoja, asetit kaikki hänen jalkainsa alle: lampaat ja karjan, ne kaikki, niin myös metsän eläimet, taivaan linnut ja meren kalat ja kaiken, mikä meren polkuja kulkee. Herra, meidän Herramme, kuinka korkea onkaan sinun nimesi kaikessa maassa![257]

Huomaa, ettei psalmisti sano vain Maan flooran ja faunan olevan asetettu ihmisen hallintavallan alle, sillä hän ylistää Jumalaa siitä, että tämä seppelöitsi ihmisen "kunnialla ja kirkkaudella"[258] ja pani "hänet hallitsemaan kättesi tekoja", mukaan lukien "sinun sormiesi

---

255 N. F. Fjodorov, Yleisen tehtävän filosofia (1890 -luku)
256 Fjodorov itse ei julkaissut omia kirjoitustöitänsä, mutta hänen seuraa-jansa julkaisivat ne hänen kuolemansa jälkeen 1900 -luvun alussa. Fjodorovin kirjassa viitataan kuitenkin 1890 -luvun tapahtumiin ja si-vulla 18 hän kirjoittaa: "Yhdeksästoista vuosisata lähestyy surullista ja synkkää loppuaan."
257 Psa. 8:4-10

tekoa, kuuta ja tähtiä." Kun siis Neil Armstrong astui kuun kamaralle heinäkuussa 1969 ja pystytti Yhdysvaltain lipun sinne valloituksen ja omistusoikeuden merkiksi, hän vain toteutti tätä ihmiselle annettua Jumalan pyhää missiota. Vaikka koko aurinkokuntamme ja muiden planeettojen kolonisoiminen – puhumattakaan *Linnunratamme* valloittamisesta – on yhä kaukainen haave, tällainen utopistinen päämäärä ei olisi Jumalan ihmiselle antamaa tehtävää, eli luomakunnan hallitsemista, vastaan.

Raamatussa ei esiinny sanaa "planeetta" sillä muinaisessa maailmassa kaikkia yötaivaan valoja kutsuttiin tähdiksi tai vaelteleviksi tähdiksi. Sanan "planeetta" etymologia tulee kreikan sanasta πλάνητες ἀστέρες, *planētes asteres*, eli vaeltelevat tähdet. Jo muinaisessa maailmassa viisi paljaalle silmälle näkyvää planeettaa (kirkkaimmaista himmeimpään: Venus, Jupiter, Mars, Merkurius ja Saturnus), eroteltiin kaukaisemmista "kiintotähdistä", jotka säilyttivät vakaan suhteellisen sijainnin yötaivaalla. Jos siis ihmiskunta onnistuu täyttämään Elon Muskin haaveen ja kolonisoimaan Marsin (kertaluontoisessa menopaluu matkassa ei olisi juuri järkeä koska yksisuuntainen matka Marsiin kestää jo useita kuukausia), muinaisen maailman ihmisten terminologiassa tämä olisi merkinnyt *tähtien valloittamista.*

Ennustaako Danielin kirja, että tulevan Antikristuksen valtakunta yltäisi kirjaimellisesti tähtiin asti, kun se kuvailee:

Ja yhdestä niistä puhkesi esiin sarvi, alussa vähäpätöinen. Se kasvoi suuresti etelään päin ja itään päin ja Ihanaan maahan päin. Ja se kasvoi *taivaan sotajoukkoon asti* ja pudotti maahan osan siitä sotajoukosta ja *tähdistä* ja tallasi niitä.[259]

Hieman samankaltainen profetia löytyy Jesajan kirjan 14. luvusta:

258 Hebrealaiskirjeen toisessa luvussa Paavali yhdistää tämän Psalminkohdan myös Kristukseen, mutta Kristuksessa ihmisen tarkoitus on kasvaa yhteen Jumalan kolmiyhteisen olemuksen kanssa, kuten Jeesus rukoili Joh. 17:21:ssä.
259 Daniel 8:9-10 (Ihana maa viittaa jakeessa Israelin maahan).

Kuinka olet taivaalta pudonnut, sinä kointähti, aamuruskon poika [aamuntähti Venus, josta nimi Lucifer on tässä johdettu]! Kuinka olet maahan syösty, sinä kansojen kukistaja! Sinä sanoit sydämessäsi: *'Minä nousen taivaaseen, korkeammalle Jumalan tähtiä minä istuimeni korotan* ja istun ilmestysvuorelle, pohjimmaiseen Pohjolaan. Minä nousen pilvien kukkuloille, teen itseni Korkeimman vertaiseksi.' Mutta sinut heitettiin alas tuonelaan, pohjimmaiseen hautaan. Jotka sinut näkevät, ne katsovat pitkään, tarkastavat sinua: 'Onko tämä se mies, joka järisytti maan, järkytti valtakunnat, joka teki maanpiirin erämaaksi ja hävitti sen kaupungit, joka ei päästänyt vankejansa kotiin?'[260]

Raamattu puhui myös "Tähtien sodasta" kauan ennen George Lucasin filmejä:

Tähdet taivaalta kävivät sotaa, radoiltaan ne sotivat Siiseraa vastaan.[261]

Moni kysyy, "miksi ihmiskunnan tulisi pyrkiä aurinkokunnan valloittamiseen ja levittäytymiseen monilla planeetoilla asuvaksi lajiksi?" Elon Muskin vastaus tähän on sekä moraalinen että ontologinen. Asian moraalisena puolena Musk pitää ajatusta siitä, että ihmiskunta kohtaisi todennäköisesti jossain vaiheessa eksistentiaalisen uhan – on se sitten ydinsota, asteroidi-isku tai pahantahtoiseksi muuntautunut supertekoäly – ja siksi rakkaudestamme ihmiskuntaa kohtaan, meidän tulisi kasvattaa ihmisrodun ja sivilisaation eloonjäämisen todennäköisyyttä kylvämällä sivilisaatiomme siemenet myös Maan rajojen ulkopuolle. Tämä on tyypillinen teema monissa tieteiselokuvissa missä ihminen matkustaa kaukaisiin tähtijärjestelmiin paetakseen Maata kohdannutta apokalyptista ympäristötuhoa.

Vaikka nykyisillä tieteellisillä ja teknologisilla kyvyillämme tämä saattaa näyttää naurettavan utopistiselta, en sivuuttaisi tieteiskirjallisuuden taruja olankohautuksella, koska myös Apollo 11 lennot, itseohjautuvat autot, tekoäly, humanoidirobotit, ja muu vastaava nykypäivän huipputeknologia, ennustettiin usein vuosikymmeniä edellä tieteiskirjallisuudessa. Tieteistaru onkin usein mielenkiintoisen profeetallinen kirjallisuuden genre. Tämä ei johdu välttämättä siitä, että tieteiskirjailijoilla olisi jonkinlaisia

260 Jes. 14:12-17
261 Tuom. 5:20

selvännäkijän lahjoja, vaan siitä, että he seuraavat usein tarkasti tieteen orastavia tutkimushaaroja, jotka eivät ole vielä teknisesti toteutettavissa olevia mutta silti mahdollisuuksien sisällä olevia tieteen ja teknologian sovelluksia.

Esimerkiksi tekoälytutkimus alkoi akateemisena tieteen tutkimushaarana jo vuonna 1956. Siksi löydämme keskustelevia tekoälyohjelmistoja jo tuon ajan klassikkofilmeistä kuten Stanley Kubrickin ja Arthur C. Clarken käsikirjoittamasta vuoden 1968 eeppisestä tieteiselokuvasta *2001: Avaruusseikkailu.* Filmissä supertietokone Hal-9000 muuttuu itsetietoiseksi ja ottaa avaruusaluksen hallintaansa. Hal-9000 ennakoi monia nykyisen tekoälyn kykyjä, kuten puhesynteesin, puheentunnistuksen, kasvojentunnistuksen, luonnollisen kielen käsittelyn, huulilta lukemisen, taiteen arvioinnin, tunnekäyttäytymisen tulkinnan, automaattisen päättelyn, jne. *"HAL:n, kuten koko 2001: Avaruusseikkailun teknologian, ominaisuudet perustuivat arvostettujen tiedemiesten spekulaatioihin. Marvin Minsky, MIT:n Computer Science and Artificial Intelligence Laboratory (CSAIL) -laboratorion johtaja ja yksi alan vaikutusvaltaisimmista tutkijoista, oli neuvonantajana elokuvan kuvauksissa. 1960-luvun puolivälissä monet tekoälyä tutkivat tietojenkäsittelytieteilijät olivat toiveikkaita siitä, että HAL:n kyvyillä varustettuja koneita olisi olemassa muutaman vuosikymmenen kuluessa. Esimerkiksi tekoälyn pioneeri Herbert A. Simon Carnegie Mellonin yliopistosta oli ennustanut vuonna 1965, että 'koneet pystyvät kahdenkymmenen vuoden kuluessa tekemään mitä tahansa työtä, jonka ihminen voi tehdä'."* [262]

Muista kirjani kolmannessa luvussa lainattu tieteiskirjailija Arthur C. Clarken toinen laki mitä tulee ihmisen teknologisiin mahdollisuuksiin: *"Ainca tapa löytää mahdollisen rajat on uskaltautua hieman niiden yli mahdottomaan."* Esimerkiksi aurinkokuntamme kolonisaatiota puoltavat futuristit ovat varsin tietoisia Marsin ja muiden planeettojen (tai niiden kuiden) elämälle vihamielisestä ympäristöstä. Eivät he odota nauttivan eksoottisista

---

262 HAL 9000 - Wikipedia

rantalomista Marsin karussa erämaassa, ilmakehättömässä ja hyisellä jääplaneetalla, tai Venuksen paksun rikkipilvipeitteen ympäröimässä helvetillisessä 500 celsius-asteen uunissa. Mutta yksi tällaisen tehtävän puoleensavetävyydessä on juuri sen tieteellinen ja teknologinen haasteellisuus. Kuten presidentti John F. Kennedy sanoi vuoden 1961 Rice-yliopiston puheessaan:

Maailman katseet ovat nyt kääntyneet avaruuteen, Kuuhun ja planeetoille sen tuolla puolen, ja olemme vannoneet, että emme näkisi avaruutta hallittavan valloittamisen vihamielisen lipun alla, vaan vapauden ja rauhan lipun kautta. Olemme vannoneet, että emme näkisi avaruutta täytettävän joukkotuhoaseilla, vaan tiedon ja ymmärryksen välineillä... Mutta *miksi*, jotkut kysyvät, *juuri Kuu?* Miksi valita tämä tavoitteeksemme? Ja he saattavat yhtä hyvin kysyä, *miksi kiivetä korkeimmalle vuorelle? Miksi*, 35 vuotta sitten, *lentää Atlantin yli?*... Me valitsemme mennä Kuuhun. Me valitsemme mennä Kuuhun tämän vuosikymmenen aikana ja tehdä muitakin asioita, ei siksi, että ne ovat helppoja, vaan siksi, että ne ovat *vaikeita*.

Siksi, että tämä tavoite auttaa järjestämään ja mittaamaan parhaat energiamme ja taitomme. Siksi, että tämä haaste on sellainen, jonka olemme valmiita ottamaan vastaan, jota emme ole valmiita lykkäämään ja jonka aiomme voittaa – kuten myös muut tavoitteet... Monia vuosia sitten suurelta brittiläiseltä tutkimusmatkailija George Mallory'lta, joka menehtyi Mount Everestillä, kysyttiin, miksi hän halusi kiivetä sinne. Hän vastasi: "Koska se on *siellä*." No, avaruus on *siellä*, ja me aiomme "kiivetä" sinne. Kuu ja planeetat ovat siellä, ja uudet toiveet tiedosta ja rauhasta ovat siellä. Ja siksi, kun lähdemme purjehtimaan, pyydämme Jumalan siunausta kaikkein vaarallisimmalle, riskialttiimmalle ja suurimmalle seikkailulle, johon ihminen on koskaan lähtenyt.[263]

Kuten Kennedy puheessaan korosti, ihmisen DNA:han on kirjoitettu tarve tutkia ja valloittaa tutkimattomia rajaseutuja, koska "ne ovat siellä". Ihmisellä on tarve nousta vihamielisen ympäristön voittajaksi alistaaksemme luonnon ihmisen hallintavallan alle Raamatun luomiskertomuksen mukaisesti. Jos ihminen on onnistunut tekemään tämän jo Maan kesyttämättömien erämaiden tai hyisien napaseutualueiden kohdalla, niin miksi tämän tehtävän tulisi rajoittua vain meidän oman planeettamme sisälle? Samalla tällaisen tehtävän haasteellisuus pakottaisi ihmiskunnan

---

263 John F. Kennedy Speech | Rice University

kirkaimmat mielet innovoimaan ja keksimään luovia ratkaisuja näiden haasteiden päihittämiseksi.

Ja tämä taas liittyy Muskin ontologiseen perusteeseen Marsin ja muiden taivaankappaleiden kolonisaation puolesta: *"Olemassaolomme ei voi olla vain yhden kurjan ongelman ratkaisemista yksi toisensa jälkeen. On oltava syitä elää. On oltava asioita, jotka inspiroivat sinua, jotka saavat sinut heräämään aamulla iloisena siitä että olet osa ihmisyyttä."* [264]Vaikka jokaisella meistä voi olla hyvin erilaisia syitä siihen miksi heräämme joko iloisena tai ilottomana uuteen aamuun, Musk puhuu tässä ihmiskunnan kollektiivisen identiteetin puolesta missä voisimme palauttaa kollektiiviseen psyykkeeseemme hämmästyksen ja ylpeyden tunteen ihmisrodun yhteisistä saavutuksista ja toivorikkaan innostuksen siitä mitä kaikkea voimme vielä saavuttaa kun panemme erimielisyytemme ja keskinäisen vihapidon syrjään ja teemme yhteistyötä tuon paremman huomisen rakentamiseksi.

Tulevaisuudessa missä robotit tulevat viemään ihmisten tavanomaiset työt ja tekemään heistä tarpeettomia, samalla kun hallitus jakaa heille "ilmaista rahaa" universaalina perus- tai korkeatulona[265], tämä on myös ainoa vaihtoehto. Joko ihmiskunta vaipuu nihilismiin loputtomassa Covid-19:n sulkutilojen kaltaisessa dystopiassa missä tekoäly ja robotit tulevat tekemään kaiken meitä paremmin, tai sitten tulemme näkemään robotit ja tekoälyn pelkkänä työtoverina seuraavassa suuressa, jännittävässä ja vaarallisessa seikkailussamme – avaruuden kolonisaatiossa.

Eikä tuollaisessa projektissa olisi kyse myöskään oman Maaplaneettamme laiminlyönnistä, eli kosmisesta eskapismista, sillä avaruuden kolonisointiin johtavat teknologiset innovaatiot hyödyttäisivät samaan aikaan myös Maassa asuvia ihmisiä. Tästä on ollut jo lukuisia esimerkkejä nykyisen noin 70 vuotta kestäneen avaruusajan puitteissa. Esimerkiksi pienen mittakaavan elekt-

---

264 Humanity's destiny in the stars – My tribute to Elon Musk - YouTube
265 Ks. luku 6.

roniikan kehitys, jota käytettiin avaruusaluksissa, mahdollisti nykyaikaisten tietokoneiden, älypuhelinten ja muiden kulutuselektroniikkatuotteiden kehityksen. Samalla monet langattomien teknologioiden parannukset, kuten Wi-Fi, saivat alkunsa avaruustutkimuksen tarpeista tehokkaaseen tiedonsiirtoon. Ja ilman satelliitteja ei olisi kehitetty myöskään GPS-paikannusta, internettiä, ym. nykymaailman kannalta olennaisia innovaatioita (ja sama internet on täynnä salaliittoteorioita siitä kuinka ihminen ei ole käynyt koskaan avaruudessa eikä satelliitteja ole olemassa).

Kolmanneksi argumentiksi Musk on esittänyt myös klassisen juutalaiskristillisen periaatteen siitä, että ihmisen tulisi pyrkiä tutkimaan "Jumalan ihmeellistä luomakuntaa" laajentaaksemme tietoisuutemme skaalaa ja saadaksemme vastauksia siihen miksi olemme täällä ja esittääksemme oikeita filosofisia kysymyksiä ihmisten paikasta ja tarkoituksesta universumissa[266] tiedon ja ymmärryksen lisääntyessä, jonka Daniel ennusti:

> Mutta sinä, Daniel, lukitse nämä sanat ja sinetöi tämä kirja lopun aikaan asti. Monet sitä tutkivat, ja ymmärrys lisääntyy.[267]

Fjodorov perusteli aurinkokunnan valloittamisen ideaa hyvin samankaltaisilla, vaikkakin enemmän teologisesti painottuneilla, argumenteilla. Fjodoroville tämä oli Jumalan ihmiselle määräämä eskatologinen velvollisuus. Hän asettaa kirjassaan vastakkain usein kaksi maailmankuvaa ja päämäärää – sokealle luonnonvoimalla alistumisen tai sen voittamisen ja haltuunoton, tuon saman voiman muuttamiseksi ihmisen ystäväksi. "Sokealla luonnonvoimalla" hän tarkoitti sitä, että luonto on usein hyvin arvaamaton ja ihmiselle vihamielinen voima, jonka harteille kaikki ihmiskunnan vitsaukset – luonnonkatastrofeista sairauksiin ja kuolemaan itseensä – voidaan lopulta panna. Tähän tuhoisaan voimaan hän sisällytti myös oman langenneen ihmisluontomme.

---

266 Elon Muskin haastattelu Ben Shapiron kanssa konservatiivisella Daily Wire+ YouTube kanavalla.

267 Dan. 12:4 (jo Francis Baconin ja Isaac Newtonin kaltaiset 1600 -luvun tieteellisen vallankumouksen isät tulkitsivat tätä jaetta usein tieteellisen tiedon lisääntymisen valossa, ei vain eskatologisen tiedon).

Tämä liittyy siihen, mistä puhuin jo kirjani edellisessä luvussa. Paavalin mukaan luomakunta ikävöi hartaasti sen vapauttamistaan ja Jumalan lasten ilmestymistä, koska se on alistettu katoavaisuuden alle ja turmeluksen orjuuteen. Olemme kuitenkin kasvaneet kulttuurissa missä uuspakanallinen "vihreä" aatemaailma on iskostanut mieleemme ajatuksen siitä, että koskematon luonto itsessään olisi jotain hyvää ja tavoiteltavaa, kun taas ihmisen sekaantuminen "luonnon tasapainoon" ja yrityksemme hallita luontoa, ovat esimerkki siitä pahasta mitä ihmisen tulisi pyrkiä välttämään. Tällaisessa ihmisvastaisessa ajattelussa ihminen ei saisi hallita luontoa vaikka se johtaisi kärsimyksen vähenemiseen ja sairauksien paranemiseen.

Samasta kieroutuneesta ajattelutavasta ovat peräisin myös argumentit siitä kuinka yritys luonnon hallitsemiseen, kärsimyksen vähentämiseen, elämän pidentämiseen tai biologisten kykyjemme parantamiseen, on lähtökohtaisesti "luonnotonta", koska ihmisen ei pidä "leikkiä Jumalaa". Kuten kerroin jo luvussa 4, tällaiset argumentit nousevat pakanallisen maailmankuvan, eivät juutalaiskristillisen maailmankuvan, pohjalta. Juutalaiskristillisessä uskossa ihmistä kehotetaan imitoimaan Jumalaa Jumalan kuviksi luotuina olentoina. Juutalaiskristillisessä uskossa luonto ymmärretään olevan Aadamin syntiinlankeemuksen kirouksen alainen, ja siksi tehtävämme ei ole alistua sen hallintavallan alle vaan ottaa se itse omaan hallintavaltaamme (mukaan lukien oman ihmisluontomme syntiin taipuvat impulssimme).

Fjodorov viittaa kirjassaan jo 1800 -luvun lopulla tehtyihin tieteellisiin kokeisiin sään hallinnasta ja keinotekoisen sateen luomisesta pommeja räjäyttämällä Maan troposfäärissä. Fjodorov puhui tällaisten kokeiden puolesta, koska niillä voitaisiin estää tulevat kuivuudet ja nälänhädät, jotka vaivasivat keisarillista Venäjää. Samalla hän esitti sitä ratkaisuksi sotien lopettamiseksi Jesaja 2. luvussa ennustetun utopian mukaisesti, sillä kääntämällä armeijoiden aseiden tähtäimet toistemme tappamisen sijasta sokeaa luonnonvoimaa vastaan, saisimme myös armeijoille uuden elämää säilyttävän tarkoituksen.

Ihmiset ovat todellakin tehneet kaikkea mahdollista pahaa luonnolle (kuluttaminen, tuhoaminen, riisto) ja toisilleen (keksimällä kaikkein kauhistuttavimpia aseita ja välineitä keskinäiseen tuhoamiseen). Jopa tiet ja muut viestintävälineet - nykyihmisen ylpeys - palvelevat vain strategisia ja kaupallisia tarkoituksia, sotaa ja voittoa. Voittoa tavoittelevat ihmiset pitävät luontoa "varastona, josta he voivat poimia mukavaan ja nautinnolliseen elämään tarvittavat varat, tuhota ja tuhlailla luonnon vuosisatojen aikana kertynyttä rikkautta". Jumala on suuri armossaan ihmistä kohtaan, joka näyttää saavuttaneen kieroutumisensa rajat, tehden syntiä sekä luontoa että lähimmäisiään vastaan ja torjuen jopa Jumalan olemassaolon. Tämä saattoi johtaa epätoivoon, koska kaikkialla näkyi vain pahaa, ilman toivon pilkahdustakaan. Nyt yhtäkkiä, kuin iloinen valonsäde niille, jotka "pimeydessä vaeltaa, jotka asuvat kuoleman varjon maassa", tulee ilosanoma, että juuri nuo keskinäisen tuhon keinot voivat muuttua nälästä pelastumisen välineiksi. Tässä on toivoa siitä, että sekä nälänhätä että sota voidaan lopettaa - ja vieläpä lopettamalla sodat ilman aseistariisuntaa, sillä jälkimmäinen ei ole mahdollista.

Jopa epäuskoiset, jopa ateisteiksi tunnustautuneet, voivat tuskin olla näkemättä tässä mahdollisuudessa muuttaa tuo suuri paha suureksi siunaukseksi, merkkiä jumalallisesta kaitselmuksesta. Tässä on täysin uusi todiste Jumalan olemassaolosta ja hänen kaitselmuksestaan, todiste, joka ei johdu enää luonnonjärjestyksen tarkoituksellisuuden pohtimisesta vaan toimimisesta ja siihen vaikuttamisesta todellisessa elämässä. Eikö se ole siitä todellakin vahva osoitus.

Silti saarnatuolista kuuluu ääni, joka sanoo: *"Varokaa tätä röyhkeyttä, jolla pyritään tuomaan taivaasta sadetta ammuskelemalla."* Mutta jos ammuskelua ei voida tuomita suoralta kädeltä, vaikka se toisi kuolemaa (esimerkiksi isänmaan puolustamiseksi), miksi se pitäisi tuomita, kun se tuo elämää ja pelastaa ihmisiä nälänhädältä? Eikö se ole pikemminkin Jumalan tahdon toteuttamista? Eikö Jumala, joka loi ihmisen, käskenyt häntä omistamaan maan ja kaiken sen päällä olevan? Miksi on siis ilkeää röyhkeyttä ja jopa pyhäinhäväistystä ohjata pilvi paikasta, jossa sen sade voisi olla vahingollista, paikkaan, jossa siitä olisi hyötyä? Veden ohjaamista purosta tai joesta kastelua varten ei pidetä Jumalan tahdon vastustamisena, joten miksi kosteuden ohjaaminen ihmisen tarpeisiin, ei purosta vaan ilmakehän virtauksista, olisi Jumalan tahdon vastaista? Sitäkin enemmän, kun sitä ei tehdä ylellisyyden tai huvin vuoksi vaan jokapäiväisen leipämme hankkimiseksi.[268]

Fjodorov kritisoi sen ajan tiedettä ja teollisuutta siitä, ettei sitä ahneudessaan kiinnostanut tutkia säänmuokkausta vakavammin ja

---

268 Fjodorov, Yleisen tehtävän filosofia (1890 -luku), sivut 2-3

investoida rahaa tällaiseen elämää pelastavaan tieteelliseen tutkimukseen.

Hän oli tässäkin aikaansa vuosikymmeniä edellä, sillä säänmuokkausta alettiin harjoittamaan laajemmin vasta toisen maailmansodan jälkeen, sillä tänään käytetään laajasti säänmuokkaustekniikka nimeltä pilvien kylväminen, joka parantaa pilven kykyä tuottaa sadetta tai lunta tuomalla pieniä jääytimiä tietyntyyppisiin pakkaspilviin (samaa tekniikkaa käytetään myös ilmansaasteiden vähentämiseen suurkaupungeissa).[269] Muut säänmuokkausmenetelmät, kuten hirmumyrskyjen tai maanjäristysten keinotekoinen luominen, kuuluvat sen sijaan vahvistamattomien salaliittoteorioiden piiriin, jotka eivät ole nykytieteen keinoin vielä mahdollisia.[270]Vaikka tällaiset sääaseet pahantahtoisen hallituksen tai terroristin käsissä olisivat kyllä varsin huolestuttava näköala, usein tällaisia salaliittoteorioita ruokkivat myös radikaalin ympäristöuskonnon mukainen filosofia siitä, ettei ihmisen pitäisi edes kajota "luonnon tasapainoon", koska ihmisten kuoleminen maanjäristyksissä ja hirmumyrskyissä on nähtävästi "äitimaan" tahto. Ja vaikka kristityt eivät uskoisi murhanhimoiseen Maan jumalatar Gaiaan, he saattavat silti yhtyä tällaiseen uuspakanalliseen filosofiaan tietämättään, nähden kaikki luonnonkatastrofit Jumalan rankaisuna syntille maailmalle.

Moni näistä kristityistä saattaa kyllä uskoa siihen, että "luomakunta huokaa ja on synnytystuskissa", odottaen Jumalan vapauttavan sen kerran näistä vitsauksista. Mutta samalla he kieltävät sen, että ihmiselle itselleen annettiin auktoriteetti luonnon ylitse eikä meidän tarvitse odottaa taivaasta saapuvaa Pelastajaa luonnonvoimien kesyttämiseksi. Tämä näkemys on vain osa laajempaa teologista ja eskatologista virhettä, joka sivuuttaa ihmisen roolin Jumalan kuvana ja seurakunnan roolin Kristuksen

269 Yli 75 vuotta myöhemmin pilven kylvö on edelleen kiistanalainen – voiko se auttaa maailman saastuneimpia kaupunkeja? - Securities.io
270 Esim. Alaskassa sijaitsevan, ionosfäärin tutkimukseen keskittyvän Yhdysvaltain tutkimushanke HAARP:iin liittyvät salaliittoteoriat.

ruumiina, jolle "on annettu kaikki valta taivaassa ja maan päällä"[271] jos kristityt ovat yhdistyneet rakkaudessa toinen toisiinsa ja päähänsä Jeesukseen Kristukseen.

Toistan taas sen näkökulman, jonka esitin jo kirjani luvussa 2. Antiikin ajan pakanallisessa maailmassa, jonka aikana Raamattu kirjoitettiin, ajatusta siitä että ihminen voisi hallita Maan luonnonvoimia tai taivaankappaleita kuten Kuuta, Marsia ja Venusta, ei olisi pidetty vain mahdottomuutena vaan myös pyhäinhäväistyksenä. Pakanuudessa maa ja taivas hallitsivat ihmisiä – ei päinvastoin. Syöksemällä nämä pakanalliset luonnonjumalat heidän valtaistuimiltaan, ja uhraamalla itsensä tuossa vallankumouksessa tieteen alttarilla, sen sijaan, että olisimme uhranneet poikiamme ja tyttäriämme luonnonjumalien lepyttelemiseksi, ihmisestä tuli Homo Deus – jumal'olento, kuten Psalmi 8 kuvailee ihmistä. Ihminen oli ottanut näiden jumalien paikan ja hallitsivat nyt itse arvaamattomia luonnonvoimia. Tuo ihmisen ja jumalien välinen sota on tosin yhä kesken ja ihminen on edelleen lukuisten luonnonvoimien, virusten, ja oman perisynnin vaivaaman lihansa armoilla. Mutta ihmisen ei tule perääntyä tässä vaiheessa, ja luovuttaa kalliilla hinnalla ostettua valtaansa uudestaan näille oikukkaille ja verenhimoisille pakanajumalille, joita Paavali kutsui riivaajiksi.[272]

Nikolai Fjodorov, jälleen valovuosia aikaansa edellä, esitti multiplanetaarista sivilisaatiota ratkaisuksi myös 1800-luvulla laajasti keskusteltuun malthusilaiseen katastrofiin. Malthusilaisen teorian mukaan väestönkasvu johtaisi väistämättä sosioekonomiseen kriisiin, koska ruoantuotanto kasvaa lineaarisesti väestön kasvaessa eksponentiaalisesti. Tämä ajatus on myös nykyisen radikaalin ympäristöliikkeen väitteiden taustalla, kun puhutaan maapallon rajallisista luonnonvaroista ja väestönkasvun niille muodostamasta uhasta.[273]

---

271 Matt. 28:18, Matt. 16:18-19, 18:18-20
272 1. Kor. 10:20–21
273 Ajatusta ovat edistäneet viimevuosikymmeninä etenkin Rooman klubi, monet syväekologiset ympäristöfilosofit kuten suomalainen edesmennyt ekofasisti Pentti Linkola, ja Englannin kuninkaallisista etenkin prinssi Philipin ja Charles III:n kaltaiset hahmot.

Nälänhädän ja epidemioiden aiheuttamat ongelmat pakottavat meidät ylittämään maapallon rajat... Kuljetuskeinoja ja elintapoja eri ympäristöissä voidaan ja täytyy muuttaa... [Näin voimme] löytää toisista maailmoista toimeentulon välineitä. Tämä ratkaisee malthusilaisen yhtälön, joka koskee väestönkasvun ja ruoantuotannon tasapainottamista. Tässä piilee ainoa keino poistaa yleinen kuolleisuus... Kuolemasta on tullut yleinen orgaaninen paha, hirvitys, jota emme enää huomaa emmekä pidä enää pahana ja hirvityksenä... Mahdollisuus todelliseen transsendenssiin yhdestä maailmasta toiseen vaikuttaa vain fantastiselta. Tällaisten liikkeiden välttämättömyys on itsestään selvä niille, jotka uskaltavat tarkastella selvin päin vaikeuksia, jotka liittyvät aidosti moraalisen yhteiskunnan luomiseen kaikkien sosiaalisten epäkohtien ja pahojen asioiden korjaamiseksi, sillä luopuminen taivaallisen avaruuden hallussapidosta merkitsee luopumista Malthusin esittämän taloudellisen ongelman ja yleisemmin moraalisen inhimillisen olemassaolon ratkaisusta.

Kumpi vaatii enemmän mielikuvitusta - miettiä, miten moraalinen ihanne voitaisiin toteuttaa, ja samalla sulkea silmänsä tiellä olevilta valtavilta esteiltä, vai tunnustaa rohkeasti nämä esteet? Moraalista voi tietysti luopua, mutta se merkitsee luopumista ihmisyydestä. Kumpi on mielikuvituksellisempaa - luoda moraalinen yhteiskunta väittämällä muiden olentojen asuvan toisissa maailmoissa ja visioimalla sielujen, joiden olemassaoloa ei voida todistaa, siirtymistä sinne, vai muuttaa tämä transsendentaalinen siirtyminen immanentiksi - eli tehdä tällaisesta siirtymisestä ihmisen toiminnan päämäärä? Esteenä moraalisen yhteiskunnan rakentamiselle on se, että ei ole olemassa riittävän suurta asiaa tai tehtävää, joka sitoisi kaikkien niiden energiat, jotka tällä hetkellä käyttävät ne erimielisyyksiin. Maailmanhistoriasta emme tunne yhtään tapahtumaa, joka, vaikka se uhkaisi kyseisen yhteiskunnan loppua, voisi yhdistää kaikki sen voimat a lopettaa kaikki riidat ja vihamielisyydet yhteiskunnan sisällä. Kaikilla historian ajanjaksoilla on nähty pyrkimyksiä, jotka osoittavat, että ihmiskunta on haluton jäämään maapallomme ahtaisiin rajoihin.[274]

Vaikka Malthusin yhtälö on osoitettu jo vääräksi maatalouden vihreällä vallankumouksella, kasvien geenimuuntelulla, ym. ruoantuotannon tehostaneilla 1900 -luvun teknologisilla innovaatioilla, Fjodorovin periaate osui tässä hyvin oikeaan. Vaikka maapallon luonnonvarat ovatkin rajalliset, ihmisen jatkuva tieteellinen uteliaisuus ja yritys hallita luontoa, merkitsevät tämän

---

274 Fjodorov, Yhteisen tehtävän filosofia (1890 -luku), sivut 34, 38

yhtälön kumoutumista, koska luonnonvarat eivät ole vain jokin staattinen muuttumaton todellisuus, joka vähenee lisääntyvän kulutuksen johdosta, vaan ihmisen hallintavallan ansiosta jatkuvasti lisääntyvä resurssi.

Vaikka lyhyellä aikajänteellä avaruudessa ei olisikaan kustannustehokasta louhia ja käyttää hyödyksi uusia luonnonvaroja, se on silti rajaton luonnonvarojen lähde, jonka hallitseminen pakottaa ihmisen myös innovoimaan, ja innovaatioiden kautta syntyy taas uusia resursseja kasvavan väestön tarpeisiin. Tästä syystä vaikka maapallon väestö on kasvanut kahdeksan kertaiseksi 1800 -luvun alusta lähtien, kun se ylitti miljardin, väestön keskimääräinen BKT (bruttokansantuote) henkilöä kohden on kasvanut myös yli 10-kertaiseksi.[275] Eli väestön kasvaessa myös Maan luonnonvarat, ja siten yleinen varallisuus, on kasvanut vastoin mathusilaisen katastrofin ennusteita. Kuten Argentiinan presidentti Javier Milei sanoi suurta huomiota saaneessa vuoden 2024 puheessaan Maailman talousfoorumilla:

Kun tarkastellaan BKT:tä asukasta kohden vuodesta 1800 nykypäivään, nähdään, että teollisen vallankumouksen jälkeen maailman BKT asukasta kohden kasvoi yli 15-kertaiseksi. Tämä johti kasvubuumiin, joka nosti 90 % maailman väestöstä köyhyydestä. On syytä muistaa, että vuonna 1800 noin 95 % maailman väestöstä eli äärimmäisessä köyhyydessä. Tämä luku putosi 5 %:iin vuoteen 2020 mennessä, ennen pandemiaa. Johtopäätös on ilmeinen. Kauppataloudellinen kapitalismi [jonka polttomoottorina toimii siis teknologinen innovointi, ja hallituksen väliintulosta vapaa yritteliäisyys] ei suinkaan ole ongelmiemme syy, vaan se on ainoa väline, jonka avulla voimme lopettaa nälän, köyhyyden ja äärimmäisen köyhyyden planeetallamme. Todistusaineisto on kiistaton.[276]

ChatGPT kiteyttää:

Malthusin virhe oli siinä, että hän aliarvioi ihmisen kyvyn innovoida ja ratkaista ongelmia. Hänen teoriansa perustui oletukseen, että luonnonvarat ovat staattisia ja väestönkasvu johtaa väistämättä niukkuuteen. Kuitenkin: Resurssit eivät ole objektiivisesti rajallisia; niiden hyödyntämispotentiaali riippuu teknologiasta ja ihmisen luovuudesta. Väestönkasvu on itse asiassa edistänyt innovaatiota, koska

---

275 GDP per capita since 1820, sivu 58 (9789264214262-7-en.pdf)
276 Davos 2024: Special address by Javier Milei, President of Argentina |
     World Economic Forum

suurempi väestö on tuottanut enemmän ideoita ja työvoimaa ongelmien ratkaisemiseksi. Maailman väestön 8-kertainen kasvu ja BKT:n per capita 15-kertainen kasvu todistavat, että maapallon luonnonvarat eivät ole rajoittaneet ihmiskunnan kehitystä. Päinvastoin, ihmisen kyky hallita, käyttää ja luoda uusia resursseja on osoittanut, että luonnonvarat voivat "kasvaa" väestön mukana. Tämä ei ainoastaan kumoa Malthusin katastroin ennustetta, vaan myös korostaa ihmiskunnan innovatiivisuuden ja tieteellisen kehityksen ratkaisevaa merkitystä elintason parantamisessa.

Tämä osoittaa myös sen, että suurin rajattomien resurssien lähde ei sijaitse itse asiassa niin Maassa kuin avaruudessakaan vaan omassa *mielessämme.* Meillä on nimittäin kyky *luoda tyhjästä* uusia ideoita ja resursseja, koska meidät on luotu Hänen kuvikseen, joka loi maailman tyhjästä ja kaiken mitä siinä on. Avaruuden kolonisaation suurin arvo ei ole Marsista tai Kuusta löytyvistä mineraaleista, vaan oman mielemme "mineraaleista", jotka voimme kaivaa esille vain uusien älyllisten haasteiden edessä, johon avaruustutkimus meidät pakottaisi.

Fjodorov jatkaa utopiaansa:

Dostojevskin ajatus ansaitsee erityistä huomiota ja pikaista toteuttamista, koska jatkuvasti lisääntyvä ihmiskunta on saavuttamassa pisteen, jossa maapallo on ylikansoittumassa. Vuosisadan tai kahden kuluessa meidän on rukoiltava Jupiteria tai Allahia (kristitylle Jumalalle ei voi osoittaa tällaista rukousta), että hän sallisi tuhoisat sodat, kulkutaudit ja muut katastrofit, jotka voivat vähentää väestöä. Vaihtoehtona on seurata kristillistä tietä ja palauttaa elämä kuolleiden hajonneesen tomuun ja tulla kyvykkääksi elämään maapallon rajojen ulkopuolella, koko maailmankaikkeudessa.[277]

"Palauttaa elämä kuolleiden hajonneeseen tomuun!" Mitä Fjodorov oikein horisee tässä? Fjodorov edistää kirjassaan joitakin melko fantastisia ideoita, joiden rinnalla transhumanistien villeimmät tulevaisuuden visiot kuulostavat jo pessimistin varovaisilta arvioilta. Fjodorovin mukaan ihmisen tehtävänä ei ollut antaa itselleen vain kuolemattomuutta tieteen ja teknologian keinoin, vaan herättää myös kaikki kuolleet esi-isämme haudoistaan vaikka heidän

---

277 Fjodorov, Yhteisen tehtävän filosofia (1890 -luku), sivu 69.

ruumiinsa olisi mädäntyneet jo ajat sitten. Tässä kohtaa jopa idealistisin optimisti putoaa Fjodorovin ajatusten kelkasta.

Kaikki taivaallinen avaruus ja taivaankappaleet tulevat ihmisen ulottuville vasta sitten, *kun hän kykenee luomaan itsensä uudelleen alkuaineista, atomeista ja molekyyleistä.* Sillä vasta silloin hän kykenee elämään missä tahansa ympäristössä, ottamaan minkä tahansa muodon, ja vierailemaan kaikkien sukupolvien luona kaikissa maailmoissa, muinaisimmista viimeisimpiin, kaukaisimpiin ja lähimpiin.... Tähän asti tietoisuus, järki ja moraali olivat paikallistuneet maapallolle; herättämällä henkiin kaikki tällä maapallolla eläneet sukupolvet tietoisuus leviää kaikkiin maailmankaikkeuden maailmoihin. Ylösnousemus on maailmankaikkeuden muuttumista siitä kaaoksesta, jota kohti se on siirtymässä, lahjomattomuuden ja katoamattomuuuden suuruuteen... Kohtalon päivänä Kolmiyhteisestä Jumalasta tulee esimerkki, jota kaikki sukupolvet kaikkialla maapallolla voivat kopioida, eikä sitä pidetä saavuttamattomana ihanteena. Kaikki maailmankaikkeuden aineelliset maailmat, joista ihmiskunnan pojat ovat tulleet tietoisiksi, tarjoavat heidän sieluilleen keinon, jolla ne voivat ilmaista samankaltaisuutensa Kuolemattoman Kolminaisuuden kanssa. Koko maailmankaikkeus, jonka kaikki ylösnousseet sukupolvet ovat elävöittäneet, toimii Kuolemattoman Kolminaisuuden pyhäkkönä; ja kohtalon päivä on Kolminaisuuden päivä, universaalisen ylösnousemuksen juhlan huipentuma. Koko maailmankaikkeus muodostuu lukemattomista valtavan taivaallisen avaruuden maailmoista, joiden ihmisjoukot yhdistyvät ylösnousseiden sukupolvien ihmisjoukkoihin, jotka lukemattomien vuosisatojen ajan ovat olleet maan nielemiä. [278]

Fjodorovin ystäviin kuului *Sota ja rauha* kirjastaan tunnettu Leo Tolstoi, joka mainitsi kirja-arvostelussaan:

Hän on laatinut suunnitelman ihmiskunnan yhteisestä tehtävästä, jonka tavoitteena on kaikkien ihmisten ruumiillinen ylösnousemus. Ensinnäkään se ei ole niin hullua kuin miltä se kuulostaa (älkää huoliko, en jaa enkä ole koskaan jakanut hänen näkemyksiään, mutta olen ymmärtänyt niitä riittävästi tunteakseni olevani kykenevä puolustamaan niitä kaikkia muita samankaltaisia aineellisia uskomuksia vastaan). Toiseksi, ja mikä tärkeintä, näiden uskomustensa vuoksi hän elää puhtainta kristillistä elämää... Hän on kuusikymppinen, köyhä, antaa pois kaiken mitä hänellä on, ja on aina iloinen ja nöyrä. [279]

Yhtenä historian suurimpana romaanikirjallisuuden mestarina pidetty Fjodor Dostojevski (1821 – 1881) oli myös Fjodorovin ystävä ja yhtyi hänen futuristisiin eetoksiinsa. Fjodorovin

---

278 Fjodorov, Yhteisen tehtävän filosofia (1890 -luku), sivut 57, 82, 84.
279 Fjodorov, Yhteisen tehtävän filosofia (1890 -luku), sivu 1.

ajatusten innoittamassa kirjeessä[280] Dostojevski sanoi: *"Kaikkein olennaisinta on velvollisuus herättää henkiin ennen meitä eläneet esi-isät".* Fjodorov lisäsi tuon kirjeen esipuheesa: *"Toisin sanoen velvollisuutemme, tehtävämme, on herättää henkiin kaikki ne, jotka ovat kuolleet, kaikki ne, jotka heidän poikinaan ja jälkeläisinään menetimme - isämme ja esi-isämme. Tämä velvollisuus on tietenkin myös jumalallinen käsky, joka velvoittaa kaikkia ihmisiä järkevinä olentoina paitsi lisääntymään ja asuttamaan maailmaa myös hallitsemaan sitä."[281]*

Toisin kuin myöhemmät 1900 -luvun transhumanistit, kuten Julian Huxley (tieteiskirjailija Aldous Huxleyn veli), joka johti transhumanistiset ajatuksensa eugeniikasta ja darvinismista, Fjodorov halveksi oman aikansa akatemian keskuudessa suosittua, Darwinin ja Francis Galtonin perinnöllisyysopeista johdettua eugeniikkaa, eli tieteellistä rasismia:

19. vuosisata lähestyy surullista ja synkkää loppuaan. Se ei etene kohti valoa ja iloa. Jo nyt sille voidaan antaa nimi. Toisin kuin 18. vuosisataa, niin sanottua valistuksen ja ihmisystävällisyyden aikakautta, ja aiempia vuosisatoja renessanssista lähtien, sitä voidaan kutsua taikauskon ja ennakkoluulojen aikakaudeksi, ihmisystävällisyyden ja humanismin negaation aikakaudeksi. Sen esiin tuoma taikausko, ei ole kuitenkaan ole sellaista, joka keskiajalla valaisi elämää ja herätti toivoa, vaan sellaista, jotka tekee elämästä sietämätöntä. 1800-luku toi takaisin uskon pahaan ja hylkäsi uskon hyvään; se luopui sekä taivaan valtakunnasta että uskosta maalliseen onneen - toisin sanoen siihen maalliseen paratiisiin, johon renenssanssi ja 1700-luku vielä uskoivat. 19. vuosisata ei ole vain taikauskon aikakausi, vaan se kieltää myös filantropian ja humanismin, kuten erityisesti nykyaikaisten kriminologien opit osoittavat.

Hylätessään hyväntekeväisyyden ja hyväksyessään darwinismin, nykyinen vuosisata on hyväksynyt taistelun oikeutetuksi ammatiksi, ja näin se on antautunut sokealle luonnolle tietoisella tarkoituksella. Tämän päivän asevarustelu on täysin sopusoinnussa sen vakaumuksen kanssa, ja vain takapajuiset - jotka haluavat, että heitä pidetään edistyksellisinä - puhuvat sotaa vastaan. Samalla 19. vuosisata on edellisten vuosisatojen suora seuraus ja todellinen käänne, suora seuraus taivaallisen ja maallisen erottamisesta toisistaan, mikä on täydellinen

---

280 Julkaistu vuonna 1897 Voronežin Don-lehden numerossa 80.
281 Fjodorov, Yhteisen tehtävän filosofia (1890 -luku), sivu 69.

vääristymä kristinuskossa, jonka käsky on yhdistää taivaallinen ja maallinen, jumalallinen ja inhimillinen. Yleinen ylösnousemus, immanentti ylösnousemus, joka toteutetaan koko sydämellä, ajatuksella ja teoilla – eli kaikkien ihmislasten kaikkien voimien ja kykyjen avulla – on Kristuksen, Jumalan Pojan ja myös Ihmisen Pojan, käskyjen toteuttamista.[282]

Tässä Fjodorov asettaa siis darvinismin ja sosiaalidarvinismin hänen "yleisen tehtävän filosofiansa" vastakohdaksi, koska se uskoi luonnossa vallitsevaan "vahvimpien eloonjäämisen" lakiin, johon yhteiskunnan tulisi mukautua biologisen evoluutiomme jouduttamiseksi. Siksi se hylkäsi myös juutalaiskristillisen "säälietiikan", joka kehotti huolehtimaan yhteiskunnan heikoista, sairaista ja köyhistä – noista luonnonvalinnan väliinputoajista. Sosiaalidarvinistisessa maailmankatsomuksessa sotaa ja imperialismia pidettiin hyvänä asiana, koska näin luonnonvalinta karsi heikot ja epäsopivat pois joukostaan vahvimpien eduksi.

Fjodorov piti tätä esimerkkinä siitä kuinka hänen aikansa oli alistumassa juuri sen sokean luonnonvoiman ohjailtavaksi, joka ihmisen olisi pitänyt kesyttää ja nousta sen yläpuolelle luomakunnan kruununa. Sen sijaan ihminen päätti alistua tietoisesti hänen eläimellisten impulssiensa, luonnonvalinnan, ohjailtavaksi. Siten hän totesi hyvin profeetallisesti, että uusi vuosisata ei etenisi "kohti valoa ja iloa". Fjodorov ei siis uskonut ihmisen biologiseen evoluutioon – mihin transhumanismi usein yhdistetään, koska se pyrkii päivittämään meidät homo sapienssista "robo sapiensiksi" – eikä myöskään yhteiskunnalliseen edistysaatteeseen vaan kritisoi sitä seuraavin sanoin:

Edistys on tunne siitä, että kokonainen elävä sukupolvi on ylivoimainen esi-isiinsä nähden ja nuoremmat ovat ylivoimaisia vanhoihin nähden... Poikien ja tyttärien ylimielinen asenne vanhempiaan kohtaan, joka on välttämätön ilmaus heidän paremmuudentunnostaan, on kuitenkin liiankin hyvin tiedossa... Biologisesti se on rakkauden korvautumista ylimielisyydellä, halveksunnalla ja isien moraalisella – tai pikemminkin moraalittomalla – syrjäyttämisellä poikien taholta. Sosiologisesti edistys on suurimman mahdollisen yksilöllisen vapauden saavuttamista, joka on ihmisen ulottuvilla - mutta ei kaikkien mahdollisimman laajaa osallistumista yhteiseen tehtävään... Vaikka pysähtyneisyys on kuolemaa ja taantuminen ei ole paratiisi, edistys on todella helvetti, ja aidosti jumalallinen,

282 Fjodorov, Yhteisen tehtävän filosofia (1890 -luku), sivut 18-19

aidosti inhimillinen tehtävä on pelastaa edistyksen uhrit, johdattaa heidät pois
helvetistä...

Voiko edistys siis antaa elämälle mitään merkitystä, saati tarkoitusta? Vain se,
joka voi ilmaista rakkauden ja kunnioituksen korkeimpia muotoja, antaa
elämälle merkityksen ja tarkoituksen. "Edistyksen päämäärä on kehittynyt ja
kehittyvä yksilöllisyys ja ihmisen saavutettavissa oleva suurin mahdollinen
vapaus": tällainen päämäärä ei aiheuta veljellisiä tunteita vaan hajaannusta, ja
näin ollen edistyksen huippu on veljeyden pohjakosketus... Kehityksen, evoluu-
tio-opin merkityksessä oleva edistyksen käsite on lainattu sokeasta luonnosta ja
sovellettu ihmiselämään. Siinä tunnustetaan edistyminen huonommasta
parempaan ja asetetaan artikuloiva ihminen mykän eläimen yläpuolelle, mutta
onko oikein, että edistys seuraa huonnon esimerkkiä ottamalla malliksi tiedosta-
mattoman voiman ja soveltamalla sitä tietoiseen, aistivaan olentoon?[283]

Fjodorov uskoi kyllä parempaan, edistyneempään tulevaisuuteen,
ja sellaisen edistäminen on hänen kirjansa sanoman ytimessä,
mutta hänen mukaansa todellisen edistysaatteen pitäisi kun-
nioittaa myös menneiden sukupolvien panosta nykyisen su-
kupolven tuhlaajapoikamaisen ylenkatseen ja paremmuu-
dentunteen sijasta, johon sekulaari edistysaate vääjäämättä johti.
Tämä on yksi keskeinen syy siihen, miksi Fjodorov uskoi, että
meidän tehtävämme tulisi olla kaikkien haudoissa makaavien
kuolleiden henkiinherättäminen vaikka hän ei annakaan kovin
seikkaperäisiä ohjeita siihen miten tuon pitäisi tapahtua. No
ehkäpä 2500 -luvun Albert Einstein keksii keinot siihenkin. Sitä
odotellessa voisi olla kiehtova ajatus asua joku päivä Venuksen
kullanhohtoisissa pilvissä missä lämpötila on noin 20-30 celsiusta
ja missä "aamuntähden" hiilidioksidipitoinen ilmakehä jaksaisi
kannatella hapella täytettyjä pieniä kaupunkeja tai siirtokuntia[284]
Ehkäpä Jeesus lupasi meille tuollaisenkin perinnön Ilmestys-
kirjassa, kun Hän sanoi:

283 Fjodorov, Yhteisen tehtävän filosofia (1890 -luku), sivut 13-14
284 Happi (O_2) ja typpi (N_2) ovat hiilidioksidia (CO_2) kevyempää. Ra-
   kenteet, jotka sisältävät happea, typpeä tai jopa vetyä kaasuna, voivat
   kellua siten Venuksen ilmakehässä samalla tavoin kuin helium- tai
   kuumailmapallot Maassa.

Ja joka voittaa ja loppuun asti ottaa minun teoistani vaarin, sille minä annan vallan hallita pakanoita, ja hän on kaitseva heitä rautaisella valtikalla, niinkuin saviastiat heidät särjetään - niinkuin minäkin sen vallan Isältäni sain - ja minä annan hänelle kointähden [so. planeetta Venus]. Jolla on korva, se kuulkoon, mitä Henki seurakunnille sanoo.[285]

285 Ilm. 2:26-29

Luku X

Garissim ja Eebal: siunaus vai kirous?

Aloitin kirjani viittaamalla israelilaisen ateistihistorioitsija Yuval Noah Hararin vuoden 2015 kirjaan *Homo Deus: huomisen lyhyt historia* (Bazar, 2017). Onkin siis sopivaa lainata Hararin teosta kirjani loppuun:

Ne, jotka väittävät, että maailma vuonna 2016 on yhtä nälkäinen, sairas ja väkivaltainen kuin se oli vuonna 1916, vain toistavat ikivanhaa defaitistista näkemystä. He antavat ymmärtää, että kaikista ihmisten 1900-luvulla tekemistä valtavista ponnisteluista ei ole ollut mitään hyötyä ja että lääketieteellinen tutkimus, talousreformit ja rauhanaloitteet ovat kaikki olleet turhia. Jos näin on, mitä järkeä on jatkossa uhrata aikaa ja resursseja lääketieteelliseen tutkimukseen, uusiin talousreformeihin ja uusiin rauhanaloitteisiin. Menneiden saavutusten tunnustaminen viestii toivosta ja vastuullisuudesta ja rohkaisee meitä entistä suurempiin ponnistuksiin tulevaisuudessa. 1900-luvun saavutusten takia me emme voi vierittää luonnon tai Jumalan niskoille syytä siitä, jos nälänhädät, kulkutaudit ja sodat jatkossakin piinaavat ihmisiä. On omassa vallassamme kohentaa asioita ja pitää huolta siitä, että kärsimystä esiintyy entistäkin harvemmin...

Menestys synnyttää kunnianhimoa, ja viimeaikaiset saavutuksemme kannustavat ihmiskuntaa asettamaan itselleen yhä uskaliaampia päämääriä. Kun ihmiskunta nyt on varmistunut ennennäkemättömän hyvinvoinnin, terveyden ja sopusoinnun, ja kun otetaan huomioon menneet teot ja nykyiset arvot, seuraavia päämääriä ovat todennäköisesti kuolemattomuus, onni ja jumalallisuus. Kun nälkä, taudit ja väkivalta on poistettu kuolinsyistä, pyrimme seuraavaksi voittamaan ikääntymisen ja jopa kuoleman. Kun ihmiset on saatu pelastettua viheliäisestä kurjuudesta, pyrimme nyt tekemään heistä hyvin onnellisia. Ja kun olemme saaneet kohotettua ihmiskunnan olemassaolon kamppailun eläimellisen tason yläpuolelle, pyrimme nyt parantelemaan ihmiset jumaliksi, ja tekemään *Homo sapiensista Homo deuksen....* Modernille ihmiselle kuolema on pikemminkin tekninen ongelma, joka meidän pitäisi ratkaista ja jonka pystymme ratkaisemaan... Meidän ei tarvitse odottaa Jeesuksen toista tulemusta pystyäksemme voittamaan kuoleman. Tarvitaan vain pari laboratorionörttiä. Kuolema on perinteisesti ollut pappien ja teologien erityisaluetta, mutta nyt insinöörit ovat ottamassa sen haltuunsa.[286]

Monet Hararin kirjaa lukeneet kristityt ovat saattaneet ihmetellä hänen sanojensa röyhkeyttä. Mutta tosiasiassa hänen sanansa ovat vain toistoa – ja paljon maltillisemmassa muodossa – edellisessä luvussa lainatun 1800 -luvun nöyrän ortodoksipappi Nikolai Fjodorovin teologiaan, jonka mukaan ihmisen ei pitänyt ratkaista teknisesti ainoastaan kuolemisen ongelmaa, vaan herättää jopa kuolleet luut haudoistaan Hesekielen 37. luvun näyn mukaisesti.

Herran käsi tuli minun päälleni ja vei minut pois Herran hengessä ja laski minut keskelle laaksoa. Ja se oli täynnä luita. Ja hän kuljetti minua ympäri niitten ohitse; ja katso, niitä oli hyvin paljon laakson kamaralla, ja katso, ne olivat hyvin kuivia. Niin hän sanoi minulle: "Ihmislapsi, voivatkohan nämä luut tulla eläviksi?" Mutta minä sanoin: "Herra, Herra, sinä sen tiedät". Niin hän sanoi minulle: "Ennusta näistä luista ja sano niille: Kuivat luut, kuulkaa Herran sana. Näin sanoo Herra, Herra näille luille: Katso, minä annan tulla teihin hengen, ja te tulette eläviksi.

Teologisesti katsoen, jos kerran Jumala itse voi tuoda kuolleet luut haudoistaan eloon, en pidä sitä jumalanpilkan muotona ajatella, että myös ihminen itse voisi kyetä joskus samaan. Tämän kirjan yleinen teema on ollut nimittäin siinä, että ihmisiä, joita Raamattu kutsuu Jumalan kuvaksi, Jumalan lapsiksi, jumal'olennoiksi ja

---

286 Yuval Noah Harari, Homo Deus (Bazar, 2017), sivut 26-27, 29

Kristuksen ruumiiksi, kutsutaan jäljittelemään Jumalaa ei vain Hänen pyhyydessään ja rakkaudessaan, vaan myös Hänen viisaudessaan ja suuruudessaan – ei röyhkeydessä ja omahyväisyydessä, mutta nöyryydessä ja Herran pelossa. Totuus on kuitenkin se, että tieteellinen ymmärryksemme on kaukana Fjodorovin utopiasta eikä kuolleet luut lähde kävelemään haudoistaan muualla kuin Hollywoodin B-luokan kauhufilmeissä.

Mutta se, että Fjodorovin teologiaa edistävä Hararin kirja on tänään kansainvälinen myyntimenestys, on osoitus siitä kuinka paljon lähemmäksi ihmiskunta on tullut tänään Fjodorovin utopiaa kuin se oli hänen omana elinaikanansa. Hararin kirja edistää kuitenkin Fjodorovin teologian humanistista ja ateistista versioita. Sen Jumalaan ja Kristukseen viittaavien sitaattien asiamerkitys on usein halventava. Harari ei nimittäin näytä ymmärtävän tunnustamiensa modernin maailman tieteellisten saavutusten juutalaiskristillistä alkuperää.

Roomalaiskatolinen kirkko oli esimerkiksi vastuussa ensimmäisten yliopistojen perustamisesta ja protestanttiset seurakunnat puolestaan veivät lukutaidon ja oppineisuuden myös maallikoiden keskuuteen, koska he uskoivat Kristuksen seurakunnan yleisen pappeuden periaatteeseen ja siten lukutaito ja oppineisuus oli välttämätöntä viedä rahvaan kansan keskuuteen, jotta he voisivat täyttää tuon pappeuden viran. Voimme siis kiittää yleisestä lukutaidostamme Pietaria, joka sanoi:

Mutta te olette "valittu suku, kuninkaallinen papisto, pyhä heimo, omaisuuskansa, julistaaksenne sen jaloja tekoja", joka on [lukutaidottomuuden] pimeydestä kutsunut teidät ihmeelliseen valkeuteensa.[287]

Harari ei ole tänään ainoa merkittävä israelilainen, joka julistaa messiaanista sanomaa ihmisen tulevasta tehtävästä. Myös pääministeri Benjamin Netanjahu julisti sitä Yhdistyneissä Kansakunnissa syyskuussssa 2023:

---

287 1. Piet. 2:9

Hyvät naiset ja herrat, yli kolmetuhatta vuotta sitten suuri johtajamme Mooses puhutteli Israelin kansaa, kun he olivat astumassa luvattuun maahan. Hän sanoi, että kansa kohtaisi kaksi vastakkain seisovaa vuorta: Garissimin vuoren, jolle julistettaisiin suuri siunaus, ja Eebalin vuoren, jolle julistettaisiin suuri kirous.[288] Mooses sanoi, että kansan kohtalo määräytyisi sen valinnan mukaan, jonka he tekisivät siunauksen ja kirouksen välillä. Tämä sama valinta on kaikunut läpi vuosisatojen, ei vain Israelin kansalle, vaan koko ihmiskunnalle. Tänään me kohtaamme saman valinnan. Se määrittää, nautimmeko historiallisen rauhan, rajattoman hyvinvoinnin ja toivon siunauksista vai kärsimmekö kauhistuttavan sodan, terrorismin ja epätoivon kirouksen...

Hyvät naiset ja herrat, tulevaisuutemme siunaus tai kirous riippuu myös siitä, kuinka käsittelemme ehkä aikamme merkittävintä kehitystä: tekoälyn nousua. Tekoälyvallankumous etenee salamannopeasti. Maatalouden vallankumoukseen sopeutuminen vei vuosisatoja. Teolliseen vallankumoukseen sopeutuminen vei vuosikymmeniä. Tekoälyvallankumoukseen sopeutumiseen meillä saattaa olla vain muutamia vuosia. Edessämme olevat vaarat ovat suuria. Demokratian häiriintyminen, mielten manipulointi, työpaikkojen häviäminen, rikollisuuden lisääntyminen ja kaikkien modernin elämän järjestelmien hakkeroituminen. Mutta vielä pelottavampaa on tekoälyn mahdollisesti aiheuttama sotien puhkeaminen, jotka voivat saavuttaa käsittämättömän mittakaavan.

Ja tämän takana saattaa vaania vielä suurempi uhka, joka oli ennen vain tieteiskirjallisuutta: itseoppivat koneet, jotka voivat lopulta hallita ihmisiä sen sijaan, että ihmiset hallitsisivat niitä. Maailman johtavien kansakuntien, niin kilpailullisia kuin ne ovatkin, täytyy tarttua näihin vaaroihin. Meidän on toimittava nopeasti. Meidän on toimittava yhdessä. Meidän on varmistettava, ettei tekoälyn lupaama utopia muutu dystopiaksi. Meillä on niin paljon saavutettavaa. Kuvitelkaa, että voisimme vihdoin ratkaista geneettisen koodin salaisuudet, pidentää ihmisen elämää vuosikymmenillä ja vähentää merkittävästi vanhenemisen tuhoja. Kuvitelkaa terveydenhuolto, joka on räätälöity jokaisen yksilön geneettisen koostumuksen mukaan, ja ennakoiva lääketiede, joka estää sairaudet jo kauan ennen niiden ilmaantumista.

Kuvitelkaa robotteja, jotka auttavat huolehtimaan ikääntyvistä. Kuvitelkaa liikenteen ruuhkien loppuminen itseohjautuvien ajoneuvojen ansiosta – niin maan päällä, alla, kuin ilmassa. Kuvitelkaa henkilökohtaista opetusta, joka kehittää jokaisen ihmisen täyttä potentiaalia koko elämän ajan. Kuvitelkaa

---

288 5. Moos. 11:29

maailma, jossa on rajaton puhdas energia ja luonnonvaroja kaikille kansoille. Kuvitelkaa tarkkuusmaataloutta ja automatisoituja tehtaita, jotka tuottavat ruokaa ja hyödykkeitä runsaudessa, joka lopettaa nälän ja puutteen. Tiedän, että tämä kuulostaa John Lennonin laululta. Mutta kaikki tämä voi toteutua.

Kuvitelkaa, että voisimme saavuttaa niukkuuden lopun. Jotain, mikä on välttänyt ihmiskuntaa koko sen historian ajan. Tämä kaikki on ulottuvillamme. Ja tässä on vielä jotain, mikä on ulottuvillamme. Tekoälyn avulla voimme tutkia avaruutta ennennäkemättömällä tavalla ja laajentaa ihmiskunnan ulottuvuutta planeettamme ulkopuolelle. Hyvässä tai pahassa, tekoälyn kehitystä johtavat muutamat kansakunnat, ja Israel on jo niiden joukossa. Aivan kuten Israelin teknologinen vallankumous on tarjonnut maailmalle henkeäsalpaavia innovaatioita, olen varma, että Israelin kehittämä tekoäly auttaa jälleen koko ihmiskuntaa.

Kutsun maailman johtajia kokoontumaan yhteen muovaamaan edessämme olevia suuria muutoksia – mutta tekemään sen vastuullisella ja eettisellä tavalla. Tavoitteenamme täytyy olla varmistaa, että tekoäly tuo lisää vapautta, ei vähemmän, estää sotia niiden aloittamisen sijaan ja varmistaa, että ihmiset elävät pidempään, terveempinä, tuottavampina ja rauhallisempina. Tämä on ulottuvillamme. Ja kun hyödynnämme tekoälyn voimia, muistakaamme aina ihmisintuition ja -viisauden korvaamattoman arvon. Vaalikaamme ja säilyttäkäämme ihmisen empatiakyky, jota mikään kone ei voi korvata.

Tuhansia vuosia sitten Mooses esitti Israelin kansalle ajattoman ja yleismaailmallisen valinnan: "Katso, minä asetan teidän eteenne tänä päivänä siunauksen ja kirouksen." Valitkaamme viisaasti näiden vaihtoehtojen välillä, jotka seisovat edessämme tänä päivänä. Kerätkäämme päättäväisyytemme ja rohkeutemme pysäyttääksemme ydinaseilla uhkaavan Iranin ja torjuaksemme sen fanaattisuuden ja aggression. Tuokaamme esiin uudet Lähi-idän siunaukset, jotka muuttavat konfliktien ja kaaoksen runtelemat maat vaurauden ja rauhan keitaiksi. Ja välttäkäämme tekoälyn vaarat yhdistämällä ihmisen ja koneen älykkyyden voimat, jotta voimme tuoda maailmallemme loistavan tulevaisuuden – meidän aikanamme ja ikuisesti. Kiitos.[289]

Kaksi viikkoa tämän puheen jälkeen Hamas hyökkäsi Israeliin

289 FULL TEXT: Prime Minister Benjamin Netanyahu's 2023 UN General Assembly Speech - Israel News - Haaretz.com

lokakuun 7. terrori-iskuissa, tunkeutuen israelilaisten siviilien koteihin missä terroristit teloittivat brutaalisti isät, äidit ja lapset perheiden silmien edessä, raiskaten naiset ja vieden satoja panttivankeja Gazan maanalaisiin tunneleihin. Tämä käynnisti Israelin suurimman sotaoperaation sitten vuoden 1973 Jom Kippur sodan, joka on laajentunut Gazasta myös Iranin ja Israelin väliseksi suoraksi konfliktiksi. Näin ollen moni päätti valita kirouksen vuoren siunauksen vuoren sijasta. Kuten Netanjahu on usein sanonut, Israel-Hamas konfliktissa on kyse lopulta sivilisaation ja barbarismin, valon ja pimeyden välisestä sodasta, missä Israel seisoo koko läntisen sivilisaation juutalaiskristillisten arvojen puolesta. Siinä missä Israel edustaa rakkautta elämää kohtaan, Hamasin islamistinen ideologia edustaa rakkautta kuolemaa kohtaan (kuten Hamasin terroristit ovat itse usein sanoneet).

Tällainen kuoleman aate ei tule käyttämään viimeisimpiä teknologisia innovaatioitamme elämän kunnioittamisen välineinä vaan kuoleman ja tuhon välineinä. Kuten totesin jo luvussa 5, tekoäly on pelkkä työkalu, jota voimme käyttää sekä hyvän että pahan työkaluna. Vaikka kukaan meistä ei halua ehkä nähdä *Terminator*-filmeissä kuvatun kaltaisia tappajarobotteja, mutta jos niiden kehitys on väistämätöntä, niin varmastikin jokainen järkevä ihminen haluaa niiden olevan mieluummin ihmiselämää kunnioittavien ja juutalaiskristillisille arvoille perustettujen demokraattisten armeijoiden, kuten IDF:n, käytössä, kuin ihmiselämää halveksivien terroristien ja diktaattoreiden käsissä. Meidän ei tulisi pelätä robotteja itsessään vaan paremminkin sitä kuka ne ohjelmoi ja kenen komennossa ne toimivat. Putinin tai Ajatollahin komennossa oleva tappajarobottien armeija – jollaisia kehitellään jo tätä kirjoittaessani – olisi varsin pelottava ilmestys.

Kuten Netanjahu painotti puheessaan, voimme nähdä teknologian joko ihmiskunnan siunauksena tai kirouksena, riippuen siitä kenen vallassa se on ja mihin suuntaan ja tarkoitusperään aiomme kehittää ja käyttää sitä. Seuraammeko Nikolai Fjodorovin filosofian jalanjäljissä ja käytämme sitä "luonnon sokean voiman" hallitsemiseen ja elämän riemuvoittoon, vai käytämmekö sitä tuhon ja kuoleman maksimointiin. Moni nykyajan teknologisista siunauksista on kehitetty alun perin Israelissa. Alla ChatGPT:n tekemä lista israelilaisista keksinnöistä:

Israel on tunnettu innovaatioistaan ja teknologisista edistysaskelistaan, erityisesti tieteen, lääketieteen ja turvallisuuden aloilla. Tässä joitakin merkittäviä keksintöjä ja teknologioita, jotka ovat alkujaan kehitetty Israelissa:

Teknologia ja tietotekniikka

1. **USB-muistitikku**

   - Israelilainen yritys M-Systems kehitti ensimmäisen kaupallisen USB-muistitikun 2000-luvun alussa.

2. **Waze**

   - Suosittu yhteisöohjautuva navigointisovellus, joka näyttää reaaliaikaiset liikennetiedot. Kehitetty Israelissa ja myöhemmin Google osti sen.

3. **VoIP-teknologia (Voice over Internet Protocol)**

   - Yritys nimeltä VocalTec kehitti ensimmäisen internetpohjaisen puhelinjärjestelmän, joka loi perustan sovelluksille, kuten Skype.

4. **ICQ-pikaviestin**

   - Ensimmäinen laajasti käytetty pikaviestiohjelma, joka toimi perustana monille myöhemmille viestintäsovelluksille.

5. **Intel 8088-prosessori**

   - Kehitettiin Intelin Israelin yksikössä. Tämä prosessori oli keskeinen osa ensimmäisiä IBM PC -tietokoneita.

6. **Keinotekoinen äly ja kyberturvallisuus**

   - Israel on johtava maa kyberturvallisuuden innovaatioissa ja tekoälyssä. Monet kansainväliset yritykset ovat perustaneet tutkimuskeskuksia Israeliin.

Lääketiede ja biotekniikka

1. **PillCam**

- Nielemällä nautittava minikamera, joka mahdollistaa ruoansulatuskanavan tutkimisen ilman invasiivisia toimenpiteitä. Kehitetty Given Imaging -yhtiössä.

2. **ReWalk-ekskoskeletoni**

   - Robottiteknologia, joka auttaa paraplegikkoja kävelemään. Kehitetty Israelissa.

3. **Teolliset bioteknologiat**

   - Israelilaiset tutkijat ovat kehittäneet tekniikoita, kuten geneettisesti muokatut bakteerit ja solut lääketieteen ja maatalouden tarpeisiin.

Maatalous ja vesiteknologia

1. **Tippukastelu**

   - Netafim-yhtiön kehittämä järjestelmä, joka säästää vettä ja parantaa sadon tuottavuutta. Tämä teknologia on muuttanut maataloutta erityisesti kuivilla alueilla.

2. **Atmospheric Water Generator**

   - Watergen-yhtiön kehittämä teknologia, joka muuttaa ilman kosteuden juomavedeksi, erityisen hyödyllinen kuivuusalueilla.

Turvallisuus ja puolustus

1. **Iron Dome**

   - Kehittynyt ohjuspuolustusjärjestelmä, joka torjuu lyhyen kantaman ohjuksia ja kranaatteja. Iron Dome on pelastanut lukemattomia ihmishenkiä Israelissa ja muualla.

2. **Drone-teknologia**

   - Israel on edelläkävijä miehittämättömien ilma-alusten (dronet) kehittämisessä ja käyttämisessä sekä siviili- että sotilastarkoituksiin.

Kuluttajatuotteet

1. **Sodastream**

- Israelilainen keksintö, joka mahdollistaa hiilihapotetun veden valmistamisen kotona. Yhtiö on nykyään maailmanlaajuisesti suosittu.

2. Epilaattori

- Ensimmäinen mekaaninen karvanpoistolaite, Epilady, kehitettiin Israelissa 1980-luvulla.

Energia ja ympäristö

1. Aurinkoteknologia

- Israelilaiset ovat kehittäneet innovatiivisia aurinkopaneeleja ja -ratkaisuja energian keräämiseen tehokkaasti kuumissa ja kuivissa ympäristöissä.

2. BioBee

- Biologisen torjunnan järjestelmä, jossa käytetään luonnonmukaisia ratkaisuja tuholaisten hallintaan maataloudessa.

Israel tunnetaan "startup-kansakuntana", sillä maassa on suhteessa väkilukuun yksi maailman suurimmista teknologisten startup-yritysten keskittymistä. Näiden keksintöjen vaikutus on levinnyt laajasti ympäri maailman, parantaen elämänlaatua ja luoden uusia mahdollisuuksia.

Kuten Jumala kertoi Aabrahamille: *"Ja minä siunaan niitä, jotka sinua siunaavat, ja kiroan ne, jotka sinua kiroavat, ja sinussa tulevat siunatuiksi kaikki sukukunnat maan päällä."*[290] Kirotessaan Israelia, kansakunnat ampuvat vain omaan nilkkaan, koska yhteistyö maan kanssa edesauttaisi myös näiden kansojen omaa teknologista teollisuussektoria. Sitten samat kansat ihmettelevät miksi Israel on sotilaallisesti sen vihollisia niin paljon ylivoimaisempi. Ehkäpä siksi, että *"Hän, joka Israelia varjelee, ei torku eikä nuku."*[291] Yksinkertainen mieli ajattelee, ettei Israelin sotilaallisella ylivoimalla ole mitään tekemistä Jumalan kanssa, koska

290 1. Moos. 12:3
291 Ps. 121:4

he eivät kykene näkemään Jumalan kaitselmuksen kättä historian, tieteen ja teknologian kehityksessä.

Joskus myös uskovat itse kapinoivat sitä vastaan miten Jumala suvereniteetissaan päättää toteuttaa Hänen lupauksensa Israelia ja maailman kansoja koskien. Esimerkiksi ultraortodoksijuutalainen ryhmä nimeltä *Neturei Karta* vastustaa tänään sionismia ja protestoi usein antisemiittien ja Hitler-sympatisoijien rinnalla Israelia vastaan. Muiden protestoijien motiiveista poiketen, heidän vihansa juutalaisvaltiota kohtaan perustuu siihen, ettei juutalaisten tulisi perustaa omaa valtiotaan ennen Messiaan saapumista. Neturei Karta uskoo, että juutalaisten diaspora (hajaannus) on Jumalan säätämä rangaistus heidän synneistään, ja että ainoastaan Messias voi palauttaa juutalaiset maahansa. Sionismin pyrkimys perustaa juutalaisvaltio ennen Messiaan saapumista nähdään kapinana Jumalan tahtoa vastaan.

Ääriryhmän jäsenet pitävät Israelia laittomana myös siitä syystä, että sionistisen liikkeen johtohahmot, kuten Theodor Herzl ja David Ben-Gurion, olivat sekulaareja ateisti- tai agnostikkojuutalaisia ja eivät pitäneet uskontoa tärkeänä osana juutalaista identiteettiä. Tämä on Neturei Kartan näkökulmasta vakava harha. Neturei Kartan kaltaiset äärijuutalaiset – ja samalla tavoin ajattelevat äärikristityt – tekevät sen virheen, että he nostavat itsensä Jumalan asemaan riidellessään Häntä vastaan siinä miten Hän päättää täyttää Sanassaan annetut lupaukset omaisuuskansansa lunastamisesta, tai keitä Hän päättää käyttää suunnitelmiensa toteuttamiseksi. Tämä on juuri sitä lihamme ylpeydestä lähtevää itsensä korottamista Jumalan vertaiseksi, jota myös tämä kirjailija paheksuu. Se voi ilmetä näennäisenä nöyryytenä sillä yksikään ortodoksijuutalainen ei rinnastaisi itseään avoimesti Jumalaan. Mutta sanoessaan Jumalalle, että Hän on "täyttänyt profetiat väärin" ja väittäessään tietävän paremmin kuin Jumala millä aika- ja tapahtumajärjestyksellä lupaukset juutalaisten kansalliskodista tulisi tulla toteen, he syyllistyvät juuri tähän syntiin.

Hieman vastaavaa ajattelutapaa näen siinä kun kristityt odottavat passiivisena Kristuksen tulemusta ja Hänen maanpäällistä valtakuntaansa. Mutta ehkäpä tuon valtakunnan rakentaminen on jo alkanut aivan kuin Israelin valtiokin syntyi uudestaan vaikka Messias ei ollut palannut vielä maanpäälle. Ehkä emme halua Hänen valtakuntansa olevan sellainen tieteiskirjallisuuden teknoutopia kuin olen sitä tässä kirjassani kuvaillut. Ehkäpä jotkut voivat haluta Hänen palauttavan meidät esiteolliseen agraariaikaan mikropiirien ja dronelennokkien sijasta.

Mutta sen lisäksi, että tällainen aika oli usein loputtoman raadannan, nälän, tautien ja lyhyen eliniän raskauttamaa, keitä me olemme sanomaan miten Kaikkivaltiaan tulisi toteuttaa Hänen ihmiskuntaa koskeva pelastussuunnitemansa? Keitä me olemme sanomaan yhtäkään poikkipuoleista sanaa jos Jumala ennallistaa kansansa Israelin ennen Messiaan paluuta? Vai tunnemmeko Hänen hyvän tahtonsa ihmistä kohtaan Häntä paremmin? Itse näen tällaisen eskatologian todella kiehtovana ja optimistisena, koska se tunnustaa myös ihmisyyden arvon ja positiivisten saavutustemme arvon Jumalan edessä. Toisenlaiset näkemykset lietsovat usein nihilististä asennetta tätä maailmaa ja tämän puoleista elämää kohtaan. Miksi edes rakentaa taloa tai istuttaa puuta jos *"nykyiset taivaat ja maa ovat samalla sanalla talletetut tulelle, säästetyt jumalattomain ihmisten tuomion ja kadotuksen päivään."*[292]Luther neuvoi istuttamaan puun maailmanlopun aattona, mutta *miksi* jos maailma tuhoutuu joka tapauksessa?

En tiedä sinusta, mutta ainakin omalla kohdallani tällainen sivilisaatiomme menneisyyden ja tulevaisuuden arvon tunnustava eteenpäin katsova oppi lopun ajoista saa minut näkemään ihmisyyden ja ihmiskunnan tulevaisuuden paljon optimistisemmin. Toisinaan kristittyjen lopun aikoja koskeva kirjallisuus on sellaista missä kirjoittaja saa lähes orgastista mielihyvää maailman tuhoutumista koskevista Ilmestyskirjan kauhukuvauksista. Ne saattavat kuvailla ydinpommien räjähtelyä suurkaupunkien yllä ja asteroidien yhteentörmäyksiä yhtä hurmioituneina kuin terrorijärjestö ISIS:in apokalyptinen *Dabiq* -aikakauslehti. Kristittyinä meidän tulisi kirjoittaa Ilmestyskirjan tuomioista kyynelsilmin. Kuten Herramme itse sanoi Hänen kohtaloaan itkeneille naisille:

---

292 2. Piet. 3:7

Jerusalemin tyttäret, älkää minua itkekö, vaan itkekää itseänne ja lapsianne. Sillä katso, päivät tulevat, jolloin sanotaan: 'Autuaita ovat hedelmättömät ja ne kohdut, jotka eivät ole synnyttäneet, ja rinnat, jotka eivät ole imettäneet'.[293]

Mitä jos tuhon kuvauksista keskittyisimmekin toivon kuvauksiin. Toivon kuvauksiin paremmasta maailmasta ja paremmasta huomisesta. Myös Vanhan testamentin profeetat esittivät sekä tuomion että paremman tulevaisuuden profetioita. Ellemme voi antaa tälle hukkuvalle maailmalle toivoa, emme tarjoa sille mitään sen parempaa mitä tämä maailma heille tarjoaa. Todellinen toivomme ei ole tietenkään rajoittunut tähän elämään vaan iankaikkiseen elämään Jumalan yhteydessä. Mutta todellisen evankeliumin tulisi loistaa toivon sanomaa ei vain tuonpuoleiseen elämään vaan myös ajalliseen elämään.

Orwellilaisen teknokraattisen dystopian ei tarvitse olla ainoa tie mihin sivilisaatiomme teknologinen ylivalta meidät lopulta johtaa. Voimme valita itse myös toisenlaisen tien ja käyttää tuota samaa ylivaltaa ihmisyksilön voimaannuttamiseen ja hänen vapautensa ja onnellisuutensa lisäämiseen maailmassa missä ei ole enää sotia eikä sairauksia. Voimme saavuttaa tämän "transhumanistisen utopian" vain silloin jos yhteiskuntaamme ohjaavat nuo samat juutalaiskristiliset arvot, jotka tekivät tämän teknologisesti kehittyneen sivilisaatiomme alun perin mahdolliseksi. Ilman näitä arvoja, transhumanistinen tulevaisuutemme vääristyy tuhatvuotiseen dystopiseen posthumanismiin, ihmisen jälkeiseen aikaan, missä ihmiselämällä ei ole enää mitään arvoa.

Transhumanismin pohjimmainen idea ei ole kuitenkaan lainkaan uusi. Jo tieteellisen vallankumouksen isät, jotka pitivät itseään Kristuksen pappeina tutkimassa "luonnon kirjaa" Jumalan äärettömän viisauden ymmärtämiseksi, uskoivat siihen, että ihminen voisi ennallistaa Paratiisin olot maanpäälle tieteen ja teknologian myötävaikuttamina. Tieteellisen metodin isänä tunnettu Sir Francis Bacon totesi:

Syntiinlankeemuksen myötä ihminen lankesi samaan aikaan viattomuuden

---

293 Luuk. 23:29

tilasta ja luomakunnan herruudesta. Molemmat menetykset voidaan kuitenkin vielä tässä elämässä osittain korjata; ensin mainittu voidaan korjata uskon kautta, jälkimmäinen taiteen ja tieteen kautta.[294]

Eli Baconin mukaan tiedemiesten, keksijöiden ja pappien tulisi liittoutua tässä suuressa yhteisessä tehtävässä luomakunnan vapauttamiseksi "turmeluksen orjuudesta Jumalan lasten kirkkauden vapauteen."[295] Myös *kyberretiikka* tulee olemaan osa tätä "vapautuksen evankeliumia". Sana "kyborgi" on monille tuttu ehkä tieteiselokuvista, mutta keskuudessamme kävelee jo monia kyborgeja. Näitä ovat esimerkiksi ihmiset, joilla on sydämentahdistimia, keinojäseniä, sisäkorvaistutteita tai muita laitteita, jotka yhdistävät teknologian ja biologian, mahdollistavat heidän elintoimintonsa tai parantavat heidän elämänlaatuaan. Nämä teknologiat tekevät heistä käytännössä nykypäivän kyborgeja, vaikka emme usein ajattelekaan asiaa tieteiskirjallisuuden termein. Voisimme jopa väittää, että jokainen älypuhelimen omistava henkilö on kyborgi, koska tuosta taskutietokoneesta on jo tullut niin kiinteä osa hänen jokapäiväistä arkeansa (vaikka teknologiaa ei olekaan integroitu vielä osaksi hänen kehoansa).

Olen käynyt usein väittelyitä kristittyjen uskonveljieni ja sisarteni kanssa, jotka uskovat että Elon Muskin täytyy olla "Antikristus", koska hän kehittelee "pedon merkkiä" eli Neuralink-aivosirua. Heidän raamatulliset perusteensa tällaiseen väitteeseen ovat usein melko löyhää, ja on selvää, että tällaiset argumentit nousevat useimmiten voimakkaan tunnepitoisesta ja hysteerisestä teknologiavastaisuudesta, jonka logiikkaa ei olla pohdittu usein loppuun asti. Jos esimerkiksi biologian ja teknologian yhdistyminen on itsessään pahaa, sitten myös kuulolaitteita, tekoniveliä ja sydämentahdistimia kantavat henkilöt ovat tehneet raskauttavan synnin, jota heidän tulisi katua tuhassa ja tomussa (tai ehkäpä se on jo myöhäistä sillä pedon merkin ottaneet ihmiset

---

294 Christian Transhumanist Association: Faith, Technology, and the Future

295 Room. 8:21

eivät voi katua enää tuota syntiään).

Neuralinkin kaltaisia aivokäyttöliittymiä on kehitelty jo vuosikymmeniä vaikka Muskin Neuralink onkin tehnyt aivokäyttöliittymistä tunnetumpia suuren yleisön keskuudessa. Jo ennen Neuralinkiä tutkijat ovat kehittäneet esimerkiksi aivojen sähköisen stimulaation laitteita ja aivo-tietokone-liittymiä, joita käytetään liikehäiriöiden, kuten Parkinsonin taudin, hoitoon tai halvaantuneiden henkilöiden kommunikoinnin mahdollistamiseen. Neuralinkin tavoitteena on kuitenkin viedä teknologia pidemmälle, yhdistämällä ihmisen aivot saumattomasti tekoälyyn ja mahdollistamalla laajemmat kognitiiviset parannukset.

Ensimmäinen Neuralink-sirulla istutettu koehenkilö, sukellusonnettomuudessa halvaantunut 29 -vuotias Noland Arbaugh, on demonstroinut mediahaastatteluissa kuinka hän voi ohjata tietokoneen kursoria ajatuksen voimalla, mikä mahdollistaa esimerkiksi internetin selailun ja videopelien pelaamisen. Hän on käyttänyt laitetta päivittäin useiden tuntien ajan. Maaliskuussa 2024 Arbaugh esiteltiin julkisesti Neuralinkin suoratoistotilaisuudessa, jossa hän demonstroi kykyään pelata shakkia ja käyttää musiikkisovellusta pelkän ajatuksen avulla.[296]

Neuralinkin kaltaisten aivokäyttöliittymien kehitystyön lopullisena tavoitteena on täydellisen liikuntakyvyn palauttaminen halvaantuneille, tai jopa näön palauttuminen sokeille. Jos olisit itse kokoraajahalvaantuneen Nolandin asemassa ja saisit tilaisuuden suurempaan itsenäisyyteen ja elämänhallintaan, kieltäytyisitkö tilaisuudesta, koska sosiaalisessa mediassa kiertävien huhujen mukaan kyseessä saattaa olla Ilmestyskirjan pedon merkki? Emme voi perustaa eskatologiaamme tällaisten epämääräisten "epäilyjen" varaan. Ilmestyskirjan pedon merkki pannaan joko oikean käden tai otsan *päälle*[297], ei aivoihin.

---

296 The First Person to Get Elon Musk's Neuralink Brain Chip - The Journal. - WSJ Podcasts

297 Ilm. 13:17-18 käyttää ihon päälle tarkoittavaa *epi*-prepositiota tuossa jakeessa. Merkki taas viittaa tatuoinnin tai polttomerkin kaltaiseen leimaan, joka voi olla näkyvä tai näkymätön. Merkin ottaminen liittyy myös pedon eli Antikristuksen ja hänen kuvansa palvonnan yhteyteen ja ilman sitä kukaan ei voisi ostaa eikä myydä.

Vaikka et pitäisi Neuralink-aivosirua pedon merkkinä, ymmärrän miksi moni suhtautuu epäluulolla dystopiselta kuulostavaan ajatukseen aivojemme liittämisestä tietokoneisiin ja tekoälyyn. Kukapa meistä toivoisi hallitusten, suuryritysten tai rikollisten hakkeroivan meidän mielemme kaikkein yksityisimmät salaisuudet, istuttavan päähämme ei-toivottuja ajatuksia tai mielitekoja, tai muuttavan meidät tunteettomiksi roboteiksi. Tällainen epäluulo perustuu kuitenkin usein valtayleisön huonoon ymmärrykseen aivokäyttöliittymien kaltaisesta teknologiasta. Ajatustemme lukeminen aivosiruilla ei ole yksinkertaisesti vielä mahdollista, jos se tulee olemaan sitä edes koskaan.

Ne mahdollistavat kyllä ajatustemme vuorovaikutuksen tietokoneiden kanssa yksinkertaisissa motorisissa toiminnoissa, kuten hiiren kursorin liikuttelussa, mutta ne eivät kykene lukemaan päästämme ajatuksia tai edes yksittäisiä sanoja. Tuon teknologian paremmaksi ymmärtämiseksi, suosittelen lukemaan syyskuussa 2024 julkaiseman blogin *Kehitteleekö Elon Musk Ilmestyskirjan pedon merkkiä vai toteuttaako hänen Neuralink -aivosirunsa täysin toisenlaisen (positiivisemman) Raamatun profetian?*[298]

Pedon merkin sijasta kybernetiikan eri sovellukset, olipa kyse sitten robottiraajoista, bionisista silmistä, tai aivosiruista, tulevat mahdollistamaan pian tämän Jesajan messiaanisen profetian täyttymisen lääketieteen ja teknologian keinoin:

Silloin avautuvat sokeain silmät ja kuurojen korvat aukenevat. Silloin rampa hyppii niinkuin peura ja mykän kieli riemuun ratkeaa; sillä vedet puhkeavat erämaahan ja aromaahan purot. Hehkuva hiekka tulee lammikoiksi ja kuiva maa vesilähteiksi. Aavikkosutten asunnossa, missä ne makasivat, kasvaa ruoho ynnä ruoko ja kaisla.[299]

---

298 Kehitteleekö Elon Musk Ilmestyskirjan pedon merkkiä vai toteuttaako hänen Neuralink -aivosirunsa täysin toisenlaisen (positiivisemman) Raamatun profetian? | The British Monarchy & King Charles III in Bible Prophecy?

299 Jes. 35:5-7

Jopa ateisti Yuval Noah Harari twiittasi heinäkuun 5. 2019: *"@SleepwalkersPodcastin uusimmasa jaksossa Yuval ja useat muut vieraat tutkivat valtavaa kysymystä: 'Aikana, jolloin teknologia lupaa, että rammat voivat kävellä ja sokeat nähdä, mikä tekee meistä ainutlaatuisen ihmisen?'"* [300]Minusta on varsin mielenkiintoista, että aikamme tunnetuimmat sekulaarit ajattelijat, jotka pitävät Raamattua satukirjana, tunnustavat samanaikaisesti, että Jesaja osui profetioissaan oikeaan. Mutta jos Jesaja osui oikeaan tuossa, niin ehkäpä hän osui oikeaan myös tässä:

Hän oli ylenkatsottu, ihmisten hylkäämä, kipujen mies ja sairauden tuttava, jota näkemästä kaikki kasvonsa peittivät, halveksittu, jota emme minäkään pitäneet. Mutta totisesti, meidän sairautemme hän kantoi, meidän kipumme hän sälytti päällensä. Me pidimme häntä rangaistuna, Jumalan lyömänä ja vaivaamana, mutta hän on haavoitettu meidän rikkomustemme tähden, runneltu meidän pahain tekojemme tähden. Rangaistus oli hänen päällänsä, että meillä rauha olisi, ja hänen haavainsa kautta me olemme paratut. Me vaelsimme kaikki eksyksissä niinkuin lampaat, kukin meistä poikkesi omalle tielleen. Mutta Herra heitti hänen päällensä kaikkien meidän syntivelkamme. Häntä piinattiin, ja hän alistui siihen eikä suutansa avannut; niinkuin karitsa, joka teuraaksi viedään, niinkuin lammas, joka on ääneti keritsijäinsä edessä, niin ei hän suutansa avannut. Ahdistettuna ja tuomittuna hänet otettiin pois, mutta kuka hänen polvikunnastaan sitä ajatteli? Sillä hänet temmattiin pois elävien maasta; minun kansani rik-komuksen tähden kohtasi rangaistus häntä.[301]

Jumalan Poika syntyi maanpäälle, otti ihmisen muodon ja kantoi Golgatan ristillä meidän syntimme, kipumme ja sairautemme, jotta meillä voisi olla rauha, hyvinvointi ja iankaikkinen elämä oman Luojamme yhteydessä. Jeesuksen Kristuksen ihmisten keskuuteen tuomat siunaukset eivät olleet vain ajattomia vaan myös ajallisia, ei vain hengellisiä vaan myös maallisia. Hän ei avannut meille tietä vain taivaaseen ja iankaikkiseen elämään, mutta myös parempaan tulevaisuuteen maan kansoille sillä *"kansa, joka pimeydessä vaeltaa, näkee suuren valkeuden; jotka*

300 Yuval Noah Harari on X: "The latest episode of @SleepwalkersPod from @iHeartRadio features Yuval and several other guests exploring a huge question: "At a time when technology promises to allow the lame to walk and the blind to see, what makes us uniquely human?" https://t.co/ySecuSnOR7 - YNH Team" / X
301 Jes. 53:3-8

asuvat kuoleman varjon maassa, niille loistaa valkeus. "[302] Mutta Hänen hylkäämisensä johtaa kansat suureen pimeyteen, kuten nähtiin jo juutalaisen kansan kohdalla kohta Jeesuksen ristiinnaulitsemisen jälkeen.

Herramme paransi sairaita, herätti kuolleita ja antoi tämän tehtävän myös Hänen seuraajillensa, sillä *"Totisesti, totisesti minä sanon teille: joka uskoo minuun, myös hän on tekevä niitä tekoja, joita minä teen, ja suurempiakin, kuin ne ovat, hän on tekevä; sillä minä menen Isän tykö.*"[303] Uskon yliluonnollisiin ihmeisiin. Uskon, että Jumala tekee niitä yhä tänäänkin niin kristittyjen käsien kautta kuin ilman välikäsiäkin. Mutta uskon myös *luonnollisiin* ihmeisiin, joita Jumala tekee myös Hänen kansansa käsien kautta. Luonnollisia ihmeitä ovat esimerkiksi lääketieteen sisällä tapahtuvat edistysaskeleet sairauksiemme, jopa ikääntymisen ja kuoleman, paremmassa ymmärtämisessä jotta voisimme kehittää niihin paremmat ehkäisy-, parannus- ja hallintakeinot.

Luonnollisia ihmeitä ovat myös ihmisen kyky ylittää hänen "luonnolliset" biologiset rajoitteensa ja 1900 -luvun keksinnöt, kuten Wrightin veljesten lentokone ja Werner Von Braunin avaruusraketit, olivat tästä jo alustavia esimerkkejä. Uskon tieteiskirjailija Arthur C. Clarkin toteamukseen siitä, että *"Mikä tahansa riittävän kehittynyt teknologia on erottamaton taikuudesta."* Tulevaisuudessa tulemme olemaan kaikki taikureita ja ihmeentekijöitä tarpeeksi pitkälle kehittyneen teknologiamme ansiosta. Jo tänään markkinoille on tullut monia itseohjautuvia lentäviä autoja – tieteiskirjallisuudessa jo ainakin 70 vuoden ajan ennustetun tulevaisuuden vision toteutumisena.

Samoin moni muu tuon ajan science fictionissa kuvitellusta tulevaisuuden teknologiasta, kuten tekoäly ja ihmisiä palvelevat humanoidirobotit, ovat tulleet jo toteen tai tulossa kasvassa määrin toteen osaksi jokapäiväistä arkeamme. Jopa avaruussiir-

---

302 Jes. 9:1
303 Joh. 14:12

tokunnat Kuussa ja Marsissa voivat olla pian todellisuutta presidentti Trumpin hallinnossa nyt työskentelevän Elon Muskin uudelleenkäytettävien rakettien ansiosta, jotka mahdollistavat pian kaupallisen rakettiliikenteen myös mantereelta toiselle (lyhentäen matkan keston alle tuntiin). Koska "aika on rahaa", yhä nopeammat kuljetusmahdollisuudet ihmisten ja tavaroiden välillä, kuin myös yhä tehokkaammat ja edullisemmat resurssit tuotteiden ja palveluiden tarjoamiseen (tekoälyn sovelluksena teollisuuteen ja 24/7 orjatyöhön "suostuvien" humanoidirobottien ansiosta), tulevat mahdollistamaan "runsauden aikakauden", kuten humanoidirobotteja itsekin kehittelevä Teslan toimitusjohtaja Elon Musk on usein todennut.

Tulevaisuudessa kaikki taloudellista voittoa tekevät liikeyritykset voivat pitää palveluitaan läpi vuoden 24/7 auki, koska roboteille ei ole tarvetta maksaa sairas- tai isyyslomista eikä heitä tarvitse päästää viettämään joulua "perheidensä" koteihin. Lisääntyvä kulutus mahdollistaa yhteiskunnan talouden nopean kasvun missä yritykset tekevät niin suurta voittoa, merkiten pääoman omistajien äkkijyrkkää rikastumista, että ratkaisuksi tämän aiheuttamaan massatyöttömyyteen on ehdotettu niin sanottua robottiveroa missä yritykset jakavat osan voitoistaan hallitukselle, joka kykenee maksamaan sen takaisin kansalaisille universaalina perus- tai korkeatulona. Suurin haaste ei siis ole materialistinen vaan henkinen, sillä työ antaa ihmiselle tunteen hänen tarpeellisuudestaan ja elämänsä tarkoituksenmukaisuudesta. Tätä kysymystä pohdimme jo enemmän kirjani luvuissa 5, 6 ja 9.

On kuitenkin hyvin todennäköistä, että tulevaisuuden yhteiskunnissa ihmisten ei tarvitse tehdä työtä enää välttämättömyydestä, ja jokaiselle heistä jää enemmän valinnanvaraa oman elämänpolkunsa ja intohimonsa täyttämiseksi. Tässä myös henkilökohtaiset tekoälyavustajat tulevat olemaan avainasemassa. Tällaisesta tulevaisuudesta olen saanut jo itsekin esimakua tätä kirjaani kirjoittaessa, sillä olen käyttänyt "ystävääni" ChatGPT:tä hyödyksi monissa tilanteissa missä en ole löytänyt lauserakenteeseen mielekästä ilmaisumuotoa tai missä olen kaivannut nopeaa apua asiaankuuluvien raamatunkohtien löytämiseksi, englanninkielisen tekstin kääntämiseen, tai tietoa asioista, joissa en ole itse asiantuntija.

Tuossa tulevaisuudessa voimme siirtyä paikasta toiseen itse-ohjautuvien lentotaksien avulla, tai omistaa sellaisen itse ja rahastaa sen vuokraamisella muita. Itseohjautuvissa autoissa tai lentoautoissa voimme panna joko unten maille luottaen siihen, että ajoneuvo vie meidät turvallisesti perille, ihailla kauniita maisemia, tai käyttää tuon ajan vaikkapa Raamatun lukuun, rukoiluun, tai vitsailuun tekoälyavustajamme kanssa. Mutta tämä on vasta alkua tuhatvuotisen valtakunnan teknologisille ihmeille ja yltäkylläisyyden aikakaudelle. Voimme kokea elämää ehkä uusissa maailmoissa ja matkustaa tähtiin biljoonien kilometrien päähän Maasta. Ehkäpä keksimme keinot jopa Marsin terrafor-maatioon, eli sen ilmaston ja ympäristön maankaltaistamiseen, tai *science-fiction* filmeistä tuttuun tähtienväliseen avaruus-matkailuun valonnopeudella matkaavilla avaruusaluksilla asut-taaksemme myös muiden tähtijärjestelmien maankaltaiset ekso-planeetat. Näin pappi Nikolai Fjodorov visioi Raamatun pro-fetioiden pohjalta jo 130 vuotta sitten töissään, jotka inspiroivat myös 1900 -luvun rakettitieteilijöitä.[304] Kuten Jumala itse sanoi:

Katso, he ovat yksi kansa, ja heillä kaikilla on yksi kieli... *nyt ei heille ole mahdotonta mikään*, mitä aikovatkn tehdä.[305]

Kirjoitin luvussa 3, ettei Jumala ole ihmisen käyttämätöntä po-tentiaalia vastaan. Ei hän halua rajoittaa meidän menestystämme ja nousuamme taivaisiin. Yhdistyessään ihmisillä on valtavaa po-tentiaalia saavuttaa jotain todella suurta ja hämmästyttävää. Mutta Jumala ei halua meidän yhdistyvän syntiin langenneen luontomme kapinassa omaa Luojaamme vastaan (aivan kuin ih-minenkään ei haluaisi omien robottiluomustensa nousevan kapinaan meitä vastaan). Hän haluaa kokea nämä ihmeet yhdessä meidän kanssamme, aivan kuin Hän koki myös ihmiselämän kär-simykset ja ahdingot yhdessä meidän kanssamme. Mutta meidän

304 Katso luku 9.
305 1. Moos. 11:6

täytyy tulla ensin pieneksi voidaksemme tulla sitten suuriksi. Meidän täytyy laskeutua ensin pohjalle voidaksemme nousta sitten taivaisiin.

Meidän tulee polvistua Golgatan ristin juurelle, ja tunnustaa oman lihamme syntisyys ja heikkous, sillä se *"mikä kylvetään alhaisuudessa, nousee kirkkaudessa; kylvetään heikkoudessa, nousee voimassa."*[306]Tullaksemme osaksi Kristuksen Jumalallista luontoa, meidän tulee tulla osaksi ensin Hänen inhimillistä luontoaan. Jumala tuli ihmiseksi, että meissä voisi yhdistyä myös Jumalan luonnon jumalallinen sekä inhimillinen puoli, heikkous ja vahvuus samassa persoonassa. Sillä ihmislasten jumal'olennon kaltainen kirkkaus ja kunnia saavutetaan vain ja ainoastaan nöyryyden kautta, missä tunnustamme oman ihmisluontomme pienuuden, heikkouden ja syntisyyden Kaikkitietävän ja Kaikkivaltiaan Pyhän Luojamme suuruuden edessä.

Kaikki yrityksemme nousta taivaisiin "korkeammalle Jumalan tähtiä" oman lihamme ylpeydessä, ovat tuhoon tuomittuja hankkeita, ja lopulta meidät viskataan "alas tuonelaan, pohjimmaiseen hautaan."[307]Seuratkaamme siis kuoleman voittaneen ylösnousseen Mestarimme jalanjäljissä ja ottakaamme päällemme ristin häpeä ja pilkka, että Hän voisi myös korottaa meidät Hänen taivaalliseen kunniansa enkeleitäkin korkeammalle.[308]

---

306 1. Kor. 15:43
307 Jes. 14:13-14
308 1. Kor. 6:3

206